极提升自己的礼仪意识,展现中国改革开放以来的自信与优雅形象。亚洲各国的运动员和国际友人纷纷来到中国,参加亚运会、旅游观光以及进行文化交流,感受着中国现代化进程中的文明风尚。他们将这些美好的体验带回自己的国家,并将中国仁爱、友好、大气的形象传播到世界各地。

中国人尊崇"和为贵",践行"和为贵",以礼待人,和谐共存,倡导人类命运共同体。2023年6月2日,习近平总书记在文化传承发展座谈会上指出:"和平、和睦、和谐是中华文明五千多年来一直传承的理念,主张以道德秩序构造一个群己合一的世界,在人己关系中以他人为重。倡导交通成和,反对隔绝闭塞;倡导共生并进,反对强人从己;倡导保合太和,反对丛林法则。"讲信修睦、亲仁善邻的交往之道,突出塑造了中华文明的和平性。在我国深化改革开放、走向中华民族伟大复兴的新时代,我们深入感悟生活,放眼观察世界,深刻感受到孔子的教诲——"不学礼,无以立"永不过时。有礼走遍天下,无礼寸步难行。

在校园生活中,同学们需要处理与舍友、同伴、异性及师长等多种关系。良好的人际关系能够显著提升大学生活的满意度,有助于顺利完成学业、发展事业,以及收获美好的爱情和友情。

建立良好人际关系,首先是出于亲和动机。个体具有与同类维持情感联系的本能。在外求学或工作中,人们交往的一个重要原因是害怕孤独或感到势单力薄,渴望与他人在一起。人们希望通过交际达到心理平衡。亲和动机在社会交往中发挥着重要作用。1959年美国社会心理学家斯坦利·沙赫特在研究中发现,高度恐惧的个体比低度恐惧的个体具有更强的亲和动机。从人际交往的角度来看,亲和动机是一种重要的社会性动机。当亲和行为顺利进行时,个人会感到温暖、安全和有信心,而当亲和行为受到挫折时,个人可能会感到无助、孤独、焦虑和恐惧。

调研显示,中国当代大学生中,59%的人倾向于广交朋友,3.3%的人对于是否交朋友持无所谓的态度,大多数学生持一般交友意识。这表明珍惜友谊、与人亲近是主流观念。然而,学生们的亲和动机各异,有的以吃喝玩乐为目的,有的则选择与自己品质相近的人交朋友,还有的以扩展人脉为标准。总体来说,学生们更倾向于以人缘型为标准,重视交往者的个人品质修养。在现实的人际交往中,如果能端正动机,将亲和动机真正作为寻求、建立和发展友谊的驱动力,那么就能集思广益、团结协作,增强力量和勇气,从而充分发挥亲和动机的积极作用。

其次是自我扩张动机。这也是一种本能,即通过人际关系将他人的经验融入自己的经验中。通过人际关系,个体能够了解他人的知识、观点和经历,

前◆言

　　人是社会的人，社会是人的社会，个人的存在和发展离不开社会，社会由各种各样的人组成。人的一生要与不同的人相处，这些相遇和交集的人构成了每个人的人际关系。有什么样的人际关系，就有什么样的人生。你是一个怎样的人，愿意与哪些人为伍？人生路上会遇到形形色色的同学、老师、朋友、亲戚，甚至是陌生人，他们或许会成为你人生轨迹的转折点，影响你的价值观和选择。孟子曰："天时不如地利，地利不如人和。"因此，与智者为友，敬贤重士，知书达理，善待别人，掌握人际关系的钥匙，是每个年轻人的必修课。

　　现代社会充满竞争与合作，人际关系错综复杂，交织叠加。有些人能够很好地处理人际关系，促进事业发展并获得人生幸福，而有些人则因为社交焦虑、沟通障碍和人际交往的困惑，感到焦头烂额，难以融入。网络上流传着这样一句话："大多数时候消耗你能量的都不是工作，而是工作中遇到的人，干活本身是不累的，处理关系最累。"造成这种疲惫感的原因有很多，可能是自己性格较为内向，也可能是不够豁达大气，还可能是处理人际关系的方式不当，让别人对你敬而远之。因此，如何构建良好和谐的人际关系，如何让别人接纳自己，如何在人际交往中完善自己并展现自我魅力，这是每一个热爱生活的人都想要知道的答案，也是这本书的写作宗旨。

　　中国以"礼仪之邦"闻名世界，受深厚的礼仪文化熏陶，中国人展现出温良恭俭让的品质，同时，恪守仁义礼智信、忠孝廉耻勇的道德准则。国学大师辜鸿铭在清末民初的时代背景下曾说："我们中国人思想、性格有很多的弱点。但是，在中国人身上，有其他民族没有的难以言喻的东西，那就是温良。温良不是温顺，更不是懦弱，而是一种力量，对待他人用情用心，这是中国人非常高贵的传统。"中国人的礼貌是发自内心的，人们会将心比心。中国人骨子里的温良，是中华文化五千多年来的传承。世界上没有哪个国家的人民，能比中国人更有温良的力量，更有共情的力量，更有隐忍的力量，更有团结的力量，更有互助的力量。

　　在2023年杭州第十九届亚运会上，杭州人、浙江人乃至全体中国人都积

图书在版编目（CIP）数据

人际关系与现代礼仪 / 李桂英著. -- 厦门 ：厦门
大学出版社，2024.8. -- ISBN 978-7-5615-9461-2

Ⅰ. C912.11 ；K891.26

中国国家版本馆 CIP 数据核字第 2024J8P307 号

责任编辑　高　健

美术编辑　李夏凌

技术编辑　朱　楷

出版发行　厦门大学出版社

社　　址　厦门市软件园二期望海路 39 号

邮政编码　361008

总　　机　0592-2181111　　0592-2181406(传真)

营销中心　0592-2184458　　0592-2181365

网　　址　http://www.xmupress.com

邮　　箱　xmup@xmupress.com

印　　刷　厦门市明亮彩印有限公司

开本　　787 mm×1 092 mm　1/16

印张　　18.75

插页　　2

字数　　430 千字

版次　　2024 年 8 月第 1 版

印次　　2024 年 8 月第 1 次印刷

定价　　68.00 元

厦门大学出版社
微信二维码

厦门大学出版社
微博二维码

人际关系
与现代礼仪

李桂英◎著

厦门大学出版社
XIAMEN UNIVERSITY PRESS
国家一级出版社
全国百佳图书出版单位

从而扩展和深化自己的生活体验。自我扩张的主要动机是增强自身能力，而非仅仅达到某个目标，这种增强的能力最终有助于个体更好地实现目标。自我扩张的动机对人际关系拓展很重要。研究发现，当亲密关系很有可能建立或自我扩张需求较高时，与自身不相似的人更具吸引力，因为这时他们能提供更多的自我扩张机会。例如，与伴侣一起参与新奇、具有挑战性的活动，可以提升亲密关系的质量。在亲密关系中，个体既有获取自我扩张的动机（内扩张动机），也有向伴侣提供自我扩张机会的动机（外扩张动机）。能提供外扩张机会的伴侣对于自我扩张动机强烈的个体来说更具吸引力，外扩张活动在提升亲密关系质量方面起着积极作用，尤其对女性而言。

不是所有遇到的人都能成为朋友、亲密的伙伴或合作者。由于世界观、价值观多元，人心复杂，有些人可能会伤害其他人。新东方创始人俞敏洪曾说："不要浪费时间追逐无效的关系，只有对等的人际关系才是有效关系。"这告诫我们，人际关系的本质是互相尊重和平等对待。在不对等的关系中，一方往往会在另一方的压力下不得不做出妥协或牺牲。这种基于压力和被迫的交往，一旦压力消失，关系也会随之瓦解。真正有效的人际关系应当是对等的。这种对等关系意味着在两个人之间，任何一方都不能单方面依赖另一方，也不能完全控制另一方。建立这样的关系需要双方都能在一定程度上给予和接受，只有这种互惠互利的关系才能持久。此外，俞敏洪还结合自身经历强调了个人在构建对等关系中的重要性。他认为，一个人只有拥有足够的自我价值感时，才能真正建立起对等的关系。这是因为一个有自我价值感的人不会因他人的评价或看法而动摇，他可以自由地选择与谁建立关系，并且有足够的自信去维护这种关系。

人不能没有社交，因为人具有社会性，是社会关系网络中的一个节点，每个人都在这个网络中扮演着各自的角色。

冯仑先生，作为企业家中的思想家，对年轻人的社交态度给出了独到的见解。他主张积极但不热衷，有选择性地参与社交活动。他特别倾向于三类社交：一是"学先进"，即与优秀的人物交往，向他们学习，追求进步；二是"傍同行"，与同行交流，拓展专业领域的知识和技能；三是"泛爱众"，与热心公益或情趣独特的人相处，丰富生活体验。他认为这样的社交能够帮助人们提升人生发展的高度，校正方向，拓展思维。他反对那些为了社交而社交、攀比炫耀的活动，强调与人交往时要有自知之明，保持谦虚态度。这种积极、有选择的社交观对年轻人来说是非常有益的建议。

哲学家周国平先生认为，人与人之间最长久的关系只有八个字：尊重他人，亲疏随缘。

每个人都有自己的路要走。现代社会,我们忙于读书、工作、生活、梦想、事业,友谊只是多彩生活中的一部分,少有人能一天到晚相互联系。真正的友谊建立在互相尊重的基础上,既要尊重别人是否愿意融入你的生活,又要尊重朋友在这段友谊之外实现自我的价值。有些人从未真正在意你,必然不会频繁地出现在你的生活里。无论你如何追求,都无济于事,倒不如选择尊重对方。越是心里有彼此的,越懂得保持一定的距离,给予对方实现价值的空间。不见面时各自忙碌,见面后仍然饶有默契。

优秀的友谊发生在两个独立的人格之间,既然已经独立,那么是否频繁相聚便已不再重要,重要的是双方发自内心的惦记和欣赏,这是时间和距离难以扭转的核心力量。两个人能否成为朋友,基本上在他们开始交往之前就决定了。也就是说,人与人之间关系的亲疏,并不是由愿望决定的,而是由有关的人各自的心性及其契合程度决定的。高度一致的人,初次见面便相见恨晚,高度不一致的人,再怎么努力都是枉然。过度强求所换来的也许只是一种虚假的繁荣,唯有相互吸引的感情才能经得起时间的检验。所以人际关系相处有原则,有底线,有艺术,讲礼仪。

本书分为两篇共十二章。第一篇为人际关系,即前五章,包括人际关系概述、人际关系的基础、人际关系的模式与道德规范、人际关系的影响因素与人际交往原则、人际关系的心理障碍及其改善。第二篇为现代礼仪,即后七章,包括礼仪概述、个人形象礼仪、日常生活礼仪、交际礼仪、社交礼仪、职场礼仪、涉外礼仪。本书反映了笔者在教学过程中对人际关系和现代礼仪的思考与研究,适合讲授礼仪课程的同行和即将踏入社会的大学生阅读。在浩如烟海的同类书籍中,本书只能算作一粒细沙,如果它幸运传到您的手中,并让您凝神细思片刻,那么它就有了价值。

目◆录

第一篇　人际关系

第二篇　现代礼仪

人际关系

第一章 人际关系概述

人一生的使命，就是在人群中成为人。

——[美]卡尔·罗杰斯

马克思指出："人的本质不是单个人所固有的抽象物，在其现实性上，它是一切社会关系的总和。"①因此，社会性是人的基本属性，也是定义人的本质的关键。社会是由共同生活的个体通过各种关系联结而成的集合，这些关系包括但不限于家庭关系、同学关系、同事关系、朋友关系以及合作关系等，它们统称为"社会关系"。

人无法脱离社会而孤立生存，否则将面临社会性死亡，个体在社会中被边缘化或失去社会联系。人际交往的复杂性不言而喻，同时，生活在世界上的人又不可避免地需要与他人交往，处理各种人际关系和人情世故。那么，人们如何自处？如何处理这些纷繁复杂的人际关系？人际交往的原则又是什么？你愿意与哪些类型的人交往，又该如何让别人愿意与你交往？人际关系是一门永恒的学问，值得我们深入探究和实践。

第一节 人际关系的基本概念

一、人际关系的定义

人际关系，如同人类的起源一般，是古老且深邃的社会现象。它是人类社会中最普遍、最常见的一种关系，植根于我们每个人的生活之中。正因为它具有如此深厚的历史背景、如此普遍的存在感，人们对人际关系的理解也是众说纷纭，没有一个固定的、统一的说法。

为了更好地理解这一概念，列举一些有代表性的观点：

第一，人际关系是基于情感、信任、利益等因素形成的个体与个体之间的联结。这种联结可以表现为亲情、友情、爱情，也可以表现为同事关系、伙伴关系等多种形式。

---

① 《马克思恩格斯文集》第 1 卷，人民出版社 2009 年版，第 501 页。

第二,人际关系是社会结构的基石,是人们在社会中进行交流、互动、合作的基础。在这种观点下,人际关系不仅影响着个人的生活,还对社会的发展和进步起着至关重要的作用。

第三,人际关系是个体心理需求得到满足的重要途径。通过与他人建立联系,人们可以获得归属感、认同感和自我价值感。

第四,人际关系是通过人与人之间的交往而形成的人与人之间的心理关系。

第五,人际关系是人与人之间遵循彼此所扮演的社会角色的规范,彼此相互影响的互动关系。

第六,人际关系指在人们共同的活动过程中,可以直接观察到的人与人之间的关系,或称为人与人之间心理上的距离。

第七,人际关系是在社会生活实践过程中个体所形成的对其他个体的一种心理倾向及其相应的行为。

第八,人际关系指人与人之间因相互认知而产生的吸引或排斥、合作或竞争、领导或服从的关系。

以上观点,尽管各有侧重,但它们都揭示了人际关系的重要性。无论人们身处何处,都无法避免与他人建立各种形式的联系。因此,对人际关系的理解和处理,不仅是每个人生活中必须面对的挑战,也是社会发展的重要课题。

在这里,我们将人际关系定义为人们为了满足自身生存和发展的需求,在进行物质和精神交往过程中所形成的心理状态和行为倾向。简而言之,人际关系的本质是交换,包括物质交换、情感交换以及认知思想的交换等。

二、人际关系的特性

人际关系指的是人与人之间建立的互动联系,这种联系可以存在于个人之间、团体之间、组织之间,甚至可以跨越文化和民族的界限。一个人的人际关系网络通常涵盖他的家庭、工作场所和社交圈。那么,人际关系的特点究竟是什么呢?

(一)社会性

社会性,即人类与生俱来的社会属性,是人际关系中最核心且最基本的特性。这一特性基于马克思主义关于人的本质的观点,即人是一切社会关系的总和。任何人都是在进行社会实践的过程中,处于特定的社会环境中,形成和发展人际关系的。

首先,人际关系产生于人们在劳动实践中形成的相互依存关系。劳动不仅创造了人,还形成了劳动关系。原始的劳动分工与协作使得人与人之间相互依赖、相互扶持,从而形成了最初的人际关系。随着劳动力的进一步发展,劳动分工与协作不断增强,各种劳动关系逐步明确,人与人之间的利益关系逐渐清晰,个体的社会角色逐渐明确。因此,劳动中的人际关系也具有社会性。

其次,人际关系总是在特定的社会环境中得以建立和发展的。任何人际关系的活动都离不开社会,都要受到社会诸多因素的影响和制约。在生产生活的实践活动中,人类为了分工和利益分配而建立关系,进而形成了人际关系和人际交往的基础,即社会。

最后,人际关系的社会性是随着社会文明的发展而发展的。在人类社会的初期,人际关系更多地表现出自然性,而社会性相对较弱。随着社会生产力的发展和科学技术的进步,人们的活动范围不断扩大、活动频率逐步增加、活动内容日趋丰富,人际关系的社会性日益凸显。即使在没有面对面交流的情况下,人们仍然利用各种现代技术维系和发展人际关系,过去的地理障碍和人际交往的技术匮乏基本被克服。

(二)历史性

历史性指的是人际关系随时间发展变化的特性。人际关系的产生和发展与人类社会的演进紧密相连。在不同的历史时代,人际关系的内容、表现形式、原则、要求、性质等都有所不同。例如,在封建社会,阶级等级分明,皇权至高无上,封建领主对农奴进行残酷的剥削和压迫。而现代社会倡导民主政治和人人平等,每个人享有法律赋予和保障的平等权利。

人际交往方式同样发生了历史性的变化。由过去的面对面的交流或书信往来,发展到了今天的报纸、杂志、广播、电视、互联网等多种人际交往沟通方式,极大地缩短了时空距离。此外,人际交往的对象也发生了巨大的变化。除了人们已经熟知的"网友",未来还可能出现拟人化的人工智能作为交往对象。

(三)客观性

客观性指人际关系不受个人意志影响的存在状态。

首先,人际关系的存在具有客观性。几乎每个人都拥有自己的人际关系,没有人能够完全脱离他人而独立存在。一个人与他人之间关系的亲疏好坏状况也是客观存在的,每个人都应该承认并接受这种客观性。

其次,人际关系的形成和发展具有客观性。人际关系的形成和发展不能仅凭想象,而需要在人际交往的客观实践中满足主客观条件才能实现。人际关系的形成和发展受到个人成长和变化的制约,同时也受到自然环境和社会环境的制约。这些都是客观存在的。

最后,人际关系的功能和作用具有客观性。人际关系在交往和互动中发挥着重要作用,这些作用是客观存在的。例如,和谐的人际关系可以让人身心愉悦、工作有效率、感到生活有意义、延年益寿等,而恶劣的人际关系则可能产生相反的效果。这些功能和作用在人类的生活经验与心理学实验中得到了证实,是客观存在的。

(四)情感性

情感性指人际关系具有激发和传递各种情感的特性。人际关系带有明显的心理色彩,而这种色彩很大程度上受到参与其中的个体的情感影响。情感是心理的核心要素,这也是人际关系区别于其他社会关系的重要特性。一般来说,人们对于非人际对象(如物体、概念、组织等)的情感投入较少且相对简单。然而,在人际关系的形成和发展过程中,人的情感却丰富多彩。一个没有情感的人不可能有良好的人际关系,而情感错乱的人也难以拥有健康的人际关系。

情感对人际关系的作用大致分为两类。一类是结合性的情感,具有积极促进人际关系结合的作用,如热情、快乐、幸福、感激等,它们促使人们相互接近、吸引、接纳、沟通、理解。另一类是分离性的情感,具有消极分离人际关系的作用,如厌恶、暴躁、冷漠、仇恨等,它们导致人们疏远、脱离、回避、紧张、不和谐。在人际交往的过程中,我们可以观察到一种情感动态:当结合性情感深厚时,分离性情感相对减弱,从而促使人们之间的交往更为紧密;反之,若结合性情感变得薄弱,分离性情感则逐渐凸显,导致交往的程度随之降低。这一变化反映了情感与交往深度之间的紧密联系。

(五)复杂性

复杂性指人际关系纷繁复杂,交往对象各种各样,内容丰富多彩,形式多种多样。

1.多重的人际关系

在生活和工作中,一个人所涉足的领域有多少,就会有多少种人际关系;同时,在这些人际关系中,人们会扮演各种不同的角色。例如,对异性而言,可能是伴侣或朋友;对孩子而言,是父母亲;对父母而言,是子女;对学生而言,是教师……这些角色和关系相互交织,形成了多重组合叠加的人际关系,如夫妻关系、亲子关系、师生关系、朋友关系、同事关系等。

2.多元的社交目的

尽管人际关系的形成往往是无意识的,但每个人都有自己的目的和动机,并通过建立人际关系来实现这些目标。

3.多面的个体人格

一个人认识自我有一定困难,心中的自己和在别人眼中的自己往往不一致。这种不一致导致个体在同一关系中可能展现出不同的人际角色,有时在别人看来好像变了个人,从而形成了更为复杂的人际关系。这进一步反映了人际关系的复杂性和动态性。

4.复杂的交往途径

随着网络技术的发展,人们的交往方式发生了很大的变化。传统的面对面交流方式逐渐被网络交流所取代,社交媒体成为人们最主要的社交渠道之一。人们的交往对象和社交圈子也变得更加多元化且复杂。除了传统的亲友关系和同事关系,人们还可以通过兴趣爱好、新兴职业等方面构建起新的人际关系。

(六)动态性

人际关系具有多变性的特点,这种多变性在一定程度上是对其复杂性特点的进一步体现。首先,环境因素的变化会影响人际关系的变动。地理、气候、政治、经济、交通、社会风气、社会思潮、科学技术等因素都在不断变化之中,当这些影响人际关系的因素发生变化时,人际关系也会随之调整。例如,一个从未接触过互联网的人一旦进入网络社交圈,他的人际关系也可能经历巨大的转变。其次,人际关系的变动还受到交往主体思想、情感、目标、行为变化的影响。在个体成长的过程中,交往的对象和方式会随之改变。小时候的密友可能因时间和空间的隔阂而渐行渐远,而与新结识的人则可能建立起深厚的友谊。原本不存在的关系可能建立起来,而原本存在的关系也可能逐渐疏远或消失。这些变化共同构成了人际关系多变性的特点。总之,人际关系是由多方面因素相互关联而成的,这些因素的变化会导致人际关系的变动。无论是时间的流逝、环境的变迁、人员的成长,还是新成员的加入和老成员的离开,都可能引发人际关系的变动。有些关系可能会变得更好,有些可能会变坏,有些可能会变得更加亲密,有些则可能会逐渐疏远。

认识人际关系的动态性特点对人有多方面的意义。首先,让人以发展、变化的视角去看待人际关系,明白没有一成不变的人际关系。其次,有利于人提高发展人际关系的能力,引导人际关系朝着积极的方向发展。最后,有助于人做好人际关系的转化工作。当人际关系发生变化时,个体也需要相应地调整自己的思想、情感和行为模式,以适应新的关系状态。在新时代,人际关系的变化更加频繁和复杂。我们不仅要不断适应和调整自己的交往方式,而且要主动地去经营和发展人际关系。只有这样,才能建立良好的人际关系,获得更多的机遇,并在不断变化的社会环境中取得成功。

(七)网际性

网际性指人类社会借助互联网技术产生和发展的人际关系。相较于传统社会的人际关系,网络人际关系是以网络和数字信息为中介,在超文本和多媒体的环境下形成的人际关系。它具有去中心化、多维性、全球性、虚拟性、不确定性等新特点。互联网使人际交往更快捷、更高效、更开放。

网络应用到人际交往中,引发了传统人际交往的重大变革。它不仅改变了人们在交往中的心理和动机,还导致了交往方式、交往结构和交往形式的重大变革,使网络人际关系呈现出不确定、复杂多变的特点。毋庸置疑,互联网使人际交往的范围得到了前所未有的扩大,并丰富了人际交往的内涵,同时也使人际关系变得越来越复杂。

(八)拟人性

拟人性,是即将到来的人工智能(AI)时代可能出现的一种人与人工智能之间的关系。几年前,随着智能机器人小度和虚拟歌手洛天依出现在央视舞台,人工智能开始走进中国社会大众的视野。2023年ChatGPT风靡全球,人们对人工智能可能引发人类社会哪些变化更加关注,传统的人际关系面临挑战。

思想和情感是人际关系得以产生并发展的主观条件。人工智能能像人一样思考,某些方面甚至还超过人的智能,例如,记忆力、计算力、模仿力、创造力等,并且具有社交能力,可以成为人们的聊天对象、陪伴对象。与人交往中人工智能有没有情感?目前,人工智能还没有真正的情感,因为情感是人类特有的属性,是人类自身生理和心理机制的产物。尽管人工智能可以通过算法和模型来表达并模拟人类的情感,但这只是一种技术手段,并不等同于人工智能具备真正的情感能力。未来,为了良好的人机互动,人工智能会越来越自然、快速地表达出与人类相仿的情绪来,会对人类的情绪做出反应,会有礼貌地和人类打交道。

即使人工智能没有真实的情感体验,人们也应该礼貌地对待人工智能。因为人工智能在帮助和服务人类方面发挥着重要作用,确实对人类产生了积极影响。更重要的是,人类期望礼貌不仅对交往对象产生积极的影响和作用,同时也期望礼貌积极影响和作用于人类本身。礼貌不仅对人类产生积极影响,而且是人类自我认识、自我体验和自我协调的表现。因此,无论交往的对方是人还是人工智能,人们都应该给予最基本的尊重,以实现和谐共存。

拥有完全仿真人类的实体智能机器人是很多人的梦想。这类机器人有可能完全代替人在各个生活领域中的地位和作用,这将对人类社会已有的人伦道德产生强烈冲击,使原有的人际关系面临挑战。目前,虽然还未能出现完全仿真人类的实体智能机器人,其与人类的交往互动还不能等同于现实中的人际互动,但是嵌入系统的智能语音助手与人类之间的交往互动,已经非常贴近网络人际传播,类似于"人—机—人"的模式。只不过这个模式变成了"人—人工智能"模式。微软的小冰与小米的小爱同学等智能语音助手已经能够做到几乎完全仿真人类的声音,与用户通过语音、语言与文字实时交流,使得人机交往极具现场感与对象感。[①]

三、人际关系的功能

人际关系在现实生活中对个人、组织和社会的影响与作用是多种多样的。这里仅从一般意义上探讨人际关系对个体工作、学习和生活,以及对群体、组织和社会的影响。

(一)良好人际关系有助于个体身心健康

交往是人的本能需要,人害怕孤独,但又怕受伤害。著名心理学专家马斯洛认为每个人都需要通过社交获得群体的认同,即人人都期待自己能够与他人产生共鸣。但是,每个人的成长背景不同,对事物的看法也各不相同。虽然人们有时将人际交往视为一种必要的应对手段,但内心深处可能有所抗拒。这种文化抗拒可能导致人际交往中的诸多障碍,尤其在文化人群体中,常存在"文人相轻"的现象。如果不加以调和,这种现象可能会加剧社会分裂甚至间接影响国家层面的文化氛围和意识形态建设。

而良好的人际关系可以满足人们的情感需求:人们都希望通过与他人交往获得归属感,缓解压力,消解孤独感,获得心理上的安全感。同时,人们也希望与人友好相处,获得友情和支持,得到他人的信任和尊重,从而看到自己在社会中的地位和自我价值。此外,良好的人际关系还可以促进个人成长:通过与他人的互动和交流,人们可以开阔视野,学习新知识和技能,提高自我认知和解决问题的能力。最重要的是,良好的人际关系可以

① 林升梁、叶立:《人机·交往·重塑:作为"第六媒介"的智能机器人》,《新闻与传播研究》2019年第10期。

增强社会支持和帮助,使人们更容易克服面对的困难和挑战,包括物质和精神上的支持,如金钱、物资、心理安慰等。

人们常常祈求健康,而健康涵盖了生理、心理和社会适应三个方面。这三者之间相互联系、相互影响。健康的人往往拥有健康的人际交往。心理健康水平越高,人们与他人交往的态度越积极,关系也越稳定。研究发现,拥有亲密社会关系网的人(如朋友、情侣、同事、家人等)比孤立的人更快乐、更满足,身体健康且寿命更长。心理健康的人往往更容易战胜某些生理疾病,提高社会适应能力。缺乏交往的个体在身心发展上都会受到限制,可能导致能力丧失。《鲁滨孙漂流记》的原型亚历山大·赛尔柯克在荒岛上独自生存四年后被救,结果连话都不会说,思维反应迟缓,性情大变,忧郁孤僻。如果一个人在人际交往中经常受挫,心情就会郁闷,进而影响身体健康,严重时甚至导致心理失常和机体功能失调,影响社会适应能力。许多心理问题都与长期的人际关系失调有关。

(二)良好人际关系可以改善情绪和提高工作效率

一个人的工作效率不仅受到外部环境、专业技术水平和工资待遇的影响,而且更大程度上取决于工作时的情绪状态。研究表明,当一个人的社交需求得到满足时,他将更容易得到他人的帮助和支持,从而更容易实现尊重和自我实现的需求。相反,如果人际关系中缺乏支持、认可和尊重等因素,可能会阻碍个体需求的实现。和谐的人际关系能够使人心情舒畅、精神振奋,产生积极的情绪体验,这种体验能够提升人的活动能力,对工作效率产生积极的推动作用。反之,心情郁闷就会产生消极的情绪体验,这种体验会降低人的活动能力,对工作效率产生负面影响。

(三)良好人际关系可以产生群体凝聚力

一个人的力量或许有限,但当多个人凝聚在一起,彼此间形成的和谐人际关系将汇聚成强大的集体力量。在现实生活中,一个人是否幸福,事业是否成功,很大程度上取决于他是否身处一个团结、协作、和谐的人际环境中。若干人的力量能否集中并产生合力,不仅依赖于每个人的能力,更关键的是他们之间的人际关系。当人数众多且彼此感情融洽、关系和谐、团结一致、心情舒畅、互相支持时,这股力量将变得无比强大。相反,如果人多却感情不和、互相争斗、内耗严重,群体的凝聚力将被分散直至消耗殆尽。正所谓"团结就是力量",良好的人际关系就像是一种黏合剂,将每个人的力量紧密凝聚在一起,形成无法抵挡的集体合力。领导、集体、组织的效能,往往就蕴含在这种良好的人际关系之中。

(四)良好人际关系是中国式现代化精神文明的重要内容

中国式现代化是物质文明和精神文明相协调的现代化,重视"人的全面发展"体现了其价值目标。人际关系的和谐是"人的全面发展"的重要组成部分。2005年,习近平同志在浙江工作期间指出:"人,本质上就是文化的人,而不是'物化'的人;是能动的、全面的人,而不是僵化的、'单向度'的人。人类不仅追求物质条件、经济指标,还要追求'幸福指数';不仅追求自然生态的和谐,还要追求'精神生态'的和谐;不仅追求效率和公平,还要追求人际关系的和谐与精神生活的充实,追求生命的意义。"①

良好人际关系的第一要义是和谐,这包括家庭和谐、组织和谐、社会和谐,体现了对爱国、敬业、诚信、友善的社会主义核心价值观的追求。在人际交往和社会互动中,个体感知到自己对他人和社会的影响和作用,从而培养出对家庭和社会的责任感与奉献精神,最终实现个人内心的和谐。对家庭和谐的重视体现了中国特色。中国人常说"家是最小国,国是千万家",意指家庭和谐是社会和谐、国家稳定的基础。这不仅是个体生命价值观和意义的重要来源,也是实现"人的全面发展"的关键途径。

第二节　人际关系的类型

在社会生活中,人们的交往范围极其广泛,涵盖了从日常生活到工作场所、从地域到文化等多个层面,形成的人际关系自然也丰富多彩。为了更深入地理解这些纷繁复杂的人际关系特点,并把握它们的变化及发展规律,我们有必要对人际关系进行科学的分类。通过分类,我们能够更清晰地认识到不同人际关系之间的共性和差异,进而理解它们在社会生活中的作用和影响。人际关系的实质是个体或群体寻求满足其社会需要的心理状态和行为倾向,据此,我们可以将其划分为多种类型。

一、按照社会角色

按照社会角色来划分人际关系是一种常见且实用的方法。社会角色指的是个体在社会中所扮演的特定身份和所承担的职责,这些角色定义了人与人之间的不同关系类型。而个体社会角色的获得,又蕴含着中国人对"缘"的深刻理解和认同。基于这种理解,我们将各种社会角色进一步归类为血缘关系、地缘关系、业缘关系、趣缘关系、友谊关系以及陌生人关系等。这样的分类方式不仅符合日常经验,而且有助于我们更深入地理解与分析人际关系的本质和复杂性。它使我们能够清晰地看到不同角色和关系之间的界限与联系,从而更好地处理和维护各种人际关系,进而促进社会的和谐与发展。

(一)血缘关系

血缘关系指由婚姻或生育而产生的人际关系,通常被统称为亲属关系,是人际最基础且重要的关系之一。血缘关系的基础是血缘和情感,是人的一生中交往频率最高、持续时间最长的一种关系,也是个人无法选择的,对人的成长和发展影响深远。

---

① 习近平:《之江新语》,浙江人民出版社 2007 年版,第 150 页。

1.夫妻关系

夫妻关系指通过法律手段结为夫妻所建立的家庭关系。相较于血缘关系,夫妻关系是以婚姻为纽带后天形成的,因此具有可变性和相对短期性。

2.亲子关系

亲子关系,即父母与子女之间的关系,通常基于子女的出生事实而建立,也有因收养而形成。亲子关系的本质是代际传承,由于环境、年龄、教育和心理等方面的差异,往往存在"代沟"问题,如何解决"代沟"问题,已成为现代家庭和社会普遍关注的重要议题。

3.兄弟姐妹关系

兄弟姐妹关系是同代人之间的横向人际关系。在兄弟姐妹之间,年龄、排行、性别、性格等因素会导致相互关系有所不同。自20世纪80年代我国开始实施独生子女政策,至2016年全面实施"二孩"政策,再到2021年全面开放"三孩"政策,如何指导多子女家庭中的兄弟姐妹关系已成为新时代的新课题。

4.姻亲关系

姻亲关系由婚姻关系产生,除了配偶本身,还包括其他亲属之间的人际关系。它可分为三类:第一,血亲的配偶,如兄弟之妻、伯叔父之妻、侄之妻、姑之夫、姐妹之夫、女婿、儿媳等;第二,配偶的血亲,如岳父母、公婆、妻子的兄弟、丈夫的兄弟等;第三,配偶的血亲的配偶,例如,就夫方来说,包括妻的兄弟的妻、妻的姐妹的夫等,而就妻方来说,则包括夫的兄弟的妻、夫的姐妹的夫等。由于姻亲关系的范围广泛,有些关系可能相对疏远。

在中国传统社会中,姻亲关系被视为非常重要的人际关系,是维系家族血脉、传承家族文化的重要方式之一。姻亲关系的形成有助于加强家族之间的联系,促进资源共享和互助,同时也能扩大家族的社会影响力和地位。例如,在某些地区,家族之间通过婚姻形成联合经营的商业帝国,共同经营企业,实现资源共享,提高经济效益。

(二)地缘关系

地缘关系是以地理位置为联结纽带,在一定地理范围内共同生活、活动而产生的交往关系。根据地域大小和隶属关系,地缘关系可分为不同层次。通常,国际关系被视为最高层次的地缘关系,而在国内,则依次分为省、市、县、乡、村等层次。

1.邻里关系

邻里或邻居关系,指左邻右舍之间的相互关系。它是一种非正式但相对紧密的人际结合,通常通过家庭间的联系得以体现。邻里关系的显著特征是地理位置相近,人际交往频繁,在生产和生活上多有交集,彼此间的影响较大。在传统社会中,人们高度重视邻里关系。随着城市化进程加速,高层单元式住宅逐渐增多,人们在一个地方固定居住的时间变得越来越短,邻里间的交往也日渐减少,导致邻里关系逐渐疏远。

2.同乡关系

同乡关系,指当一个人身处外地时跟那些与自己拥有相同籍贯的人所建立的人际联系。通常,一个人离自己的家乡越远,他对同乡的情感就会越浓厚,与同乡的关系也会越紧密。老乡们聚在一起,不仅能够分享对家乡的思念之情,还能更快地满足人们交友的需求,交流信息,互相帮助。

(三)业缘关系

业缘关系,即人们因职业、行业或工作需求而建立的联系。这种关系在职业活动中表现为人与人之间的职务角色联系。在业缘关系中,交往双方需遵循职业群体中的角色行为规范,并承担相应职务责任,其交往受到社会规范、职业规范和角色规范的共同约束。

业缘关系体现在多个领域和层次。在行业内部,包括雇佣关系、领导与被领导关系、上下级关系以及同事、同级关系等。而在行业外部,则存在合作关系、竞争关系、客户关系、盟友关系、对手关系等。其中,对人们影响较大的关系主要集中于行业内部,如同事关系、师生关系、同学关系、战友关系等。

与血缘关系和地缘关系不同,业缘关系并非与生俱来,而是在血缘和地缘关系的基础上,随着人们广泛的社会分工而形成的复杂社会关系。从发展层次来看,业缘关系属于较高的社会关系,通常在市场发展较为规范时才会出现。在规范的市场机制下,业缘关系的作用超越前两者,同时前二者也通过业缘关系发挥作用。因此,业缘关系在人际关系中的地位和作用逐渐增强。

(四)趣缘关系

趣缘关系指人们基于自身的专业技术特长或兴趣爱好而建立起来的人际联系。这种关系以"玩"为媒介聚集朋友,以"专"为桥梁联结同好,以"趣"为纽带结识知己。其活动形式多以聚会为主,结构相对松散,结交范围广泛。在趣缘关系中,人际交往的基础是互相尊重、平等相待、互教互学、取长补短、互惠互利和共同发展。

(五)友谊关系

友谊关系是人们在日常生活和社会交往中,以友谊为纽带结成的人际关系,一般称为朋友关系。习惯上,中国人将不能明确归属于血缘、地缘、业缘的人称为"朋友",可以"四海之内皆兄弟"。根据密切程度,朋友关系可以分为知己型、亲密型和一般型。

1.知己型朋友

知己型朋友是与我们心灵距离最近、关系最为密切的朋友,又称为知音。知己型朋友之间各方面最为了解,能够分享喜悦,分担烦恼。在失意彷徨时会给予鼓励,在得意忘形时加以提醒。人生在世,朋友好找,知音难觅。

2.亲密型朋友

亲密型朋友是与我们交往的亲密程度仅次于知己的朋友。亲密型朋友也可称为密友或挚友。生活中与亲密型朋友的交往频率可能是最高的,亲密型朋友对人际交往的影响是极其深刻的。

3.一般型朋友

一般型朋友指亲密程度处于"一般"状态的朋友,通常称之为泛泛之交。在人们的日常交往中,大多数朋友都属于这一类别。尽管一般型朋友与知己型朋友和亲密型朋友相比,关系显得不那么紧密,对人的影响也不那么深远,但在人际关系网络中占据主体地位,并在很大程度上反映了一个人的社交能力。如果说拥有知己型朋友和亲密型朋友体现了人们社交的深度,那么一般型朋友的数量则反映了人们社交的广度。一个人在事业上的成功,往往离不开各个领域中一般型朋友的支持与帮助;在生活中,也需要有共同兴趣爱好的人相互交流和分享。

(六)陌生人关系

一同乘坐地铁的乘客、给我们送快递的小哥、售货员、公共服务人员……他们虽是陌生人,但与我们的生活息息相关,大家共同存在和彼此奉献才造就了现代公共生活。因此,我们应该对陌生人心怀善意、以礼相待。

二、按照社会领域

按照社会领域来划分人际关系,实际上是将人际关系的形成、发展和维护置于特定的社会背景与环境中进行考察。人际关系不是个体之间的简单互动,而是深受其所处的社会领域影响。

(一)经济关系

1.生产关系
生产关系是一种最基本的经济关系,它包括生产资料所有制形式、人们在生产中的地位、相互关系和产品的分配方式等。其中,生产资料所有制形式是最基本的起决定作用的因素。由于人们在生产中的所有权不同、地位不同、分工角色不同,结成的关系也不同,生产领域有上下级关系、平级关系和劳资关系。

2.分配关系
分配关系是生产关系的主要内容之一,是由生产资料的所有制关系决定的一种关系。它指人们在对产品的分配、利润的分配及个人消费品的分配中所形成的关系。分配关系决定于生产资料所有制性质,不同生产资料所有制的社会分配关系也不同。在原始社会中,生产资料实行原始的公有制,采用社会成员平均分配的方法。

3.交换关系
交换关系指在生产和生活过程中,人们通过商品或货币的互相交换所形成的一种人际关系。为了确保交换关系的合理性和公正性,交换双方都应遵循公平、公正的原则,尊重对方的物质利益,并维护自身的合法权益。这样做有助于建立和谐、正常的人际关系,为社会的稳定和繁荣作出贡献。

4.消费关系
消费是社会再生产的最后一个环节,是生产、分配、交换活动的目的和归宿。没有消费,社会再生产的其他活动都失去了意义。消费关系是人们为了满足生产和生活的需要,而在消耗物质财富和精神财富的过程中结成的相互关系。消费关系中包含个人消费关系、家庭消费关系和社会消费关系。无论哪一种消费关系,都应建立在平等互利的基础上。和谐的消费关系是和谐社会的有机组成部分。

(二)政治关系

政治关系是人们在一定的经济基础上,围绕特定的利益,借助于社会公共权力来规定和实现特定利益的一种社会关系。政治关系一般具体地指阶级关系、民族关系、国际关系、党派关系、种族关系等。政治关系在不同的社会制度下表现出不同的性质。例如,在封建社会中,各阶级、民族、种族、性别之间的不平等,现在趋向平等。

(三)道德关系

道德关系,指人们在属于道德规范调整的范围内所发生和结成的关系。道德是一种特殊的社会意识形态,由一定的社会经济关系决定的,通过社会舆论、传统习俗和人们内心的信念来发挥作用,对人与人之间、人与社会之间以及人与自然之间的关系,进行真善美、假恶丑评价的行为规范的总和。人们依据具体的道德准则或规范,互相评价彼此的行为道德与不道德,从而构成道德关系。

(四)法律关系

法律关系指法律规范在调整人们的行为过程中所形成的具有法律上权利义务形式的社会关系。法律是由国家制定或认可并以国家强制力保证实施的,反映由特定社会物质生活条件所决定的统治阶级意志的规范体系。

法律关系与道德关系的区别:法律关系是强制性的,有法定的权利和义务,个人不得自行其是。而道德关系则是非强制性的,是人们依据道德准则、传统习俗和内心信念自发形成的。社会的和谐和稳定,是法治和德治共同发挥作用、相辅相成的结果。

三、按照其他角度

(一)按照需求性质

按照需求性质的不同,人际关系可以细分为情感性人际关系与工具性人际关系,各自在人们的日常生活中扮演着不可或缺的角色。

1.情感性人际关系

情感性人际关系,以满足个体在情感层面的需求为核心目标。例如,亲情关系就是情感性人际关系的一种典型表现,它涉及家庭成员之间的深厚情感纽带,是人们在成长过程中所依赖的重要精神支柱。友情关系则是人们在社交活动中所形成的另一种情感性人际关系,它为人们提供了相互支持、分享快乐和悲伤的平台。爱情关系则更是情感性人际关系的极致体现,它涉及两个人的深厚情感连接和承诺。

2.工具性人际关系

工具性人际关系是以实现特定目标或获取某种物质利益为主要导向。这种关系往往建立在明确的利益交换或目标实现的基础之上,具有较为明确的功利性。例如,商业合作就是工具性人际关系的一种常见形式,各方为了共同的经济利益而合作。在工作环境中,同事之间的关系也往往带有一定的工具性,因为大家需要共同协作以实现工作目标。

虽然情感性人际关系和工具性人际关系在需求性质上存在差异,但在人们的日常生活中往往是相互交织、相互影响的。在实际生活中,人们可能需要同时处理和维护这两种关系,以实现个人和社会的和谐发展。

(二)按照行为倾向

行为倾向指个人或群体对于特定的行为倾向,是由多种因素共同决定的,包括个人的内在特质、社会环境以及生活经历等。

1.四种人际关系类型

一般将人际关系分为合作关系、竞争关系、应酬关系和混合关系四种类型。合作关系,是关系各方为保证实现某个共同的特定目标或效益,而达成的一种协调、互助互利的关系。如果双方谋求更全面更长远的合作,增加相互信任和共担共享,可以发展为合作伙伴关系。竞争性的人际关系指人们在竞争过程中形成的关系,有对抗、竞争、相互制约的作用。应酬型人际关系指不带有功利目的,只是表面应对酬和的人际关系,具有交往时间短、交往程度表面、肤浅等特点。混合型的人际关系是融合以上三种情况的人际关系。

2.雷维奇的人际关系测量八种类型

心理学家雷维奇精心设计了"雷维奇人际关系测量游戏",模拟人们在日常生活中的互动和交往,从而揭示出人际关系的复杂性和多样性。他把人际关系分为以下八种类型:主从型、合作型、竞争型、主从—竞争型、主从—合作型、竞争—合作型、主从—合作—竞争型、无规则型。主从型的特点是一方处于支配地位,另一方处于从属地位,这是人际关系类型中最普遍、最稳定的一种,几乎所有的人际关系都有主从型因素。但是这种类型可能导致权力不平衡和沟通障碍。合作型的特点是双方有共同目标,为了实现这一目标,彼此能配合和容忍对方,顾全大局。这是最理想的类型,但在现实生活中并不总是能够实现,尤其是在面对复杂和冲突性的问题时。竞争型的特点是双方为实现各自目的常常竭尽全力,因而充满了活力,但容易产生对立和冲突。主从—竞争型是一种混合型的人际关系,双方的关系时而呈现为主从型,时而呈现为竞争型,这种不稳定性可能导致双方之间的紧张和冲突。这是复杂和难以处理的人际关系类型。主从—合作型是一种比较理想的人际关系,双方能够互补、配合,和谐共处。竞争—合作型是一种自相矛盾的混合型人际关系,双方时而竞争,时而合作,因而需要双方保持一定的心理距离,避免交往过频。主从—合作—竞争型是三种人际关系类型的混合,兼有三种人际关系类型的特点,矛盾较多,双方容易陷入困境和冲突。无规则型是交往双方的关系还没有形成交往规则的类型,人际关系处在不稳定中。

(三)按照地位等级

1.平等型人际关系

平等型人际关系,指构成关系的双方在地位上是平等的,享有同等的权利和承担同等的义务,当前主要指在政治地位、法律地位和人格上平等。我国法律规定:任何公民,不分民族、种族、性别、职业、家庭出身、宗教信仰、教育程度、财产状况、居住期限,都享有宪法和法律规定的权利,同时必须履行宪法和法律所规定的义务。"

2.不平等的人际关系

不平等的人际关系是构成关系的各方在政治地位、法律地位以及人格上不平等,各自处于不同的地位,分属于不同的等级。

3.对立型人际关系

对立型人际关系指构成关系的各方处于对立的地位,存在着某种对抗和冲突。平等关系或不平等关系中的各方遵从现存制度安排,处于相对稳定状态,而对立型人际关系,则因各方无法共存于相同的制度安排,处于斗争或对抗状态。

(四)按照亲疏程度

按照"亲疏程度"划分人际关系,强调了人际关系的状况与心理距离的远近。从心理学的视角来看,亲密的人际关系应该能够增强个体的心理能量,使人感到舒适、团结、放松与和睦。相反,疏离的人际关系则会消耗人的心理能量,使人感到紧张、冲突、愤怒。人际关系的亲疏状态可以通过人际距离、合作程度和人际互动频率三个方面来体现。亲密的人际关系人际距离近,合作程度高,且人际互动频率高。相反,疏离的人际关系人际距离远,合作程度低,且人际互动频率也较低。依据这三个指标,人际关系可以被划分为七种类型:亲密型、团结型、和睦型、维系型、冲突型、疏离型和决裂型(如表 1-1 所示)。

表 1-1 　按照亲疏程度划分的人际关系类型

类　型	人际距离	合作程度	人际互动频率
亲密型	很近	很高	很高
团结型	近	高	高
和睦型	一般	一般	一般
维系型	努力维持有限距离	努力维持有限合作	努力维持有限往来
冲突型	渐远	低	低
疏离型	远	很低	极低
决裂型	没有任何联系	没有任何合作	没有任何互动

1.亲密型

亲密型是人际关系中的最高层次,指构成关系的双方至亲至爱,亲密无间,合作共享,相互依存,互相接纳,主动交往频繁。

2.团结型

团结型人际关系比亲密型低一个层次。关系双方有共同、明确追求的目标,能够为了实现共同目标精诚合作,视工作需要主动往来频繁,可以为了共同利益而牺牲个人利益。

3.和睦型

和睦型人际关系比团结型低一个层次。关系各方没有明确共事的目标,但也没有什么矛盾,一般不主动往来,彼此相安无事,友好相处。例如,当前城市里住在同一个小区的居民。

4.维系型

维系型人际关系指构成关系的各方还能够努力维持表面的友好相处,但关系已经出现裂痕,存在不可调和的矛盾,只是双方都努力克制,没有将矛盾公开。

5.冲突型

冲突型人际关系指关系中的矛盾以表面化公开化的方式爆发,双方关系恶化,不能以正常方式往来,只能通过强制或抗争的方式接触,保持低限度的合作和往来。

6.疏离型

疏离型人际关系解决冲突使用消极方法,类似于"冷战",但它也在一定程度上起到了缓和冲突、防止事态进一步恶化的作用,给予了各方冷静思考、调整心态的空间。

7.决裂型

决裂型人际关系是人际关系的彻底决裂。双方在决裂后都丧失了继续往来的意愿,实际上也终止了所有形式的合作与交流。

人际关系类型多样且丰富,影响着人们的互动方式及情感体验。从家庭关系到职场交往,从亲友间的亲密互动到文化间的交流融合,每一种人际关系都承载着不同的角色,理解并善于管理这些关系,对于每个人的成长发展、物质与情感的满足以及社会的和谐稳定都具有重要意义。

第三节 人际关系的历史发展

人际关系的历史发展是一个极为复杂且漫长的过程,它伴随着人类从动物进化而来的步伐逐渐形成。要探讨人际关系的历史发展,就必须将视线投向远古的猿猴社会及其内部的关系,这可以被视为研究人际关系现象的历史起点。

一、原始社会的人际关系

在原始社会里,人与人之间的一切关系都是以血缘关系为轴心,血缘和亲属关系构成了整个社会的基础。血缘人际关系在原始社会中具有不同的发展阶段。在原始社会的前、中期，在母系氏族社会中人与人之间的关系很简单，人们只知其母，不知其父，每个氏族集团内部只有各代女儿的子孙，人际交往只限于部落内部，并具有明显的为满足生理需要和繁衍后代需要的特征。人与人之间的关系是平等的，团结互助是人际交往的主要表现形式。习俗是调节人际关系的主要社会规范。

原始社会后期，随着生产力的提升，人们之间的关系逐渐由血缘关系扩展到地缘关系，形成了村落和社区，人们开始基于地理位置和共同的生活方式进行互动。在这个过程中，母权逐渐被父权所取代，母系制度也逐渐被父系制度所替代。父系制的建立对人际血缘关系产生了深远的影响：婚姻制度从"群婚制"向"偶婚制"转变，子女的血统开始以男方为主要计算依据，夫妻关系变得更为稳固，父系大家庭内部开始形成个体家庭。随着个体家庭稳固和私有财产增多，经济利益与缔结婚姻之间的关系变得越来越紧密。这导致原始社会内部的人际关系日趋复杂，最终促使原始社会开始走向瓦解。

二、奴隶社会的人际关系

首先，奴隶社会的人际关系主要体现了剥削与被剥削、压迫与被压迫的阶级关系。在这种社会形态下，奴隶主拥有对奴隶的绝对支配权，而奴隶则完全被剥夺了自由与权利，成为奴隶主的私有财产。其次，在奴隶主家庭中，妻子往往被要求严格保持忠诚，以维护家庭的稳定和奴隶主的权威，这反映了奴隶社会中不平等的性别关系。最后，在更广泛的社会层面，奴隶社会的人际关系也表现为一种依附关系。奴隶主掌握着生产资料和劳动力，奴隶不得不依附于奴隶主以维持生计。这种依附关系不仅体现在经济层面，也渗透到社会生活的各个方面。在这样的社会背景下，虚伪、狡诈、欺骗、背信等恶劣风气开始盛行，自私、贪婪、残暴等欲望逐渐膨胀，吞噬了原始氏族社会中的自由和平等。

在调解人际关系的矛盾和冲突时，奴隶社会主要依赖于严格的阶级与等级制度以及简单且残酷的法律条文来约束人们的行为。同时，传统习俗和道德规范也在奴隶社会中起到了重要的作用。这些习俗和规范通过教育、舆论等方式，引导人们遵守社会规范，尊重他人的权利和地位，从而缓解人际关系的紧张。

虽然奴隶社会的人际关系呈现出剥削性、依附性和不平等性特点，但它当时在保证奴隶社会强制性大规模劳动协作方面发挥了重要作用。奴隶主通常采用最极端的经济剥削和政治压迫方式保证奴隶制国家运行。当奴隶不堪忍受这种关系并不断起来反抗奴隶主的时候，奴隶社会也就走向灭亡了。

三、封建社会的人际关系

封建社会的人际关系表现为宗法关系。这种关系表现为按宗族血统的远近区分亲疏贵贱的等级制度，以宗法制度为基础。宗即家族，有大小之分，嫡长子孙为大宗，其余子孙为小宗。按照宗法制度，大宗比小宗尊贵，小宗要服从大宗。大宗享有同一宗族中最高的权力和地位，在家族之中就是以"兄统弟"，在政治上就是以"君统臣"。

宗法制度萌芽于原始社会的父系家长制,形成于奴隶社会,到封建社会日臻完备。封建社会的宗法关系具有以下特点:以血缘关系为基础,以等级差别为准则,以土地占有为标准。人们注重家族、地域和血缘关系,交往也主要是在这些关系上进行。宗法制度渗透到社会关系的各个方面,使人与人之间的关系成为一种宗法关系。

封建社会的宗法等级关系给了个人尤其是广大农民一定的人身自由,减轻了人与人之间的依附程度,并且家族关系与社会关系相结合,治国与治家相一致,建立起相对稳定和统一的社会秩序,这对社会的发展起到了推动作用。但是,封建社会人际关系的宗法性、等级性、依附性、地域性以及稳定性,有利于自给自足的庄园经济、小农经济,而不利于商品经济的发展,因此,当人类社会发展到商品经济阶段时,封建宗法关系就逐渐为资本主义社会的金钱关系所取代。

四、资本主义社会的人际关系

资本主义社会是商品经济高度发达的社会,在近代自由理念的推动下,雇佣关系和交换关系逐渐取代了宗法等级关系和人身依附关系,导致人与人之间的关系转变为纯粹的金钱利益关系。

在《共产党宣言》中,对于资产阶级的人际关系的特点,马克思和恩格斯进行了深入的剖析和批判。"它无情地斩断了把人们束缚于天然尊长的形形色色的封建羁绊,它使人和人之间除了赤裸裸的利害关系,除了冷酷无情的'现金交易',就再也没有任何别的联系了。它把宗教虔诚、骑士热忱、小市民伤感这些情感的神圣发作,淹没在利己主义打算的冰水之中。它把人的尊严变成了交换价值,用一种没有良心的贸易自由代替了无数特许的和自力挣得的自由。""资产阶级抹去了一切向来受人尊崇和令人敬畏的职业的神圣光环。它把医生、律师、教士、诗人和学者变成了它出钱招雇的雇佣劳动者。""资产阶级撕下了罩在家庭关系上的温情脉脉的面纱,把这种关系变成了纯粹的金钱关系。"资产阶级的家庭"是建立在资本上面,建立在私人发财上面的"。[①]

马克思和恩格斯认为资产阶级的人际关系主要表现为以下几个特点:

第一,利益至上与金钱关系。在资产阶级社会中,人与人之间的关系主要基于经济利益和金钱交易。这种关系往往冷酷无情,人的尊严和价值被简化为交换价值,家庭关系也被异化为纯粹的金钱关系。资产阶级的这种金钱至上的人际关系观,导致了社会关系的商品化和物化。

第二,阶级对立与剥削。资产阶级与无产阶级之间存在着深刻的阶级对立。资产阶级通过占有生产资料,剥削无产阶级的劳动力,实现自身的利益最大化。这种阶级对立和剥削关系,加剧了社会的不平等和冲突。

第三,个人独立性和个性的丧失。在资产阶级社会中,资本具有独立性和个性,而活动着的个人却丧失了独立性和个性。个人往往被束缚在资本的逻辑中,成为资本的附庸

---

① 马克思、恩格斯:《共产党宣言》,人民出版社 2018 年版,第 30、46 页。

和工具。这种个人独立性和个性的丧失,反映了资产阶级人际关系中人的异化现象。

资本主义社会的进步在于扩大了人们自由交往的范围,为人们提供了共同竞争的机会,并在同一价值尺度下改变了人与人的关系,交往形式也更为多样化。人们之间的交往变得更为自由和开放,同时,个人隐私和自我保护意识也得到了提升。然而,从深层次分析,资本主义社会的人际关系往往受到金钱和利益的驱动,这在一定程度上削弱了人际关系的真诚性。资本主义社会以私有制为基础,以利己主义为前提,这加剧了人与人之间的不平等,扩大了贫富悬殊。资本主义的竞争机制也可能导致人际关系的紧张和冲突,使得人际关系出现两极化、庸俗化和虚伪化倾向。资本主义社会的这些问题和局限性不仅阻碍了社会的和谐发展,也限制了人的全面发展。

五、社会主义社会的人际关系

社会主义社会消灭了生产资料占有关系上的不平等,建立了以生产资料公有制为主体的所有制,和以按劳分配为主体的分配制,人与人之间的关系是平等关系。

平等是社会主义人际关系的基本特征。首先表现在经济上,每个公民都是生产资料的主人,实行"按劳取酬""不劳动者不得食"的原则,人与人之间逐步形成了以劳动和贡献为尺度的新型人际关系。其次表现在政治上,生产资料的公有制保证了人们共同享有当家作主的政治权利。再次表现在社会生活的各个领域,破除不平等思想,树立平等意识,如在家庭中保护了妇女、儿童和老人的合法权益,夫妻平等、男女平等,在校园中师生平等,在组织中上下级平等。最后,在道德上,坚持以"为人民服务"为核心,以集体主义为原则,人和人之间相互尊重,平等交往。

社会主义的人际关系是一种新型、平等的人际关系。同时,我们也应当承认,在社会主义社会还存在着一些不平等的现象,人与人之间仍然会发生各种各样的矛盾和冲突。建立真正的平等、和谐、友善的新型社会主义社会人际关系仍然是我们努力奋斗的目标。同学们,在努力实现这个目标的过程中,必须以社会主义核心价值观为思想引领,以新时代公民道德建设和法治建设为行为准绳,重视并应用协调人际关系的理论和方法,以改善人际关系的结构和状态,增强人与人之间的和谐和凝聚力,提高全民族的素质,成为"有灵魂、有本事、有担当、有纪律"的时代新人。

总之,人际关系是人类社会生活中不可或缺的重要组成部分,它体现了人类的社会属性,构成了人与人之间丰富多彩、纵横交错的互动联系。无论是家庭、职场,还是更广泛的社会层面,人际关系都发挥着至关重要的作用。人际关系类型多样,涵盖了亲情、友情、爱情以及同事关系、上下级关系等多种形态。每一种类型的人际关系都有其特点和作用,共同构成了复杂而丰富的人际关系网络。这些关系不仅影响着人们的情感体验和生活质量,还反映了社会结构、文化价值观和行为规范。从历史发展的角度来看,人际关系经历了从简单到复杂、从单一到多元的转变。随着人类社会的演进,人际关系逐渐从基于血缘和亲属关系的简单结构,扩展到地缘、业缘、趣缘等更广泛的层面,在不同社会阶段呈现出本质区别。这种发展不仅反映了人类社会的进步,也为我们提供了研究人际关系的重要视角。通过深入研究人际关系的本质、类型和历史发展趋势,人们可以更好地理解人际关系在社会生活中的重要作用,从而更明智地处理各种人际关系,促进相互理解、信任和合作,推动社会和谐发展。

参考阅读

1.文明礼貌化干戈

一个小伙子听说自己背后遭人挤兑,就怒气冲冲准备去打架。路上口渴,他便向路边的小屋主人要了一杯水喝。主人热情好客,看他满头大汗,除了送水,又递过来一条毛巾。小伙子喝完水擦了把汗走出屋外,主人又追出来送给他一顶草帽防晒。这个小伙子出门以后,心情平静了许多,突然不想去打架了,就回家了。

在受到小屋主人的热情招待后,小伙子的心理发生了变化,原先充斥在他心中的仇恨被软化、冲淡了,他不再想为区区小事去拼命。可见,文明礼貌能够促进人际关系和谐。

2."乌云托月"与饮食心理

故事发生在北京的孔膳堂。改革开放初期,两位侄子陪同从台湾归来的叔叔(一位老兵)共进晚餐。首先上桌的是汤菜"乌云托月"。这道菜以紫菜托着鸽蛋,汤则是孔府菜中常用的三套汤,其品质无可挑剔。然而,一听到这个菜名,老兵叔叔的面色便沉了下来,他疑惑地问道:"我刚回来,为什么就给我上这个汤?"众人没想到叔叔会提出这样的问题,一时间也不知如何解释,于是叫来了服务员,但同样解释不清。

最后,孔膳堂的女经理亲自为这道菜名做出详尽的解说,即取"守得云开见月明"的含义。听到这样的解释,老先生顿时愉悦起来。

这个故事揭示服务提供者应该懂得把握消费者的心理。在解释前,"乌云托月"这个菜名给人的感觉可能是晦气的,但经过解释后,它便充满了喜庆的意味。

第二章　人际关系的基础

你要是看见朋友之间用到不自然的礼貌的时候，就可以知道他们的感情已经在开始衰落了。

——[英]莎士比亚

人际关系的基础建立在互动、互惠与尊重这三大原理之上。互动原理强调了人们通过语言和非语言沟通的相互感应来建立与维系关系。互动过程中，双方不断地进行信息的传递和情感的交流，从而形成了深厚的人际关系。互惠原理则揭示了人际关系的本质，即满足相互帮助和互惠交换的需求。通过给予和接受帮助，人们不仅能够增进彼此之间的了解和信任，还能够建立起更加稳固和持久的人际关系。这种互惠关系不仅存在于个人之间，也广泛存在于组织、社区和国家之间。尊重原理是建立和谐人际关系的关键。它要求人们在交往中尊重他人的观点和感受，理解并接纳彼此的差异。只有当人们真正尊重他人时，才能够获得他人的尊重和理解，从而建立起真正意义上的良好人际关系。

人际交往具有三大价值：信息价值、情感价值和资源价值。通过人际交往，人们可以获取有价值的信息和知识，帮助自己成长和进步。同时，良好的人际关系还能够带给人情感上的支持和满足，让人保持轻松平稳和乐观的心态。此外，人际关系也是一种重要资源，它可以为人们的事业成功和人生顺利提供有力支持。

第一节　人际交往

荀子说："人之生不能无群。"即人际交往对于人类而言必不可少。现今社会分工日益多元化，没有人际交往的生活难以想象。人们或多或少都需要与他人打交道，既满足自己，也满足对方。通过交往，人们建立联系、分享情感、获取知识，并共同创造一个丰富多彩的生活世界。

一、人际交往的概念

(一)人际交往的定义

人际交往指人们通过语言符号和非语言符号的运用来交流信息和情感,以满足各自在信息、情感和资源方面的需求。包含三层含义:首先,人际交往是一个涉及信息、思想和情感交流的过程;其次,在这个过程中,交流的双方相互作用、相互影响,形成信息和情感在彼此之间的循环流动,这一过程被称为心理互动;最后,人际交往是一种带有明确目的的行为活动。

(二)人际交往是建构人际关系的基础

马克思认为:"人的本质不是单个人所固有的抽象物,在其现实性上,它是一切社会关系的总和。"[①]这说明了交往就是人们的社会生活方式,各种各样的交往关系构成了人们丰富多彩的社会关系。任何人只有通过与他人交往,只有生活在社会中才能成为真正意义上的人,体现人的本质存在。

生活中那些美好的人际关系,无一不是源于人们在相互交往中不断地认识自我、了解并理解他人,进而在此基础上建立起志趣相投、惺惺相惜的深厚情谊,实现互惠互利,共同谋划前行与退守。反之,不融洽的人际关系会在交往中表现出不了解、不理解、不信任、不合作,双方观念悬殊、隔阂较深,难以相容。

(三)人际交往体现人际关系的变化

人际关系实质上是人们在物质和精神生活中,通过相互交往而形成和发展起来的人与人之间的相对稳定的关系。人们通过人际交往而结成一定的人际关系,人际关系便是人际交往状况的体现。

人际关系体现了人们在人际交往过程中不断变化的心理关系。一开始,双方的交往还是表面的,随着交往的深入,双方就有了新的情感投入,并形成新的心理关系。例如,一对青年男女,从陌生到相识,再到相知相爱,最后结婚。他们对彼此的认知不断深入,心理距离不断靠近,交往方式和人际关系不断变化。反过来,亲密关系中的人也可能逐渐减少互动,情感逐渐疏远,最终可能形同陌路,变成老死不相往来的陌生人。这说明人际关系的实质就是人们在人际交往过程中不断变化的心理关系。

人际关系不仅在人际交往中产生,通过交往活动表现出来,而且也只有在交往过程中才能维持和发展。人际关系的好坏会影响人际交往的方式,和谐的人际关系有利于交往顺畅进行,不和谐的人际关系会干扰交往。恶意对着干、唱对台戏,会扭曲交往行为,彼此什么事情也合作不了。无论个体间的交往频率如何,只要彼此相互往来,就会建立

---

① 《马克思恩格斯文集》第1卷,人民出版社2009年版,第501页。

起不同类型的人际关系。反过来,人际关系的类型、亲疏、稳定程度又影响着人际交往的内容、频率、广度和深度。

二、人际交往的需要与动机

(一)人际交往的需要

1.沙赫特的生存安全需要

美国心理学家斯坦利·沙赫特认为人际交往是为了满足生存安全需要,在人们面对恐惧而感觉自己一个人不足以应对威胁时,就会寻求他人帮助。他做了一个有趣的实验来说明这个问题。

实验开始后,一群被招募参加实验的志愿者进入实验室。一个穿着白大褂、自称是齐尔斯坦博士的实验者告诉志愿者,实验中他们要接受电击。志愿者被分成两组。其中一组志愿者看到的仪器设备巨大而吓人。齐尔斯坦博士告诉他们说,为了实验的内容真正有用,有必要加大电击强度,虽然这会带来较大的痛苦,但是不会造成永久性损害。这样的安排营造出了高度恐怖的气氛。而当另外一组志愿者进入实验室后,他们看到的仪器简单而小巧。齐尔斯坦博士用轻描淡写的语气介绍电击实验,他说电击很轻,受试者只会有轻微的不适感。这样的安排是为了让志愿者没有压力,觉得实验过程会很轻松。这样,前一组志愿者被诱发出了恐惧焦虑的体验,而后一组志愿者则被诱发出较温和低焦虑的体验。之后,齐尔斯坦博士告诉志愿者,实验要推迟10分钟,他们可以选择单独待在一个房间等候,也可以选择跟其他的志愿者一起等候。这个实验里所谓的"电击"都是幌子。实验者真正关心的是,在选择等待的方式时,到底是"焦虑组"还是"无焦虑组"的志愿者更愿意选择抱团等候。

实验结果是,"焦虑组"志愿者选择抱团等候的人数远远多于"无焦虑组"。这个结果似乎揭示出这样的一个道理:人们之所以喜欢亲近他人,可能是源自面临威胁时相互依靠以缓解焦虑的本能。"抱团"是人的安全本能的表现。

然而,有些心理学家认为,作为高度社会化的物种,人类"抱团"的表现虽然来源于本能,却高于本能。人们相互亲近的需要不是只有在生存安全面临威胁的情境中才表现出来。

2.马斯洛的需求层次理论

美国心理学家马斯洛提出需求层次理论,将人类需求从基本到高级分为五个层次:生理需求、安全需求、社交需求、尊重需求和自我实现需求。在现代社会中,这些需求的满足与人际关系紧密相连。生理需求,如吃和穿,虽然不直接涉及人际协商和交换,但在某些情况下,人们可能需要通过与他人合作或交换资源来满足这些需求。安全需求不仅体现在对居住环境的适应和满足上,更源于人们在成长过程中,特别是儿时与父母亲之间建立的最基本的安全感。归属与爱的需求则促使人们参与社交团体,渴望被认可和接纳这些需求同样需要通过人际互动来实现。尊重需求涵盖了自尊和他尊两个方面。自尊指自我评价,即个体对自己的尊重和认可;他尊则指他人评价,即他人对个体的尊重和认可。实际上,他尊往往是自尊的重要来源之一。最后,当个体的自我实现得到他人的认可时,其所体验的高峰感受会更为强烈。

3.舒茨的人际关系三维理论

美国社会学家舒茨认为,个体在人际互动中有三种基本需要:包容需要、支配需要和情感需要。

良好的人际关系对于个体在包容、支配和情感方面的满足具有重要的作用。例如,绝大多数学生都会归属于特定的班集体和宿舍,这些关系为他们提供了一个归属感的源泉,并在一定程度上满足了包容的需求。此外,许多同学还会在学生会和社团中担任职务,参与勤工俭学等活动。这些经历不仅有助于提升同学们的人际交往和办事能力,更能够进一步满足对归属感和支配感的追求。

值得注意的是,大学生正处于人生的青春期,在友谊中寻求陪伴与支持,以克服孤独感,在恋爱中寻求亲密与理解,以获取情感上的满足。因此,良好的人际关系对于大学生来说尤为重要,不仅能够满足他们的基本情感需求,还有助于他们更好地成长和发展。

4.魏斯的社会关系律

美国心理学家罗伯特·魏斯分析了人类的亲和需要,他认为正常的人际交往是人类的基本社会需求,人际交往能满足个体以下六种基本需要。

(1)依附的需要,指最亲密的人际关系提供给个体的安全感和舒适感。这种需要能从伴侣和爱人那里得到。

(2)社会整合的需要,指渴望与他人共享相同的观点、兴趣和态度的需要,并产生群体归属感。这种需要能从朋友、同事和战友那里得到。

(3)价值保证的需要,指人们希望得到他人积极、肯定的评价,以提高自信心,证实自己的价值和能力的需要。

(4)可靠同盟的需要,指人们在遇到困难时希望得到他人协助和加入以壮大力量的需要。

(5)寻求指导的需要,指人们希望别人给自己提供知识信息指导,以增长自己能力、丰富自己经验的需要。

(6)关心他人的需要,指人们通过关心和照顾他人来证实自己被需要和被看重,即自我评价或自尊的需要。

需要理论普遍认为,人际关系的状况主要取决于人们之间需要满足的程度。当彼此的需要得到更多的满足时,人际关系往往会更加和谐。

(二)人际交往的动机

动机指直接推动人们采取行动以实现特定目的、满足特定需要的心理驱动力。尽管人有各种需要,但并非所有的需要都会转化为动机。以饮食为例,人们固然有饮食的需求,但在未感到饥饿或口渴时,可能并不会产生进食或饮水的动机。只有当饥渴感被触发,消除这种不适才会成为行动的动机。动机的产生并非自然而然,而是需要一定条件的触发。同样,个体对人际交往的需要也只有在一定情境下才会转化为实际的交往动机和交往行为。交往动机正是激发并维持人们进行交往活动的直接内在动力。

个体的交往动机是复杂多样的。有些人交往是为了消除内心的孤独感,有些人则是为了获取信息,有些人则出于功利目的,希望通过交往满足自己对物质和金钱的需求。另外,有些人交往是为了获得他人的肯定和赞许。对此,许多专家和学者提出了各种关于人际交往的动机理论。

1.自我呈现理论

美国社会学家欧文·戈夫曼在《日常生活中的自我呈现》中提出了戏剧透视法的符号互动理论:人们在交往过程中试图借助于自己的言行呈现与自己意愿相符合的自我形象,对他人施加影响,控制他人对待自己的方式,这就是人际交往的动机。他形象地将社会结构比作一个广阔的舞台,每个人的社会行为都如同舞台上的表演,而那些观众则是我们生活中的其他人或是我们心中的想象。作为演员的我们,常常会根据观众的期望来塑造自己的行为,甚至在某种程度上隐藏真实的自我,以期获得观众的认可与赞赏。戈夫曼认为人们在他人面前呈现出来的也是塑造、美化后的自我形象,为了管理自己在他人心中的印象,会隐藏真实的自我,而让理想化的自我呈现出来。所以戈夫曼的自我呈现理论又被称为"戏剧论"或"印象管理"。

2.社会交换理论

社会交换理论是美国社会学家乔治·霍曼斯受经济交易的启发而提出来的。他主张,人际交往的实质是一种多元化的交换过程,涵盖了情感交流、利益报酬、资源共享、公正对待等诸多方面。人际交往的内在驱动力源于"自我利益"的追求,人们普遍遵循利己主义原则,追求利益最大化而避免损害。在互动过程中,人们往往倾向于提升收益、降低代价,或者提升满足感、减少不满情绪。生活本质上就是一系列连续不断的选择。所有的人类行为都建立在理性选择的基础上,而我们的行为总是倾向于实现最优化——以最小的成本获得最大的回报。"代价"与"报酬"的含义不仅包括物质的东西,也包括精神的东西。"报酬"中的大部分来自人际互动中的其他社会成员,如逗乐、感激和报答。社会交换理论甚至可以被用来解释人们利他行为(代价)的动机——为了提高自我的价值感,迎合社会赞同,或者为了消除内疚感、罪恶感(报酬)。恩惠的相互交换会加强人际关系纽带。社会交换理论主张应尽量避免人们在利益冲突中的竞争,应通过相互的社会交换获得双赢或多赢,但这多少有些理想化,不能解释人际交往领域内的许多现象。

美国社会学家彼得·M.布劳在很多方面修正并发展了霍曼斯的交换理论。布劳观察到,霍曼斯的理论对小规模、面对面的人际交往——它们是简单的社会过程——具有较好的解释力,但是个体之间的交往与有着复杂结构的大型集体之内和之间的交往大相径庭。不平衡的交换过程产生了权力分化。布劳认识到在庞大的社会组织中,权力往往呈现出明显的等级化特征。这种权力可以是合法化权威,也可以是带有强制性的。在这样的权力等级结构中,交换关系通常只存在于对上下层成员均有益的情况下。然而,实际情况中,这种理想的对等关系往往被强制性的权力所替代,导致地位较低的成员获得的回报相对较少。这种强制性的权力关系并非基于平等的交换,而是依赖于消极的惩罚手段来维持。一旦这种有着复杂结构的社会组织体系形成,它更多地依赖于权力关系而非社会交换来保持其稳定。

在确定了社会交换的概念之后,布劳把注意力集中于分析社会交换的基本过程。根据布劳的分析,"社会吸引过程——没有它,人们之间的交往便不会发生——引起了交换过程"①。所谓社会吸引,是一种诱导人们主动建立交往的力量,是人们内心对于与他人交往的心理需要与心理倾向。当一个人期待在与他人交往中获得回报,无论这些回报是内心性感受还是外在的物质收益,他自然会受到那些可能提供这些回报的人的吸引。为了赢得对方的认可,并使其愿意与自己建立交往关系,个体需要展现出自身的吸引力,证明与其交往同样能带给对方回报。一旦成功做到了这一点,对方便会接纳他,交往行为便会随之产生。如果双方在交往中都能得到各自所期望的回报,那么他们之间的相互吸引会进一步加深。当这种不断的相互吸引促使双方建立起稳定且共享的联系纽带时,一种特定的人际关系便逐渐形成。

总之,人际交往的动机是复杂多样的,不能简单地将人际交往的动机归结为某种单一的原因。

3.归因理论

归因指观察者为了预测和评价人的行为以及实现对环境和行为的有效控制,而对他人或自己的行为过程进行因果解释和推论。归因理论不仅能够预测他人的行为,还能进行事后分析,因此,也可以用来解释人际交往的动机。

(1)内外归因理论

美国社会心理学家弗里茨·海德认为,人的行为原因可分为内部原因和外部原因。内部原因指个体自身所具有的、导致其行为表现的性格品质和特征,如气质、性格、态度、能力、需要、情绪、兴趣、态度、信念、努力程度等;外部原因指个体自身以外的、导致其行为表现的外部条件和影响,如他人的期望、奖励、惩罚、指示、命令以及天气的好坏、工作的难易程度等。一个人与他人交往既可能出于内在的需要、情绪和兴趣,也可能因为他人的命令或强制。

海德认为,人们在日常生活中对因果关系的理解并非源于逻辑推理,而是基于对复杂现象的一种简化且笼统的常识性解读。例如,当一个人在工作上取得成功时,他可能会将成功归因于个人的努力或能力,即内部因素;当遭遇失败时,他可能倾向于将失败归咎于工作的难度、运气不佳或他人的阻挠,即外部因素。基于这种归因模式,海德将归因控制点划分为内部和外部两类。他还将内部和外部的归因进一步细分为稳定和不稳定两种类型。在内部归因中,能力被视为一种稳定的归因,因为它相对持久且不易改变;努力则属于不稳定的归因,因为它可以根据个人意愿进行调整和改变。

(2)三维归因理论

美国心理学家哈罗德·凯利提出三维归因理论。他认为,一般人在归因时会沿着三个维度的信息线索进行思考,然后把原因归结于刺激物、行为者或环境。由此他提出了

---

① 彼得·M.布劳:《社会生活中的交换与权力》,李国武译,商务印书馆2008年版,第40页。

三个维度的信息线索:区别性、一致性和共同性。区别性,是考察行为主体的反应方式是否有特异性,是否针对某一刺激客体作出反应。一致性,指行为主体在不同背景下作出的反应是否一致。共同性,指不同的行为主体对同一刺激的反应是否相同。例如,某一天,一个女孩对一个男孩笑了,这是为什么呢?根据三个维度的信息线索状况,我们能推理出三种原因(如表 2-1 所示)。

表 2-1 "她为什么笑"的三维归因分析

序号	三个维度的信息线索			归因
	区别性	共同性	一致性	
1	这个女孩很少对其他男孩笑,区别性高	其他女孩也经常对这个男孩笑,共同性高	这个女孩经常对这个男孩笑,一致性高	这个男孩很有魅力
2	这个女孩也经常对其他男孩笑,区别性低	其他女孩很少对这个男孩笑,共同性低	这个女孩经常对这个男孩笑,一致性高	这个女孩对所有男孩都很友好
3	这个女孩很少对其他男孩笑,区别性高	其他女孩很少对这个男孩笑,共同性低	这个女孩从前不对这个男孩笑,一致性低	情境导致,或者有不同以往的特殊原因

三维归因理论能够相对准确地预测人们的归因结果。然而,人类的心灵如同一个黑箱,交往动机常常在瞬间产生,这使得人际交往的动机变得难以明确阐述。上述理论只解释人际交往动机产生的原理,而不是列举产生的原因。现实生活中,人际交往的动机往往很复杂,不能够简单地归因于某种单一动机。

三、人际交往行为

人际交往由个体的内在需要、动机和外在交往行为构成。人际交往行为是内在需要、动机和周围环境相互影响的结果。从对人际关系的作用上看,人际交往行为大体上分为两类:积极行为和消极行为。积极行为的表现是接受、友好、支持、鼓励等,消极行为的表现是拒绝、嫉恨、破坏、损害等。一般情况下,交往一方的积极行为会引起另一方相应的积极行为;交往一方的消极行为则会引起另一方相应的消极行为。在此基础上,研究者从不同角度描述人际交往行为特点,提出了不同的人际交往行为模式。

(一)李瑞的八种人际交往行为

美国社会心理学家李瑞研究了几千份人际关系报告,根据人们在交往过程中的各种行为反应和互动方式,归纳出了八种人际交往行为模式。

(1)管理—服从型。一方出现管理、指导、劝告、教育等行为,会导致对方出现尊敬、服从等反应。

(2)帮助—接受型。一方出现帮助、支持、同情等行为,会导致对方出现信任、接受等反应。

(3)同意—温和型。一方出现同意、合作、友好等行为,会导致对方出现协助、温和等反应。

(4)求援—帮助型。一方出现尊敬、赞扬、求助等行为,会导致对方出现劝导、帮助等反应。

(5)害羞—控制型。一方出现害羞、礼貌、服从等行为,会导致对方出现骄傲、控制等反应。

(6)反抗—拒绝型。一方出现反抗、怀疑等行为,会导致对方出现惩罚、拒绝等反应。

(7)攻击—敌对型。一方出现攻击、惩罚、责骂等行为,会导致对方出现敌对、反抗等反应。

(8)炫耀—自卑型。一方出现拒绝、夸大、炫耀等行为,会导致对方出现不信任、自卑、嫉妒等反应。

李瑞的研究不仅深化了人们对人际关系行为的理解,也为改善人际关系提供了重要的理论指导。他的研究成果对于心理学、社会学、人际关系学等领域都有着重要的影响。

(二)霍妮的三种人际交往行为

美国心理学家和精神病学家卡伦·霍妮的理论起点是基本焦虑:人们在童年时代存在无法满足的情感需求,会发展成对父母的基本敌意,并在成年后遭受基本焦虑、防御焦虑、冲突和解决冲突的动态过程。在霍妮看来,人们通常采用向人靠近、与人对抗或者与人远离三种行为方式来对抗基本焦虑,因此存在三种人际交往模式。

(1)谦逊型。其特征为"朝向他人",人们在人际交往中表现出忍让、帮助、给予的行为特征。无论与什么人交往,他们都会首先想到"他是否喜欢我吗"。遇事倾向为他人着想,考虑问题全面、细致,拥有团结、协作、友谊的人际关系。但是这种人际交往行为往往也是比较被动的。

(2)进取型。也称竞争型,其特征为"对抗他人",人们在人际交往中表现出敌对、封锁、相互利用的行为特征。人们遇事总想窥探对方力量的大小,以期胜过或压倒对手,缺点是容易以自我为中心,人际关系较为紧张。

(3)分离型。其特征为"疏离他人",人们在人际交往中表现出疏远他人、与世无争的行为特征。人们总想躲避他人的影响与干扰,人际关系较为冷漠、疏离。

霍妮还指出这三种人际交往行为模式与职业类型的相互关系:谦逊型的人适合从事社会工作,为医学、教育工作者;进取型的人适合从事商业金融、法律方面的工作;分离型的人适合从事艺术、科研工作。

人际交往行为错综复杂,受许多因素的制约,交往双方的个性心理、社会地位、交往情境、文化传统、生活经历等都会对人际交往产生重要影响。因此,人际交往的行为模式也不会一成不变。

总之,需要是人际交往最内在的动力,在一定的条件下会产生直接驱使行为的动机,动机促成人际交往行为出现和持续进行，以满足需要。在人际交往过程中，如果动机得以实现，需要得到满足，个体从中享受到愉悦或得到利益，人际交往得以维持和发展，否则就会终止。人的需要和动机复杂多变，人际交往行为也复杂多样。

四、人际交往类型

（一）正式交往和非正式交往

根据交往主体的归属性质，我们将人际交往划分为正式交往和非正式交往。正式人际交往涉及组织机构明文规定的身份、职责范围和行为程序等。通常，正式交往具有一定的风俗效力和法律效力，交往双方会受到一定的约束，例如有婚恋关系的人际交往和基于工作关系的人际交往。相对而言，非正式交往中明确行为规范的约束就少，例如朋友如何相处、恋爱如何进行、家庭聚会如何举办。

（二）直接交往和间接交往

根据交往是否需要通过一定的中间环节，可以将人际交往划分为直接交往和间接交往。直接交往指的是双方直接面对面进行交流，不借助任何中间媒介；间接交往则是通过一定的媒介，如信件、电话、网络等进行的交往。

在直接交往中，交往双方的信息和情感交流更为充分和及时，交流效果往往更佳。然而，直接交往的成本相对较高，需要花费更多的时间和精力，覆盖范围和影响范围也相对有限。相比之下，间接交往虽然信息和情感交流受到一定限制，但借助于媒介可以扩大交往的覆盖面和影响范围。

直接交往和间接交往相辅相成、相互促进，人们可以根据具体情况选择适当的交往方式实现交往目标。

（三）现实交往和虚拟交往

按照交往的沟通方式，人际交往可以分为现实交往和虚拟交往。现实交往指人际交往中，交往的对象和途径都是真实存在的，通常指面对面互动或通过真实世界的媒介（如书信、电话等）进行的交往。这种现实交往方式具备诸多优点。首先，它赋予交往以真实感，使双方能够深刻意识到交往主体的真实存在，从而大大增强了交往的可靠性和信任程度。其次，现实交往具有直接性，能够迅速而有效地解决问题，提高交流的效率和效果。例如，通过肢体接触，人们能够更直接地满足情感需求。此外，现实交往社会线索丰富多样，包括言语、面部表情、肢体语言以及环境布置等，这些丰富的互动信息有助于人们更深入地理解对方的情感和意图，从而加强彼此之间的沟通和理解。然而，现实交往也存在一些局限性：时间和空间限制，现实交往需要人们在同一时间和空间中进行，这限制了交往的范围和频率。现实交往也很难重复，往往呈现为一次性过程。因此，一旦出现失误或误解，很难恢复到之前的交往状态。这样的特性使得人们在现实交往中变得谨慎,以避免产生不必要的隔阂和误解。

虚拟交往指人们通过互联网和电子设备进行的交往,交往对象或交往途径是虚拟的,也就是说,交往的双方可能并不在同一物理空间,通过数字媒介(如社交媒体、即时通信工具、网络游戏等)进行互动。电子邮件、社交平台等虚拟交往是基于文本或图像的交流,用户可以通过文字、语音、视频等方式进行沟通。而人工智能的虚拟交往则是通过模拟人类智能的技术来实现,包括自然语言处理、机器学习、计算机视觉等技术,使机器能够理解和执行人类的任务,甚至在一些领域超越人类的能力。人工智能的虚拟交往还具有更高的智能化程度,可以提供更加个性化和智能化的服务,例如根据用户的行为和偏好进行智能推荐、自动回复等。而电子邮件、社交平台等虚拟交往则相对简单,主要是基于用户自主编辑、浏览或搜索的方式进行交流。电子邮件、社交平台的交往对象一般是真实存在的人,交往本质上还是人和人之间的关系,而通过人工智能进行的交往其对象是虚拟的,目前人工智能并不具有人的真实情感。

较之现实交往,虚拟交往具有以下优点:(1)便捷性。虚拟交往不受时间和空间的限制,使人们能够随时随地保持联系。(2)多样性。虚拟交往可以以文字、图片、音频、视频等多种形式进行,使交流更加多样化。(3)高效性。虚拟交往可以快速传递信息,使交流更加高效和及时。虚拟交往也存在一些局限性:(1)缺乏情感,虚拟交往缺乏现实交往中的情感交流和社会线索,可能导致误解和沟通障碍。(2)存在安全隐患,网络具有匿名性和开放性,虚拟交往中容易出现网络欺诈和隐私泄露等问题,需要加强网络安全保护。(3)具有非直接性。与现实交往相比,它无法建立真实的联系和信任,这也限制了其在某些方面的应用。

现实交往和虚拟交往各有优缺点,人们可以根据具体情况选择合适的交往方式。无论哪种交往方式,都需要文明礼貌、尊重他人,以实现有效的人际交流与合作。

此外,按照交往主体,可以分为个体与个体间的交往、个体与群体间的交往、群体与群体间的交往;按照交往动机,可以分为情感性交往和工具性交往;按照交往频率,可以分为偶然性交往和经常性交往;按照交往的社会层级,可以分为纵向交往和横向交往;按照交往的信息传递方向,可以分为单向交往和双向交往。

第二节 人际吸引

"物以类聚,人以群分。"人的一生中会遇见形形色色的人,并非能与每个人都相亲相爱。通常,人们只会选择与自己志同道合、相互欣赏的人建立亲密关系。人际吸引,指的是在人际交往过程中,双方情感相互靠近、亲近的现象,它是人际关系中一种积极的肯定形式。人际吸引力则体现了这种喜爱的程度。人际吸引力的强弱对于人际交往的形成、发展和稳固具有重要作用。相互欣赏、喜欢的人会容易成为朋友。那么,哪些因素会影响人际吸引呢? 为此,心理学家进行了大量研究,并将研究结果大致分为两大类:个性特征因素和共性规律因素。个性特征指的是个体独特的性格、爱好和价值观等,这些因素会影响人们之间的相互吸引。而共性规律则指那些普遍存在于人际交往中的吸引因素,如相似性、互补性、邻近性等。了解这些因素,有助于人们更好地理解人际吸引的复杂性,从而在人际交往中更加得心应手。

一、个性特征因素

个性特征是每个人独特的生理和心理表现,它由长相、气质、性格和能力等多个方面共同构成。正因为个性特征的多样性复杂性,才使得社会生活变得丰富多彩。例如,有些人具有很强的人际吸引力,他们容易与他人建立并维持愉快的交往关系,彼此从中受益;另一些人则可能吸引力不足,难以吸引他人的注意和接近。心理学家对具有吸引力的个性进行了深入研究,认为外表、能力、品质和情感等因素都是影响人际吸引的主要因素。

(一)外表吸引

外表吸引就是外貌长相对他人具有吸引力。当两个陌生人见面时最开始关注的就是外表,"第一印象"便开始塑造。在人际交往中,第一印象尤为重要。一个积极、正面的第一印象有助于建立良好关系,促进后续的交流与合作;一个消极、负面的第一印象则可能导致误解、隔阂,甚至阻碍进一步的交往。

为什么外表吸引力如此强大?科学证实,外表吸引是一种集体无意识。在自然环境中,美丽的外表往往代表着旺盛的生命力与健康。靠近外表美丽的人会让人心情愉悦、赏心悦目,这是一种自然的需求。在人类漫长的进化历史中,我们的祖先在择偶时学会了通过人的外貌来判断对方基因的优劣——在得到更好的呵护后,貌美的人通常拥有更健康的身心基因,于是这种对貌美的偏好就被人类后代继承下来了,以至于外表出众的人在人际交往中占有一定的优势,能够获得更多的利益。

(二)能力吸引

能力指一个人胜任某种工作或完成某项任务所具备的人格特征。通常,人们会被自己不具备但又渴望拥有的能力吸引,例如工作能力、领导能力、管理能力、计算能力、演说能力、谈判能力、记忆能力、交际能力以及精神感召力等。"天生我材必有用",然而,人们渴望在某些领域成为出类拔萃的强者,在尚未成为强者的时候,会崇拜那些已经展现出卓越能力的人,并以他们为榜样。这种倾向导致人们更倾向于与能力强的人交往,正所谓"宁给智者背包袱,也不给愚者当军师"。这种现象被称为能力吸引。

如果权力、名望、财富、家世和社会地位等都是能力运作所致,也算作能力吸引。屠呦呦、姚明等都是凭借自己在专业领域的突出贡献成为社会名人,吸引了无数"粉丝"。

但是,能力和人际吸引力之间的关系并非"有能力就有人际吸引"这般简单。

作家周国平在《人与永恒》中说:"一个太好的女人,我是配不上的。她也不需要我,因为她有天堂等着她。可是,突然发现她有弱点,有致命的会把她送往地狱的弱点,我就依恋她了。我要守在地狱的门前,阻止她进去⋯⋯"[①]可见,聪明、能干但并不完美的人比十全十美的人更有吸引力。

一般情况下,能力与吸引力之间是正向关系。但在群体中,全能的人并非最受欢迎。通常,当一个人强大到别人无法超越、无法匹敌时,其人际吸引力不增反减。相反,如果他们在某些方面表现"低能",反而让其他人觉得可亲可近。因此,如果你想给人留下好印象,充分展示才能当然是必要的,但是不妨偶尔显示一点"笨拙",这不但不会让你的形象打折扣,反而让你变得更有亲和力。

(三)品质吸引

1.人际关系发展的决定性因素

影响人际关系发展的决定性因素是个性品质。"漂亮的脸蛋千篇一律,有趣的灵魂万里挑一。"这句话深刻揭示了人们容易对外表美产生审美疲劳,而渴望深层次的、更高级的美。心灵,作为另一个展现个体特征的领域,即人格品质,简称人品或品质,其在人际关系中的作用不容忽视。社会中存在着一些广受认同的个性品质,这些品质不仅彰显了个体的人格魅力,更是人际交往的基石。具备真诚、善良、宽容等优秀品质的人,往往具有强大的人际吸引力。

个体的人格品质要在人际交往中体现。当最新获得的信息影响比原来获得的信息影响更大时,就会发生近因效应。近因效应的心理现象在生活中很普遍。了解一个人多方面的人格往往需要交往很长时间以及经历很多事情,正所谓"路遥知马力,日久见人心"。

人的性格各种各样,核心是个体对待他人和集体的态度,例如一个关心他人、团结同学、热心助人的人,人们也喜欢他,而自私、冷漠的人就没有什么朋友。一个能力强的人有没有人际吸引力也要以人品为基础,能力强但自私的人不太有人际吸引力。例如,一个工作能力强但性格暴躁的人,可能没有人愿意与他共事,一个聪明但贪财的人,人们也不会让他去守公家的金库。如果交往对象对人品的要求高于能力的话,那么人品对吸引力的影响就更加持久和稳定。可见,影响人际关系发展的决定性因素仍然是个性品质。

2.最具人际吸引力的人格品质

人际交往中,什么样的人格品质最具人际吸引力? 这可以通过实验来检验。

(1)真诚

美国心理学家安德森在1968年进行过一次个人品质与人际吸引力关系的大型测验。测验结果显示,真诚和老实这些品质因能够增进人与人之间的信任和亲近感,而备受大多数人欢迎。相反,撒谎(位居反感特质之首)、假惺惺、刻薄、冷酷和不忠等负面品质,因会破坏人际信任和关系,而遭到人们的反感。可见,人际交往中,幽默与否、聪明与否、深沉与否甚至健康与否,都并非关键因素。这些特质往往因人而异,如同"萝卜白菜

---

① 周国平:《人与永恒》,作家出版社2023年版,第4页。

各有所爱"。真正关键的个性品质是真诚,它才是影响人际关系发展的核心要素。

(2)热情

美国社会心理学家阿希设计了一项实验。这个实验又精心被设计为两个子实验。[①]参加实验的志愿者是大学生,实验者将他们分为 A、B 两组。实验要求两组大学生都仔细听一组(A 组或 B 组)关于某一个人的性格特征的形容词。A 组被试听到的单词:聪明的、灵巧的、勤勉的、热情的、坚定的、现实的、谨慎的;B 组被试听到的单词:聪明的、灵巧的、勤勉的、冷酷的、坚定的、现实的、谨慎的。

两组词中只有一个词不同,就是"热情的"与"冷酷的"。听完形容词后,要求两组大学生根据自己的印象为被描述者写一段简介。以下分别是实验里两组中的一名志愿者所写的简介:

A 组(热情的):这个人如果相信某事是正确的,就希望别人了解他的观点,并能很真诚地与他人讨论,而且愿意看到自己的观点占上风。

B 组(冷酷的):一个很势利的人,他的成功和聪明使他觉得自己高人一等,精于算计,冷漠无情。

显然,A 组志愿者对被描述者的印象更好更积极,"热情/冷酷"特征似乎在印象形成中有很重要的作用,它决定了被试者是否会对被描述者产生好印象。

第二个实验只在第一个实验的基础上稍做变化,被试听到的形容词组有所不同:

A 组:聪明的、灵巧的、勤勉的、有礼貌的、坚定的、现实的、谨慎的;

B 组:聪明的、灵巧的、勤勉的、粗鲁的、坚定的、现实的、谨慎的。

其中,只有一个词不同,就是"有礼貌的"与"粗鲁的"。

然而,这一回 A 组和 B 组在描述上的差异并不明显。这似乎说明"礼貌/粗鲁"在印象形成过程中只占有边缘地位。实验验证了阿希之前提出的第二个假设:在印象形成过程中,每个特征的作用并不是等同的,各个特征的影响力并不是简单相加,而是各个特征互相影响、有机结合,某些特征联系紧密,并以一个"核心"特征为中心,对整体印象产生至关重要的影响。

总之,从阿希的实验中我们得到了一个重要的结论,那就是"热情与否"是影响人际吸引力的一个核心特征。热情在人们初次见面能够留下很好的第一印象,而真诚在发展长远或重要的人际关系上是最具吸引力的品质。

(四)情感吸引

情感,或感情,是情绪和情感的总称,一般解释为对外界刺激的心理反应、动作流露,同时也表示对人或事物关切、喜爱或厌恶的心情。人们一般把持续时间比较短、容易变化的心情叫作情绪,而把持续时间长、持久稳定性的心情叫作情感。情绪是本能的反应,具有外显的特点,能够直接表达人的内心状态,而情感则包含道德价值评价,隐含在个人的观念中。

---

① 王朝阳、李伟强:《新编大学生心理健康教育》,上海交通大学出版社 2017 年版,第 90 页。

所谓"七情六欲"中的"七情"指快乐、愤怒、焦虑、忧郁、嫉妒、孤独、恐惧等基本情绪，这些情绪在人际交往中起到关键的作用。一个能够妥善管理自己情绪的人，往往能够在人际交往中展现出更高的情商，更好地理解和满足他人的需求，从而建立更紧密的人际关系。而对于如何满足"六欲"则包含了是非、曲直、好坏的价值观念，例如，坚定、乐观、自信、勇敢、爱情、温柔、幸福、感恩等，这些都是在人际交往中能够产生积极影响的情感。

当前人们越来越重视人际交往中的情感体验，并看重"情绪价值"。"情绪价值"最初源自营销学，它描述的是顾客在使用产品或服务时所体验到的正面情绪与负面情绪之间的差值。在关注产品、服务的品质、实用性等硬实力之外，现代顾客也格外重视在消费过程中所获得的情绪满足度。这种情绪价值，虽非物质形态，却能够生动地体现产品服务给予消费者的情感体验，成为一种无形的附加价值。如今，"情绪价值"这一概念在人际关系领域也得到了广泛运用。它指的是个体在交往中影响他人情绪的能力。一个人若能带给周围的人更多的舒适、愉悦与稳定情绪，其情绪价值便被视为较高；反之，若常常引发他人的负面情绪，其情绪价值则相对较低。

正向的情绪价值不仅能够为人们带来愉悦的体验，更能激发正面情绪，推动个人的成长与发展。"情绪价值"的流行，正是现代社会人们对美好生活更高层次心理需求的体现。它提醒我们，在追求物质满足的同时不应忽视情感层面的交流与满足，因为真正的幸福往往源于内心的愉悦与满足。因此，提高情绪管理能力，在人际交往中得体地表达情感，提升情绪价值很重要。例如，在工作中，一个能够妥善处理情绪、积极传递正能量的人，往往能够赢得同事的尊重和信任。在生活中，一个善于管理情绪的人，能够妥善安抚亲友的情绪，及时化解人际纠纷，展现出通情达理、合情合理的待人处世能力。这样的人不仅充满人情味，而且情商高。

在人际吸引的复杂交织中，个性特征往往扮演着举足轻重的角色。有些人因为独特的个性而显得尤为显眼，他们就像一个个"显眼包"，在人群中熠熠生辉，吸引着周围人的目光。这些"显眼包"可能外表出众，可能拥有热情洋溢的性格，可能拥有令人羡慕的才能，也可能展现出深邃内敛的特质，无论如何，他们的个性特征都成为人际吸引的源泉。正是这些独特的个性使得他们在社交场合中能够脱颖而出，与他人建立起深厚而持久的联系。

二、共性效应规律

人际吸引的实现，并非仅依赖于个体的独特魅力，还离不开共性效应规律的潜在作用。共性效应规律，如同无形的纽带，将人们紧紧相连。它揭示了人与人之间的共同点和相似之处，这些相似之处如同磁铁般吸引着彼此，使人们在交往中感受到一种难以言表的亲近和舒适。这种亲近感与舒适感进一步催生了深厚的情感纽带，使人际关系得以稳固并深入发展。在共性效应规律的作用下，人们在交往中寻找着共鸣的音符。这种共鸣不仅增强了彼此的理解和信任，更为人际关系的深化提供了源源不断的动力。这种深化不仅体现在情感的交流上，更体现在思想的碰撞、价值的认同以及行为的协同上。

(一)邻近性吸引

邻近性吸引,指物理空间有利于促进人际交往。心理学有一个宿舍楼实验。实验表明,在一幢宿舍楼里面,同一楼层当中,越靠近中间、相邻宿舍的人,他们相互吸引的概率要远远大于在同一楼层两头宿舍的人。因为同一楼层、宿舍相邻,就意味着他们见面的机会更多,交往的频率更大,彼此良好互动的频率更高。而住在两头的人,彼此距离远,互动交往的机会少了很多,交往频率、彼此产生好感的机会也少了很多。结论就是两个物理距离越近的人,彼此的吸引力越大。

有时候人们越接近越讨厌对方。如果最初的印象是不喜欢或讨厌,那么可能越接近越不喜欢,这是大脑直觉认知图式的一个特点。如果一个观念先入为主,大脑就会偏好搜集证明这个观点的信息。例如,如果你先前不喜欢某个人,就可能把他在课堂上积极发言的行为看作卖弄。所以,如果彼此本来就带有负向情绪,那么关系越互动越差,就要减少互动,保持一定距离,等待将来改善关系的机会。

邻近性吸引告诉我们,想要发展良好的人际关系,开始阶段的接触必须使彼此都感到愉快。第一印象较好,后面互动中产生的印象又是积极的,人际交往就容易发展下去,人际关系就会越来越融洽。

(二)熟悉性吸引

熟悉性吸引,指因为熟悉而产生人际吸引。熟悉度对人际吸引力的影响很大,即使陌生人经常见面也会产生吸引,增加喜欢对方的程度。所以,"混个脸熟"也是有道理的,主动接近可以为人际交往创造条件。

但是,人际关系并不是越熟悉越好,吸引力也不是交往次数越多越强。交往次数要有度,否则可能过犹不及。心理学领域有一个"人际吸引的增减规律"。实验设置了四种评价模式,并且让人反复听到对方对自己的评价,包括:第一种始终得到肯定,第二种始终得到否定,第三种先否定后肯定,第四种先肯定后否定。这四种评价模式近似于人际交往行为在不断熟悉的过程中得到的评价。结果发现,人们往往喜欢对自己喜欢水平不断增加的人,甚至高于一直肯定自己的人,而厌恶对自己喜欢水平不断减少的人,甚至比一开始就否定自己的人更厌恶。所以熟悉程度对人际吸引的影响,不仅取决于对方一开始对我们是肯定还是否定,还取决于后来的变化和性质。所以,交往中人们要不吝赞美,设法让对方知道自己喜欢他,这对于人际吸引的形成很有帮助。但是,也要讲究社交技巧,把握好行为分寸,优点可以在交往中慢慢展现。

(三)相似性吸引

相似性吸引,指人们在态度、信念、价值观和追求目标上相似而产生的人际吸引。所谓的志同道合,就是在生活背景、年龄、兴趣、态度、信仰等方面相似的两个人很容易相互吸引。

大量研究表明,人际吸引最重要的因素是相似性,相似性广泛地反映在人际吸引的多个维度上。例如,年龄、爱好、生活方式、受教育程度、价值观等,共同点让彼此有亲近和友好的感觉。

为什么彼此意见相似会导致相互吸引呢? 一个很重要的原因是,那些与我们在一些重大问题上态度和看法一致的人给我们提供了自我肯定和自我辩护的价值。他们使我们感到自己是正确的。这无疑让我们感觉良好。

美国现代人际关系教育的奠基人戴尔·卡耐基在《人性的弱点》一书中提出建立良好的第一印象的方式之一是谈符合对方兴趣的话题。当对方认为你们兴趣相似时,就容易对你产生好感。当然,选择与对方相同的食物、饮料甚至相似的餐饮动作,也能引发人的好感。

尽管我们认为刻意地迎合他人是完全没有必要的(而且也未必有积极的效果),但是在某些场合下还是可以利用一下"相似相吸"效应来为人际关系的建立开个好头。相似与吸引之间的关系是双向的,相似引发吸引,吸引又能创造出新的相似。

(四)互补性吸引

互补性吸引,就是不同性格或能力的人之间能够互相取长补短,相互受益的人际吸引。彼此搭台才能让共同生活更美好。例如大学寝室搞活动,有的同学擅长发现新玩法,性格活泼、热烈;有的同学擅长分析性价比,性格冷静、理性;有的同学总是配合默契,性格沉稳、温和;有的同学能够当机立断,性格果断、敢作敢当。一场讨论下来,活动的方方面面都考虑到了,大家彼此受益,相处很愉快。这就是个性特征差异性引发的互补吸引。

人们渴望的外在形式的互补,往往具有内在观念的高度相似。"三观"越相似的人越容易相互吸引,建立的关系也越稳固。在现实生活中,一个看起来大大咧咧、神经大条的女生和一个温文尔雅、艺术气质浓厚的钢琴家谈恋爱,尽管别人怎么看都觉得他们不搭,但他们却爱得死去活来。原因就在于他们都崇尚自由、大方和包容。家世、阅历和性格的不同反而让他们觉得这种关系令人兴奋且充满趣味。这其实正是"郎才女貌"的道理所在,表面的"才"和"貌"差异并不重要,重要的是彼此内在的倾慕和对这种差异的认同,认为这样的"交换"是公平的。同样,在婚姻家庭中,"男主外女主内"的分工模式也是基于彼此的认同。价值观念的一致性是他们能够互补外表差异的基础。

(五)匹配性吸引

匹配性吸引,指双方实力相当而引发的人际吸引。虽然人们对于外表好看的人总是喜欢,但是当真正要选择一个人,与他发展重要关系时,往往并不是选择长相漂亮或最帅的人,而是选择一个与自己长得差不多的人。人们更愿意和那些在他们看来与自己的长相或者实力在同一个层级里的人交往。选择朋友是这样,选择伴侣也是这样。

一位印度心理学家进行了婚姻满意度的调查,结果发现:门当户对的爱情最为稳固,同时这类婚姻的满意度也相对较高。如今,"门当户对"这个词已不再是旧式包办婚姻的代名词,它更多指的是双方在教育背景、成长经历、经济实力、社会地位等方面的相互匹配和协调。这样的匹配关系有助于增强伴侣之间的默契和幸福感。

(六)强迫性吸引

强迫性吸引通常指的是个体无法抗拒某种吸引力,即使这种吸引力对自己可能产生负面影响。强迫性吸引可能表现为一个人对另一个人产生了强烈的情感依赖和迷恋,即使这种关系在客观上看似不可能、不健康或不平衡。

曾经有位杨姓女性迷恋刘姓男明星的事件令人唏嘘。小杨对刘先生的迷恋超越了正常的追星行为,导致她忽视了日常生活、学业和家庭,甚至对她的家庭造成重创。尽管外界对这种迷恋提出了疑问和警告,但小杨似乎无法控制自己的情感和行为,最终导致悲剧。

强迫性吸引往往与个人的心理状态、经历或性格特质有关,可能是一种不健康的行为模式或情感反应。因此,在面对类似情况时,寻求专业的心理咨询和支持是很重要的。它也提醒人们,对强迫性吸引行为,需要关注和引导,以避免对人际关系产生负面影响。

(七)异性吸引

在同异性共事或交往过程中,异性相吸是普遍存在的。首先,男女性别自然互补相吸。男女自然的性别、外貌、举止、气质是互补的,双方在一起自然能体会到轻松、愉快、互为接纳。其次,双方性格的相似相吸。真诚、幽默、热情的性格更能够增加异性间的相互吸引。最后,对方拥有美貌、聪明、能力、财富、地位等方面的吸引力。

美貌是引发异性相吸的一个很重要的因素,但在亲密的人际关系中它可能不是决定性因素。其实,外表的吸引力体现了一个人整体的气质。一个知书达理、见多识广的人,举手投足间自然透露出高雅、理智、自信的气质。所以,哲学家席勒说:"美丽的容貌反映着内在的美、灵性与道德的美。"

然而,长相普通的人同样具有异性吸引力!积极的品质,如热情、真诚、温柔、善良和开拓进取等,都很有吸引力。人的内在修养和精神状态会通过外在表现来展现,拥有高贵品质的人即使相貌不出众,举手投足间也焕发出迷人的魅力。

内外都美的人极具人格魅力,吸引的不仅仅是异性。已故世界著名电影演员奥黛丽·赫本被认为是世界上最美的女人。晚年,她投身慈善事业,是联合国儿童基金会亲善大使的代表人物,为第三世界妇女与孩童争取权益,被誉为"落入凡间的天使"。她传授"永葆美丽的秘诀":魅力的双唇,在于亲切友善的言;可爱的双眼,在于看到别人的优点;苗条的身材,要肯将食物与饥饿的人分享;美丽的秀发,因为每天有孩子的手指穿过它……随着岁月增长,你会发现,你有两只手,一只帮助自己,一只帮助他人。[①] 真正的美是发自内心的体贴,对他人的帮助、肯定和包容。文明有礼的人都懂得欣赏这样的"精神长相"。它鼓励人们注重自己的言行举止,以善良、亲切和尊重他人的态度来面对生活,从而塑造出更加优雅和美好的自己。

---

① 艾米:《我曾见你误落人间:奥黛丽·赫本传》,中国画报出版社2014年版,第229～230页。

(八)助人与被助吸引

1.助人吸引

与喜欢那些赞扬我们的人一样,我们也喜欢那些向我们提供帮助的人。就像不喜欢那些怀着某些隐秘的目的而赞扬我们的人一样,我们同样不喜欢有附带条件而给予恩惠的人,尤其当接受恩惠后立刻被告知履行某项义务。例如,在免费参观一个地方后,如果被要求购物,我们可能会感到愤怒。因为当我们明白过来接受了带有目的的帮助,就会觉得自己掉进人家挖好的"坑"里了。

2.被助吸引

与助人相反,如果你希望某个人喜欢自己,不妨试着反过来处理,不是向对方提供帮助,而是努力去让对方向你提供帮助。有很多研究表明,让别人帮助自己,反而会增加自己在别人心目中的吸引力。因为人们都有"为自己行为辩护"的动机。理由可能是"我是个很不错的人",或者"他不错",或者"当时情况紧急"。"他不错"的归因会引发往后的好感和帮助。

心理学证实了帮助别人的人会喜欢上帮助的对象,即"富兰克林效应",指相比被你帮助过的人,那些曾经帮助过你的人会更愿意再次帮你。本杰明·富兰克林想争取一名一直对他抱有敌意的国会议员的支持。听说该议员珍藏了一本稀世图书,于是富兰克林便写信向议员借书,言辞恳切。没过几天,书就寄来了。富兰克林把书寄回时又郑重表达了感谢。从此以后,这名议员对富兰克林的态度转变了,最终二人成为好友。

然而,需要注意的是,富兰克林效应并非适用于所有情况。在某些特定场合下,过于频繁地寻求他人帮助可能会被视为依赖或负担。因此,我们在运用富兰克林效应时需要根据具体情况灵活调整策略,避免产生负面影响。

(九)热咖啡、沙发和糖果吸引

"抓住了他的胃就抓住了他的心。"身体舒服了,心也会舒服起来。热咖啡让身体感觉温暖,沙发让身体感觉舒适,糖果让人感觉甜蜜,这些都是让人身心愉快的事物。人的情绪和思维很容易受到自己身体状态的影响。其实,很多精明的店家早就在运用这些策略来谈生意了。例如,当你走进某家汽车销售店,客服经理会热情地招呼你坐进柔软的沙发,给你端来一杯热茶,请你随意享用茶几上的糖果。你在身体感觉温暖、舒适、甜美之后,再审视这家店的产品和服务态度就可能更倾向于肯定。同样,你需要积极促进人际关系时,不妨试一试热咖啡、热奶茶。

人际吸引的魅力源于无数个体特征与共性规律的交织。尽管我们探讨了许多影响人际吸引的因素,但真正影响人际吸引的个体特征和共性规律远不止此。尊重和欣赏每个人的个体特征,同时善于发掘和利用共性规律,有助于建立更广泛更深远的人际关系。通过理解和接纳他人的独特性,我们可以丰富自己的人生经验,拓宽自己的视野。而通过寻找和利用共性规律,我们可以增强人际关系的稳定性和深度,促进人际互动的和谐与顺畅。

第三节　人际沟通

沟通是人际交往中不可或缺的一种形式。无论是做人还是做事,沟通都发挥着至关重要的作用。当人们希望被理解时沟通是桥梁,当人们遭遇误解时沟通更是化解困境的利器。沟通使人际关系更加和谐,个人影响力得以提升,解决问题的能力得以增强,同时沟通也带给人们更多的快乐。因此,沟通无疑是通往人生成功的关键所在。

一、沟通之道

(一)人际沟通的定义

人际沟通指人们之间为了达到某种目的,通过言语、文字、表情、姿态等交流方式进行信息传递和意见交换的过程。

第一,人际沟通是有目的的。无论言语还是非言语,人际沟通的目的都是满足某种物质或精神需要,如传递信息、抒发情绪情感、获悉对方的态度和思想观念等。

第二,沟通需要通过语言符号来进行,包括言语、文字、表情或身体姿态、手势等。

第三,沟通的过程是心理的双向循环互动。如果沟通不能流畅循环,则说明沟通有障碍。

人际沟通在本质上是人与人的心理互动,主要目的是维系和发展人际关系。沟通不是普遍意义上的交谈及纯粹的信息传递,而是人与人之间的情感、态度、兴趣、心理及人格品质的相互交流、了解和感应的过程,它能够让彼此间有分歧而又互相依赖的人们达成理解和协议。因此,沟通是双方或多方都参与的有效交流的过程,是以达到与其他人建立良好的人际关系,以及借助外界的力量和信息解决问题为目的的。

(二)人际沟通的过程

人际沟通的过程,是一个发送者将信息通过沟通渠道传递给另一个接收者的过程。在人际沟通中,有时一个信息的发送者可以同时与两个以上的接收者进行沟通。沟通的程序,一般包括六个步骤:编码、发码、传递、收码、解码和反馈。

第一,编码是酝酿信息的人。

第二,发码是将信息以一定的形式表现出来。例如,我们要去一个地方,是用口头方式表达还是用文字表达或者用手指向的方式表达。

第三,传递是传递渠道和方式。例如,口头表达的能力、发布信息的平台等。

第四,收码是接收信息的人。

第五,解码指接收者将收到的信息进行解读或理解,以掌握其中的含义。

第六,反馈是接收者将自己的理解和思想作为信息传递给对方,以完成一次沟通。

这六个环节,其中任何一个环节出了问题都有可能造成无效沟通。有效沟通的前提是确保这六个环节的沟通功能正常。发送信息的人,必须是掌握某种语言符号的人,具有沟通能力;发码无误,编码使用的语言符号是对方能听得懂的言语、手势、眼神等;传递渠道要正确、畅通,如果传递环节有问题,对方就收不到信息;沟通对象应当具有相应水准的解码能力,能够领会到信息的含义,否则编码者就是"对牛弹琴",沟通便没有意义。如果对方收到信息后没有任何反馈,编码人的目的没有实现,这就是一次失败的沟通。实际上,人际沟通往往需要经历多次你来我往的互动,从而形成信息和情感的闭合循环流动。这样的循环流动有助于双方更好地理解彼此、深化交流,进而达到有效的沟通目的。

(三)信息漏斗

在语言沟通中,这六个环节任何一个环节出了问题,就会产生信息流失,形成信息漏斗。假设编码人心里酝酿的信息是100%,限于使用语言符号的能力,表达出来的信息只剩80%;由于环境干扰等因素,对方听到耳朵里的信息可能只剩60%;由于对方的理解能力,能听懂的信息可能还剩40%;到最后,由于各方面主客观条件的限制,对方能够落实到行动上的信息可能就只剩20%了。这就是沟通中的信息漏斗现象。

信息漏斗现象提醒人们采取措施防范信息流失。可以这样做:

第一,拟一个提纲,把需要表达的信息浓缩成几个要点,保证不忘记,不跑题,说话条理清晰。

第二,使用对方能听得懂的语言,不然就是鸡同鸭讲,白费力气。

第三,排除传递中的干扰,例如选择不受干扰的环境或良好的通信设备。

第四,重要的事情说三遍,确认对方真正掌握了全部信息,也可以让对方复述传达的信息。

第五,监督对方行为实践过程。

保持联系、反复沟通可以尽量减少信息流失,达到双方协调一致,减少人际矛盾。

(四)"73855定律"

"73855定律",是20世纪70年代美国心理学教授艾伯特·麦拉宾历经十年研究,分析口头和非口头信息的相对重要性时得出的结论:人际交往信息的7%来自说话的内容,38%来源于说话的语音语调,而55%的信息则通过肢体语言、面部表情、人际距离来表达。

"73855定律"告诉人们,通过非语言因素传递的信息比通过语言因素传递的信息要多得多。心理学认为,非语言信息多是无意识的,更能反映行为人的真实意愿。例如,一个正在和我们交谈的人,他目光专注、表情凝重,一般会被认为是在认真和我们谈话的人,而一个习惯交叉双臂与人沟通的人可能就是一个防卫意识比较强或者比较固执己见的人。如果一个人蓬头垢面、衣服皱皱巴巴,衣服上的扣子不齐全,还扣错了位置,那我们便判断他很可能是交际能力差、不注重形象、邋里邋遢的人。

二、人际沟通的类型

(一)语言沟通和非语言沟通

语言沟通指采用语言符号进行的信息交流,是人际交往中最普遍的沟通方式。语言沟通主要包括口头语言沟通、书面语言沟通以及书面与口头混合沟通这三种形式。根据相关研究,这三种沟通方式中,书面与口头混合沟通的效果最为显著,其次是口头语言沟通,而书面语言沟通相对而言效果稍逊。

非语言沟通,是采用了非语言符号的信息交流,包括面对面沟通时的肢体语言、表情、声音的语音语调、身体距离等。非语言沟通在人们传情达意中起到补充作用。例如,人们可以用手指指着自己表示"我"。由于人在沟通中会有意或无意地掩饰自己的真实想法,用语言所表达的意图有时不如非语言符号更真实、准确。亲密关系中的非语言沟通往往比语言沟通更容易传情达意,一个表情,一个眼神,对方就心领神会了。

(二)正式沟通与非正式沟通

正式沟通,指使用组织机构规定的途径和程序进行的信息传递。正式沟通讲究信息传递的规范性和准确性,传递渠道和程序固定,信息传递可靠,但可能传递速度较慢。

非正式沟通指采用正式沟通之外的渠道,缺乏正式沟通的规范性和准确性,其特点是传播途径灵活、信息传播速度快,但传播的信息经过信息漏斗容易流失或有失真的风险。此外,非正式沟通也可能受到个人情感、偏见等因素影响,从而影响信息的客观性和公正性。

非正式沟通有时比正式沟通更加有效。非正式沟通通常是在非正式场合或非正式渠道进行的,如私下交谈、社交媒体、电子邮件等。这种沟通方式通常更加灵活、自由,不受正式沟通的规则和程序限制。因此,非正式沟通有时能够更快速地传递信息,更直接地表达情感和观点,从而更容易建立信任和亲密关系。此外,非正式沟通还可以促进信息的双向流动。在正式沟通中,信息往往是从一方传递到另一方,而在非正式沟通中,信息可以在双方之间自由流动,从而促进更深入的理解。

总之,人际沟通需要灵活运用不同的沟通方式,以达到最佳的沟通效果。

(三)直接沟通和间接沟通

根据沟通是否需要第三者传递,可分为直接沟通和间接沟通。直接沟通指不经过任何中间环节,当事者双方直接进行的信息交换和意见沟通。包括面对面的直接沟通和通过书信、电话、互联网等中介的非面对面的直接沟通。优点是信息交流使用的语音、表情、手势或者文字、图片等由交流双方亲自发出,让人感觉直接、亲切、真实。

间接沟通,指沟通双方不直接接触,需要借助第三方这一中间环节来传达信息的沟通。有时候人们不得不通过第三方中介来实现沟通,以缓冲双方对立的情绪。有时候直接沟通未必能激起对方的重视,而通过第三方转介的间接沟通反而更可能达成沟通的目的。

(四)单向沟通与双向沟通

单向沟通是无反馈的沟通,信息传递的方向只由一方到另一方,如发布指示、演讲、报告会、新闻、宣传、广告等。其特点是接收面广、速度快,但没有及时反馈。单向沟通还有一种特殊形式,是自我沟通,即自己与自己的沟通,又叫人的内心交流。表现形式是自言自语、自问自答、自我发泄、自我陶醉、自我反省、自我斗争、自我沉思等。

双向沟通是有反馈的沟通,信息在沟通的双方之间相互流动。方式包括上面讲的直接沟通和间接沟通。双向沟通的优点包括以下方面:使人感到亲切、真挚,容易建立感情;信息真实,传递准确可靠;信息反馈及时。双向沟通的缺点是传递速度较慢。

(五)即时沟通与延时沟通

依据信息发出和反馈的时间,可以将沟通分为即时沟通和延时沟通。即时沟通指双方之间的交流几乎不受时间和空间的限制,例如,面对面的直接交流、在线电话沟通或通过互联网平台进行的沟通等。这种沟通方式的优势在于能够迅速发现问题并即时解决,效率极高。然而,即时沟通也存在一些不足,例如它容易受到个人情绪的影响,沟通内容可能不够系统全面,沟通过程容易被善于言辞的人所主导,导致信息交流的机会并不完全对等。因此,即时沟通更适合于熟悉的人之间对分歧较小或相对简单的问题进行快速交流,同时也适用于对实际情况进行摸底调研的沟通场景。在这些情况下,即时沟通能够发挥其快速、高效的特点,促进双方有效交流与合作。

延时沟通,指人为延长信息发出和反馈时间的沟通。延时沟通,就是发现问题,慢慢观察,慢慢等待,不急于发布,也不急于得到对方的回复,给对方对信息进行内化和思索的时间。生活中,我们有时候需要放慢沟通的节奏,给彼此一个冷静、理性的审视期。互联网平台也有为满足客户的这种需要,而提供了延时付款、延时发布消息等设置选项。

(六)浅层沟通与深层沟通

浅层沟通指把必要的信息传递给对方,如上级给下级布置任务,下级把工作情况汇报给上级,一般容易进行。

深层沟通指双方在个人情感、态度、价值观等方面进行双向的、深入的交流。一般不在工作时间内进行。

(七)上行沟通、下行沟通与平行沟通

上行沟通就是自下而上的沟通,是广大下级员工向上级领导汇报工作、反映情况、提出建议的正常渠道。上行沟通最好采用“直通”的方式,减少间接沟通,避免出现失真和误时等现象。同时,进行上行沟通时,下级应采用不卑不亢的态度。

下行沟通就是自上而下的沟通。如上级领导将政策、命令、决议等传达给下级。传

达的方式多种多样,可以是口头、书面或直接、间接等。下行沟通一般信息量较小,受到的干扰较多,直接影响沟通效果。进行下行沟通时,上级对下级态度诚恳是关键。

平行沟通指组织或群体内同级部门或成员之间的沟通,是相互配合、彼此支持、解除误会、避免扯皮、消除冲突的重要方式。平行沟通有利于促进部门之间的协调,从而有利于提高工作效率和实现组织目标。平行沟通不能仅仅依靠正式沟通,还应利用非正式沟通,如私人交情。

(八)暴力沟通和非暴力沟通

非暴力沟通,是美国心理学家马歇尔·卢森堡提出的沟通方式。他区分暴力沟通和非暴力沟通的目的是帮助人们提高沟通效率,使人们情意相通,和谐相处。

暴力沟通和非暴力沟通是两种截然不同的沟通方式。暴力沟通是一种倾向于忽视对方感受和需要的沟通方式,它通常以批评、指责、比较、回避责任等方式来表达,容易让对方感到被否定和攻击,从而加剧双方的矛盾和冲突。例如,批评对方的行为表现,发表评论性言辞,或者用命令和指责的语气说话,都是暴力沟通的表现。非暴力沟通则是一种更加尊重和理解对方的沟通方式,它强调观察事实、表达感受、提出请求,而不是进行批评、指责或命令。非暴力沟通的目的是让双方都能够理解并接纳对方的感受和需求,以建立更好的沟通和合作关系。例如,非暴力沟通会表达对对方行为的客观观察,如"你今天发了两次脾气",而不是使用评论性的言辞,如"你脾气这么差"。因此,非暴力沟通与暴力沟通在处理冲突和关系问题时有着显著的不同。非暴力沟通强调对对方的尊重和理解,以及建立有效的双向沟通。而暴力沟通则常常以攻击、批评或命令的方式对待对方,容易导致关系进一步紧张甚至破裂。

总之,各种沟通方式为人们审视沟通行为和沟通效果提供了多种视角选择,有助于人们改进和提升人际关系。

三、有效人际沟通

从实现目的的角度看,人际沟通分为有效沟通和无效沟通。有效沟通就是能够实现目的的沟通。它获得了信息,增进了情感,促进了人际关系的发展。而无效沟通不能实现任何目标。有效沟通需要讲究策略和方法。

(一)勇敢

1.敢于接触

接触就是与他人建立联系。有时候虽然人们想与他人交往,但是因为对自我和他人错误的认识,不能平等地看待自己和他人,导致缺乏与人交往的勇气和信心。有时候我们也会用"我不认识某人,没有办法"来掩饰自己对人际交往的胆怯和不自信。其实,只要我们与人交往的欲望足够强,就一定能找到与人交往的办法,机会和条件是可以被创造出来的。"六度分隔理论"就是这么认为的。

20 世纪 60 年代美国心理学家斯坦利·米尔格兰姆做的实验得出六度分隔理论结论:任何两个陌生人之间所间隔的人不会超过六个,即最多通过六个人就可以让任何两个陌生人认识。[①] 这说明无论两人之前是否相识,通过一定途径,他们总能建立起某种联系。当前,联系方式除了传统的面对面、传递信件、打电话,每个人在互联网上都有跟外界直接沟通的邮箱、公众号、直播账号等。只要获得其中任何一个,就可以直接联系对方。只要树立了与人交往的信心,努力发现并创造与人交往的条件,都可以成功。

2.敢于自我暴露

人际关系与个体自我暴露的程度密切相关。"约哈里窗户理论"告诉我们,个体向他人开放自我的领域越宽,越容易拉近彼此的心理距离。这个理论由美国社会心理学家约瑟夫·勒夫特和哈林顿·英格拉姆提出,用来解释自我和人际沟通关系的动态变化,对如何认识自我和提高人际交往成功的效率有一定的启发作用。该理论把自我的信息分为公开区、盲目区、隐藏区和未知区,提倡在人际交往中扩大自我暴露,认为我对别人开放的区域越大,越容易获得跟对方一致的开放区域。一般而言,尽量扩大开放区,缩小隐藏区,多向对方袒露心扉,自然容易获得别人的好感。

3.不怕拒绝

在人际交往和人际沟通中,勇敢还包括不怕被拒绝,也不怕拒绝别人。其实,相对于怕被拒绝,大多数人怕拒绝别人。怕拒绝别人导致别人不高兴,从而破坏了良好的人际关系。但事实是,盲目的承诺不仅束缚了自己,也可能给别人带来损失。如果不能勇敢沟通,谁也不知道对方在想什么,事情无从下手,问题无从解决。不能容纳拒绝的人际关系一定不是良好的人际关系。不懂得拒绝,不仅可能束缚了自己,也可能耽误了别人的事情,弄得双方都不愉快。所以人际交往中,该拒绝别人的时候要拒绝,这也是一种勇敢。

(二)理智

理智是一种思考力,是人们运用思维的方法去认识、理解、分析和判断事物的能力。感性,则凭感觉、情绪做出反应。人际沟通过程,怎么说话反映了一个人的修养水平。懂得说话的人,既清楚自己表达的目的,适当控制自己的情绪,又能预设说出去的话可能对对方造成的影响,体现出理智和情感的适度。被誉为现代管理学之父的彼得·德鲁克认为进行有效沟通必须明确以下思路。

第一,必须知道说什么。即沟通的目的是什么。如果沟通目的不明确,自己都不知道要说什么,不可能让别人明白。

第二,必须知道什么时候说。即把握住最佳沟通时机,控制沟通的时间。沟通时机不对,沟通效果有可能大打折扣,甚至适得其反。

第三,必须知道对谁说。即明确沟通的对象。如果选错了沟通对象,即便你说得天花乱坠,对方做不了主,说了不算,自然达不到你沟通的目的。

---

① 冯志伟:《从语料库中挖掘知识和抽取信息》,《外语与外语教学》2010 年第 4 期。

第四,必须知道怎么说。即掌握沟通的方法。沟通必须用对方听得懂的语言,包括正确的言语、文字和肢体语言。

(三)赞扬

赞扬,近义词有称赞、赞赏、赞许、赞美、夸赞、点赞等,都表达表扬、欣赏、认可、肯定、激励、勉励,就是从积极的方面去看待对方、鼓励对方,尤其在人灰心丧气的时候。

戴尔·卡耐基认为,渴望得到尊敬、被重视是与人和睦相处的秘诀,为此人们应该"毫不吝啬地去赞扬"。

但是,不是只要称赞就能奏效,可能遇到"拍马屁拍到马腿上"的情况,结果适得其反。如果称赞过于庸俗、肤浅、毫无根据,或者被赞扬的人觉察到赞扬者虚情假意,缺乏真诚,或者赞扬者在故意讨好迎合自己,以便从中获利,那么称赞就不会受到欢迎,甚至让人反感。

称赞别人应该有发自内心的真诚,目的是帮助和鼓励别人。虚情假意、包含利己的阿谀奉承、溜须拍马,终究会被人识破,遭人反感。

(四)批评

生活中,我们免不了对别人的做法不满,有想要批评别人的时候。但是,直截了当的批评往往招致被批评人的奋起反抗——坚称自己没有错,甚至认为自己是对的。这样的结果只能是一场人际关系灾难。

卡耐基认为夸赞是纠错的必由之路,就像牙医给病人拔牙的时候施以麻醉,去除坏牙虽然艰辛,但麻醉可以减除其中的痛苦。人们往往在得到一些称赞之后,才更容易接受逆耳的忠言。

间接提醒的方法可以有很多。例如,对吸烟的人可以提醒他们到吸烟区,对外放音响的人可以向他们提供耳机。或者以身作则,让对方看到好的做法后的积极效果和反馈;或者让对方明白按要求做是更明智的选择;或者批评者同时做一番诚恳的自我批评。总之,间接的批评才能让人听得进,并愿意配合。

(五)说服

沟通或者对话不是说服。很多人与他人沟通的目的就是说服,这样容易激起对方的防御心理,拒绝任何意见和建议。由于人们都有替自己辩护的心理倾向,即自己永远都是对的,会强烈地固守自己脑中原有的观念。试图去说服别人改变观点很可能是一件出力不讨好的事,说服的过程一不留神就可能伤害到别人的自尊,因此,在人际交往中要注意说服的方法。既要达到说服的效果,又要尽量避免引起对方的反感。

这里介绍一种启发式谈话法。启发式谈话法,就是引导对方自己发现真理、真相,而不是直接否定或拒绝对方。孔子曰:"不愤不启,不悱不发。举一隅不以三隅反,则不复也。"人都是有惰性的,不经过自己的努力,很难记住和应用新的知识和观点。因此,不要轻易地给别人灌输标准答案,更不要颐指气使地指点别人这样做那样做,以免招致反感甚至非要跟你对着干的结果。

如果我们想要向对方证明些什么,就最好不要直白地让对方明白我们的意图,而是策略地、不动声色地去做,不要让对方察觉。不要让对方觉得我们聪明,而是要让对方觉得自己聪明,从而欣然认同和接受。

(六)倾听

除了直接的赞扬,倾听也是一种变相的很有效的赞扬方式。要做一个耐心的倾听者,鼓励对方谈他自己。人际交往中切忌时刻"以自我为中心"。这样的人只关心自我的需要、兴趣、利益得失,强调自己的感受而忽视他人;居高临下、盛气凌人,过于相信自己而不相信他人,固执己见、自夸自大,过分自我欣赏,乐于自我炫耀。这些特性都会将他人置于尴尬的境地,激起嫉妒情感。相反,倾听则可以让对方感到自己受重视,从而拉近彼此的距离。需要注意的是,倾听不是被动的、消极的活动,而是主动的、积极的活动,它使人学会用心去倾听对方讲话。倾听的过程也是心理关怀的过程,倾听的目的是进入他人的知觉世界,而不是把他人嵌入自己的知觉世界。

(七)角色扮演

社会生活中的角色扮演,指人们仿照戏剧中即兴表演的方法,将个人暂时置身于他人的社会位置,并按照这一位置所要求的方式和态度行事,以增进人们对他人社会角色和自身角色的理解,从而学会更有效地履行自己角色的心理技术,以及拥有人性中重要的同理心。

生活中有些人善解人意,有同情心,能够与他人发生共情。这与善于换位思考的品质有关,也是一种心理上的角色扮演,就是站在对方的立场,体会对方的感受,从而理解和接纳对方。角色扮演可以完美避开直接纠正和指责他人言行的弊端,在过程中让当事人相互体谅、理解,为以后良性互动打下基础。

当然,想要角色扮演达到预期效果也需要用心筹划。

第一,能承担对方进行角色扮演的代价,包括金钱、时间、耐心和效率等。

第二,真诚地为对方着想。例如,真心想帮助对方改掉某些毛病,或者帮助对方获得某些技能。

第三,清楚地知道自己想从对方那里获得什么。例如,希望自己能够被对方理解和接纳。

第四,清楚地知道对方真正的需要。例如,清楚地知道对方需要提升自我、增长能力。

第五,清楚地知道实施的角色扮演和对方的需要相匹配。

第六,用恰当的方式和对方沟通,激发对方对角色扮演的兴趣以及理解角色内涵的要求。

总之,角色扮演法可以归结为 A 想要说服 B,方法不是直接去说服 B,而是让 B 去说服 C,在这个过程里,B 不知不觉"扮演"了与 A 想法一致的角色,于是 B 的想法就悄然转变了。可能只要几分钟的角色扮演就能达到口干舌燥都达不到的沟通效果。

(八)情绪管理

情绪管理,指个体通过对自己情绪和他人情绪的认知、协调、引导、互动和控制,培养驾驭情绪的能力,从而确保自己和他人保持良好的情绪状态,并由此产生良好的人际沟通效果。

消极情绪来了怎么办?当觉察到自己产生消极情绪的时候,首先应当接纳消极情绪,其次理性分析产生消极情绪的原因,最后针对不同的消极情绪进行管理。例如,自己很愤怒的时候,可以暂停沟通,先冷静下来,避免冲动言行。

当别人深陷负面情绪,向我们传递"负能量"的时候,一般可以按以下步骤应对。第一,反馈式倾听。既不急于说服对方,避免发生争执而导致事态升级,也不是漠不关心地听。合适的方法是适当地作出反馈。要用动作、表情等语言,让对方觉得你是尊重和重视他的。第二,与对方共情。即从对立的话语、情绪以及动机中,找出能够肯定的、认可的部分进行跟进,部分地重复或加强对方的话。第三,引导、劝慰,以帮助自己摆脱负面情绪的迁移,协助身边的人转变心情。

另外,当人们情绪好的时候,也乐意合作,这有利于互相帮助和建立比较和谐的人际关系。但是,人在激动兴奋的时候应当保持几分清醒,不要轻率许诺,以免因事后做不到而损害人际关系。《格言联璧》告诫人们:"盛喜中勿许人物,盛怒中勿答人言。"

人际交往、人际吸引和人际沟通共同构成了人际关系产生与发展的基石。人际交往不仅是人们日常生活的必需,更是情感与信息交流的重要渠道。需求和动机是推动人际交往的内在动力,而行为则是这些需求和动机的外在表现。现代社会,虚拟交往已成为人际交往中不可或缺的一部分。人际吸引力的强弱直接影响着人际关系的亲疏,要增强人际吸引力,人们需要"知己知彼",深入了解彼此的个性特征,同时掌握人际吸引的普遍规律。为了避免在沟通过程中因信息失真而引发误解,人们应当灵活运用各种沟通方式,并采纳恰当的沟通策略,从而确保实现最佳的沟通效果。

参考阅读

1.橙子之争

两个小孩为了得到一个橙子发生争吵。妹妹说:"我小,姐姐要让我。"姐姐说:"你应该学孔融让梨拿小的。"后来她们决定把橙子切开,一人一半,切的人最后拿。这两个孩子高高兴兴地把各自一半的橙子拿回家。第一个孩子把半个橙子的皮剥掉扔进了垃圾桶,把果肉放到果汁机里打果汁喝。另一个孩子回到家把果肉挖掉扔进了垃圾桶,把橙子皮留下来磨碎了,混在面粉里烤蛋糕吃。大家都为此可惜。虽然这样分橙子看似公平,但没有物尽其用,造成浪费。这说明她们在分橙子前没有做好沟通,不知道对方真正想要什么,双方的利益并未达到最大化。故事里的孩子其实是比喻沟通思维还不成熟的人。

2.拒绝的好处

学会拒绝的好处诸多,不仅有助于个人的成长,还能够促进人际关系和谐。

首先,拒绝能避免自我消耗。我们应承下自己难以完成的事情时,往往会陷入泥淖。齐白石大师成名后,因频繁被朋友求画而深感疲惫,甚至因此生病。最终,他明智地贴出告示,从而轻松了许多。这告诉我们勇敢地拒绝那些不合理或超出自己能力范围的请求,可以避免无谓的消耗,更好地保护自己。

其次,拒绝也是对他人的一种尊重。当不想答应某事时,应该尽早明确拒绝,这样既避免了对方的误解,也让对方尽早作出别的选择。

成年人应该学会果断而干脆地拒绝。当需要拒绝时,可以直接表达:"对不起,我做不到。""对不起,我不想去。"真正的善良并非一味迎合,而是在尊重彼此的基础上做出明智的选择。

总之,学会拒绝是一种智慧,也是一种责任。它让我们能够更好地保护自己,尊重他人,避免不必要的伤害。在人生的道路上,我们应该勇敢地拒绝那些不符合自己价值观和利益的事情,从而过上更加充实和满足的生活。

3.与情绪共处

当抑郁、悔恨、嫉妒等负面情绪来了以后该怎么办? 阅读张德芬的《遇见未知的自己》或许能够带来一些启发。

当你感到抑郁时,试着跳出自己的情绪,以旁观者的角度去观察它,而不是与之纠缠或认同。不要试图强行驱散它,而是保持正常的生活和工作节奏,以开放、冷静的心态接纳它的存在,让它自然地流过你的心灵,最终消逝。能够管理好自己情绪的人和平常人一样,也会在人生的某个时刻感到抑郁,但他们学会了以旁观者的身份去观察它。快乐的人拥有与负面情绪和平共处的能力,他们不是一味地追求消除负面情绪。

悔恨是一种最无用的负面情绪,然而许多人却深陷其中无法自拔。悔恨只会带给人痛苦,却无法弥补过去做错或该做未做的事情。关键是,当悔恨情绪袭来,你要与它保持距离,冷静地观察它,并告诉自己:"谢谢你的提醒,但这件事情已经过去,我无法改变。此刻,我内心的平静安宁才是最重要的。你愿意停留多久随你,那是你的事,我要做我自己。"

嫉妒是一种最具破坏力的负面情绪。无论你嫉妒别人的美貌、学识、才华、财富还是美满姻缘,嫉妒情绪只会将这些美好的事物推开。因为嫉妒也会产生力量,它会阻碍你吸引这些美好的事物。所以,试着用欣赏别人和自我激励来代替嫉妒吧,这样你就是在向这些美好的事物敞开怀抱,欢迎它们进入你的生活!

第三章　人际关系的模式与道德规范

> 世界上有两件东西能够深深地震撼人们的心灵，一件是我们心中崇高的道德准则，另一件是我们头顶上灿烂的星空。
>
> ——［德］康德

在源远流长的中华文化中，人际关系始终是社会生活的重要组成部分，承载着丰富的历史、文化和哲学内涵。传统中国人际关系的基本模式深受儒家思想、道家哲学、佛教观念以及宗法制度等多重因素的影响，呈现出独特而复杂的特点。注重人缘、人情和人伦这些特点既体现在家庭、宗族和亲友之间的亲密关系中，也贯穿于政治、经济和社会生活的各个层面。在今天，通人情、有人情味、懂分寸的人在工作生活中可以如鱼得水，有很好的人脉资源，有利于创造和发展事业。

然而，随着市场化、法治化、国际化的推进，以及以人工智能为代表的第四代科技革命的兴起，产生和维系传统人际关系模式的因素受到颠覆性冲击。以往的等级观念、人情关系被平等互利等现代价值理念取代，而面对面交流、走亲戚串门儿等人际交往的方式也逐渐被"微博""微信""抖音"等现代科技手段所代替。这些变化表明人际交往模式正在发生根本性转变。网络已成为年轻人构建人际关系的重要途径。人际交往的范围和形式正在不断扩展和演变，从现实交往向虚拟交往延伸，从单纯的人际交往发展为人机交往的混合模式。

在虚拟世界中，交往对象的诚信成为双方共同的期待和担忧。虽然新的交往方式带来了前所未有的便捷，但也伴随着真实性、合法性的风险，以及人身和财产安全的挑战。为了应对利用科学技术损害人际关系的挑战，提升互联网人际关系的品质，防范网络交往行为的失范和失序，新时代的人际交往需要新的道德规范来引导和约束。

第一节　传统中国人际关系模式

在中国传统文化中，个人的利益和愿望往往要服从大家庭的利益。梁漱溟先生曾说：中国人的生活，既一向敧重于家庭亲族间……遇事总喜托人情。这深刻揭示了中国人的思想观念和行为特征。

一、相关概念及关联

传统中国人际关系的基本特征是讲人情、讲人伦、讲人缘。有学者认为构成中国传统人际关系的基本要素就是人情、人伦、人缘,它们相互纠缠,构成了传统中国人际关系的基本模式。①

(一)人情

1.人本能的情绪或情感

人情的含义,一开始似乎只表示人本能上的情绪或情感。《礼记·礼运》:"何谓人情?喜怒哀惧爱恶欲,七者弗学而能。"这就是人性。还有一些细腻微妙的情绪和情感,如嫉妒、惭愧、羞耻、自豪、幸福等。这些情感和欲望是人性的一部分,推动人们寻求满足和成长。

2.包含了"义"的情感

正如孔子所说:"夫礼,先王以承天之道,以治人之情,故失之者死,得之者生。"由此使人情具有了"人义"的含义。"义"有"义务""规范"的含义。"父慈、子孝、兄良、弟弟、夫义、妇听、长惠、幼顺、君仁、臣忠十者,谓之人义。"后人常把"情"和"义"合起来,说成"情义"或"天理人情",以表示自然情感、人际交往及伦理规范的混合。

人和人相处会呈现出个体具有的气质、态度和情感。例如,在血缘关系之间产生的亲情最自然最亲密。由亲情出发延伸出来各种所谓的"世情",诸如爱情、友情、同情、恩情等。有些"世情"是人和人相处时会自然而然产生的情感,如爱情、友情、同情,而有些"世情"因为被某种伦理规范较严格地规定下来,也就是前面所说的含有了"义"的成分,就成了所谓"人伦",例如亲情、恩情等。

3.包含了"社会交换"的情感

"义"需要外化的行为或物质来表示履行,人情就可以回报和交换,例如用行为、物质、金钱、信息、权利、身份、地位、名誉、荣誉、联姻等资源来回报或交换。这样,人情实际上成为一种利益交换。

在传统中国,人情有三种含义:其一,指个体的喜、怒、哀、乐的自然情绪、情感。其二,指包含了义务的人际关系的情感,如家庭成员、亲属、朋友、邻里之间相互的关心和爱护。通常人们讲的"人情味"指的就是人和人之间相互关照的情感。其三,指社会交换,如"做人情""送人情""还人情""欠人情"等。实际人际交往中的"人情"常常指第三层含义。

人情的说法解释了传统中国人际关系"是什么"的价值判断。

(二)人缘

人缘这个词在我国拥有悠久的历史和丰富的内涵,它既汲取了本土文化的精髓,又

---

① 翟学伟:《人情、面子与权力的再生产》,北京大学出版社 2013 年版,第 91 页。

受到了外来佛教思想的深刻影响。佛教通过引入前世、来世、报应、轮回等人世间的因果关系来解释现实人际关系的因果,从而使得人缘这一概念的外延变得极为广泛。我们可以看到,人缘的概念在多个领域都有所体现,如血缘、地缘、业缘、趣缘、姻缘、机缘、良缘、孽缘、结缘、绝缘、有缘、无缘、眼缘、网缘等。这些概念都在不同层面和角度上展现了人与人之间复杂而微妙的关系。

(三)人伦

人伦,即人际关系,也包含一套关于人际关系的价值体系和礼仪规范。"伦"就是条理、秩序、关系。社会学家费孝通认为,人伦"就是从自己推出去的和自己发生社会关系的那一群人里所发生的一轮轮波纹的差序"①。"伦"重在分别,是有贵贱、亲疏、远近的差等次序。与人伦相关的还有伦理、伦常。伦理指处理人际关系的道德原则,伦常指处理人际关系的常规道理。伦常既包括伦理,也包括处理人际关系的哲学原理与艺术方法。人伦、伦理、伦常构成了中国古代人际关系学的理论、原则与实践方式。

传统社会的人伦指在宗法制度下形成的婚姻、家庭、君臣、朋友之间的社会关系。这些关系在现实社会生活的交往中,形成了相互之间的义务关系,也就是人们在社会生活中的纲纪、伦理或道德关系。孟子提出了"五伦"关系,即君臣关系、父子关系、夫妇关系、兄弟关系和朋友关系。而"十义"则具体表现为君仁臣忠、父慈子孝、夫和妻顺、兄爱弟敬、朋信友义。其中既包含了"情"也包含了"义"。当人们按照这些规范去行事,既表达了人际关系的"情",又履行了人际关系的"义",人际交往就达到了合情合理、通情达理的境界。"礼尚往来,往而不来非礼也,来而不往亦非礼也。"这些观念和规范共同构成了具有中国特色的礼仪文化,深刻影响了中国社会的人际交往方式和人际关系构建。

(四)三者关联

传统中国社会关系的本质是私人关系。费孝通认为乡土社会、"熟悉"的社会、没有陌生人的社会,即差序格局的社会,是由无数私人关系搭成的网络。"在差序格局中,社会关系是逐渐从一个一个人推出去的,是私人联系的增加,社会范围是一根根私人联系所构成的网络,因之,我们传统社会里所有的社会道德也只在私人联系中发生意义。"②只有系统地研究人缘、人情和人伦三者的相互关系,才能看出中国人关系的本质。其中人情是核心,它表现了传统中国人以亲情为基本的心理和行为模式;人伦是这一基本模式的制度化,它为这一模式提供一套原则、规范,使人们在社会互动中遵守一定的秩序;人缘是对这一模式的解释框架,这个框架的前提公设是人与人之间的心理是可以相通的,即"人同此心,心同此理"。情感是私人的个体的,人人都有这个类似的"心"——情感,而实现人人情感的满足要合一个"理"——义。二者合在一起就是心理、情义。普遍存在的心理、情义将人与人的一切关系都设定在一种表示最终的本原而无须进一步探究的总体框架中。

---

① 费孝通:《乡土中国》,人民文学出版社 2019 年版,第 26 页。
② 费孝通:《乡土中国》,人民文学出版社 2019 年版,第 30 页。

由此看来，"情"在中国文化中定义了人际关系的本质，"伦"则提供了人们在人际关系中应遵循的行为准则，而"缘"则解释了人际关系得以建立的原因。这三者共同构建了一个涵盖价值、心理与行为准则的完整人际关系模式。简而言之，人情代表着传统人际关系中的价值取向，人缘是维系这些关系的纽带，人伦则是调节这些关系的基本原则。这三要素共同构成了中国传统人际关系的独特模式。

传统中国人际关系以深厚的私人感情为基础，而在这份感情中融入伦理成分，则更彰显出其独特魅力。人伦，作为传统伦理思想对人情的具体规定，其外在表现形式为"礼"，内在心理追求则体现为"仁"。在人际关系中，"缘"的作用不可忽视，它通过归因的方式，帮助人们在处理人际关系时达到心理平衡。这种平衡感对于应对人情交往中的各种现象极为有利，使人们不至于因祸福恩怨而情绪失控，从而能够坦然接受人际关系中的种种变化，以平和的态度面对人生百态。

二、人情中的"脸"和"面"

在中国的人际关系中，"面子"的说法很普遍，例如，"爱面子""讲面子""看某人面子"等，从而形成了"面子文化"。在重视人情关系的中国传统社会，区分"脸"和"面"的观念很重要。它们是传统中国熟人社会的产物，即牢固的人情关系是"脸"和"面"滋生的土壤。

（一）"脸"

虽然人们常说"脸面"，但"脸"和"面"并不完全一回事。"脸"是个体为了迎合某一社会圈认同的形象，经过印象整饰后所表现出来的心理与行为，即个体在他人面前所公开展示的形象或者品德。"脸"是个体实力的展现。所谓"长脸"，就是增强某方面的实力、底气。因为"有脸"或者"脸大"，所以被人看得起。"脸"有实的，也有虚的，虚的可以被说成"打肿脸充胖子"。

虽然"脸"的资源以个性化的方式呈现，但"脸"的获得和失去由他人判断或由社会圈认定，而不是由个人认定。例如，一个人的能力强不强、性格好不好、相貌怎么样等，实际根据特定的社会文化标准来衡量。

（二）"面"

"面"或"面子"，是个体揣测自己"脸"的形象在社会圈子中人的心目中所产生的序列地位，也叫心理地位。即要面子的人主观认为的自己在他人心目中的心理地位和分量。这里的"他人"和"社会圈子"是熟人社会中的他人，而不泛指任何其他人。

中国人说"给我面子""看在我的面子上"，这说明面子是别人给的。因此，面子是人际关系或人际交往中"别人如何看我"的问题。别人给面子一个人才有了面子，别人不给面子一个人就没有面子。

给面子能在人际关系之间产生积极的影响作用。当一个人认为受到了来自他人的肯定、赞颂、羡慕、尊重、敬佩、仰慕时,他产生荣耀感、自豪感,就会认为有了面子。反之,如果被驳回了请求,就会认为别人不给面子。可见,面子产生的主观前提是在意别人的评价,如果不在意别人的评价就不需要面子。

在人际关系相对稳定的社会,人们会因为彼此熟识而建立起情感生活,会产生在交往中关注他人如何看待自己的问题。如果一个人听到别人评价自己的能力很强,意识到自己受到别人的肯定和尊重,就会因此有面子。一个人可能觉得自己获得了物质、财富、权利、社会地位,但是当他向别人炫耀自己的财富或者展现自己的喜悦时,别人居然无动于衷,毫无欣羡的表情,甚至表现出轻蔑、唾弃,那这个人在彼此的关系中就没有面子。

在传统社会中,“面子”对于那些为“脸”而活、不懈奋斗的人来说,无疑是他们最渴望获得的东西。相较于金钱、财富和地位这些表面的名利,它的重要性更为深远。因为“面子”不仅为金钱、财富以及人们的奋斗行为赋予了社会和文化方面的价值与意义,还让奋斗者们从中感受到了为之拼搏的幸福感。它超越了物质层面的追求,成为一种精神层面的满足和尊严的象征。“别人如何看我”是判定他人是否尊重自己、自己在他人心目中的地位和分量的主观认识。因此,面子根本上是一种由个人表现出来的形象类型而导致的能不能被他人看得起的心理和行为。

(三)二者的关系

1.支撑“脸”和“面”的资源不同

“脸是自己挣的,面子是别人给的。”这是因为建立“脸”和“面”的资源略有不同。“脸”的资源包括气质、能力、性格、知识、道德风度、外貌、装束、言辞表现等,这是“脸”作为个体印象整饰的资源展现在众人面前的。面子的资源包括家世、身份、地位、名气、职务、权力、金钱、世故性、关系网等,这是由社会关系运作产生的心理地位资源,是一个人的成就感、荣耀感、自豪感、自尊心的来源。

2.“脸”和“面”可以分开

一般情况下“脸”和“面”是合一的,即他人如何塑造一个人的面子取决于此人如何塑造自己的脸。所以,人们常常讲“有脸有面”“面子和里子都有了”,或者就是“脸面”。但是,现实生活中“脸”和“面”往往分开,例如一个人的人品不好或表现不好,做了“丢脸”或“不要脸”的事情,人们却不去谴责他,这是因为人们给了他面子。

3.“脸”和“面”可以相互借助

“脸”不足可以借助“面子”来补充,以满足人情需要。某人讲话即使没有水平,底下的观众依然鼓掌回应,就是给他“撑场面”或“给面子”。有面子的人更容易获得新的人际关系、机会和资源。另外,生活中也不乏“死要面子活受罪”的情况,一般人为了面子,“打肿脸充胖子”的现象比比皆是,例如,购买超过自己实际支付能力的豪华品牌的房子、车子、珠宝首饰、服装、化妆品等。反过来,一个有实力的人给一个实力不足的人“面子”,可以使他“长脸”“脸上有光”“脸好看些”。在《红楼梦》中,赖嬷嬷因孙子当官而到贾府去邀请太太小姐们到自家去吃酒看戏,贾母、王熙凤等人答应了,赖嬷嬷觉得这是“赏脸”,自己的“老脸还好”。

三、人情、面子和送礼

人际关系好意味着一个人能够与他人建立真挚的情感联系,并拥有亲密的朋友和亲人关系。从更广阔的角度来看,人际关系指人与人之间在思想、感情、行为上的吸引、排斥、合作、竞争、领导、服从等互动关系。人际关系主要表现为人们心理上的距离远近、个人对他人的心理倾向及相应行为等。所以形容一个人的人际关系好,通常指这个人处理各种人情的能力和格局。

(一)人情和面子

在某种意义上,人情和面子是中国人证明自己存在的价值和意义的方式。因此,在中国传统社会没有人情往来的人是孤独的,可能自卑,同时也会被人看不起。实际的社会生活中存在着权力或地位上的竞争,一个人没有人情往来说明他势单力薄,没有提供"面子"资源的"关系"可以依仗。有人情就有关系,所以二者经常被合称"人情关系"。

首先,在传统中国的社会认知和价值观中,人情关系被认为是社会建立的基石。其中整体的作用大于个体,个体的影响和作用不被强调。从文化价值的视角来看,中国社会不存在追求纯粹的自我实现或完全的个人成就动机。儒家所倡导的道德品质,表面上是强调个人的修身养性,但实际上在人际交往中,由于关系和人情因素的介入,这些道德品质的践行往往会发生一定程度的转变。这种转变体现了儒家思想在人际关系中的独特作用,也反映了中国社会特有的文化价值观念。如"亲亲相隐"的道德思想体现了与共同体的关系价值高于独立个体修养的价值的观念。① 实际上,中国人已经习惯从一个人的社会关系怎么样来进行个体行为归因,即认为一个人与家庭、邻居、家乡等这些共同体的关系状况决定了个体行为倾向。

在中国社会中,人情与面子构建了一种独特的成就动机框架。一旦某人在其领域内脱颖而出,成为名人,这不仅仅是他个人的荣耀,更是其全家乃至整个村庄、地区的骄傲。这种集体性的荣耀感受,往往成为中国人努力奋斗的重要动力,因为他们的成功不仅是为了自己,更是希望为身边的人带来光荣。当某人取得显著的成就时,他会通过人情关系与周围的人分享这份喜悦与荣耀,使大家都能感受到这份荣光。而一旦他遭遇失败或名誉受损,不仅他自己会感到丢脸,与之相关的人也会受到牵连,甚至可能断绝与他的人情往来。更常见的情况是,为了避免受到负面影响,许多人会试图与他保持距离,表现出"不给面子"的态度,以彰显自己与他之间并没有深厚的人情关系。② 这种人情与面子的交织,使得中国人的成就动机变得复杂而多元,既有个人的追求,也有对集体荣誉的考量。因此,在中国社会中,一个人的成功与失败,往往不仅关乎他个人,而且牵动着与他

---

① 翟学伟:《"亲亲相隐"的再认识——关系向度理论的解释》,《江苏行政学院学报》2019 年第 1 期。

② 翟学伟:《中国人的人情与面子:框架、概念与关联》,《浙江学刊》2021 年第 5 期。

相关的整个社交网络。"脸面"上成功与否左右人情关系的变化。

其次,当"脸"需要"面子"来支撑时,人情现象就会发生。如果"脸"的获得不来自他自己,需要他人抬举,那么"给面子"的行为就是人情关系的发生。因而在重视人情关系的社会,不给他人面子的行为比个人"丢脸"甚至"不要脸"的行为更为严重。有人情往来的人即使暂时"脸"不够好,通过人情关系运作也可以使面子好看些,面子好看了就会显得有"脸",毕竟别人不能够完全清楚一个人的"脸"究竟是怎样的。由于人情和面子的关系紧密,人们有时候把它们合在一起叫"情面"。没有人情往来的人没有面子可言,或者不在乎面子,因此也无所谓要不要脸。

最后,当"脸"和"面"的含义统一的时候,其含义偏向声望和名声,例如地方有权有势或名气较大的人,他们经常抛头露面,具有广泛的影响力和传播力,是地方"有头有脸"的"头面人物""公众人物",这些都不涉及人情和面子。

(二)人情和送礼

人情的发生往往局限于那些相对稳定的互动关系之中,其核心形式即为资源的交换。在这一过程中,人与人之间情感与利益的交织关系得以充分展现,彰显出复杂而微妙的社交动态。

一方面,人情与回报观念有关。面子与人情混合起来,体现了一种很微妙而缺乏价值衡量的社会交换。在中国传统社会,人情与面子不仅构成了人际交往的基石,更承载着实际利益的交换与互动。拥有面子的人在受到他人的抬举与尊敬时,需以相应的回报来维系这一关系,同时也为自己和家人带来荣誉与骄傲,这既是对他人的回馈,也是对自己的犒赏与肯定。

另一方面,人情表达以具体礼品为载体。人情第一层含义是人的情绪情感,第二层含义是人际关系之间的情感,第三层含义才是社会交换。应该说,第三层含义起初是工具性的,是为了满足第一和第二层含义的,即礼品、礼物是用来承载人情的,"送礼"是为了表达人情。礼尚往来重视的是促进彼此的情义情感,而不在表面上的财物交换。"千里送鹅毛,礼轻情义重"的故事彰显了情义和礼物的实质与表面的关系。

然而,拥有更多物质财富是人情中的一种欲望。资源交换能满足这部分欲望,体现了情感价值和工具价值,这在熟人社会中已是"习以为常"。人情的含义逐渐窄化,第一和第二层含义淡化,第三层含义突出,"人情"上覆盖了浓厚的金钱和物质交换色彩。人情往来变成了可以投资、算计的利益互换,甚至被利用为谋利的工具。

为了强化人情往来,送礼品往往采用"非等价交换"原则,即回报大于付出。这样就产生了"欠人情"。"欠人情"成为一种要加码"还人情"的义务。在这种相互投资的人情关系中,请客吃饭是一种很便利又很有效的交往方式,因此常被人采用,"吃"便成了中国人流行的一种表达人情往来、请客送礼的方式,出现了所谓的"吃喝文化"。曾经公款吃喝泛滥成灾。"送礼"变成了"送人情""做人情","见面礼"狭义化为"见面礼物"。自然生发的情感变成需要"做"或"装"给人看,人情变得虚伪、空洞,失去了人们从中获得存在价值和意义的作用。

既理解人情,又知道如何表达人情,这就是传统中国的"人情世故"。熟人社会里,人们对人情关系怎么样、怎么操作、怎么送礼要了然于心,并且付诸行动,否则就是不懂得人情世故。人际交往信息的对称性和行为后果的可预期性也是有好处的,可以最大限度地规避陌生人社会人际交往中潜藏的损失。为此,人们结成紧密勾连的人情关系网络,在利益上相互保障和支持,甚至编纂脉络清晰的人情关系小册子,作为人情往来和送礼的行为指南。例如,《红楼梦》中,贾雨村之所以被朝廷重新起用,后来平步青云,先是借助林如海的姻亲关系攀上了贾府,后在"护官符"的提示下放走凶手薛蟠,使薛、王两家欠了他的人情,从此进入四大家族勾连的人情关系网络。

即使从人情的第三层含义来说,合法合理的社会交换也是有必要的。"不以挚,不敢见尊者",礼尚往来中礼品是表达尊重的中介。现代人在走亲访友的时候仍然需要携带适当的礼品或"伴手礼",以示敬意,否则,两手空空不免让人觉得诚意不够,或者也缺少一些话题来分享。讲"礼",更要讲"礼"中的人情。不讲人情,就无"礼"可言。让人情回归本质,其第一和第二层含义永远是最基本的。送礼不过是表达尊重的方式,珍贵的永远是人们心中的关爱、鼓励和支持。

(三)人情、面子在当代

人情和面子在当代中国人际交往中仍然存在,虽然重要性已经不如传统社会。费孝通认为:"我在这个分析中只想从主要的格局说,在中国乡土社会中,差序格局和社会圈子的组织是比较的重要。同样地,在西洋现代社会中差序格局也是同样存在的,但比较上不重要罢了。这两种格局本是社会结构的基本形式,在概念上可以分得清,在事实上常常可以并存的,可以看得到的,不过各有偏胜罢了。"[①]从传统到现代,人际关系模式的变迁不是现代推倒传统,而是二者同时并存,只是现代因素越来越重要。任何社会绝不会有一天变出一个和旧有模式完全不一样的模式。人际关系模式的变迁是在人们的观念和行为中逐渐发生的。

按照关系向度理论,长程性、低选择的固定人际关系最容易产生人情和面子,短程性、高流动的松散人际关系不太会产生人情和面子。[②] 这个理论很好地解释了当代中国人的关系特征及其变化。现代社会、互联网时代,相对稳定的传统社会大背景正在消失,人情和面子的地方网络转移到了社群组织内部,还有一种趋势是转移到虚拟社会。

只要人情和面子运行的基本逻辑没有变,它们在人们的生活中就会依然发生影响和作用。虽然传统中国人际关系模式在制度上已经不复存在,但是现代社会,在人们的心底、在价值观念上、在社会结构上、在人们的交往方式上仍然有很多保留,人们仍然重视家庭和谐和集体团结。亲情、友情、爱情、关心、和谐、奉献、仁爱等价值观念在当代社会仍然被广泛认同和尊重。它们奠定了现代礼仪的价值基础。"礼尚往来"和"关系至上"的观念在当代社会中仍然有一定的影响力。在社会结构上,血缘、家族和地域天然地存

---

① 费孝通:《乡土中国》,人民文学出版社 2019 年版,第 39 页。
② 翟学伟:《关系向度理论及其解释力》,《开放时代》2013 年第 1 期。

在，和职业、行业、阶层等新的社会结构一起影响着人们的人际交往和人际关系，使影响人际关系的因素变得更加复杂。社交媒体、虚拟现实、人工智能等现代人际交往方式，为转化传统人际关系中的积极因素创造了条件。

第二节　当代中国人际关系的特点

当市场经济成为社会发展的主导力量，人际关系必然染上市场化色彩。现代社会的人际关系主要是在各种社会团体中结成的公共关系。这些社会团体是基于现代民主、平等、自由、法治等价值理念构建的，它们赋予个人和人际关系以特定名称，例如市民和市民关系、公民和公民关系、同事和同事关系、同学和同学关系、团员和团员关系、居民和居民关系等。协调现代人际关系的主要准则是法律，而不是传统的礼俗。解释人际交往的"缘"更多的是基于同属于某个团体，而不是血缘、地缘或私人交情。人们因为业缘、趣缘、网缘等相遇，进而共同工作或交往。这种人际关系相对比较"无情"。人们对彼此的尊重主要基于人格平等和互惠互利，而非传统乡土社会或礼俗社会中的尊卑等级。互联网技术使人际交往去中心化，网民人格进一步平等，人际交往范围更大、行为更自由。随着第四次科技革命的深入发展，人们的生活方式和社交模式正在发生深刻变化。这场革命以人工智能、大数据、云计算和物联网等新兴技术为核心，正在重塑当代社会结构和人际关系。

一、从情感到契约

市场化主导的人际关系模式从以人情为核心转变到以契约为核心，具体表现为人际关系从一元化转向多元化，人际交往的社会圈从封闭到开放，人际交往的价值观从安分守己到自由开放，人际交往的主体从不平等到平等，人际交往注重利益交换，竞争性增强，人际关系的契约色彩渐浓等，同时，产生了人际关系新问题。

（一）由一元走向多元

在市场经济下，人际关系呈现出由一元走向多元的趋势。这主要是由市场经济的特性所决定的。第一，市场经济促进了利益关系的多元化。市场经济鼓励个人和企业的自主性，这导致了人际关系中利益关系的复杂化。在计划经济体制下，人际关系较为单一，主要是同志关系，人们归属单位，彼此的利益区分不突出。在市场经济体制中，个人和企业都是独立的主体，人们为了实现自己的利益，需要与其他主体进行交换和合作。在交换、竞争和合作的过程中，形成了各种各样的人际关系，如商品交换关系、竞争关系、合作关系等。因而出现了消费者、竞争对手、合作伙伴等代表不同利益立场和社会身份的称呼。

第二,市场经济促进了信息的多元化。市场经济促进了信息的更新、流通和知识的传播,这使得人际关系中的信息交流、交换变得更为重要。在市场经济中,信息是至关重要的资源,谁能够获取更多的信息,谁就能够更好地适应市场变化,获得更多的利益。因此,人们需要与各种不同的人建立人际关系,以获取更多的信息。

第三,市场经济促进了社会的多元化。市场经济推动了社会的多元化发展,形成了不同利益、不同文化背景和价值观的社会群体。为避免群体之间的矛盾和冲突,人们需要交流、妥协与合作。在这种交流、协商、合作的过程中形成了各种各样的人际关系。人际关系呈现出多层次、开放性。因此,与传统相比,现代中国的人际关系体现出从一元到多元的态势。

(二)由封闭走向开放

在市场经济条件下,人际关系由封闭走向开放是一个显著趋势。这主要是由市场经济的开放性和竞争性所驱动的。

第一,人际交往主体身份从封闭走向开放。市场经济打破了传统的人身依附关系,使个人能够自由地参与市场活动,以自由平等的身份与他人交往,形成开放的人际关系。

第二,人际交往范围从封闭走向开放。市场经济的竞争性促使企业和个人不断地寻求新的机会和资源,以适应市场的变化。寻求过程中,需要扩大人际交往范围,与不同利益立场的人进行交换、交流与合作,从而打破传统人情关系禁锢,使交往范围从封闭走向开放。

第三,人际交往的态度从封闭保守走向开放。持不同价值观和利益立场的人们进行思想交流、碰撞,相互影响,拓宽各自的观念和认知,使人际交往的态度从封闭保守走向开放。

(三)主体间竞争增强

在市场经济下人际关系主体间的竞争增强。这是因为市场经济本质上是一种竞争经济,竞争是市场经济的内在机制之一。企业和个人都是独立的竞争主体,人们为了自身的利益,需要不断地与其他主体竞争,以获取更多的资源和机会。这种竞争的存在导致了人际关系中主体间的关系更加复杂和多元,也增加了相互间的对立和冲突。

竞争加剧对人际关系产生了多方面影响。一方面,竞争可以激发人们的积极性和创造力,促使人们更加努力地工作和创新,从而创造更多的财富和价值;另一方面,过度的竞争也可能导致人们过分关注自己的利益,忽视了他人的权益和社会的公共利益。同时,竞争中的失败也可能使一些人产生挫败感和失落感,破坏了人与人之间的信任与合作。因此,建立市场经济下良好的人际关系,人们首先应当正确看待和处理竞争。竞争是正常的市场现象,但过度的竞争也可能带来负面影响。健康发展的市场需要树立公平、公正的市场竞争规则和秩序。人们遵循这些规则和秩序就是守住了做人的底线,发展人际关系才有可能。其次,尊重他人的权益和尊严,不以损害他人的方式来追求自己的利益。互惠互利的人际关系才能在竞争中寻求合作和共赢,才能长远发展。

(四)注重利益交换

在市场经济中,人际关系注重利益交换。这是因为市场经济强调个人和企业的自主性,以及等价交换的原则。为了实现自己的利益,人们需要与其他主体进行交换和合作,在这个过程中就形成了一种利益交换的关系。

利益交换在人际关系中的作用是双面的。一方面,利益交换可以促进个人和企业的经济发展,提高社会的整体福利水平。通过利益交换,人们可以获得自己需要的资源和服务,从而实现自己的利益。这种互惠互利的关系可以促进社会的繁荣和发展。另一方面,利益交换也可能导致人际关系中的功利主义倾向。第一,在利益交换的过程中,人们可能会过分关注自己的利益,忽视了他人权益和社会公共利益。有些人非常自私,利用人际关系坑蒙拐骗,损人利己,有些则以权谋私,进行权钱交易、权色交易,损害集体和公共利益。第二,过分注重利益交换,淡化了人际交往中的"人情味"。市场经济的等价交换原则被运用于人际交往,一些人近利远义,重利轻义,无利不交,精致利己主义,情感变得势利、麻木、没有爱心。人与人之间缺乏信任,人们变得孤独、苦闷,抑郁情绪蔓延。第三,建立在利益交换基础上的人际关系还往往具有表面化和不稳定的特征。人们可能因为利益的诱惑而结成联盟,但这种联盟往往缺乏真正的情感基础,很容易因为利益冲突而破裂。市场经济中,健康、稳定的人际关系必须建立在公平、诚信、互惠互利的基础上。

(五)主体意识觉醒

主体意识觉醒是现代人际关系模式确立的重要标志。随着市场经济的不断发展,人们越来越意识到自己是独立的个体,拥有自己的权利。这种觉醒使人们在人际关系中更加注重自我价值和自我实现,同时也更加关注他人的权利和利益。

人际关系主体意识的觉醒对人际关系产生了多方面的影响。首先,它促进了人们的自主性和创造性。在市场经济中,个人和企业都是独立的主体,他们可以根据自己的意愿和需求进行自主决策和创新。这种自主性使人们更加积极地去拓展人际关系,寻找更好的机会和资源,同时也为社会的创新和发展提供了动力。交往的个体化趋势使得人际交往更加注重人格平等和尊重,人们更倾向于与那些能够认同和尊重自己的人建立关系,体现出人际交往的自主性。人们忠于自己的需要、爱好、习惯,关注自己的成长和发展,不断提升自己的能力、发挥自己的潜力,想做什么和怎样做,只服从一个主体,即自己。建立、维持、发展或中止某种关系完全是交往双方的事,人们既不需要取悦谁,也不需要谁不情愿地以牺牲自己某种不该牺牲的利益去获取关系的稳定。其次,人际关系主体意识的觉醒也增强了人们的平等意识和相互尊重。在传统的人际关系中,人们往往受到身份、地位、权利等因素的限制,难以实现真正的平等和尊重。但在市场经济下,人们更加注重平等交换和互惠互利的关系,这种关系要求人们相互尊重、平等相待,从而促进了人际关系的和谐发展。

同时,现代人际交往主体往往表现出"无情"的另一面:第一,较少抑制自我欲望和行为,更多的自我膨胀,追求满足,随心所欲地表达自己的要求,较少顾及他人的评论和对人际关系的影响。第二,交往行为以自己为目的,即使为他人做事也是附带性的,典型的表述是"主观为自己,客观为别人"。视人际关系为相互利用的关系,即他人是自己利用的工具。一些人奉行精致的利己主义,只要是对自己没有好处的事情,哪怕对他人再有益也不去做。第三,不关心他人的利益和感受,当自我与他人冲突时,倾向于争取和维护自我利益,忽视他人利益,甚至为扩张自我利益而损害他人利益,虚假微笑的背后是对他人的冷漠。自主性也意味着风险承担,缺乏责任的、自私自利的人,终将为自己错误的交往行为付出代价。因此,人际关系的和谐发展需要在自我利益、他人利益、社会利益之间寻求一种平衡。

(六)契约化色彩渐浓

市场经济中人与人的关系本质上是契约关系。在自然经济转变为市场经济的过程中,联结人际关系的纽带逐渐从重人情走向重契约。中国传统的人际关系重视情感,"他们的交易是以人情来维持的,是相互馈赠的方式"。[①] 在自然经济社会中,血缘成为界定人与人之间权利义务关系的根本。婚姻与生育,作为维系社会持续发展的重要纽带,亦成为界定个人社会地位的基础。在这样相对封闭的社会结构中,人口流动性低,家庭与地域紧密相连,地域的远近实际上映射了血缘关系的亲疏,情缘关系同样如此。由于人们依赖于土地生活,社会被划分为若干个相对独立的社群。在这些相对封闭的社群中,"熟悉"成为一种特色,它源自长时间频繁接触产生的亲密感。这种熟悉带来了"随心所欲而不逾矩"的自由,这里的规矩并非法律,而是通过习俗形成的礼俗。在这种情境下,情感便成为通行的凭证。

在人情交换占据主导地位的传统社会中,交换行为主要受到良心和道德的约束,这种社会制约实质上是一种"心理契约"。在那个时候,伦理道德在调节和制约人际关系、界定各自权利和义务方面发挥了重要作用。人际交往强调"交人要交心",交往的目的主要是实现情感的交流和精神的满足,人际关系深深扎根于情感基础之上。

从血缘结合转变到地缘结合是社会性质的转变,也是人际关系史上的一个大转变。地缘是从商品经济中发展出来的社会关系。"血缘是身份社会的基础,而地缘却是契约社会的基础。契约是指陌生人中所作的约定。"[②]契约的形成和保障靠信用和法律。契约的完成是权利和义务的清算。随着社会交换的日益频繁和竞争的日趋激烈,传统的人情关系和"君子协定"已难以确保社会交换和竞争的顺利进行。因此,在利益实现上,人们越来越依赖于市场交换,即那只"看不见的手",公平竞争也逐渐成为主流价值观。与此同时,社会圈层的封闭状态被打破,人们不得不更加开放地面对由"陌生人"构成的世界。随着社会关系的日益复杂化,单纯依赖人情已不足以维持人际交往主体间的权利和义务平衡。因此,市场经济迫切需要有法律效力的文字契约来保障其正常运行。从发展趋势来看,契约化的人际关系有可能逐渐取代情感化的人际关系,成为主流。在契约化的人

---

① 费孝通:《乡土中国》,人民文学出版社 2019 年版,第 82 页。

② 费孝通:《乡土中国》,人民文学出版社 2019 年版,第 83 页。

际关系中,信用的保证至关重要,同时还需要法律或具体规范的支持。契约的完成意味着人们权利与义务的清算,这种清算需要可靠的媒介、标准的单位以及紧密的计算。在这种情境下,人们的活动更多地受到理性的支配,而非情感的驱动。这正是礼俗社会和法理社会之间的显著区别。

在现代快节奏而且复杂多变的社会生活中,人与人之间的商业交流、技术交流、信息交流显著增多,而情感交流则相对减弱。随着这一趋势,人际关系中的契约成分愈发浓厚。人们在婚嫁、生育、教育、就业、医疗、购物、旅游、娱乐等生活的方方面面,都更倾向于采取"先小人后君子"的态度,即先通过订立合同来明确双方的权利和义务,以确保交易顺利进行。在法治社会,法律规定的权利和义务是国家强制保障实施的契约。无论是什么关系出现了纠纷,如亲子关系、夫妻关系、官民关系等,现在人们更倾向于依赖法律和契约来维护自己的权益。尽管情感交流在人际关系中仍然占据重要地位,但在许多实际场合中,契约的订立和执行已经成为普遍的做法。

总之,市场化主导的人际关系呈现出不同于传统社会的特点。在人际关系多元化、人际交往走向开放、人际交往注重利益交换、交往主体意识觉醒、竞争性增强、人际关系契约色彩渐浓的转变中,也暴露出不少问题,需要人们在道德和法律方面调整与改革。

二、从现实到虚拟

现代人际关系契约化同时,人际交往方式也经历了社会性变革——从线下换到线上,从现实走向虚拟,由此发展出互联网人际关系。互联网人际关系指在互联网上建立和维护的人际关系。随着社交媒体和虚拟现实技术的发展,人们越来越多地通过互联网进行社交活动。这种虚拟社交方式打破了传统面对面交流的模式,使人们可以在任何时间任何地点通过虚拟的途径和方式进行交流。虚拟照进现实,人际关系从现实的面对面交往走向跨越时空的虚拟的非面对面交往,为人际关系的建立和维护带来了便利,同时也带来了困扰和问题。

(一)虚拟性

虚拟性是互联网人际关系的基本特征。人们主要通过数字化的信息进行交流和互动,这种社交方式不存在物质的社交空间,可以随时转换社交身份和社交场地。这种虚拟的、数字化的交流方式使得网络中的人际交往带有强烈的虚构性质。互联网人际关系的虚拟特性主要表现在三个方面:

第一,社交方式的虚拟性。互联网人际关系的建立和发展主要发生在虚拟的网络空间中,人们通过文字、图片、声音和视频等数字化的信息方式进行交流和互动。这种交流方式突破了地理和时间的限制,使得人们可以跨越地域和时区,随时随地与他人建立联系。

第二,社交主体的虚拟性。互联网人际关系中社交主体的身份可变换或匿名。在网络上,人们展现的是一种"数字人格"。这很方便人们自由地选择和塑造自己的虚拟身份,使用化名或匿名与他人交流。这种匿名性和隐私保护带来了一定的自由度和安全感,但同时也可能引发虚假身份和欺骗行为等问题。

第三,社交场景的虚拟性。互联网人际交往的场景具有多样化和可变性。在虚拟的网络空间中,人们可以通过各种社交媒体平台、聊天工具、论坛等渠道进行交流和互动,形成多样化的社交场景。这些社交场景可以根据个人兴趣和需求进行选择和切换。随着虚拟现实(VR)、增强现实(AR)和混合现实(MR)三种虚拟现实技术的结合与发展,虚拟世界和真实世界的交互将带给人类更好的社交体验和更多的可能性。①

需要注意的是,虽然互联网人际关系的虚拟特性带来了许多便利和可能性,但也存在一些挑战和风险。例如,虚拟交流可能缺乏真实情感和身体语言的表达,使得人际关系的深度和真实性受到一定影响。

(二)跨时空性

互联网人际关系的跨时空特性表现为人际交往突破了地域限制、时间限制以及交流的异步性。

第一,互联网打破了传统人际交往的地理限制。通过互联网,人们可以轻松地与世界各地的人建立联系,无论他们身处何方,只要拥有网络,就可以进行实时的交流。这种跨地域的特性使得人际关系得以在全球范围内扩展,为人们带来了更广阔的社交圈子和更多的交流机会。

第二,互联网人际交往的时间很灵活。传统的面对面交流往往受到时间限制,需要双方都在同一时间段内参与。而互联网交流则不受此限制,人们可以在任何时间、任何地点与他人进行交流,不受时间约束。这种灵活性使得人们可以根据自己的时间安排和需求,随时与他人保持联系,无论是深夜还是清晨,都能找到人进行交流。

第三,互联网人际交往可以异步交流。人们可以通过电子邮件、社交媒体平台、即时通信工具等方式,进行非实时的交流,即使对方不在线,也可以通过留言或发送消息的方式表达自己的想法和感受。这种异步交流方式让人们可以在不同的时间段内思考和回应,有助于更深入地思考和表达,也为双方提供了更多的交流空间和时间。

互联网人际关系的跨时空性为人们提供了更加便捷和灵活的社交方式,使得人际关系得以在全球范围内扩展和深化。

(三)去中心化

互联网人际关系的去中心化特性主要体现在个体地位的平等、交流的多样性和包容性,以及关系的灵活性和自主性等方面。

第一,去中心化意味着在互联网人际关系中,没有一个固定的中心节点或权威机构来主导或控制交流过程。相反,每个个体都成为网络中的节点,拥有相对平等的地位和话语权。这种分散化的结构使得信息交流更加多样化和自由化,不再依赖于某个中心化的机构或平台。

---

① 张跃飞:《VR、AR 和 MR 技术让虚拟照进现实》,《科学之友》2024 年第 2 期。

第二，去中心化使互联网人际关系呈现多样性和包容性。在传统的中心化社交模式中，往往存在着一些主流的观点或圈子，而其他不同的声音或群体可能被边缘化或忽视。然而，在去中心化的网络环境中，每个人都可以自由地表达自己的观点，形成多元化的交流氛围。这种多样性不仅丰富了人际关系的内涵，也促进了不同文化、背景和观点之间的交流与融合。

第三，去中心化使得互联网人际交往更加灵活和自主。在传统的中心化社交模式中，人们往往需要依赖于某个特定的平台或工具来建立和维护关系。而去中心化的网络结构使得人们可以更加自主地选择和管理自己的社交关系，不再受制于某个特定的平台或规则。这种自主性使得人们能够根据自己的需求和兴趣来构建自己的社交圈子，实现更加个性化的社交体验。

互联网人际关系去中心化特性为人们提供了更加自由、多样和个性化的社交体验，但同时也需要个体具备一定的信息筛选和判断能力，以应对潜在的挑战和问题。例如，由于信息的分散性和多样性，有时可能会信息过载或难以分辨真伪。同时，去中心化也可能使得一些不良信息或行为得不到有效的管理和控制，需要个体具备更高的信息筛选和判断能力。

（四）匿名性

互联网人际关系的匿名性使得人们在享受交往便利的同时，也带来了一些人际关系方面的问题和挑战，人际信任面临较大压力。

首先，在互联网空间中，人们可以隐藏或伪装自己的真实身份，使用化名、昵称或匿名身份与他人交流。这种匿名性使得个体在交流过程中能够摆脱现实生活中的身份束缚和社交压力，更加自由地表达自己的观点和感受。它为人们提供了一个相对安全的避风港，使他们在不暴露个人隐私的情况下，能够更勇敢地分享自己的故事、经验和情感，参与社会讨论和公益活动。

其次，匿名性促进了互联网人际关系的多样性和开放性。匿名性能够促进思想碰撞，为创新和社会进步提供动力。在匿名环境下，人们无须担心因真实身份而遭受偏见或歧视，可以更加真实地展现自己。这有助于形成更加包容和多元的交流氛围，使得不同观点、文化和背景的人们能够平等地参与讨论。

匿名性也带来了一些问题和挑战。匿名性为个体提供了在网络空间中表达自我、分享信息和观点的自由，同时也可能使一些人滥用这种自由，进行网络欺凌、传播谣言、实施诈骗或其他非法活动。这些行为可能对受害者造成心理、经济和名誉上的损害，破坏网络环境的健康与和谐。此外，匿名性也可能导致信任问题的出现。在缺乏真实身份认证的情况下，人们往往难以判断网络信息的真实性和对方的可靠性，这增加了网络欺诈和误导性信息的风险。这种信任缺失可能阻碍人们在互联网上进行有效的交流和合作。

因此，人们在享受互联网人际关系匿名性带来的便利和自由的同时，需要保持警惕，注意防范潜在的风险。通过加强网络监管、提升个人素质和建立有效的信任机制等方式，人们可以更好地利用匿名性特性，促进互联网人际关系的健康发展。

(五)自主性

互联网人际关系的自主性主要体现在个体在网络空间中拥有较大的决策权和选择权,能够自主地构建、维护和发展自己的社交关系。

第一,互联网为个体提供了丰富的社交平台和工具,使得人们可以根据自己的需求和兴趣,选择适合自己的社交方式和渠道。无论是社交媒体、聊天工具还是在线论坛,个体都可以根据自己的偏好进行选择,并在其中自主地发起交流、建立联系。

第二,个体可以自主地选择和筛选社交对象。与传统的面对面社交相比,互联网使得个体能够更加便捷地接触到来自不同地域、背景和领域的人群。个体可以根据自己的兴趣、价值观和目标,主动选择与自己相似或互补的人进行交流,建立起具有共同话题和兴趣的社交圈子。

第三,个体可以自主掌控社交内容和方式。个体可以自主决定在社交平台上分享什么内容、与谁分享,以及如何回应他人的言论和行为。他们可以选择公开或私密地展示个人信息,选择参与讨论或保持沉默,甚至选择退出某个社交圈子或平台。这种自主性使得个体能够根据自己的意愿和需求,灵活地调整和管理自己的社交关系。

然而,需要注意的是,自主性并不意味着无限制的自由。个体在享受互联网人际关系自主性的同时,也需要遵守网络规则和道德规范,尊重他人的权益和隐私。过度追求自主性可能对他人造成伤害或破坏社交秩序,因此个体在使用互联网进行社交时,应该保持理性和负责任的态度。

网络为人们提供了便捷、高效的人际交往方式,使信息传递与情感表达更为迅速和直接。然而,在享受网络带来的便利与乐趣时,人们必须清醒地认识到其潜在的问题与风险。尽管网络为人际交往开辟了广阔的空间,但真正的情感和深度交流仍然依赖于人与人之间的直接互动。互联网仅是一个媒介,无法替代真实的情感交流。因此,仍需注重培养现实生活中的人际交往能力,保持与他人的真实互动。只有平衡虚拟与现实生活,才能充分利用互联网的优势,同时避免其潜在的危害。

三、从人际关系到人机关系[①]

随着科技的飞速发展,人工智能(AI)正逐步渗透到生活的方方面面,其角色也在不断演变。如今,AI不仅仅是一个处理数据和执行任务的工具,它正在逐步成为人类交往的对象,提供了一种全新的互动体验。

---

① 以下参考 ChatGPT 对"人工智能时代的人际关系与人际交往"的回答,这算是笔者同人工智能交流的一个范例。

(一)成为人类交往的对象

1.技术进步的推动

AI诞生于20世纪50年代,它利用计算机和算法模拟人类的智能行为和思维过程,目的是使机器能够胜任一些通常需要人类智能才能完成的复杂工作。AI成为人类交往对象的首要条件是技术的不断进步。深度学习、自然语言处理、计算机视觉、专家系统和机器人技术等领域的突破,使得AI能够更准确地理解人类的语言、情感和意图。智能语音助手、聊天机器人等应用,AI已经能够与人类进行简单的对话和交流,解答问题,提供帮助。

2.情感计算的突破

情感计算是AI成为人类交往对象的关键。传统的AI系统主要关注逻辑和计算,而情感计算则赋予了AI感知和理解人类情感的能力。通过分析人的语音、面部表情、肢体语言和文本等信息,AI能够识别出人类的情绪状态,并作出相应的回应。这使得AI在心理咨询、情感陪伴等领域有了更广泛的应用。

3.个性化与定制化的发展

随着大数据和算法的优化,AI越来越能够针对个体需求提供个性化的服务。无论是智能推荐系统还是个性化学习平台,AI都能够根据用户的兴趣、习惯和偏好,提供定制化的内容和服务。这种个性化与定制化的发展趋势,使得AI与人类之间的交往更加深入和细致。例如,AI可能会根据用户的兴趣和偏好,自动筛选并推荐相关的内容和人际关系,这将使人们更容易找到与自己兴趣相投的人,并促进更深入、有意义的交往。

4.社会文化的接纳

除了技术进步,社会文化对AI成为人类交往对象的接纳也起到了关键作用。随着AI在社会各个领域的广泛应用,人们对它的接受度也在不断提高。越来越多的人开始将AI视为一种智能伙伴,与之进行互动和交流。

5.伦理与法律的考量

AI成为人类交往对象也带来了一系列的伦理和法律问题。如何确保AI的交往行为符合道德规范?如何保护用户的隐私和数据安全?这些问题需要人类在推动AI发展的同时,加强对其进行伦理和法律方面的监管与规范。

总之,AI成为人类交往对象是一个不可逆转的趋势。随着技术的不断进步和社会文化的接纳,AI将在未来扮演更加重要的角色,为人类提供更加智能、便捷和个性化的服务。

(二)从简单互动到情感共鸣

人工智能(AI)已经逐渐融入我们的日常生活,并在人与机器的关系中扮演着越来越重要的角色。从最初简单的指令与响应,到如今能够模拟情感交流,AI与人类的关系正经历着深刻的转变。

从技术角度来看,AI已经具备了一定的智能水平和交互能力,这使得它能够与人类进行多样化的交流和互动。无论是自动回复系统、智能语音助手，还是社交机器人，它们已经成为我们生活中的得力助手。通过这些应用，我们可以轻松获取信息、解决问题，甚至进行娱乐互动。这些简单的互动给我们的生活带来了极大的便利，也奠定了人与 AI 关系的基础。

然而，随着技术的不断进步，AI 的交互能力也在不断提升。它不仅能够理解并执行我们的指令，还能够模拟人类的情感和社交行为，与我们建立更为深入的联系。例如，在生成式 AI 技术的发展下，我们甚至能够借助 AI "复活"逝去的人，与他们进行对话和交流。这种技术通过对逝者的文字、图片、视频和声音资料进行算法处理，模拟生成一个具备逝者特征的数字形象，使其能够与人进行互动。这种互动不仅满足了人们对逝去亲人的思念之情，也展示了 AI 在情感交流方面的巨大潜力。

此外，AI 还在更多领域展现出与人类协同合作的能力。例如，在心理健康领域，AI 聊天机器人能够通过对话帮助用户缓解压力、排解孤独；在娱乐领域，AI 能够根据用户的喜好生成个性化的内容，提供更为沉浸式的体验。同时，AI 恋人作为一种新兴的应用形式，也展示了 AI 在情感陪伴方面的可能性。

虽然 AI 在情感交流方面取得了显著的进步，但是人类需要保持理性和警惕，避免过度依赖或产生不切实际的期望。AI 的情感反应是基于算法和数据的模拟，它无法像人类一样拥有真正的情感和意识。同时，我们也应该看到 AI 的局限性。尽管 AI 已经具备了一定的智能水平和交互能力，但它仍然无法完全替代人类。人类具有独特的情感和创造力，这是人类与 AI 之间的本质区别。因此，我们应该将 AI 视为一种辅助工具，而不是完全替代人类的存在。

人工智能技术方兴未艾，人与 AI 的关系正经历着前所未有的变革。AI 已经成为我们生活中不可或缺的一部分，并在情感交流方面展现出巨大的潜力。未来，随着技术的不断进步和应用的不断拓展，人与 AI 的关系将更加紧密和深入。

（三）人机关系存在的挑战和问题

人与人工智能的交往确实存在一定的风险，这些风险主要来自两个方面：一是人工智能可能对人类造成伤害，二是人类可能对人工智能造成不当影响。当前科学界普遍认为，人工智能作为一个程序和算法的集合，不具备情感和感知能力，因此不会受到来自人类的伤害。然而，人工智能对人类可能产生的伤害却不容忽视。

第一，由于人工智能技术的智能水平和交互能力有限，它无法完全模拟人类的思维和行为，在交往过程中，AI 可能会出现误解、误导或欺诈等问题。特别是在自动化武器系统或危险工业流程等高风险领域，人工智能的错误决策可能带来严重的伤害。此外，AI 的决策和行为完全基于算法和程序，而非人类的经验和判断，这也可能导致其与人类的期望和需求产生冲突，进而造成伤害。

第二，人工智能的数据隐私和伦理问题也是一大风险。AI 需要大量的数据来进行学习和训练，这些数据往往包含用户的个人信息和隐私。如果这些数据被不法分子利用，可能会导致网络情感和财物诈骗等严重问题。此外，一些公司为了追求利润，可能会利用 AI 进行不道德的行为,如 AI 恋人市场中的色情擦边功能,这不仅损害了用户的利益,也破坏了社会的道德底线。

第三,人工智能对人际关系的影响也不容忽视。研究显示,过度依赖 AI 可能导致人类社交能力和人际关系的下降。AI 会模仿人的才能和专长,取代一些原本需要人类进行的工作,这可能导致产权纠纷、失业问题,以及人际关系的紧张和冲突。此外,如果人们过度依赖 AI 提供的个性化交往体验,可能会导致人际交往变得封闭和狭隘。

未来,随着人工智能在职业、家庭和社交等领域的广泛应用,我们需要更加深入地研究和探讨人机关系以及人工智能对人际关系的影响。如何确保人工智能的发展与应用符合人类的利益和价值观,如何平衡人工智能的便利性与潜在风险,这些都是我们需要面对和解决的问题。

总之,当代中国的人际关系,既突出了市场经济中契约化色彩浓厚的特点,又呈现了人际交往虚拟化和向人机关系发展的趋势。人工智能对人际关系的作用最终取决于人们对人类的价值和尊严的理解以及对科学技术的管理与运用。

第三节　新时代人际关系道德规范

人际交往的主体化既为个体提供了成长和发展的机会,也带来了道德和伦理的挑战,例如个人隐私的保护、信息的保密、不正当竞争等问题随之凸显出来。个人需要在情感和理性、自我利益和社会利益之间找到平衡。

道德是调节人与人、人与社会、人与自然、人与自身之间关系的行为规范。道德对人际关系具有认识、规范、调节、激励、导向和教育等功能。这些功能在人际关系中发挥了实际的影响和作用。

2019 年 10 月 27 日,中共中央、国务院印发实施《新时代公民道德建设实施纲要》,对新时代公民道德建设提出了总体要求和重点任务,并对深化道德教育引导、抓好网络空间道德建设等方面的工作作了具体安排,强调"要把社会公德、职业道德、家庭美德、个人品德建设作为着力点"。

一、社会公德

社会公德是指引个人与国家、个人与社会的关系的行为规范。公共生活已经成为现代个体生活的重要组成部分,具有鲜明的开放性和透明性。个体在公共领域的行为必定直接或间接地影响公共生活品质,也体现了个体的形象和素质。处理好个人与陌生人的关系,过好公共生活成为每个人的素质要求。了解公共生活,才能过好公共生活。

(一)现代公共生活的特征

1.公共活动范围广泛

随着现代科学技术的发展,人们能够进入的公共领域和公共活动场所不断扩展,越来越广泛,甚至超出实体空间,进入了虚拟空间。互联网技术大大扩展了人们公共活动的时间、空间、场所和范围,以各种活动为目的的社交平台获得了无限制扩展。人们可以在任何时候、任何空间发起一场社交活动。

2.公共活动内容开放

公共活动是由社会成员共同参与、共同创造的公共空间,它涉及的活动内容是开放的。这降低了交往门槛限制,使无限多的人可以参与进来。

3.公共活动交往对象复杂

随着现代科学技术的迅猛发展,人们在公共生活中的交往对象不再局限于熟人,而是进入公共场所的任何人。任何人包括熟人、陌生人、国内人和国外人等。这就增加了人际交往信息的不对称性和行为后果的不可预期性。人们需要为人际交往的风险承担代价。

4.公共活动方式多样

信息化社会人们的生活方式发生了新变化,人们可以根据自身的需要及经济、年龄、兴趣、职业、知识技术等条件因素,选择和变换参与公共生活的具体方式。人们在利用公共资源满足自身需要的同时,应当尊重他人同样享有的权利,在相互尊重、相互包容的基础上,实现人与人之间的和谐以及人与社会的和谐。公共生活的特征决定了人们必须遵守公共秩序。公共秩序维系了人们在公共生活中的有序化,保证每一个有权利享受公共生活的人的生活质量,保证了人际关系的和谐和国家稳定。

(二)公共生活中的道德规范

公共生活中的道德规范,即社会公德,指人们在社会交往和公共生活中应该遵守的行为准则,它涵盖了人与人、人与社会、人与自然之间的关系。实现公共秩序需要人们遵守社会公德。公共生活中的道德规范对进入公共场所的任何人具有引导和约束作用,是维护公共利益、公共秩序、社会和谐稳定的起码的道德要求。

1.文明礼貌

文明礼貌是调整和规范人际关系的行为准则,与日常生活密切相关,自觉讲文明、懂礼貌、守礼仪,可以塑造真诚待人的良好形象。例如,遵守公共秩序,排队不抢先、不插队,过马路走人行横道、不闯红灯,在医院、教室等公共场所保持安静、低声说话,买卖公平、说话和气、诚实守信等都是文明礼貌的表现。

2.助人为乐

助人为乐是把帮助他人视为自己应做之事,以力所能及的方式关心和关爱他人,并从中收获实现人生价值的快乐。在公共场所,陌生人彼此帮助可以尽快安定秩序、轻松气氛、促进人际和谐。例如,在高铁上帮助别人放置、拾取物品,在道路上为迷路的人热情指路。人人都有需要别人帮助的时候,前提是自己在必要时也能给予他人力所能及的帮助,正所谓"人人为我,我为人人"。

3.爱护公物

爱护公物是对社会共同劳动成果的珍惜和爱护,是每个公民应该承担的责任和义务,它既彰显个人的道德修养水平,又是社会文明水平的重要标志。爱护公物,人们可以长久共有共享公共财物,提高全社会的生活品质。人人树立爱护公物意识,廉洁自律,才能避免公共设施被破坏、公共财物遭哄抢、公共资源被侵害被浪费等行为发生。爱护公共财物的表现包括:保护土壤、水源和空气,使山常青、水常绿、空气常清新;保护公路、铁路畅通,出行便利;节约粮食,光盘行动等。人人爱护公物,人人共享现代高品质生活。

4.保护环境

保护环境首先要尊重自然、顺应自然、保护自然,像对待生命一样对待生态环境,为建设美丽中国作出自己应有的贡献。其次是爱护共有家园,一般表现为不随地吐痰,不随地大小便,不乱丢垃圾,不随意攀摘花果树木等。在社区要树立"社区是我家,卫生靠大家"的自律意识。在美好的环境中,大家心情舒畅,人际和谐。

5.遵纪守法

遵纪守法是全体公民都必须遵循的基本行为准则,是维护公共生活秩序的重要条件,每个社会成员既要遵守国家颁布的有关法律、法规,也要遵守特定公共场所和单位的有关纪律规定。遵守国家法律、法规制定的相关公共财物、公共秩序、公共环境的规范是过好公共生活的底线。遵守特定公共场所和单位的有关纪律规定是对特定组织和单位的尊重与维护。

(三)网络道德规范

网络时代网上信息纷繁复杂,真假难辨,虚假、低俗、垃圾信息屡禁不绝,直播网购中以虚假摆拍为代表的案件屡屡发生,给网民带来很多损害,给社会带来诚信缺失。更有甚者,有的人利用网络,随意侵犯别人隐私,诽谤侮辱他人人格,急需完善网络道德规范,制定一整套行之有效的网络文明规范和长效机制,约束每一个网民的行为,维护良好网络环境。2021年11月,首届中国网络文明大会在北京举行。大会以"汇聚向上向善力量,携手建设网络文明"为主题,旨在坚持以人民为中心的发展思想,大力发展积极健康的网络文化、净化网络生态、滋养网络空间,满足亿万网民对美好生活的向往。

1.正确使用网络工具

当今世界,科技进步日新月异,互联网、云计算、大数据等现代信息技术深刻改变着人类的思维、生产、生活、学习、交友方式,展示了世界发展的前景。人们通过网络获取信息的方式更加方便多样,大部分人尤其青年人越来越依靠网络获取信息。人们要提高信息获取能力,加强信息辨识能力,增进信息应用能力,使网络成为开阔视野、帮助学习、提高工作效率、改善生活、扩展社交范围的重要工具。

2.加强网络文明自律

网络行为主体的文明自律是网络空间道德建设的基础,要建立和完善网络行为规范,明确网络是非观念,培育符合互联网发展规律、体现社会主义精神文明建设要求的网络道德。公民要文明上网,遵纪守法、文明互动、理性表达,远离不良网站,不造谣不传谣,防止沉迷网络,维护自我和他人的身心健康,自觉维护良好网络环境和网络秩序。第一,进行健康网络交往。应通过网络开展健康有益的交往活动,重视个人信息安全,树立自我保护意识,避免给自己的人身和财产安全带来危害。第二,自觉避免沉迷网络。应合理安排上网时间,约束上网行为,避免因沉迷网络而耽误学业事业、损害自我身心健康、造成人际关系不和谐。第三,加强网络道德自律。网络空间同现实社会一样,既要提倡自由,也要保持秩序。如果说享受互联网的自由是网民不可被剥夺的权利,那么加强道德自律就应该成为网民不可推卸的义务。个体的道德自律成为维护网络道德规范的基本保障。每个人应当在网络生活中培养自律精神,在缺少外在监督的网络空间里,做到自律,促进网络生活的健康与和谐,维护自我和他人的身心利益。

3.营造良好网络道德环境

良好的网络环境需要网民的共同努力,纷繁复杂的网络言论如果得不到正确引导,势必会引发各种社会问题。我们一方面要加强网络道德自律,自觉抵制网络欺诈、造谣、诽谤、谩骂、歧视、色情、低俗等内容,反对网络暴力行为,维护网络道德秩序,另一方面自觉引导网络舆论向正确的方向,对社会事实要澄清,对社会怨气怨言及时引导、化解,对错误看法要及时纠正,对恶意破坏要坚决抵制,共同维护健康的网络空间。

二、职业道德

职业道德是指导个人与社会关系、个人与集体关系的行为规范。职业,是深入联结人们与社会关系的中介。在现代社会,大量的人际关系通过职业构建起来,也因为职业改变而改变。随着现代社会分工的发展和专业化程度提高,市场竞争日趋激烈,整个社会对从业人员的职业观念、职业态度、职业纪律和职业作风的要求越来越高。在职业生活中,道德规范不仅发挥着引导和约束各行各业从业者行为的作用,更是推动社会持续、健康、有序发展的必要条件。

(一)职业生活与劳动观念

职业,指人们由于社会分工所从事的具有专门业务和特定职责,并以此作为主要生活来源的社会生活。职业生活则是人们参与社会分工,用专业的技能和知识创造物质财富、精神财富,获取合理报酬,丰富社会物质生活或精神生活的生活方式。

劳动没有高低贵贱之分,任何一份正当的职业都很光荣,正确的劳动观念是维系人们职业活动和职业生活的思想观念保障。在职业生活中必须牢固树立"劳动最光荣、劳动最崇高、劳动最伟大、劳动最美丽"的观念,通过劳动创造更加美好的生活。只要踏实劳动,勤勉工作,在平凡岗位上也能干出不平凡的业绩。每一个劳动者都应当获得他人的尊重!

幸福源自奋斗,成功在于奉献,平凡孕育伟大。事实上,只要有志气、有闯劲,普通劳动者就可以在宽广的舞台上实现自己的人生价值。许多劳动模范平凡而感人的事迹,都充分说明了这一点。"杂交水稻之父"袁隆平、"肝胆外科之父"吴孟超、"蓝领专家"孔祥瑞、"金牌工人"窦铁成、"新时代雷锋"徐虎、"知识工人"邓建军、"马班邮路上的信使"王顺友、"白衣圣人"吴登云、"时代楷模"张桂梅、"中国航空发动机之父"吴大观等一大批劳动模范和先进工作者,带动人们锐意进取,积极投身改革开放和社会主义现代化事业,为国家和人民建立了杰出功勋。通过职业,他们在怎样对待人与人、人与社会、人与集体的关系上树立了榜样。

(二)职业道德规范

职业生活中的道德规范,是从事一定职业的人在职业生活中应当遵循的具有职业特征的道德要求和行为准则,涵盖了从业人员与服务对象、从业人员之间、职业与职工、职业与职业之间的关系。虽然具体的职业行为规范各行各业各不相同,但是爱岗敬业、诚实守信、办事公道、热情服务和奉献社会是所有职业生活中的基本道德规范。

1.爱岗敬业

从业者应坚守自己的工作岗位,怀揣对工作的热爱与敬仰,以高度的责任感去履行每一项职责。这种爱岗敬业的道德操守是构建和发展个人与集体关系的重要基石。通过爱岗敬业,人们能够在工作中展现自己的价值,为集体的发展贡献力量,同时也能够收获个人成长与进步的喜悦。

2.诚实守信

在职业生活中,从业者应秉持诚实守信的原则,以诚实劳动、合法经营为基石,信守承诺,并始终讲求信誉。诚实守信不仅体现了个人的道德操守和人格力量,更是人们在行业群体中赢得尊重的基石。只有以诚信为本才能赢得客户的信赖,建立稳固的合作关系,从而在行业中立足并不断发展壮大。

3.办事公道

从业人员在履行职责时,应坚守公平、公正的原则,坚决摒弃损公肥私、以权谋私、假公济私的行为。在处理事务和人际关系时始终秉持公心,不偏不倚。办事公道体现了平等待人的精神,不仅能够赢得他人的尊重和信任,树立良好的职业形象,还为职业生涯的长远发展奠定坚实基础。

4.热情服务

无论个人的职业背景如何,能力大小如何,我们都应在本职岗位上,以满腔热情为群众提供形式多样的服务。这样的服务理念有助于构建一个每个人既是服务提供者又是服务接受者的良好社会氛围,形成和谐融洽的交往环境。热情服务不仅是职场人士尽职尽责应有的态度,还是影响人际关系发展的核心人格品质。

5.奉献社会

从业人员应以无私奉献的精神,在各自的工作岗位上兢兢业业地为社会和他人作出积极贡献。这不仅是社会主义职业道德中最高层次的要求,更是崇高的人生追求。通过无私奉献,我们不仅能够实现个人价值,更能够推动社会的进步与发展。在人际交往中,奉献社会也是高尚的道德情操，它让人们以更加宽广的胸怀和无私的精神去对待他人。爱岗敬业、诚实守信、办事公道、热情服务，都体现了奉献社会的精神。青年学子无论择业还是创业，都应该为人民服务、奉献社会。

三、家庭美德

家庭美德是指导个人与家庭关系、个人与恋人关系的行为规范。相对于公共生活和职业生活的公开性、半公开性和透明性、半透明性，家庭活动是以家庭成员和个人活动为主的私人生活。私人空间里人们的行为是相对独立的，因而家庭具有一定的封闭性和隐秘性。家庭是社会的基本细胞，家庭生活的好坏关系着国家的安稳、社会的安定团结。家庭道德、人伦秩序建设是新时代中国特色社会主义公民道德建设的基础。家庭美德以尊老爱幼、男女平等、夫妻和睦、勤俭持家、邻里互助为主要内容，在维系和谐美满的婚姻家庭关系中具有重要而独特的功能。

(一)家庭中的道德

1.尊老爱幼

自古以来，我国一直弘扬"老有所终，幼有所长"的理念，这已深深烙印在家庭道德传统之中，形成了独特的尊老爱幼风尚。子女们应当心怀敬意，尽己所能地孝敬、赡养父母及长辈，而父母们亦应悉心抚育、爱护子女，给予无微不至的关怀。这不仅是每个公民必须恪守的道德底线，更是义不容辞的社会责任和法律义务。我们坚决捍卫老人与儿童的合法权益，对任何虐待、遗弃老人和儿童的行为，都应予以坚决反对和谴责。

2.男女平等

这是家庭生活中不可或缺的原则，它体现在夫妻间权利和义务的均衡分配，以及双方在人格地位上的相互尊重。同时，男女平等也意味着对待子女时应持有公正无偏的态度，不因性别而有所偏颇。为了坚守这一原则，我们必须坚决尊重和保护妇女的合法权益，对任何形式的歧视和迫害行为持零容忍态度。此外，我们也要坚决反对重男轻女的传统观念，努力营造一个性别平等、和谐共处的家庭环境。

3.夫妻和睦

作为家庭关系的基石，夫妻关系和睦与否至关重要。夫妻和睦是建立在男女平等这一基础之上的，它表现为双方之间的互敬互爱、互助互让。"夫妻同心，其利断金。"这里的"心"涵盖了心情、感情和人情，意味着夫妻双方应当心平气和、同心同德，相互照顾、扶持。只有这样，夫妻关系才能长久，才能为家庭带来繁荣和兴旺。夫妻关系和睦是实现"家和万事兴"这一美好愿景的关键所在。

4.勤俭持家

这是家庭兴旺与社会富足的坚实保障。这一传统美德要求我们既要勤劳努力，以双手创造财富，也要精打细算，根据家庭收入合理规划支出。勤劳致富让我们的生活更加充实，量入为出使我们的家庭更加稳健。坚持勤俭持家，才能在追求美好生活的道路上稳步前行,为社会的繁荣与富足贡献自己的力量。

5.邻里互助

邻里之间的和谐关系,源于彼此的尊重与理解。我们应当尊重每一位邻居的人格尊严、民族习惯、生活方式以及兴趣爱好,以包容的心态接纳彼此的差异。在相处过程中,要互谅互让,真诚相待,当邻居遇到困难时,伸出援手、守望相助。同时,也要以宽容的态度对待他人的不足,保持团结友爱的邻里氛围。这样,社区才能成为一个充满温暖与和谐的美好家园。

(二)注重家庭、家教、家风

不论时代发生多大变化,生活格局发生多大变化,都要重视家庭建设,注重家庭、家教、家风。家庭是人际关系的起源,是社会的基本细胞,是人生的第一所学校。家教是家庭教育的内容和方法,家风是家庭教育的效果和传承。构建新型人际关系要从家庭、家教、家风出发。

家庭和睦则社会安定,家庭幸福则社会祥和,家庭文明则社会文明。家庭,作为每个人生命的起点,无疑是人生的第一所课堂。在这里,父母扮演着至关重要的角色,他们是孩子最初且最亲密的导师。家庭教育涵盖了诸多方面,其中最为核心、最为关键的,无疑是品德教育。这不仅是教导孩子如何为人处世,更是传承和弘扬中华民族的传统美德。"爱子,教之以义方",这正是对品德教育的最好诠释。父母深爱子女,应教会他们正直的道理和做人的准则。若是仅仅出于溺爱而不加以正确引导,反而会害了孩子。因此,应该以正确的方式去爱孩子,让他们在家庭这所特殊的课堂中,学会做人、学会做事,成长为有道德、有品质、有担当的人。家庭环境对下一代的影响很大,往往可以影响一个人的一生。注重家教,应该从小就把美好的道德观念传递给孩子,引导他们有做人的气节和骨气,帮助他们形成美好心灵,促使他们健康成长。

家风是社会风气的重要组成部分。良好的家风,对家庭成员的个人修养有着重要的作用,也对整个社会道德风尚的形成产生重要的影响。家风好,就能家道兴盛、和顺美满;家风差,难免殃及子孙、贻害社会,正所谓"积善之家,必有余庆;积不善之家,必有余殃"。

中国传统文化中,家庭传承一直备受重视,从而积淀了深厚的家教文化底蕴,形成了流传千古、脍炙人口的家教故事,如孟母三迁、岳母刺字等。还有各具特色的家教资料,如《颜氏家训》《钱氏家训》《朱子家训》《曾国藩家书》《梁启超家书》《傅雷家书》,以及毛泽东等无产阶级革命家的家风家教思想。优秀的家教涵养了优良家风,培育了一代又一代优秀的中国人。

四、个人品德

个人品德是通过道德教育和个人自觉的道德修养所形成的稳定的心理状态和行为习惯。它是个体对某种道德要求认同和践行的结果,集中体现了道德认知、道德情感、道德意志、道德信念和道德行为的内在统一。一个人怎么要求自己，就会成为什么样的人，从而铺设了自我实现的道路。个人品德类似于自我修行的指南。

个人品德规范的主要内容包括爱国奉献、明礼遵规、勤劳善良、宽厚正直、自强自律。其目的主要在于鼓励人们在日常生活中养成良好品行，处理好个人与自我的关系，平衡个人与他人的关系、个人与社会的关系、个人与国家的关系。

个人品德在社会道德中具有基础性的作用。社会公德、职业道德和家庭美德状况，最终都是以每个社会成员的道德品质为基础的。社会公德、职业道德和家庭美德建设最终都要落实到个人品德的养成上。

作为传统社会人际关系模式的核心，人情的重要性在今天已经淡化了，但它在现代社会生活中仍然发挥着不可忽视的作用。当代人际关系的拓展受益于互联网技术的发展。互联网突破了传统人际交往的时空障碍，人际关系呈现出新的特征，人们享受着前所未有的人际交往的自由和开放，同时也承担着由此带来的风险和损失。新时代的道德规范指导人们在广泛的生活领域中与人和谐相处、拓展人生价值、相亲相爱、过有尊严的生活。作为人际关系的行为指南，新时代人际关系的道德规范需要人们在生活中去实践它，在人际交往中去体验和完善它。

参考阅读

1.人情留一线，日后好相见

《东周列国志》中有一段故事"绝缨会"。楚庄王宴请群臣，为助酒兴，让几位嫔妃陪席。席间，一阵风把蜡烛吹灭了，黑暗中有人趁机拉住了许姬的衣袖。许姬恼怒，机警地扯断了那人帽子上的缨带，并向庄王禀报。庄王听后不以为意，反而吩咐不要点灯，并令众卿解开缨带，摘下帽子，开怀畅饮。然后才掌灯，灯光下但见群臣绝缨饮酒，无法辨认刚才拉许姬衣袖的是谁。后来楚国齐国开战，关系存亡，楚军在主帅襄老和副将唐狡的率领下大胜敌军，副将唐狡骁勇善战，拼死杀敌，为楚国立了大功。楚庄王高兴至极，欲重赏主帅襄老，襄老说全是唐狡的功劳，唐狡则说："吾有绝缨罪。"但楚庄王依然给予他丰厚的赏赐。

从此可以看出，楚庄王善于处事用人，否则怎会有唐狡拼力死战、精忠报国呢？又怎能保住国疆，使楚国立于不败之地呢？

2.六尺巷

安徽桐城的"六尺巷"闻名遐迩，它源于清代康熙年间张家与吴家的土地纷争。两家皆为名门望族，因一条共用的巷子发生争执，互不相让，最终诉诸公堂。县官鉴于双方身份，难以决断。张家遂向时任文华殿大学士兼礼部尚书的张英求助。张英在回信中倡导谦和礼让："千里来书只为墙，让他三尺又何妨？万里长城今犹在，不见当年秦始皇。"张家得信后，领悟其意，主动退让三尺。吴家深受感动，亦退让三尺，于是形成了著名的"六尺巷"。

这个故事是中华民族睦邻友好、谦和礼让传统美德的生动体现，也提醒我们，在处理与他人的矛盾和纷争时，应该保持冷静和理智，以大局为重，避免因小事而引发不必要的争端。通过沟通、协商和妥协,我们可以找到双方都能接受的解决方案,实现共赢。

3."时代楷模"张桂梅

张桂梅不仅是华坪女子高级中学的党支部书记和校长,而且是华坪县儿童福利院的院长,用无私的奉献和深沉的爱,赢得了"时代楷模"等诸多荣誉称号。

张桂梅节俭度日,将节省下来的工资和奖金超过百万,全部用于资助教育和儿童福利事业。她关爱学生,不仅在经济上给予支持,更在心灵上给予温暖。为了让学生不受寒冷侵袭,她甚至将自己丈夫留下的珍贵毛背心赠予学生。为了省下钱来资助学生,她常年吃素,连一袋牛奶都舍不得喝。她深知教育的重要性,创办免费女子高中,帮助山区女孩改变命运,坚持家访,确保学生不因贫困而失学。她更是一位充满爱心的"妈妈",长期兼任福利院院长,含辛茹苦养育了 177 名孤儿(截至 2021 年 5 月)。

在张桂梅身上,仁爱之心和至善至美的师者大爱得到了充分体现。她用实际行动诠释了什么是真正的奉献和爱心,诠释了什么是真正的为人民服务,为人们树立了高尚的品德典范。

第四章 人际关系的影响因素与人际交往原则

> 播下一个行动,收获一种习惯;播下一种习惯,收获一种性格;播下一种性格,收获一种命运。
>
> ——[美]威廉·詹姆士

为什么有的人备受欢迎,拥有和谐的人际关系,而有的人却总是被孤立? 人际交往是应该随意而为,还是应当遵循一定的规则和原则? 人们的交际能力是天生的特质,还是后天培养的? 其实,人们几乎所有的行为都是在特定的社会背景和社会情境中发生的。因此,影响人际关系的因素既有客观的,也有主观的。当来自不同文化背景的人相互交往时,由于文化差异,可能会产生摩擦和冲突。为了建立良好的人际关系,人们需要理解并尊重不同文化背景下的行为和观念,以减少误解和冲突。每个人因性格、表达能力不同,交际风格也会不同,这是主观因素。性格开朗、乐观的人通常更容易与他人建立亲密关系,而性格内向、保守的人则可能在这方面遇到更多困难。为了有效地与他人沟通,人们需要掌握一定的沟通技巧,包括如何恰当地表达自己的想法和情感,如何理解他人的感受和需求,以及如何建立并维护信任、尊重、理解和包容的关系。

第一节 影响人际关系的内在因素

影响人际关系的内在因素指对事情起决定作用的原因和条件,它是人物本身所固有的跟"外在"相对的构成要素。内在因素是人际关系产生发展的第一基础和基本属性,在人际关系中起决定性作用,是人际交往成功与否的主要原因。

一、生理因素

(一)生理需要

生理需要是人际交往活动最原始、最根本的内驱力。生理需要主要指人对食物、水、氧气、住所、性、睡眠等的需要。这种作为基本需要的生理因素,不仅是人际关系发生发展的动因之一,而且制约着人际关系的多样性、持久性。不同的生理需要会导致不同的人际关系。例如,为了满足食物的需要,人们不得不去建立能够满足这种需要的人际关系;为满足性和生殖需要,人们在适婚年龄就会寻求配偶,建立恋爱和婚姻关系。"男大当婚,女大当嫁",这句俗语很好地说明了人的生理需要常常促使人们进行积极的人际交往。生理需要的不同状况也影响到人际关系的程度,一般生理需要越迫切、越强烈,相应的人际关系建立得越迅速越亲密,反之亦然。

(二)生理特征

生理特征包括多方面的内容,如肤色、年龄、性别、高矮、胖瘦、容貌、毛发多寡等,这些生理特征在不同程度、不同性质上影响着人际关系。同一年龄组的人更容易产生共鸣,从而建立交往关系;貌美的人容易产生人际吸引,留下美好的第一印象;异性相吸使"男女搭配,干活不累"。甚至有学者认为生理性别影响认知差异,女性在语言表达、形象思维、记忆力等方面优于男性,而男性在空间知觉、分析综合能力以及对实验的观察、推理和历史知识的掌握方面优于女性。因此,人们在选择合作伙伴时往往会受性别认知的影响。

(三)健康状况

身体健康状况会影响人际关系,因为它会影响一个人的情绪、心理和行为。一般身体健康指生理上人体各器官系统的功能正常,没有疾病或不适。在情绪上,如果一个人患有疾病或身体不适,可能会导致情绪低落、焦虑、易怒等情况,这些情绪状况会影响与他人的交往和沟通,使人际关系变得紧张或疏远。在性格心理上,长期患病或身体不适的人可能会产生自卑、沮丧、无助等心理状态,这些状态可能使其变得孤立或难以与他人保持良好的联系。在行为上,某些疾病或身体不适可能会导致一个人的行为变得异常,例如易怒、暴躁、孤僻等,这些行为都是恶化人际关系的因素。因此,保持身体健康对于产生和发展良好的人际关系很重要。

二、心理因素

(一)心理动力因素

心理动力因素包括需要、动机、兴趣、理想、信念、价值观和世界观等,这些因素都不同程度地对产生和发展人际关系具有制约作用。

1.需要和动机

需要和动机对人际关系的影响,突出表现在它是人际关系发生和发展的动因上。需要是人际关系发生发展的决定性因素,而动机则是人际关系发生发展的直接推动力。

2.兴趣

兴趣是人际关系得以建立和发展的重要动力之一,是人际关系得以建立和发展的重要条件。兴趣是个体性格倾向的一种具体表现形式。许多人际关系的建立都是以兴趣的共同性或相似性为基础的。共同的兴趣可以使人们有更多的话题和共同点,从而更容易建立联系和互相理解。兴趣也可以成为交往的桥梁,有利于结识新朋友以及深化与老朋友的关系。如果一个人兴趣狭窄,或者对什么都不感兴趣,自然不易被人接近,也不容易与人产生共鸣,拓展人际关系就很难。如果两个人的兴趣差异太大,可能会导致沟通困难和理解障碍,甚至可能导致关系疏远。因此,要重视个体兴趣的培养,相互尊重各自的兴趣,并尝试理解和接受彼此的不同观点,以建立健康、和谐的人际关系。

3.理想信念

理想信念可以帮助人们更好地理解他人、建立联系、加深关系。理想是对未来有可能实现的奋斗目标的向往和追求。信念是支撑理想实现的一种心理状态,表现为一个人对其树立的理想的真实性持坚信不疑的态度,并力求在行动上加以实现的个性倾向。二者相互作用,密切相连,合称"理想信念",对人们追求成为什么人、从事什么职业、过什么生活发生作用。拥有不同理想和信念的人,往往会建立不同的人际关系;共同的理想和信念是建立和发展人际关系的重要基础;理想的改变和信念的动摇都会引起人际关系的变化。所谓"志同道合",就是相同理想、价值追求的人容易相互吸引,成为朋友、合作伙伴或者伴侣。

4.世界观

世界观是人们对世界的基本看法和观点。它不仅是认识问题,而且包括坚定的信念和积极的行动。世界观有两种存在形式:一种是作为哲学研究对象的、以社会意识形态存在的阶级的世界观;一种是作为心理学研究对象的个人世界观,它建立于一个人对自然、人生、社会和精神的、科学的、系统的、丰富的认识基础上,包括自然观、社会观、人生观、价值观、历史观、物质观、运动观和时空观等。我们这里讲的世界观是后者,它属于个人意识的范畴。

世界观、人生观和价值观合称为"三观"。"三观"相合的人容易建立长远的、重要的、和谐的人际关系;"三观"不合的人不容易成为朋友,即使建立了亲密关系,最终可能分道扬镳。因为当人们有了类似的兴趣、态度、理想信念或"三观"时,就有了共同的语言,容易得到对方的支持。同时,交往中也容易理解对方的行为反应,容易相互适应,从而形成亲密关系,即"物以类聚,人以群分"。

5.人生观

人生观指一个人对人生目标、价值和意义的总体看法。它塑造了个体的行为和决策,并对与他人交往产生影响,是影响人际关系最深层的因素。人生观对人际关系的影响是多方面的。第一,人生观决定了人们如何看待自己和他人。它影响人们对人际关系的态度和期望,以及在交往中采取的行为方式。例如,如果一个人持有积极的人生观,认为每个人都是平等的、独特的、有价值的,他就会倾向以尊重和友善的态度对待他人,从而建立良好的人际关系。第二,人生观影响人们对人际关系的理解和处理。持有积极人生观的人通常更能够理解和接受他人的差异,更容易解决冲突和建立良好的沟通。而消极的人生观可能会导致过度自我保护、怀疑和敌对,对人际关系产生负面影响。第三,人生观影响人们对人际关系的期望和需求。不同的人生观会导致不同的交往需求和期望，从而影响人们对人际关系的满意度和持久性。积极的人生观可以更好地理解他人、建立联系、深化关系，并创造有意义的人际交往。

6.价值观

价值观是人们关于价值的根本观点。它为人们在社会生活中判断善恶、美丑、对错、祸福、荣辱、利害等提供基本准则。价值观影响人际关系主要表现为三个方面：第一，共同的价值观是建立人际关系的基础。与人交往时人们通常会考虑对方值不值得交往、关系值不值得维持、事情值不值得去做等方面。共同的价值观可以增强相互之间的信任和理解，促进更深层次的人际关系。第二，价值观影响人们对人际关系的期望和需求。不同价值观体现在对人际关系的需求和期望上的差异。例如，有些人可能更注重个人成长和自我实现，而另一些人可能更注重社会联系和归属感；有些人更重视物质价值，有些人更重视精神价值；有些人倾向竞争，有些人倾向合作。在已经存在的关系中，价值观的差异可能导致每个人在关系中的期望和需求不一致，从而影响关系的和谐。第三，价值观影响人们对冲突和分歧的处理方式。持有特定价值观的人在面对冲突和分歧时可能会采取不同的应对方式。例如，一些人可能更倾向于直接沟通或坚持自己的立场，而另一些人可能更倾向于避免冲突和妥协，从而影响关系的稳定性和持久性。总之，人们在行为和决策时会根据自己的价值观做出选择。树立正确的价值观，了解和理解他人的价值观对于建立和谐的人际关系很重要。

(二)心理特征因素

1.性格

性格，是一个人对现实的稳定的态度以及在习惯化了的行为方式中表现出来的人格特征。性格的形成与个体所处的环境、所受的教育，以及个人经历等后天因素密切相关。所谓"性格决定命运"，指不同性格的人会以不同的方式与环境互动，因此产生的影响和作用塑造了各具特色的人生。性格和人际关系之间存在着密切的联系，不同性格的人可能在人际交往态度、人际沟通的方式和效果、面对和解决人际冲突的方式，以及寻求和接受人际支持的态度和效果上表现不同。

(1)外倾—内倾型性格

瑞士心理学家荣格根据人的心态倾向是指向客观外部世界还是指向主观内部世界而划分出外倾、内倾两种性格类型。外倾性格的人心理活动倾向于外部世界，其活动主要由所面临的外界事物引发、影响和支配，心境也随外界环境的变化而变化。内倾性格，就是个体认知世界时以内在的自我感受为核心，倾向于将内在的感觉和观念投射到外部环境中去，就是容易按照自己内心的解释来对待外界事物。

性格特点上，外倾型性格的人开朗活泼，乐意参加群体活动，喜欢热闹环境，又善于交往，也经常会不拘小节，环境适应能力强，但是自制力和坚持力比较差，比较容易浅尝辄止，有时会显得粗心、不够谨慎。内倾型性格的特点是感情细腻内敛，好沉思，喜内省，处事谨慎，做事情深思熟虑，自制力强，但反应相对较慢，不善交际，应变的能力比较弱。

现实生活中典型外倾性格或内倾性格的人很少。外倾性格或内倾性格与个人的智力水平高低无关,但与职业选择有很大关系。外倾型性格的人容易成为开拓型人才,成为实业家或管理人才,而内倾型性格的人容易成为研究型人才。

(2)A—B型人格

A—B型人格理论是美国心脏病专家弗里德曼和罗森曼提出的,是人们在研究人格与工作、健康的关系时常使用的人格类型。[①]

A型人格主要特点是性情急躁,缺乏耐心。他们的成就欲高,上进心强,有苦干精神,工作投入,做事认真负责,时间紧迫感强,富有竞争意识,外向,动作敏捷,说话快,生活处于紧张状态,但是办事匆忙,社会适应性差,属于不安定型人格。因此,A型人格的人大多争强好胜,有较强的时间观念和上进心,喜欢占据领导地位,压力较大,容易紧张,患高血压、心血管疾病的风险也比普通人要高。

与A型性格人相反,B型性格人性情温和,举止稳当。他们对工作和生活的满足感强,喜欢慢步调的生活节奏,在需要审慎思考和耐心的工作中,B型性格人往往比A型的表现好,他们属于稳定型。这种性格特点也决定了B型人格的人通常寿命较长。

2.气质

气质是心理活动表现在强度、速度、稳定性和灵活性等方面动力性质的心理特征。气质类似于人们日常生活中所说的脾气、秉性或性情。如果说一个人的性格主要是后天社会环境因素塑造的,那么气质是先天禀赋居多。中国人认为"三岁看老",意思是人在孩提时代就已经形成了自有的气质特征。心理学上,一般把气质分为胆汁质、多血质、黏液质、抑郁质四种。

不同类型的气质对人际关系有不同程度的影响。胆汁质的人精力旺盛、性格外向,多血质的人活泼开朗,这两种气质的人善于与人交往。黏液质和抑郁质的人则喜欢安静和独处,表现出不善与人交往的倾向。

气质仅表现人的行为带有某种动力特征,但无所谓好坏。因为每一种气质类型都有积极的一面和消极的一面。例如,胆汁质的人精力旺盛,热情豪爽,但脾气暴躁;多血质的人活泼敏捷,善于交往,却难于全神贯注,缺乏耐心;黏液质的人做事有条不紊,认识真真,却缺乏激情;抑郁质的人感觉敏锐,却容易多疑多虑。可见,每种气质都有优缺点,具有相对的稳定性和可塑性。

实际生活中,典型的单一气质的人并不多,大多数人体现为两种或两种以上气质的混合。人们可以观察和分析交往对象的气质特征,采取合适的交往策略。例如,对胆汁质的人,当他们在激动、发脾气的时候,最好避其锋芒,先设法使其冷静、稳定情绪;对黏液质的人不要逼迫他们当即表态,多给他们一些思考时间;对于抑郁质的人,要注意保护他们的自尊心,尽量避免肆无忌惮地开玩笑、起绰号,以免无意中对他们造成伤害;对多血质的人则给予他们更多活动的机会和任务,防止他们无聊和厌倦。

---

① 刘建斌、祁健:《独立学院毕业生就业的焦虑、抑郁情绪与A—B型人格类型相关研究》,《教育现代化》2018年第28期。

3.能力

能力,是直接影响活动效率、使活动得以顺利完成的个性心理特征。能力总是与活动相联系,在活动中形成,在活动中表现,是影响人际交往效率最基本、最直接的心理因素。

人类的能力多种多样,通常分为一般能力和特殊能力。一般能力是顺利完成各项活动所必备的基本能力,基本上是人人都具有的能力,如注意力、记忆力、想象力、思维力等。这些在认识活动中表现出来的一般能力通常被称为智力,或智慧、智能。特殊能力是顺利完成某项特殊活动所具备的能力,例如,平衡能力、听觉能力、写作能力、数学能力、理财能力等。特殊能力通常是几种一般能力的有机结合而在某一方面的突出表现。例如,公关能力是人们从实践中锻炼出来的特殊能力,它对人际关系发挥重要的作用和影响。

能力对人际关系的影响,首先表现在能力影响人际关系的形成和发展水平。能力水平高的人,往往表现为感知敏锐、观察全面、想象丰富、思维深刻、机动灵活、办事果断等,这些优秀品质会直接或间接促进人际关系的建立和发展,使之提高到一个新的水平。相反,能力发展水平低的人,往往表现为视野狭窄、注意力不集中、缺乏抽象概括力、言语表达不清、办事优柔寡断等,这些不良品质会自觉不自觉地影响或阻碍人际关系的建立和发展。其次,能力是制约人际吸引的重要因素。为了满足物质和精神生活的需要,人们喜欢与聪明能干的人交往并建立人际关系,不喜欢愚蠢无能的人。

(三)自我意识因素

自我意识是个体对自己的全面而深入的认知,它不仅是对自身存在的简单觉察,而且是一种复杂的心理活动过程。这种认知涵盖了自我认识、自我体验和自我调节三个层面。自我意识对人际关系的影响尤为显著,主要体现在自我意识的性质直接决定着人际关系的性质。通俗地说,个体的自我意识如何,其人际关系便往往呈现出相应的特点。拥有正向自我意识的人,在人际交往中往往能够得心应手,人际关系融洽。他们能够从成功的人际交往中获取知识和经验,从积极的反馈中体验到正向情绪,进而强化自我行为。这种良性循环会不断激励他们,不断收获自我肯定。相反,拥有负向自我意识的人,在人际交往中常常感到格格不入,容易将人际关系搞得一团糟。他们往往从外界的消极反馈中看待自己,进而自我证实自己的不当之处,否定自己,导致自己灰心丧气、郁闷、封闭。

20世纪初,美国心理学家柯里指出:在人们的心理生活中,自尊和自卑的自我评价意识有很大作用。人们经常会把自己看作是有价值的、令人喜欢的、优越的、能干的人。如果一个人看不到自己的价值,只看到自己的不足,认为自己什么都不如别人,处处低人一等,就会缺乏朝气,缺乏积极性。如果一个人只看到自己比别人好,别人都比不上自己,这样就会产生盲目乐观情绪,自以为是,就不能处理好人际关系,难以调动主客观双方的积极性,还会遇到社会挫折,产生苦闷。总之,以什么样的方式看待世界,世界也会以同样的方式进行回馈。

(四)心理效应因素

心理效应可能对人际交往产生重要影响。这些心理效应运用得好可以促进人际交往,运用得不好会限制人际交往。

1.首因效应

首因效应由美国心理学家洛钦斯首先提出,也叫首次效应、优先效应或第一印象效应,指交往双方形成的第一次印象对今后交往关系的影响,即先入为主带来的效果。

首因效应主要受直接可见的人的外表或音容笑貌的影响。第一印象所具有的定式效应有很大的稳定性,如初次见面的第一印象不好,以后很难全部扭转。首因效应往往带有主观片面性,会对他人造成认知偏差,影响人们对一个人的正确判断。

首因效应又分为直接和间接两种情况。直接第一印象是交往双方初次见面时通过直接感知所形成的印象。间接第一印象是通过中介,如他人介绍、文字材料介绍等间接途径获得的印象。一般说来,直接第一印象的首因效应更明显一些,而间接第一印象的首因效应相对就没有那么明显。

在重要的人际交往中,一方面,人们应尽量避免仅凭一次印象就轻易对一个人下判断的草率做法,另一方面,也可以利用首因效应,为第一次交往成功做充分准备,为建立良好人际关系打下基础。

2.近因效应

近因效应指在人际交往中,最近的印象对人的认知产生强烈的影响作用。在人与人较长时间的交往中,最近了解的信息往往占主导地位,冲击了过去对他人的一贯了解。在我们的生活中,近因效应的心理现象很普遍。例如,某人一贯表现很好,但最近犯了错误,就可能改变周围人对他的看法,以新近的判断否定以前对他的判断。也可以有相反的例子,例如,某人一贯表现平平,但最近突然有所建树,人们对他刮目相看,视为功臣。

首因效应重视的是第一印象,近因效应重视的是最后最近的印象。第一印象很重要,最近印象也很重要。一般来说,判断陌生人首因效应更明显,判断熟人或久别重逢的人近因效应更明显。人们判断一个人,既不能只凭一时一事,先入为主,也不能以偏概全,而要用全面、发展的眼光去看,以免出现认知偏差。

3.晕轮效应

人际关系中的晕轮效应,指的是在人际交往中,人们常常根据对某人某一特性的认知推及其尚未被认知的其他特征上。例如,当看到某人具有待人谦虚的品质时,便由此推断其具有对人真诚、友善、乐于助人等优秀品质。对一个人突出品质的知觉遮盖了对这个人其他方面品质的认知,但这不见得是正确的。相反,由一个人的缺点推广到其一无是处,这种"扫把星效应"也是不对的。建立在第一印象基础上的晕轮效应容易以偏概全。

人们一方面应当尽量客观、全面地认知人或事,防止以偏概全,另一方面也可以利用晕轮效应,对人际关系产生积极作用。例如,一个真诚的人,即使能力差一点,对方也可能给予信任,因为对方可能相信真诚的人其他方面不会太差。

4.辐射效应

人们有时会产生一种错觉，即与比自己有吸引力的人在一起时，自己的吸引力似乎也增加了。这就是人际吸引的辐射效应。

在人际吸引的辐射效应下，人们往往会模仿自己喜欢的人的行为或习惯，这种模仿行为可能进一步扩展到与该人相关的其他领域。当一个人受到另一个人的吸引时，可能会认同他的价值观、观点或信念，并因此改变或调整自己的价值观。

5.定式效应

定式效应，指当人们在一定环境中形成了某种固定思维模式，在面对新事物时仍然按习惯来观察或思考，使判断、决策等行为偏离正常逻辑和客观事实，造成误判、误解或错误决策等的现象。

为了克服这种定式思维，人们需要保持开放的心态，多与他人交流，了解他们的真实想法和能力，同时也需要学会在评价他人时避免过于主观和片面，尽量以客观、全面的眼光看待他人，这样才能建立更健康、更有效的人际关系。

6.刻板效应

刻板效应是一种特殊的定式心理，指在人际交往中对某人或某一类人进行简单概括归类，形成比较固定的印象或看法。刻板效应常常表现为以下方面：第一，因认知对象的国籍或所在地域不同而形成的刻板印象。例如，美国人热情、直率，法国人开放、浪漫，英国人传统、保守，德国人讲科学、守秩序等。第二，因职业、年龄不同而形成的刻板印象。例如，无商不奸是对商人的刻板印象，固执、保守是对老年人的刻板印象，不稳重、责任心不强是对年轻人的刻板印象等。第三，因性别不同而形成的刻板印象。例如，男性应该身体壮实，性格勇敢，胆子大，办事果断、粗心、有泪不轻弹等，女性应该温柔、娇小、依赖性强、善良文雅、细心、胆小、爱哭、体贴、关心人、有同情心等。第四，因长相、衣着、打扮形成的刻板印象。例如，一个人常常被保安叫住询问情况，因为他的长相、衣着、打扮比较符合保安眼中的坏人形象。

刻板效应是简单概括归纳思维的结果，是已经形成的印象或概念，因此很容易出现以偏概全或错误认知。例如，人们认为小王喜欢吃辣，因为小王是湖南人，其实他不吃辣。在人际交往中，人们应当克服刻板效应的影响，打破思维固化，尽量客观、具体、准确地了解交往对象，防止出现认知偏差。

7.投射效应

投射效应是认为别人具有跟自己相同的想法或者倾向的心理现象。"我见青山多妩媚，料青山见我应如是"是对这种现象的最好描述。投射效应的坏处是容易"以小人之心，度君子之腹"。

(五)心理障碍因素

人际关系是一种建立在心理接触基础上的社会关系。在影响人际关系的心理因素中，心理障碍产生的影响很大，也更直接。这里所说的心理障碍不包括病态的心理障碍，如人格分裂、幻觉、幻听等，而是正常人在人际交往中的心理问题，即影响人际交往的各种负面心理,例如,自傲、自卑、羞怯、孤僻、猜疑、嫉妒、自私、报复心理等。

三、社会因素

作为人际关系的主体,人既是生理实体、心理实体,又是社会实体。在人的身上,反映出许许多多的社会因素,例如民族、性别、年龄、家庭状况、婚姻状况、宗教信仰、政治党派、学历、学位、职业、职务、职称、名誉、荣誉、财产收入等。这些因素从不同的方面影响着人际关系。在这些因素中,最基本的是社会地位、职业类别、知识层次三种因素。

(一)社会地位

社会地位,简而言之,指个体或群体在社会结构中所处的位置。从政治学和法律学的视角出发,社会地位是由法律法规所界定并受到公众广泛认可的具有特定权益的社会阶层。这一地位往往用以衡量个体或群体在社会中的威望与荣誉程度,同时也反映其财产、权利及权威的持有状况。而若从社会学的角度审视,社会地位则涵盖了人们在日常生活、工作履职及学习成长中所扮演的角色及其所占据的位置。它揭示了个体与社会整体之间的紧密联系,以及个体在与社会整体互动过程中所扮演的社会身份和角色。社会地位规定了与之相应的权利、义务和责任。社会地位的不同会造成人与人之间的隔阂和障碍。不论哪个时代或社会背景,社会地位始终在人们选择伴侣、结交朋友、日常交往、接受教育以及就业等方面扮演着重要的角色。它对人际关系的制约或影响主要表现在三个方面:

第一,社会地位制约或影响人们的交往对象和人际关系的状况。虽然每个人在社会群体中都占据一定的位置,但每个人在经济地位、政治地位、家庭地位、集体地位、学术地位等方面的影响和作用是不一样的。在这些特定的领域中,地位有上下、高低、贵贱之分。在人际交往中,上行沟通是社会地位较低者向地位较高者进行的沟通,这种沟通往往面临一定的困难;下行沟通是地位较高者向地位较低者传递信息,这种沟通通常较为顺畅。平行沟通是社会地位相当的人之间进行的信息交流,这种沟通既不会过于困难,也不会过于容易,难易程度相对适中。

第二,社会地位制约或影响着关系主体的交往热情和交往需要。社会地位不仅有高低之分,而且有主动和被动之分。主动社会地位的人相较于被动地位者,通常展现出更突出的社交能力和更强烈的社交需求。无论个体在社会地位上的高低,那些具备较强社交能力和需求的人往往能主动掌握社交的主动权,而相对较弱的一方则可能更多地处于被动状态。

第三,社会地位制约或影响着人的交往动机和诸多的交往心理。通常,那些处于援助地位的人,掌握更多的社交资源,他们在社交中相对从容。而处于求助地位的人,资源相对匮乏,他们的交往动机往往更为迫切,同时也可能表现出更为明显的徘徊不定和胆怯心理。

(二)职业类别

职业是从业人员为了获取主要生活来源所从事的社会工作类别,是形成社会地位的要素,人们对社会地位的评价受职业类别的影响很大。按照《中华人民共和国职业分类大典(2022年版)》,我国有八大类职业。例如,第一大类是国家机关、党群组织、企业、事业单位负责人,第四大类是商业、服务业人员,第七大类是军人。同一个职业类别中又有职务、职称的不同。这些都决定了工作环境、工作方式、工作待遇和工作分配不同。因此,在社会交往中,职业类别对人际关系有一定的制约和影响。

第一,影响和制约着人际交往的对象。人们从事不同的职业,就会有不同重点的人际交往对象。如教师的主要交往对象是教师和学生,商人的交往对象主要是商人,军人交往的对象主要是军人。

第二,影响和制约着人际关系的类型。卡伦·霍妮在研究个体和他人的关系时,发现三种不同类型的人际关系都与职业有关。

(1)谦逊型的特征是朝向他人。无论遇到何人,这种类型的人首先想到的是"他是否喜欢我"。他们多是社会工作者、医务人员和教育工作者。

(2)进取型的特征是对抗他人。这种类型的人最想知道的是别人力量的大小或别人对他有无用处。他们多是从事商业、金融、法律方面工作的人。

(3)分离型的特征是疏离别人。这种类型的人经常在意别人是不是会干扰自己或影响自己。他们多是艺术创作者或科研工作者。

第三,影响和制约着人际关系的广度、深度或亲密度。不同职业类别会满足人们的不同需要,如商业工作者能够满足人们购物的需要,家电修理技师能够满足人们修理家电的需要。从事满足需要越多的职业人,越容易建立广泛的人际关系;从事满足需要程度越高的人,越容易建立较深或较亲密的人际关系。

(三)知识层次

所谓知识层次,指的是关系主体自身所具备的知识结构和水平在社会知识系统中所处的层级。每个人都有自己的知识层次,但文化水平相近、知识层次相同的人之间更容易建立起人际关系。事实证明,知识层次相同的人,相互交往多,他们可以在平等的基础上进行科学、文化、情感等方面的交流,双方都可以从对方那里学到有用的东西,相得益彰。知识层次不同的人,相互交往少,双方往往谈不来,即使交往也难以持久。

由于内在因素的稳定性,有研究认为内在因素对重要且长远的人际关系起主导作用,而外在因素则是影响人际交往初期形成第一印象的重要因素。应当注意,影响人际关系的内在因素比我们想象的要复杂得多,这些因素之间相互影响、相互作用,共同对人际关系产生制约和影响。随着新时代的到来,决定人的社会地位的因素发生了变化,人际关系也必然会随之有所改变!

第二节　影响人际关系的外在因素

影响人际关系的外在因素,是关系主体之外对人际关系产生制约和影响的要素。这些因素可以概括为自然环境和社会环境两大类。自然环境包括优美的和恶劣的环境条件,它们对人际关系产生着影响,正所谓"一方水土养一方人",塑造了不同地域的人际关系心理。社会环境则涵盖了居住环境、空间距离、社会习俗、社会思想、社会规范、社会群体以及社会困境等众多方面。这些外在因素从不同侧面、以不同方式对人际关系产生了影响。

一、自然环境

自然环境涵盖了诸如阳光、大气、水源、土壤等自然形成的物质与能量,以及地理特征和生物种类的分布,这些因素共同对人类的生存和发展产生深远影响。法国思想家孟德斯鸠在《论法的精神》中阐述了他的观察:寒冷气候下的人们往往性格刚毅、勇敢,自信且充满优越感,较少疑虑,不擅长政治手腕,也不狡猾,他们常常展现出年轻人般的进取精神。相对而言,生活在炎热气候中的人们则显得对事物冷淡,缺乏兴趣,行为不够光明磊落,不太宽宏大量,性格较为懦弱,容易顺从他人,甚至宁愿忍受惩罚也不愿积极工作。[1] 尽管孟德斯鸠的观点在某些方面显得较为极端,但他提出的自然环境影响人的心理,进而作用于人际关系的观点,却是有一定道理的。

(一)恶劣的自然环境

恶劣的自然环境对人际关系的影响存在于两个方面。

第一,当共同面临的自然环境威胁谁都无法解决的时候,人们选择增强联系与合作。这促使人们深切感受到他人存在的价值,从而人与人之间产生了强烈的吸引力,进而凸显了人与人之间的紧密关系。可以说,在人类原始社会时期,自然环境是促使人际吸引最主要的情境因素。而在未遇到大自然的威胁时,人际关系往往会出现分歧、冲突和争斗的情境。

第二,恶劣的自然环境也可能加剧人际竞争,导致关系紧张、对立。首先,恶劣的自然环境导致物资匮乏和生存压力,这使得人们为了基本的生存需求而展开竞争,从而导致人际关系紧张和对立。例如,在食物和水资源稀缺的环境中,人们可能会为了争夺资源而产生冲突和敌意。其次,恶劣的自然环境容易使人的心理压力增大,情绪不稳定,容易产生紧张、焦虑、愤怒、抑郁等负面情绪。这些情绪会影响人际交往的方式和行为,使

---

① 　金欣欣:《回到文本:对孟德斯鸠"地理环境决定论"的再认识》,《中州大学学报》2016 年第 2 期。

得人际关系变得紧张和脆弱。此外,恶劣的自然环境还是人际交往的客观阻碍。它限制了人际交往的范围和频率。人们交流困难、信息不畅,容易产生误解和猜疑。

(二)优美的自然环境

优美的自然环境可以强化人际交往过程中双方的积极情感,促进交往的顺利进行,增强人际吸引。爱美之心人皆有之,美好的环境使人心情舒畅,乐于分享,积极参加社交活动。热恋中的人往往选择环境优美的花前月下、小桥流水的地方谈情说爱,因为双方愉悦的审美感受会部分地移情于交往对象,增加彼此的吸引力。所以善于交往的人会选择最适宜的环境和最有利的时机(在对方心情好的时候)与人进行交流、谈话,以达到交往目的。

二、居住环境

人类的居住环境是改造自然环境的结果。不同的居住环境对人际关系有不同的影响和作用。

(一)农村环境

即使经历了现代文明的冲击和乡村社会的变迁,中国农村仍然体现了传统人际关系差序格局的特点,通常以家庭、亲戚、邻里等为基础建立人际关系。这些关系在日常生活中扮演着重要的角色,因为生活空间接近,邻里之间互相往来频繁,人际关系比较亲密,人情味比较浓。

然而,农村人际关系也面临着诸多挑战。例如,随着城市化进程的加速,一方面,农村人口外流现象严重,导致人口减少、老龄化加剧以及文化断层等问题,原有的人情关系日益萎缩。另一方面,在有些地区,城乡之间的差距逐渐缩小,城乡人际互动频繁,城乡人际关系变得更为密切。此外,随着现代通信技术的发展,人们之间的沟通方式也发生了变化,传统的面对面交流方式逐渐被虚拟交流方式所取代。这些变化都对原有的农村人际关系产生了深远的影响。

(二)城市环境

城市环境是人们在城市生活居住的环境,它包括城市的物理环境和社会环境。在物理环境方面,城市有现代化的工业、建筑、交通、运输、通信、文化娱乐设施及其他服务行业,为居民的物质和文明生活创造了优越条件。然而,城市也面临着人口密集、工厂林立、交通阻塞、空气污染、噪声干扰等问题。这些特点使城市人际关系的发生和发展不同于农村。

第一,更加频繁和不稳定。因为城市生活的节奏更快,人们之间的互动更加频繁。同时,城市中的高流动性和人口密集度也使得人际关系更加不稳定和短暂。

第二,更加功利化和表面化。在城市中,人们往往更加关注个人的职业发展、个人兴趣和社交活动等,这使得城市中的人际关系更加功利化和表面化。

第三,更加多元化和复杂。城市中存在着各种各样的社交圈子和文化群体,人们来自各种不同的背景和文化,这使得城市人际关系更加多元化和复杂。

此外,城市中的公共空间和社交场所也为人们提供了更多的机会来建立和维护人际关系。

(三)室内环境

室内环境指人们居住和工作的室内环境,包括房屋的大小、结构、湿度、温度、陈设、美化等方面。良好的室内环境可以给人带来舒适感和愉悦感,使人们更容易放松身心,从而更容易建立起良好的人际关系。例如,温馨的家居布置、清新的空气和适宜的温湿度等都可以让人感到舒适和愉悦,从而促进人际交往和互动,推动人际关系和谐发展。相反,不良的室内环境会让人感到不适和烦躁,从而可能对人际关系产生负面影响。例如,室内空气污染、噪声干扰、空间拥挤、颜色搭配不协调、家具摆放不当等都可能使人感到不适和烦躁,容易引发人际冲突和矛盾。

改善室内环境可以采取的措施有很多,例如经常开窗通风、保持室内清洁卫生、合理布置室内空间、协调室内颜色和装饰等。

三、社会习俗

在人类社会中,习俗是一种文化传承的方式,它影响着人们的思想、行为和交往方式。社会习俗对人际关系的影响表现在人们的生活方式、待人接物的风俗习惯对交往双方的影响。

第一,习俗是人们进行社交活动的中介。例如,按习俗方式举办集市、婚礼、葬礼、生日派对等社交活动,人们因此聚拢来进行沟通和互动。

第二,习俗传承了文化价值观念。习俗本身是人们自发形成的,并为社会大多数人经常重复的行为方式。通过习俗的传承,人们可以了解和接受某种文化或群体的价值观,从而在人际关系中更好地相互理解和沟通。例如,在婚礼上,新人和宾客都遵循一系列习俗,这些习俗帮助他们共享这个特殊时刻,加强彼此的情感联系。习俗不同的地方文化价值观念也不同。例如,中国人结婚用红色,以示喜庆,而西方人用白色,表示纯洁。中国人行鞠躬礼,表示谦逊恭敬,而西方人行握手礼表示平等友好。在中国,子女对父母长辈不能直呼其名,会被视为目无尊长,而在西方社会里,亲子之间、长辈晚辈之间可以直呼其名,以示平等。

第三,习俗促进了社会交流。社会习俗往往是一种社会交流形式,例如问候、致谢、道歉等社交礼仪,都是通过习俗来规范人们的行为,促进人际关系和谐发展。

第四,习俗塑造了个人形象。习俗影响了不同地区的人的思想、气质和言行,人们往往要根据不同的场合来选择不同的服饰、妆容、言谈举止、交往对象等,以符合社会习俗对于个人形象的要求。

第五,习俗是一种社会规范。习俗虽然没有强制性,但也是一种社会规范和秩序,规定了人们在特定场合下的行为准则,有助于维护社会的稳定与和谐。

第六,习俗差异可能导致人际冲突。如果存在文化或社群的差异,不同的习俗可能会导致误解或冲突。一种文化中的热情好客可能会被另一种文化的成员误解为冒犯。例如,中国传统的劝酒布菜礼仪,西方人未必喜欢,而西方人的拥抱礼、亲吻礼中国人也不太能接受。因此,理解和尊重不同的习俗是很重要的。

总之,理解和尊重习俗是促进人际关系的重要方面。在面对不同的习俗时,现代人应当采取开放和接纳的态度,有利于建立和谐的人际关系。

四、社会价值观

社会价值观,是社会主体对客体有无价值或者价值大小的立场和态度。简单地说,就是人们认为什么值得做、什么不值得做,以及区分好与坏、对与错、善与恶、美与丑等方面的总观念。社会流行的价值观念影响个体行为,决定了人们的人际交往行为取向。我国主导的社会价值观是社会主义核心价值观。

不同类型和性质的价值观以及与其相适应的价值取向,影响人际关系的性质、类型和行为模式。例如,在"金钱至上"的价值观中,金钱成为衡量人生价值的唯一标准,认为人越有钱就越有价值,把追求金钱作为人生目标和生活的全部意义。这种金钱至上的价值观,把金钱视为一切行为的第一推动力,并以金钱为目标构成重利主义的人际行为模式。这种人际行为模式与视"金钱如粪土,仁义值千金"的价值观导致的重义轻利的人际行为模式是截然相反的。

德国哲学家、教育家斯普兰格把价值观分为六类,拥有不同价值观的人对人际关系处理的侧重点各不相同。

(一)理性价值观

理性价值观是以知识和真理为中心的价值观。具有理性价值观的人把追求真理看得高于一切。

凡是具有理性价值观的人,都有至死不渝的气概和精神。金钱、美色等都不会动摇他们追求真理的决心,他们在处理人际关系时强调的是信念的一致性和坚韧性,强调的是大局观和民族利益。这种追求和精神本身就具有感召力与凝聚力。

(二)政治性价值观

政治性价值观是以权力和地位为中心的价值观。持这种观念的人,在处理人际关系时很有心计,一切以是否有利于增进并维护自己的权力和地位为中心,有些人为了权力和地位,可以投机钻营,不择手段。

(三)社会性价值观

社会性价值观是以群体和他人为中心的价值观,把为群体、为他人服务作为第一要务。持社会性价值观的人,具有强烈的社会责任感和无私忘我的精神,在处理人际关系时想到的总是奉献、给予,而不是索取。因此,人们喜欢接纳他们、尊重他们,他们也有较强的感召力和凝聚力,有很好的人际关系基础。

(四)经济性价值观

经济性价值观是以实效和利润为中心的价值观。持经济性价值观的人,往往比较注重现实的经济利益,有些人见了有利可图的事就会去做,见了有利可图的人就去结交,常常被人指责为重利轻义。但是他们对经济的敏感性是无人能及的,所以发展经济是一把好手。

(五)宗教性价值观

宗教性价值观是以宗教信仰为中心的价值观。持宗教性价值观的人,重视信仰的一致性,注重团体内部人员的凝聚力。

(六)美的价值观

持美的价值观的人,把美和协调看得比什么都重要。无论什么时候都把服装、化妆等放在第一位。他们注重外表、形式,为了美不顾一切,因而他们在处理人际关系时,个体外表的吸引力左右着他们,以貌取人是他们的通病,首因效应、晕轮效应对他们影响很大。

总之,社会价值观通过影响个体行为、群体行为和组织行为来影响人际关系。

五、社会规范

社会规范,指特定情境下某一群体成员都广泛认可的行为标准。社会规范多种多样,包括道德、法律、宗教、制度等方面的规范。这里仅仅介绍道德规范、法律规范和制度规范。

(一)道德规范

道德作为一种社会意识形态,其核心功能在于规范调整人与人之间以及个人与社会之间的交往,通过设立一系列的行为准则来塑造社会秩序。无论是我国传统所倡导的孝悌忠信,还是现代所强调的社会主义公民道德,均代表了各自时代人们的行为规范和准则。这些准则不仅规范着人们的行为,更是调整人际关系的重要依据,它们在无形中制约着人际交往行为,确保社会和谐有序发展。

道德规范对于人际关系的制约作用,是通过社会舆论和个人内在信念两方面力量相互作用而发生的。具体来讲,它是以道德评价的形式,依靠社会舆论、传统习俗和人们内心信念来维持的。人们总是根据一定的道德标准,用善与恶、公与私、正义与非正义、诚实与虚伪等道德观念来评价人的交往行为,使人际关系得到调整。当人们认为某种人际交往行为是善的、公正的、正义的、诚实的,就加以支持、赞扬;反之就会加以反对和批评,形成不同的社会舆论。同时,人们也在依据道德规范随时对自己的行为进行评判和调整。如果交往中的关系主体讲究道德、爱国、敬业、诚信、友善、勤俭自强,就能够营造一种良好、和谐的人际氛围,促进社会文明的进步;反之,如果交往主体不讲道德、损人利己、虚伪欺骗、好吃懒做等,则会破坏人际关系,败坏社会风尚。

道德规范对于人际关系制约作用的表现是多种多样的。从根本上讲,社会道德面貌制约着人际关系的面貌,不同的道德规范导致不同的人际行为模式,道德规范的变化引起人际关系的变化。

(二)法律规范

法律是由国家立法机关制定或认可的,并由国家的强制力保证施行的一种行为规范。法律任何人都必须遵守,违反法律的行为会受到惩罚和制裁。如果说习俗、道德等对人的行为是靠人内在的信念来约束的话,法律则是通过外在的强制力来约束人的行为。

根据适用范围,法律可以被划分为普通法和特别法。普通法,诸如宪法、刑法、民法等,是在全国范围内普遍适用的法律,具有普遍约束力;特别法则是针对特定地区、特定时间或特定人群制定的法律,如某些地方性的法规或针对特定行业的法律,其适用范围相对有限。无论是何种类型的法律,它们都是规定人们应当如何行为、禁止如何行为的准则,具备保护性和强制性的双重特点。这些固有的性质和特点,使得法律能够规范人际关系,为社会秩序的稳定提供坚实的法律保障。

首先,法律对人际关系具有保护作用。这指在法律规定的范围内,保障公民享有应有的权利,如享有广泛的民主和自由,有选举和被选举的权利,有言论、出版、集会、结社、游行、示威的自由,有人身自由和宗教信仰自由等。人们在这个范围内进行交往活动、建立和发展人际关系,受到法律的保护。

其次,法律对人际行为具有强制作用。这意味着当公民违反法律、不履行义务时,法律会采取必要的强制措施进行制裁,对违法者实施处罚。因此,人际交往行为必须以法律为准绳。例如,有些父母可能认为打骂儿女是自己的权利,实际上法律并没有赋予父母这样的权利。如果打骂行为严重,导致儿女心理或身体受到伤害,父母会受到法律的制裁。

(三)社会制度

社会制度指在一定历史条件下形成的社会关系以及与此相联系的社会活动的规范体系。包括三个方面的含义:一指社会形态,如社会主义、资本主义;二指社会中不同领域里的制度,如经济制度、政治制度、法律制度、文化制度、教育制度等,其中经济制度是其他制度的基础;三指社会组织中的具体的行为模式和办事程序,即各种规章制度,如考勤制度、审批制度、奖惩制度、考试制度等。虽然社会制度有差别,但它们都是规范人们思想和行为的形态。从这个意义上讲,社会制度是由意识和具体行为规范建立起来的,并在社会上具有合法性和重要地位。

社会制度对人际关系有以下影响:

第一,影响人际关系的性质和类型。从理论上看,人际关系大体上可分为三种本质上相互区别的历史形态,就是原始社会中朴素的、平等的人际关系,分封制、私有制下不平等的人际关系和社会主义公有制下平等的人际关系。很明显,这几种不同性质和类型的人际关系,从根本上说是由社会制度决定的。

第二,影响人际关系的发展和变化。社会制度是不断发展和变化的,影响人际关系的发展和变化。从宏观上看,每一种人际关系的演变都同社会制度变革联系在一起。

第三,影响人际交往的范围。人际交往的范围在不同时期、不同地区是不一样的,其实也与社会制度联系在一起。在较为开放的社会制度下,人际交往活跃,人际关系范围往往容易扩大;在较为封闭的社会制度下,人际交往受限,人际关系范围往往狭窄、缩小。

第四,影响人际关系的行为模式。例如,西方国家强调个体的自由和价值要求,把个人自由放在首位,以自我为中心;东方国家则重视集体价值,强调个体服从集体,往往忽视自我、小我,而把服从"他我"(他人眼中的我)、大我放在首位。

六、社会群体

(一)社会群体的概念与特征

社会群体,或称社群、社团,是人们通过一定的社会关系结合起来进行活动的共同体。社会群体是构成社会的基本单位之一。每一群体具体体现了个人与个人之间、个人与整个社会之间某些特定的相互关系。

社会群体的核心特质在于其内在的结构性,这种结构是由一系列规范、地位及角色所编织而成的社会关系网络。因此,并非所有聚集在一起的人群都可以被视作社会学意义上的群体。例如,电影院里的观众、公园里的游客、公交车里的乘客、商场里的消费者等,尽管他们同时在某一地点集结,但由于缺乏这种深层次的社会结构与互动,他们并不能被界定为社会群体。即使是一群看似相同的人,如果他们之间未发生深度的社会互动和交往,同样也不能被认定为社会群体。然而,当同学之间、同事之间建立起稳定且紧密的交往关系,形成了一种独特的、区别于其他群体的社会共同体时,这种原本在统计学上的群体便上升为社会学意义上的群体。

1.社群拥有明确的成员关系

在特定的社会群体中,成员能够清晰地称自己为该群体的一部分,并对群体内的行为有着明确的期待。这种期待也体现在成员期望自己与群体外的成员有所区别,如家庭、邻里、同学、同事、朋友、兴趣群体等,均表现出独特的成员身份感。

2.社群成员之间保持着持续的相互交往

这种交往不是短暂的或临时性的,而是长久而稳定的。他们通过持续的互动,建立并维护着彼此之间的关系。

3.社群拥有一致的群体意识和规范

在交往过程中,成员通过心理与行为的相互影响或学习,逐渐形成了共同的观念、信仰、价值观和态度。这种一致性不仅增强了群体的凝聚力,也为成员的行为提供了指导。

4.社群成员之间具有一定的分工协作

他们在交往中能够相互配合、一致行动,以实现共同的目标。这种分工协作不仅提高了群体的效率,也促进了成员之间的团结与和谐。

(二)人际关系的影响因素

人际关系的形成需要一定的机会和环境,社会群体则为其成员提供了人际交往的舞台,使交往主体能在群体中表露自己的内心世界,成为周围人们知觉和作用的对象,从而使其确认自身的存在,能够表现自我和实现自我。人的交往是很广泛的,但与群体内成员的交往才是最持久和最重要的。

1.最容易具有相似性

社会群体有共同的活动项目和目标,有利于培养群体内成员之间的合作精神,增进群体内成员相互之间的了解和信任。因为交往主体长期在一个群体内生活、学习和工作,自然受群体的影响。群体内成员彼此了解、相互信任,态度、爱好日趋一致,才有和谐的人际关系。

2.最容易具有接近性

社会群体成员长期共处,相互了解、理解、认同,相互依赖、支持、服从,积累了深厚的信任感、安全感和归属感,所以社会群体内成员最容易具有接近性,人际关系比较融洽。

3.最容易具有压力性

压力性指群体成员感知到的来自群体的约束力与影响力。当一个成员在群体中与多数成员或权威的意见有分歧时,就会在心理上感受到压力,担心如果不从众或服从的话,会遭到群体的拒绝(嘲笑、打击、排斥等)。群体压力对于群体内成员的人际交往既具有积极意义,又具有消极作用。其积极意义是使群体内成员的价值观、信仰、行为、兴趣、爱好逐步趋于一致,使成员有更多的交往理由,为成员和谐相处拉近了心理距离。群体压力的消极作用在于它可能遏制群体内成员的创造性,导致差异性逐渐减少,这既不利于人际关系的长期维持,也不利于吸引群体外的成员。

4.其他影响

社会群体的规模、结构、规范等对人际关系也有影响。一是群体规模的影响。群体的规模指群体成员人数的多少。群体规模越大,人际交往范围较为广泛,人际关系越不容易以群体中的领导者为中心;在其他条件相同的情况下,越是规模较小的群体,人际交往范围较为狭窄,领导者对其内部成员的影响力就越大,成员间就越容易形成凝聚力。二是群体结构的影响。群体的结构指群体成员的年龄、专业、知识、智力、性格等结构的有机结合,其实就是人员搭配。人员搭配得当,群体就会紧密团结,协调一致,人际关系融洽;反之,人员搭配不当,群体就会出现人际冲突、人心涣散、人际关系紧张。三是群体规范的影响。群体的规范指群体所确立的行为准则,群体内的每一个成员都必须遵守这些准则。群体规范并不是规定每个成员的一举一动,而是规定群体对其成员行为可以接受或能够容忍的范围。群体规范可以是正式的,也可以是约定俗成的。群体规范是社会群体得以生存、巩固、发展的支柱,同时,它为群体内成员提供了日常生活和处理人际关系的方式,限制了他们活动的范围,使群体成员知道为满足个人需要应该做些什么、不应该做些什么,最大限度地减少内部成员之间的摩擦和冲突。

七、社会困境

社会困境,指大家共同面临的、靠单个人无法解决的社会问题,海洋资源被过度捕捞、废弃物乱排乱放、交通混乱、金融危机、战争等。在社会困境中,人们在心理行为上出现懈怠,一方面个体责任感降低,另一方面群体中的助人行为减少。人们不满意现状,相互抱怨,产生信任危机。

总之,影响人际关系的内外部因素多种多样。在自由平等、自然环境优美、交通便捷、经济繁荣、社会制度先进、风俗民主开放以及社会信任度高的地区,人际交往的范围广泛,活动形式多样,礼尚往来频繁。在这些因素共同作用下,人际关系显得更为复杂,理解和把握这些影响人际关系的因素,对于促进人际关系的和谐与发展具有重要意义。

第三节　人际交往的原则

人际交往的原则,即人们在交往过程中所应遵循的法则或准则,指导人们的言行举止,确保人际交往顺利进行。它经历了从实践到理论,再到实践的过程,是人们在长期交往的实践中对其规律性探索的高度概括和总结;反过来,它又指导着人际交往的实践与行为,成为人们正常人际交往的指导思想和依据。当人们不能确定具体待人接物的言行举止时,人际交往原则可以起到灯塔的作用。

一、平等原则

现代人际关系的平等原则,指基于宪法和法律规定的人与人在权利和义务上的平等。这一原则是现代人际关系的基石,更是现代人际关系与传统人际关系相互区别的核心所在。尽管人们在年龄、外貌、财富、职位、性格上存在差异,但在人格尊严上皆天赋平等,无分贵贱。

在人际交往的过程中,由于个体间在地位、身份、职位、影响力以及信息掌握等方面往往呈现出显著的不均衡,这样的差异有时会成为双方沟通的绊脚石,导致心理隔阂,进而阻碍双方建立深层次的情感纽带。倘若能以平等的态度待人,让对方感受到安全、舒适与尊重,那么即便彼此在社会地位等方面存在较大的差距,也依然可以建立起稳固而和谐的人际关系。在强调平等原则时,人们应当对平等的内涵有正确的认识,树立科学的平等观。

1.相对性

平等是相对的,而不是绝对的。平等的相对性主要表现在以下方面:首先,平等是有条件的,包括自然条件和社会条件。自然条件特指人的生理条件,如身体健全的人与残疾人交往时不能要求残疾人做同样的事情。社会条件主要指政治、经济、文化、社会等方面的条件。在现有条件下,不可能达到每个人都有同样的经济收入,享有同样的文化教育,处于同样的社会地位。其次,每个人的起点和机会是均等的,如每个人都可以上初中、高中、大学,但究竟能上到哪个层次,这就要看个人的努力程度了。

2.现实性

第一,平等具有时代性。平等是当时当代的,符合实际的,既不能超前也不能滞后于时代。第二,平等具有地域性。如在经济发达地区和贫困地区,平等就会显示出内容和形式的区别。第三,平等具有文化性。具有不同文化背景的人对平等的理解不同。第四,平等是发展变化的。平等的内容和形式会随着社会经济的发展而发展,不会一成不变。随着社会政治经济的发展,平等适用的主体、平等的内容和形式等都会发生变化。

3.具体性

平等主要包括政治平等、法律平等、经济平等、人格平等。这种平等意味着所有社会成员都享有包括生存权利、发展权利在内的宪法与法律所规定的各项权利和自由,其人格和尊严都一视同仁地得到法律的保护,其权利和责任能够对称。这就是在宪法和法律的范围内一个人享有做什么的权利,别人也同等享有。

总之,每个人应当本着"人同此心,心同此理"的态度,既尊重自己,又尊重别人,既重视自己的权利,又重视别人的权利,平等待人。这样才有利于建立人与人之间的平等关系。

二、互利原则

互利原则,也可以叫作"功利原则",其核心在于人际交往中关系主体双方能够相互给予并获取一定的利益,彼此满足对方的需求,从而实现共赢。

1.互利是人际交往最基本的动机

互利既包括物质方面的互利,也包括精神方面的互利。物质即人维持生存所应有的对物质资料的需要,涉及衣、食、住、行、用等方面;精神则是人在思想、情感、信息、文化及社会交往等方面的需求。毕竟人需要与他人分享快乐分担忧愁,获得宽慰和鼓励,拥有获得爱情、亲情、友情的渴望。这都需要在人际交往中才能获得。彼此互利,相互重视,是人际交往的基本动机。

2.人际交往的互利性客观存在

在过去相当长一段时期内,人们怯于谈"互利",感觉互利就是交换利益,唯利是图。实际上,如果交往行为没有价值诉求,就没有交往的动力。人与人之间的交往本质上是一个社会交换过程,遵循交换的一般原则,希望交换对于自己来说是值得的,或者在交换过程中得大于失,至少得等于失。人们基于心理需要,希望通过满足对方来满足自己,这是客观存在的事实。正是通过物质上的互相帮助和支持,以及精神上的彼此慰藉和鼓励,人类社会才得以发展。互利的"互"字有公平、公正和平衡的意思。如果出现不公平或失衡,人际交往就可能中断或终止。互利性是人际交往延续的基础。

3.现代人际交往强调互惠互利

互惠互利有利于激发社会活力,丰富社会生活。人们有喜新厌旧、好逸恶劳的倾向,又有好奇和勇于探索的精神。互惠互利使人们在生产和生活上互通有无,在满足现状的基础上激发新的需求,在比较和竞争中创新创造。

这里提到的互利原则是正面、积极、合理合法、符合道德规范的互惠互利,与社会上某些违法乱纪、损公肥私、损人利己、行贿受贿、权钱交易等负面的、阴暗的、丑恶的交易现象有本质上的不同。对于那些属于庸俗关系的表现、那些危害正常人际关系建立和发展的败坏社会风气的恶行,必须全面、彻底清除,才能使正常的人际关系得以健康发展。

三、诚信原则

诚,即真诚、诚实;信,即信用、信誉。诚信指在人际交往中双方诚实、守诺、讲信用。诚信原则是人际交往的基本原则。

1.世界性法律原则

诚信原则不仅是人际交往的重要原则,而且是做人的伦理道德标准。诚信原则不仅是我国民事诉讼法的一项重要法则,还是各国民法公认的"帝王条款",是世界性法律原则。

2.中国传统美德

在我国,关于诚信的观点层出不穷,诸如"人无信不立,业无信不兴""人而无信,不知其可也""一诺千金,一言百系""一言已出,驷马难追"等名言警句,都围绕着"信"这一核心概念展开。中国传统文化历来将诚信视为崇高的美德,甚至被用作衡量一个人是否正直、是否具备君子品质的准则。从中国传统文化的视角来看,诚信不仅是道德规范,更是被高度推崇的价值观。在人际交往中,诚信不仅扮演着道德准则的角色,还作为道德规范指导着人们的行为,同时也是道德修养的重要体现。

3.做人之本

诚信是做人之本,是维护正常人际关系的行为准则。只有遵循诚信原则,才能为人际关系的发展打下良好的基础,才能建立相互信赖的关系。诚信体现在人与人的关系中,表现为真实可信、待人以诚、言行一致、信守承诺、老少无欺。自古以来,讲信用的人受到人们的欢迎和赞颂,不讲信用的人则受到人们的斥责和唾骂。

4.人际交往的基础

诚信是人际交往的基础。人们在沟通、交往中最大的障碍就是双方缺乏信任。一旦认为对方是一个不讲诚信的人,就不愿意再同其交往。当前,我国社会经济生活中,诚信缺失问题仍然存在,应当引起政府和全社会的关注。人们呼唤诚信,社会需要诚信,让我们为诚信美德发扬光大而努力。

四、礼貌原则

礼貌原则,作为人际交往中的一项基本准则,不仅体现了对交往对象的尊重,更展现了个人的品德修养和文明程度。在中国,礼仪之邦的美誉源远流长,礼仪文化深入人心。从古至今,无论是官方场合的庄重礼仪,还是民间交往的细微礼节,都体现了中华民族对礼貌原则的坚守。现代社会人际交往更加频繁和复杂,讲礼貌显得尤为重要。无论是在职场上的合作与交流,还是在日常生活中的朋友聚会、家庭聚会,礼貌原则都是维系和谐关系的重要纽带。一个待人接物时言谈举止得体、态度诚恳、表情自然的人,往往能够赢得他人的尊重和信任,为自己的人生道路铺设坚实的基石。在实践礼貌原则时,仪容仪表仪态不可忽视。整洁得体的外表、端庄大方的举止,能够展现出个人的自信和职业素养。同时,礼貌原则还要求人们在交往中注重细节,如主动打招呼、倾听他人意见、尊重不同观点等。

五、人道原则

人道原则是爱护人的生命、关怀人的幸福、尊重人的人格和权利的道德原则。人道原则与人道主义是一致的。

坚持人道原则,首先要尊重人。尊重在人际交往之中表现为自尊和他尊。每人都有自尊心,都希望他人尊重自己,所以人人都应相互尊重。其次,要爱护他人、关心他人。爱人,是人道主义的基本精神;关心人,则是人道主义的根本要求。按照这种精神要求,在人际交往中,我们应该设身处地为别人着想。人人都互相关心、互相爱护,人人爱我,人人关心我,我爱人人,我关心人人,则人际关系趋向和谐、友爱。最后,要遵循"己所不欲,勿施于人"的要求。这一要求是尊重人、爱护人、关心人的具体实施和落实。

六、择善原则

"择"是挑选、选择之意;"善"是良好、友善、善良、慈善之意,与"恶"相对。择善,顾名思义,就是挑选好的,也有为对方着想的善意,希望自己的表现能给对方带来好的感受、好的结果、好的作用。择善原则指在建立和发展人际关系时,不能盲目从事,要有所选择地进行。

在建立和发展人际关系时,坚持择善原则,首先要考虑自己与交往对象相互的需要是否有益于社会、有益于他人。如果是有益的,就要采取积极的态度;如果是有害的,就要坚决放弃。凡是有利于建立良好的工作秩序、有利于提高效率的人际关系,就应积极地建立和发展。对有助于陶冶情操,有助于身心健康、家庭和睦,有助于团结友爱、帮扶解困的人际关系也应积极地建立和发展。按照择善原则,一切有益于交流思想、相互启发、获得知识的人际关系都应该尽力地建立和发展;相反,那些以谋求不正当个人利益、满足低级趣味为目的的人际关系则应坚决抵制。

七、距离原则

人际关系中的距离原则是人们在互动时根据关系类型和情境来保持不同物理距离的一种重要指导。这种距离的把握不仅影响人际交往的顺畅程度,更直接影响关系的深浅和是否健康。

例如,在朋友关系中,应当保持适当的距离。首先,应当尊重彼此的独立性和个人空间。每个人都有自己的生活和兴趣爱好,朋友之间应该相互尊重并理解这一点。不要过度干涉对方的生活选择,也不要期待对方时刻陪伴在自己身边。给予彼此足够的自由,是保持健康朋友关系的基础。其次,在交流时要适度控制分享的内容和深度。朋友之间应该坦诚相待,并不意味着需要毫无保留地分享所有事情。尤其涉及个人隐私或敏感话题时,要谨慎选择分享的对象和内容。同时,也要学会倾听和理解对方的分享,不要过度追问或评论。在相处过程中,避免因"熟不拘礼"而使用冒犯或伤人的言辞,要用温和、理解的态度来对待彼此。当朋友遇到困难或问题时,我们可以给予关心和支持,但也要避免过度介入或代替对方做决定。每个人都有自己的解决方式和应对能力,朋友之间应该相互信任并尊重对方的选择。最后,保持适当的距离也意味着在需要时能够适当地抽离。有时候,朋友之间可能会产生矛盾或误解,适当地保持距离可以给双方提供思考和冷静的空间,但这并不意味着要断绝关系,而是在解决问题之后重新建立更加健康、平衡的关系。总之,在朋友关系中保持距离并不是要疏远对方,而是为了发展更加稳固、和谐和长久的朋友关系。

在人际关系中,文化背景、个人性格和情境需求等因素都会影响人们对距离的需求和舒适度。因此,人们需要根据具体情况灵活调整自己的距离感,以更好地适应不同的交往环境和对象。

八、相容原则

相容,实质上就是宽容,它代表着一种宽宏大量的气度,心胸开阔,不斤斤计较,能够包容他人的短处,展现出极强的忍耐力。相容原则,正是建立在双方都具备一定的容忍度,进而达到相互宽容的交往准则之上。

在这个世界上,没有两个完全相同的人存在。每个人的成长背景、教育经历、风俗习惯、信仰理念以及性格特征都各具特色,正是这些差异使得人与人之间充满了丰富多彩的特点。然而,这些差异也可能成为交往中的障碍。为了实现和睦共处和正常的交往,人们需要学会求同存异,相互忍让。只有在这样的基础上,才能真正做到宽容相待,共同构建一个和谐的社会环境。反之,必然会发生矛盾和冲突,导致关系紧张。

与人相处,"相容"最难做到,难就难在要能够容忍交往对象的"短处"。有个对联常常引人深思——"大肚能容容天下难容之事,笑口常开笑天下可笑之人"。人都有站在自己的立场维护自我利益、自我价值的本能,这就需要人在交往中理性认知事物和克制自己的情绪,和气才能相容,相容才能相和。

实现相容,首先,要避免完美主义,对对方偶尔的、无关紧要的过错给予包容和原谅,不要抱怨和指责,更不要喋喋不休、得理不饶人。其次,要善意地帮助对方改正错误,照顾对方的自尊心,策略地指出对方的错误,并给予对方改正错误的机会。最后,要把握好"度",宽容、包容不是纵容,更不是表现怯弱和低三下四,而是睿智的、洞察人情的豁达以及慈悲和鼓励的品格。可见,相容是一个人思想品德修养的反映,同时也是实现人与人之间和谐相处的重要原则。

九、理解原则

理解原则,是交往双方应秉持的相互了解、换位思考和相互体谅的准则。其中,换位思考尤为关键,它要求人们能够设身处地站在对方的立场,从对方的角度出发去思考问题。这种换位思考实际上是一种深度的情感共鸣,如同人们常说的"将心比心""以心换心",旨在通过理解对方的感受和需求,增进彼此的情感联系和信任。通过遵循理解原则,人们可以更好地促进交往双方的和谐共处与共同成长。理解不是认同或接受,而是站在对方的立场努力地理解他为什么这么想,或为什么这么做,有什么原因。

在交往中双方要互相理解,这是沟通、交流、达成一致的基础。坚持理解原则,善于换位思考是化解矛盾、消除分歧、融洽人际关系的催化剂,也是协调人际关系,建立相互信赖的、良好的人际关系的一种技法。"理解万岁"是人际交往中的呼声,也正是因为如此,理解才成为人际关系的原则。

实现理解是一个循序渐进的过程,通常可以划分为以下三个关键步骤:

首先,需要初步了解对方的基本情况,这是建立理解的基础。这些信息包括但不限于对方的职业、身份、社会地位、需求、经济状况、家庭背景以及成长经历等。通过收集这些信息,人们能够对对方有一个较为全面的认识,为后续的交流和理解打下基础。

其次,换位思考是理解过程中的重要环节。人们需要站在对方的角度,设身处地地思考问题,尝试理解对方的感受和需求。通过体验对方的心理状态,人们可以更加深入地了解对方的想法和行为动机,增进彼此之间的理解和信任。

最后,互相取得谅解是理解过程的最终目标。在充分了解对方并进行了换位思考之后,需要通过有效的沟通消除彼此之间的隔阂和误解,化解潜在的矛盾。人们只有真正理解了对方,才能建立起融洽的关系,达成共识,并最终解决问题。

十、积极原则

积极原则,指的是以积极、主动且热情的态度与对方交往,以此激发对方的积极反应。这一原则在人际交往中有多方面的要求。

1.人际交往行为应积极主动

这意味着人们应该主动寻求同对方互动,通过积极的行动来激发对方的反应,并以迅速且明确的反馈来回应对方。见面时主动问候"您好",这种简单的举动能够让人感受到温暖与亲切;在得到他人帮助时,应真诚地表达感谢,说声"谢谢",这会让对方感受到尊重和暖意;在离别时,一声"再见"能够留下美好的印象,加深彼此的情感联系。

2.交往态度应充满热情

积极主动的行为往往与热情的交往态度相辅相成。只有内心充满热情的人,才能自然而然地展现出积极主动的交往行为。缺乏热情的人际交往会显得冷漠且缺乏活力。热情的表达也需要适度,不宜过分热烈或冷淡,更不能时冷时热。同时,热情的展现还需根据场合和对象的不同而有所调整,以免破坏原本良好的人际关系。

以上人际关系十大原则,奠定了现代人际关系文明、健康发展的基础。

影响人际关系产生和发展的因素微妙而复杂,很难一一列举,但是理论方法能够启发人们从内与外、主观与客观、个人与社会等多角度观察和分析人际关系现象,并且用来指导人际关系实践,以塑造良好的个体形象,创造良好的人际交往机会。人际交往原则是人们在交往过程中说话或行事所依据的法则或准则。当你在待人接物的具体情境中感到困惑时,这些交往原则可以为你指明方向。只要你在行为上体现出人人平等、人道主义、诚信友善、以礼待人、理解、包容、积极、真诚、热情等精神,那么你就基本做到了礼貌待人,人际关系也能够健康、和谐发展。

参考阅读

1.宿舍夜谈

小 S:我们去 A 店吧,今晚那里还有抽奖活动呢!

小 M:可是那里的音响效果不好。(转过头问小 P)你觉得呢?

小 P:我听你们的。

小 S:那我们去 B 店吧,那里音响效果是全市最好的!

小 P:我无所谓,都可以。

小 M:嗯,那个地方比较贵,而且人多。

小 S:那就去 C 店吧,听说那里的自助餐最好,而且价格也不贵。

小 M:可是,那离学校也太远了吧!

小 P:我觉得都可以,你们拿主意好了。

小 C:好啦,大家不要讨论了,一点效率也没有,我看就去 B 店好啦,费用 AA 后也不会太高。我们接下来讨论一下怎么过去吧。

这是我们日常生活中经常遇到的。从这个讨论会里我们可以看到四个人有不一样的性格特点:小S活泼开朗,喜欢与人交往、快人快语;小M不太善于言辞,但细心,内心体验深刻,常常能关注到细节;小C直率热情、干练、果断,但是比较容易发脾气;小P则宽容随和,做事不紧不慢。不同性格的人在一起往往起到彼此搭台唱戏、互补互助的作用。

2.货拉拉乘客跳车悲剧

2021年2月6日,乘客车莎莎在货拉拉平台下单搬家货运服务,途中跳窗,后经抢救无效离世。

事后调查:司机15:00左右接的单,20:38赶到小区。50元钱的买卖,他等了快40分钟(21:14出发)。其间,他多次提出增加费用,但遭到莎莎拒绝。出发后,司机边开车边接新单,还为了赶时间擅自偏离导航。莎莎两次指出偏航,并要求停车,但司机不予理睬。哪知莎莎在恐慌之下开门跳车,终致身亡。两个人因为经济纠纷和误会而毁了各自的人生。

导致这起悲剧的原因是多方面的,显然司机和莎莎都存在沟通能力不佳的问题。

第五章　人际关系的心理障碍及其改善

> 孤独并不是来自身边无人,感到孤独的真正原因是一个人无法与他人交流最要紧的感受。
>
> ——[瑞士]卡尔·荣格

人际关系的心理障碍指在人际交往过程中,由个人的心理因素导致难以与他人建立良好关系的一系列障碍。这些障碍可能源自个人的认知、情感、行为等多个方面,并可能对个人的社交能力、情感表达和人际关系产生负面影响。

在现实生活中,每个人都渴望与他人建立深厚的人际关系,共同分享喜悦与忧愁。然而,人际交往中总难免会遇到诸多障碍,包括语言差异、地位悬殊、职业不同、年龄代沟以及政治或宗教观念的冲突等。这些因素往往成为人际吸引和有效沟通的绊脚石。最关键的障碍往往来自交往者自身的心理因素,即心理障碍。这些心理障碍无形中阻碍着人们与他人建立真诚的关系,使得人们在交往过程中感到不自在、紧张,甚至无法有效沟通。例如,当个体处于抑郁状态时,他们可能会感到深深的孤独,从而不愿意主动与他人交往,这进一步导致社交活动减少。而社交活动的减少又会反过来加剧个体的孤独感和抑郁情绪,形成恶性循环。了解并克服这些心理障碍有利于建立健康人际关系。通过自我觉察、接受专业心理咨询和治疗,人们可以逐渐克服这些障碍,提升社交技巧,在人际交往中更加自信、自在。

人际交往是个体适应社会生活、担当社会角色、形成丰富人格的基本途径。它具有沟通信息、调节情感、形成合力、取得资源以及保障身心健康等多种功能。人们应该主动与他人交往,不逃避、不孤立,积极融入群体,乐于助人,热情友好,学会宽容、体谅、尊重他人,并尽量避免与人发生冲突。如果能在广泛的交往中拥有几位知心朋友,无疑对自己的事业发展和心理健康都大有裨益。

第一节　人际关系的心理障碍

在快节奏、高压力的现代社会中,人际关系心理障碍成为一个不容忽视的问题。这些心理障碍不仅影响个体的心理健康,还可能对日常生活、工作乃至整个社会造成负面影响。

　　人际关系的心理障碍通常指的是个体在与他人交往过程中出现的心理困扰和障碍，如自卑、羞怯、猜疑、嫉妒、自负、自私、恐惧、孤独、封闭、敌意和干涉等。这些障碍可能源于个体的认知偏差、情感创伤、性格缺陷、环境压力等多种因素。当个体无法有效地与他人建立和维护良好的人际关系时，便可能陷入孤独、焦虑、抑郁等情绪困境，进而影响整体生活质量和幸福感。通过深入了解这些障碍的成因、表现和应对策略，我们可以帮助受困扰的个体走出心理困境，重建健康、和谐的人际关系，从而提升整个社会的幸福感和凝聚力。

一、心理障碍的特征与区别

(一)心理障碍的特征

1.心理反应失去合理性

　　心理反应失去合理性，指的是个体的心理活动或行为表现与现实环境之间失去了应有的联系和一致性。他们的内心活动或外在行为不再能够合理地反映客观现实，可能出现扭曲、误解或不合逻辑的情况。在成长过程中，每个人都会对外界刺激作出反应。这些反应的程度应当是合理且可以理解的。如果一个人的反应超出了正常的范围，或者无法与现实环境相适应，那么这种反应就可以被视为异常。

2.心理反应失去协调性

　　心理反应失去协调性，表示心理过程及其相互之间，或者心理活动与行为表现之间不再和谐一致。个体的行为表现无法准确、正常地反映其内心活动，两者之间存在明显的偏差或矛盾。正常人的心理过程和行为表现之间都是协调一致的，这种协调性保证了个体在反映现实环境时的高度精确性和有效性。当这种协调性丧失时，个体的心理过程就会出现异常。

3.心理反应失去稳定性

　　心理反应失去稳定性，意味着构成个性特征的心理活动及其行为表现不再保持一贯性。简言之，个人的情绪和行为变得不可预测，其原有的性格特质和行为模式出现了波动或改变。每个人的心理和行为都具有一定的稳定性，并形成了自己独特的个性心理特征。这种稳定的个性心理特征不易改变，并会时时处处明显地表现出来。如果一个人的性情发生显著变化，除非遭受了重大的心理创伤或生活变故，否则就需要考虑其心理是否出现异常。

(二)心理障碍的区别

1.一般心理问题

　　一般心理问题属于轻微的心理异常，即通常所说的心理困惑或心理困扰。正常人都会有这类障碍。它具有三个特点：第一，情境性，即心理困扰是由特定的情境决定的，与特定的情境紧密相关。引起心理问题的特定情境消失了，心理问题也随之消失。第二，偶发性与暂时性。一方面它的发生与特定的情境有关，另一方面它会自行缓解。第三，心理状态无病理性精神症状。一般心理问题主要表现为走神、犹豫、焦虑、冷漠、暴躁、自卑、多疑、烦恼、偏执、狭隘、孤僻、敌对、攻击、冲动、狂热、狂妄、怯懦、压抑、心理疲劳等症状。这些情绪和行为随着相关情境消失而消失，不会持久。

2.病理性心理障碍

病理性心理障碍属于一般心理问题累积、迁延、演变的表现和结果。它的特征包括：第一，与特定的情境无必然联系，尽管特定情境的出现有时也会加重心理障碍。第二，持久性与特异性。它长期存在且表现明显异于常人。第三，有心理状态的病理性变化。如躁郁症（双相情感障碍）、抑郁症、焦虑症、强迫症、创伤后应激障碍（PTSD）等，这类心理障碍属于心理病理学范畴，是心理状态的变异和心理能量的衰退或丧失以及心理能力下降的表现。

3.精神病性心理障碍

精神病性心理障碍属于重性心理疾病，习惯上分为功能性精神病和器质性精神病两大类。功能性精神病指按当前医学科学水平还未能发现脑部有明显改变或肯定的生理生化改变的精神病精神障碍。器质性精神病指脑部有明显病理性改变以及继发于躯体疾病或中毒感染的脑功能紊乱所引致的精神病性精神障碍。如精神分裂症、妄想性障碍（妄想症）等，特点是患者可能出现幻觉、妄想、混乱的思维和言语以及行为上的异常。

区别心理障碍的层次，可以帮助人们认识自己和他人，科学、合理地改进自身不良的行为习惯，也可以更好地看待和帮助别人。由于病理性心理障碍和精神病心理障碍的发生率比较低，而且这类人群的日常生活受到限制，人际关系属于超出常规，本书不加以探讨。我们探讨的是正常人可能遇到的一般心理问题对人际关系的影响。

二、人际关系的一般心理问题

（一）认知问题

认知是个体在与他人交往的过程中，根据认知对象的外在特征判断其内在属性的过程，或者说是在个体与他人交往的过程中观察了解他人，并形成判断的一种心理活动。

人际交往与认知有着密切的联系，任何人际交往都包含着认知的因素，并且建立在认知的基础上。在日常人际交往中，唯有主体的主观认知与客体实际相符，才能根据不同的对象采取相应的交往方式，促使交往顺利进行。在交往过程中，人们常常受人际认知心理效应影响，出现心理偏差或问题。这些效应主要有首因效应、近因效应、晕轮效应、刻板效应等。

（二）语义问题

在人际交往的过程中，由于民族地域文化背景、生活习惯以及性格、情绪、态度等方面的差异,往往形成语义差异,语言沟通产生困难。例如,中国人使用"爱人"一词时,指的是妻子或丈夫,而西方人讲的"爱人"是情人的意思。"先生"一般指男士,尤其称呼与自己初次见面或不知其姓名的男士。但对同一个单位很熟悉的同事一般就称呼名字或姓加职务,不叫"先生"。还有,"媳妇"在我国北方指自己的妻子,而在南方则指儿子的妻子。

不同的心态、情感、文化背景、时空环境等因素均可导致人际沟通中的语义差异。例如,"你等着!"这句话要看是谁以及在什么情形下说的,否则就有可能理解错了。所以我们应当不断完善语言沟通能力,以减少语义差异。

(三)情绪问题

情绪指人对所接触到的世界和人的态度以及相应的行为反应,就是快乐、生气、悲伤等心情。它不只会影响人的想法,更会激起一连串的生理反应。人非草木,孰能无情?在人际交往中既有认知过程,也有情感过程。有情绪问题的人往往对人苛求挑剔,总是容易看到别人身上的毛病,却常常忽略自己身上的问题,以至于影响了与他人之间的相处。每个人都免不了有喜、怒、忧、思、悲、恐、惊等各种情绪,要学会控制自己的情绪,尽量不让情绪失控,情绪失控可能后患无穷。

情绪可以分为愉快和不愉快两种。愉快的情绪包括喜悦、快乐、积极、兴奋、骄傲、满足、热忱、如释重负等。不愉快的情绪包括失望、挫折、忧郁、困惑、尴尬、羞耻、不悦、自卑、愧疚、仇恨、讥讽、排斥等。

根据情绪给人带来的影响和作用,也可以分为积极情绪和消极情绪。积极情绪可以促进人际交往,而消极情绪会抑制人际交往,形成人际交往障碍。"人生不如意事十之八九",对遭遇生活中的不如意,有些人会大动肝火,往往把事情搞得越来越糟糕,而有些人则能很好地控制自己的情绪,泰然自若地面对各种问题,处于不败之地。人在愤怒时可能会用恶言相向、肢体冲突来表达自己内心的不满。这种行为不仅会伤害到他人,更会对自己造成身体上的伤害,还可能受到法律的制裁。所以,我们有必要调控好自己的情绪,理智客观地处理各种问题。

(四)性格问题

1.自卑

自卑,是自我评价偏低,自愧无能而丧失自信,并伴有自怨自艾、悲观失望等情绪体验的消极心理倾向。一个人可以因为各种因素而感到自卑,例如,身材、相貌、家世、学历、阅历、金钱、地位等。

与人交往中,自卑的人越是关注什么就越会掩饰什么。例如,牙齿不整齐而自卑,说话的时候捂着嘴笑;个子矮而自卑,站着的时候喜欢踮着脚尖;脸上有痘痕感到自卑,就用头发把大半个脸遮住……过度的关注和掩饰,会使整个人失去平衡感,给人不自然的感觉。人际交往中自卑会产生以下问题:仪态不美,对人不礼貌不尊重,或给对方以压力和紧张,使沟通和交流不能顺利进行。

2.自负

自负的人常常有这样的想法:我永远都是好的,你们怎么能和我比呢? 人们常说的闭目塞听、盲目乐观,其实就是自负的表现。生活中自负的人倾向于放大自己的长处,认为自己才智超群、高人一等、唯我独尊,不把别人放在眼里,贬低他人,更听不进别人的话。这些特点使他们容易与别人疏远或发生冲突。

一般,自卑与自负存在于不对称不对等的权势关系中,这种关系容易使一方自以为是,处于主动地位,而使另一方产生自卑,处于被动地位,如现实生活中的上下级关系。产生这种关系的根源是双方在经济、社会地位上的不平等,很难在一段时间内有所改变。

3.孤僻

孤僻,是孤寡乖僻而不合群的性格缺陷。孤僻的人常常表现为独来独往、离群索居,对他人怀有厌烦、戒备和鄙视的心理;凡事与己无关、漠不关心,一副自我禁锢的样子;即使与人来往也缺少热情和活力,有些敷衍和漫不经心,给人做作和虚伪的感觉,因而也交不到真正的朋友。孤僻堵塞了信息流通的渠道,阻断了情感交流,不被人理解,孤僻的人永远处于孤立无援的地位。

产生孤僻的原因主要有两个:一是曾经遭受过一些挫折,如当众受到嘲笑、侮辱,以为别人都瞧不起自己;二是自身不被别人理睬而不得不独处。

4.多疑

多疑,是一种消极的、神经过度敏感的心态,表现为经常疑神疑鬼。拥有这种心态的人通常展现出偏执型的人格特征,他们持有偏见,并常常通过主观想象,将生活中原本无关的事件联系起来,甚至无中生有地编造一些事件来证实自己的偏见。因此,他们容易误解他人的无意行为,将其视为对自己的敌意,甚至将他人的善意误解为恶意。这种行为模式导致他们在人际交往中设置障碍,与人产生隔阂,严重时甚至可能导致关系破裂,反目成仇。

多疑往往产生于认知上的偏见和惯性,是过去的感知影响当前的感知,是过去的思维影响当前的思维。思维惯性的人习惯于从固定的角度来观察事物,以固定的方式来接受事物。多疑一旦形成就会比较顽固,它是导致偏执型人格障碍的温床。

在人际关系上,多疑的人会形成"他人都是不可信任的"思维惯性。他们不信任任何人,同时,担心自己的想法会在表情和言语中流露出来,因此,总会尽力掩盖,造成语言表达不流畅,表情不自然。多疑的人自然失去别人的理解和信任。

5.羞怯

羞怯通常表现为一种胆怯、怕事、懦弱、拘谨和脆弱的性格特质。在人际交往中,羞怯的人往往会展现出以下问题:他们不主动寻求交际,甚至对交际产生恐惧;他们的说话声音通常较小,语调也显得平淡无奇;当遇到不明白的问题时,他们往往不敢主动提问,这严重影响了交谈的深度和质量;面对困难时,他们常常显得畏首畏尾,缺乏必要的勇气;在遭遇挫折时,他们的意志往往显得薄弱,感觉无能为力。

6.攻击

攻击指对他人有意挑衅、侵犯或对事物有意损毁、破坏的心理倾向,属于个性缺陷。

攻击性一般通过攻击行为表现出来,包括直接攻击(指向造成其不快的对象)、转向攻击(指向替代的人或物)和自我攻击(指向自己)。有攻击倾向的人,会让人觉得这个人蛮干、不讲理,缺乏良好的素质和修养。

7.敌对

敌对,指与他人在心理上不相容,因而敌视、对抗他人的消极心态。敌对目的就是要在心理上给他人造成有害的结果,使对方蒙受痛苦和不快。

敌对通常在以下情境中发生:一是客观情境中,事实上受到伤害时激发;二是主观情境中,看别人不顺眼,不满、厌恶别人,即使别人并没有触犯自己,也会在言行举止上表现出敌对来。投射效应就是认为别人跟自己想的一样,因此会对别人的行为进行歪曲评价,例如,"你如果没做坏事,为什么不敢反驳""不是你干的,你为什么要帮他?""你有这么好心吗?"一旦敌对心态迅速膨胀,超过了忍耐的限度,就会演变成挑衅、报复、破坏等攻击性行为。攻击性是敌对演变、发展的结果。

8.任性

任性指以自我为中心,我行我素,只按自己意志办事,而不顾及别人。任性的人在与人交往时往往表现出刁蛮任性,例如强迫别人按照自己的意志做,让人觉得没有礼貌,不尊重人;不能从他人的角度思考问题,不了解不理解他人的心意,难以沟通;在许多具体的礼仪上存在问题,如交谈礼仪上做不到倾听,随意打断别人的谈话,在位次礼仪上做不到谦让,在工作礼仪上做不到守时,置规则和要求于不顾等。任性的人常常得不到别人的信任与好感,人际关系多数不和谐,行为做事较难以得到他人帮助,易遭拒绝。

9.嫉妒

嫉妒是腐蚀心灵的毒药。不论多么聪明的人,一旦染上嫉妒,其所作所为就容易失去理智。嫉妒往往发生在相近的人际关系中,如亲密的同学、同事和朋友之间。管理学上的"戴维现象",说的是英国化学家汉弗莱·戴维发现了订书匠法拉第在化学上的潜能,并将其培养成才,名声大振,此后戴维却开始贬低法拉第,作为会长他还是唯一投票反对法拉第参加英国皇家学会的人。伯乐从识别和培养千里马变成处处限制妨碍千里马奔腾,人们把这种现象叫"戴维现象"。其中的原因就是嫉妒。

嫉妒产生于相近的业界和区域,冲突往往源自利益的纠缠。每个人的利益均有其半径,当利益相交、相争夺时便会产生嫉妒。这不光是对个人,对集体、社会、国家也是如此。嫉妒还与竞争强度、个人竞争欲成正比。在一个毫无竞争的地方,自然不会有利益冲突,也就无所谓嫉妒了。

10.恐惧

社交恐惧是恐惧症的一种。人的本能中有与人交往的动机,但是,现实的情况很复杂。种种原因让一些人对社交存在一定程度的畏惧,有的人患上所谓"社交恐惧症"或"人际恐怖症"。近年"宅"文化盛行,宁愿一个人宅在家里,也不愿与人交往的"宅男""宅女"人数渐趋庞大,成为一种次文化现象。越是害怕社交的人,心理状态越是不稳定,越会有以下五种表现:

(1)回避心理。当远远看到认识的人时,害怕社交的人就开始纠结要不要和对方打招呼,有时候会装作没看见。

(2)很少主动联系他人。社恐的人在与他人交往时,会尽力表现得正常,很少会主动联系他人,尤其是在没有特定事情需要沟通的情况下。

(3)下意识拒绝。害怕社交的人内心虽然也渴望有社交活动,但是如果有人邀约还是会下意识拒绝。

(4)害怕电话。有社交恐惧症的人,通常会有电话恐惧症,害怕电话交流,每当听到手机铃响就会感到很焦虑。

(5)不舒适感。害怕社交的人在人群中会产生不舒适感,尤其身边有很多陌生人的时候。哪怕没有任何交流也会感到窘迫、僵硬。

通常,恐惧社交背后的原因都在于一定的自卑心理。这样的人心中通常会有两个假设:一是自己不够好,二是对方不友善。同时,他们非常在乎别人对自己的看法,导致他们在人际交往中容易产生巨大的心理压力,畏惧人际交往。

对于上述人际关系的一般心理问题,大多数人凭借个人的自我努力,并结合专业心理咨询和治疗的协助,都有能力逐步克服和解决。

第二节　人际关系一般心理问题的改善

人际交往是人类社会组织的核心要素之一,它可以改变个体的思想和行为、推动社会发展和进步。在当今信息时代,人际交往更加重要,因为它不局限于面对面交往,而且包括了数字社交网络。在困难和挑战面前,人类需要社会和情感的支持来应对问题与解决困难。人际交往可以提供情感和精神上的支持,增强个体的抗压能力和适应能力。

一、自我认知与和谐人际关系

(一)认识你自己

"认识你自己",对在任何人际关系中的个体都很重要。要克服心理障碍,成功地与人交往,就要先观察和认识自己。自己是一个什么样的人,想做什么,能做什么,不能做什么,对自己有一个大致的了解后,才能建立正常、健康的人际关系。许多人之所以在交往中产生自卑、羞怯、恐惧等消极心理,是因为不了解不接纳自己。

正确认识自己可以从多个方面进行,根据约哈里窗户理论,对盲目区和未知区可以采取以下措施:第一,通过与别人比较来认识自己,即通过观察别人怎么做,做的效果如何来启发自己;第二,通过观察自己的行为对他人的影响,以及他人对自己行为的反应来认识自己。在充分认识自己的基础上,不断地完善自己。所谓完善自己,就是要发扬自己的长处,认识和克服自身存在的短处。通过全面认识和了解自己,人们促使自我不断完善,逐步克服人际交往中的心理障碍。

(二)宽以待人,严于律己

首先,有宽广的胸怀。要想获得对方的尊重和信任,就要先尊重和信任别人;要得到对方的理解,先要将心比心,这样才能够真正体谅他人。其次,严于律己。要多看到对方的优点,如果发生矛盾,要先检查自己,反思自己在其中的角色和可能犯的错误。《朱柏庐治家格言》中说:"轻听发言,安知非人之谮诉,当忍耐三思;因事相争,焉知非我之不是,须平心再想。"宽以待人,严于律己,是以一种积极向上的形象感染对方,同时提高自己的品质修养,为融洽人际关系奠定坚实的基础,有助于打破人际交往的心理障碍。

(三)树立新型人际关系意识

随着我国市场经济体制的建立和不断完善,人们逐渐从传统的人情关系中解脱出来,发展成为以市场为纽带、以法治为准绳的新型人际关系。交往中,人们渴求平等、互利、诚信、理解、人道等精神文明。人际交往方式逐渐由封闭型向开放型转变,从属型向自主型转变,由单一型向多元型转变,由现实型向虚拟型转变。交往方式的变化客观上要求人们抛弃"鸡犬之声相闻,老死不相往来"的封闭思想,树立敢于自我尝试、自我表现、自我推销的新观念,抛弃自我中心、个人本位的狭隘思想,发扬人人平等、自由开放的新观念。总之,人们应该跟上时代的步伐,积极主动地适应当代人际关系变化和发展的新趋势,这是克服人际交往心理障碍的先决条件。

二、人际关系心理健康的标准

(一)培养健康的心理

1.世界卫生组织提出的心理健康标准

生活中,人们拥有诸多财富,而健康无疑是其中最宝贵的。一旦失去健康,其他财富便失去了存在的基石。世界卫生组织(WHO)对健康给出了全面的定义:"健康,不仅是没有疾病,而且包括躯体健康、心理健康、生活适应良好和道德健康。"个体只有在这些方面都达到标准,才算是真正的健康。具体而言,躯体健康表现为精力充沛、肌体强壮,无病理性改变与机能障碍;心理健康则体现在自尊、良好情感、人际关系和谐以及无情绪与行为问题;生活适应良好意味着个体能积极应对生活中的变化与挑战;道德健康则关乎个人的品格与道德观念。

值得注意的是,这一健康概念强调生理与心理、自然性与社会性的紧密联系,将传统的生物医学模式拓展为生物—心理—社会医学模式。身体健康与心理健康相互影响、相互依存,共同构成了一个动态、连续的变化过程。

举世闻名的袁隆平90岁时还在搞科研,他说保持健康的秘密包括以下方面:一是保证身体健康,二是保证心理健康。身体健康方面,他喜欢游泳、打排球,每天早上做广播体操。心理健康方面,他淡泊名利,专心科研,说话幽默,平易近人,会拉小提琴。他说这是为了防止自己思想变狭隘,有助于激发灵感,让自己乐观一些、开朗一些。76岁的时候他评价自己:"我是76岁的年龄,50岁的身体,30岁的心理,20岁的肌肉弹性。"可见,拥有乐观、开朗的心态很重要,身和心的健康相互促进、相得益彰。

2.林崇德的心理健康观

我国心理学家林崇德教授在《我的心理学观》一书中指出,心理健康的标志包括以下方面:一是没有心理障碍,二是具有积极向上的心理状态。衡量心理是否健康必须考虑三个关键方面:首先,心理健康的判别标准需要主观标准与客观标准统一;其次,情绪是心理健康状态的直接体现和重要检测指标;最后,自尊是心理健康概念的核心。自尊的形成涉及三种心理社会因素和两种生物因素,心理社会因素包括自我认同感、社会能力、学习和工作能力,生物因素即个人的相貌和天赋。[①]

面对大学生普遍遭遇的学习、人际关系和自我三大问题,林教授将心理健康标准精炼为敬业、自我修养和乐群三大要素。敬业,即学习层面的心理健康,具体表现为六个方面:大学生作为学习的主体,应在学习中找寻满足感,以此促进体脑发展,同时需保持与现实世界的紧密接触,摒弃无谓的忧虑和恐惧,形成良好的学习习惯。更为重要的是,形成稳固而有效的学习习惯,使学习成为个人成长的不竭动力。乐群,则是学生在人际关系层面的心理健康表现,包括六个方面:能了解并尊重彼此的权利和义务;能够客观地了解他人;能关心他人的要求;能以真诚的态度赞美他人,并以善意的方式进行批评;能积极地与人沟通;能保持自身人格的完整性。这些表现共同构成了学生在人际关系方面心理健康的重要特征。自我修养,是关乎自我认知的心理健康,主要表现包括以下方面:大学生应善于客观地评价自己;借助他人的反馈深化自我认知;及时且正确地归因,以达成对自我的深入了解;不断积累生活经验,并结合个人实际设定合理的抱负;具备足够的自制力,以应对生活中的种种挑战。

经过多年的深入观察与细致总结,我们得出结论:心理健康的人能够正确且客观地认识自我,他们清楚自己的能力所在,了解自己的性格特质,既不妄自菲薄,也不盲目自大。心理健康的人经常进行自我反思,不仅能看到自己的长处,而且能坦然接受自己的不足,并积极寻找改进的方法。他们乐于与人交往,拥有广泛而深厚的人际关系网络。在与他人相处时,他们表现出尊重、信任、友爱、宽容和理解的态度,乐于分享爱与友谊,也欣然接受与给予。他们擅长与人合作,乐于助人,能够客观评价他人,善于发掘他人的优点,并以宽容的心态对待他人。同时,他们通常能够正确地认识自我、体验自我并控制自我,展现出健康的心理状态。

总之,人际关系状况是反映个体心理健康状况的重要指标。一个心理健康的人通常能够与人建立并保持和谐、稳定的人际关系,他们乐于与他人交往,秉持善意,展现出理解、同情、尊重和关心他人的品质。他们不仅能够在与他人的互动中分享快乐,还能在困难时刻分担痛苦。这样的个体往往拥有强大的社会支持系统,这为他们在面对生活中的

---

① 林崇德:《我的心理学观》,商务印书馆2008年版,第473、479~480页。

挑战时提供了有力的后盾。

(二)塑造健全的人格

人格,作为一个人思想、情感及行为的独特综合体现,展现了个体与其他人相区别的稳定而连贯的心理特征。这种特征的形成既根植于先天遗传的基因密码,也深受后天教育引导、社会实践历练以及周围环境等多种因素的共同作用。如果个体在人格塑造过程中遭遇不良因素,可能导致人格发展偏离轨道,进而诱发一系列心理障碍。完善人格、塑造健全人格是个体心理健康的基础。只有具备健康人格的人,才能有效抵御各类可能诱发心理障碍的外部侵扰,提高自身的心理韧性。健全的人格不仅使人乐于融入社交,更能以尊重和理解的态度善待他人。

心理健康的人通常表现出所思、所做、所言之间的协调一致性。他们有能力保持自我独立性,并适度地展示个性;人格的各个组成部分能够平衡发展,没有明显的缺陷或偏差;他们能够以积极进取的人生观作为人格的核心,并将自己的需求、愿望、目标和行为统一起来。

(三)加强自我修养

自我修养是个体顺应时代和社会进步的必然要求,通过不断的学习积累、自我挑战、性情陶冶和内在修炼,旨在提升个人的综合素质和能力。它是塑造完善人格、孕育高尚情操以及提升人生境界的基石。自我修养涵盖的核心内容广泛而深刻,包括思想道德的锤炼、文化知识的积淀、艺术审美的提升、心理素质的强化、交际礼仪的掌握以及行为习惯的规范等。通过加强自我修养,个体不仅能够增强在人际交往中的自信与从容,而且能有效克服自卑、自傲、嫉妒、猜疑等负面心理,实现个人内心的和谐。

三、克服人际关系一般心理问题的方法

(一)克服自卑,正确认识自我

1.克服因生理原因造成的自卑心理

针对因容貌、身材、智力等方面与普通人不同而产生的自卑心理,克服的关键在于正确对待先天生理缺憾,避免背负过重的心理包袱,并设法进行自我补偿。生活中不乏成功的例子。中国当代诗人、作家余秀华,出生时缺氧导致脑瘫,行动不便且说话口齿不清。尽管深感自卑,她仍满怀对生活的热爱,坚持不懈地创作诗歌、小说和散文。她的诗集《摇摇晃晃的人间》在网络上走红,成为20世纪90年代以来唯一诗集销量超过10万册的现象级"网红女诗人",并因此获得2017年网红春晚"金蜘蛛奖"年度网红诗人提名。王争虽然没有双臂,但他用双脚书写人生,展现出同样的灵巧。他不仅在百年学府浙江大学攻读博士学位,还荣获了最高奖学金——"竺可桢奖学金",并同时获得"康恩贝自强奖学金"特等奖。目前,王争担任英国德蒙福特大学经济学副教授。无数事实证明,只要正确对待,来自生理方面的缺憾不仅不会影响个体成功和实现愿望,反而可能成为获得成功的动力。

2.克服因生存环境造成的自卑心理

因生存环境造成的自卑心理是一种常见的心理现象。例如,生活在社会较底层的人可能总觉得自己低人一等,从而受到自卑心理的困扰。为了克服这种心理,树立平等思想是关键。这需要调适心理平衡,正确认识人生的价值,并树立以工作和劳动为荣的观念。同时,增强自信心也是必不可少的。

3.克服因生活经历造成的自卑心理

因生活经历造成的自卑心理是一种常见的心理现象。例如,有些人在生活中屡受挫折,因此产生了自卑心理。克服这种心理有几种方法可以尝试:首先,培养乐观的心态至关重要,要能够坦然面对挫折,并树立"失败乃成功之母"的信念。其次,进行科学合理的归因分析是必要的,通过深入分析失败的原因,可以从失败中吸取教训,为未来的成功打下基础。最后,积极自我鼓励也是关键,要树立战胜失败的勇气,增强自信心,以迎接下一次挑战。

4.克服因性格、气质造成的自卑心理

因性格和气质造成的自卑心理是一种常见的心理现象。例如,内向性格和抑郁气质的人可能性情孤僻,不愿意与人交流,也不喜欢参加交际活动,但他们可能羡慕外向性格和多血质的人,因而感到自卑。

克服这种心理有几种方法值得尝试:首先,要正确认识性格和气质的优缺点,接纳自我。同时,积极努力地适应外部环境,使自身性格逐步往外向型转变。这意味着要逐渐克服社交障碍,学会与他人建立联系和互动。其次,要学会自我调适。不要把忧郁和苦恼憋在心里,要学会表达和分享自己的感受。通过与朋友、家人或专业人士的交流,寻求支持和理解,有助于缓解内心的压力和焦虑。最后,要广交朋友,大胆地表现自己。通过参加各种社交活动和团体,扩大自己的社交圈子,结交更多志同道合的朋友。同时,要学会在适当的场合展示自己的才华和魅力,增强自信心和自尊心。这些方法需要持续的实践和努力,只要我们坚持不懈地追求自我成长和改变,相信一定能够克服因性格和气质造成的自卑心理,走向更加积极、自信的人生。

5.克服因自我认知造成的自卑心理

因自我认知不准确造成的自卑心理是一种常见的心理现象。这类人往往不能正确认识和评价自己,经常在社会中进行不合适的比较,导致产生自卑情绪。例如,他们可能会想:"别人不行,我肯定也不行。"

克服这种心理有几种方法值得尝试:首先,要充分认识自己的长处,相信自己的能力。每个人都有自己独特的优势和才华,关键是要发现并学习利用这些优势。其次,要拿出竞争的勇气,从自己的每一个成功中看到自身的价值。每一次的成功都是对自己能力的肯定,应该珍惜并从中汲取信心。此外,要善于从他人对自己的评价中找出自身的优势。他人的反馈可以提供另一个角度来帮助我们更全面地认识自己。最后,要增强自我认识过程中的自信心理,相信"天生我材必有用"。这不仅是对自己的一种鼓励,也是认识自我、发掘天赋并付诸行动的动力来源。

总之，为了改善自卑心理，人们必须针对产生自卑的具体原因采取相应的克服方法。上述方法可以帮助人们逐步调整自我认知，摆脱自卑心理，以更加自信的态度面对生活和工作中的挑战。这样的努力不仅有助于个人的成长和发展，也能让人们在人际交往和职业生涯中取得更好的成果。

(二)克服自负，全面认识自己

自负的人一般表现为对自我评价过高，同时对别人评价过低，根本上是主观偏见，因此克服自负就要克服偏见，修正对自己和对别人的偏见。

首先，要认识高估自我的错觉现象：人们往往高估自己在群体中的地位和作用，认为自己比一般人要优秀；高估自己的重要性，认为自己对集体的贡献比别人大，以及自己不说别人也应该知道自己的想法和感受；高估自己的做法对方一定会认同；事情没有成功，不是自己有什么错，而是别人或环境的错……所以改变自负，先要全面认识自己，学会在日常生活中看到自己的不足，承认自己的缺点。

其次，要尝试多发现身边其他人的长处，欣赏其他人的独特性。自我偏见和对他人的偏见往往是人际疏离导致的误解。为了消除误解，就要加强沟通。当彼此不得不为了共同完成一个目标而相互依赖，接触和沟通就不可避免了，展开合作后很可能惊喜地发现彼此的关系大为改善，能够相互欣赏和接纳对方了。

这种通过共同经历来加深了解的模式，在许多引人深思的文艺作品中都有体现：人物之间最初存在误解，但随着情节的展开，他们意外相遇，共同陷入困境，不得不携手合作，最终化解误会，增进了解。人们也可以借鉴这种模式，创造与他人共事的机会，从而加深人际关系。

另外，应以开放、尊重的心态，认真对待来自外界的反馈，作为形成正确自我概念的参考。开放的心态就是不要闭目塞听，愿意和人接触。尊重就是以尊敬重视的心态对待彼此。只有这样才能积极促进人际关系向好的、健康的方向改善。

(三)克服多疑心理，保持客观冷静

克服多疑心理障碍的方法：一要遇事冷静，学会控制自己的情绪，在人际交往过程中遇到问题冷静思考，对相关信息进行冷静分析和判断，避免毫无根据地胡乱猜疑，不能凭主观臆断妄下结论；二要端正态度，相信被猜疑者，不采取对立、敌视的态度，不使自己长期处于防范戒备的状态；三是主动与被猜疑者沟通，及时消除误会，以坦诚的态度和平等交流的方式与交往对方建立并发展正常关系；四是加强自我修养，提高自身能力，增强自信心。

(四)克服任性心理，摆正自己的位置

克服任性，就是要改正凡事以自我为中心的倾向。在人际关系中摆正自己的位置，既重视自己，也不贬抑他人，自觉地把自己和他人、集体结合起来，走出自我的小天地，实

事求是,恰如其分地评估自己。既不高傲自大,也不妄自菲薄,学会换位思考,多从他人的角度思考问题,尊重他人感受,关心他人。

(五)克服攻击心理,控制愤怒情绪

愤怒是人们内在的期望没有得到满足的心理反应。不受控制的愤怒往往导致攻击,激化人际矛盾,以致人际冲突。为降低攻击行为发生的可能性,人们要尽可能缓解愤怒情绪。

1.宣泄法

宣泄法,就是将被压抑的负面情绪在有意识的无害的安排下释放出来,以免在人际矛盾中无意识地突然爆发,造成严重损害人际关系的后果。无害的宣泄方式有砸枕头、打沙包、大喊大叫、踩脚等。一些心理学家并不建议通过捶打沙包或砸东西的方式来宣泄愤怒,可能适得其反。在心理咨询中宣泄法起作用的条件比较苛刻,必须配合特定的场景和其他手段才可以。

2.深呼吸与渐进式肌肉放松

人的心理状态和身体状态可以相互作用。当我们强迫身体进入放松状态,会不自觉地将身体的放松与心情的放松联系在一起。于是心里的愤怒也不自觉地缓解了。

深呼吸法,可以迅速有效地控制愤怒。具体步骤:首先将舌头放在上腭,心中默数五下,用鼻子慢慢吸气;其次心中默数七下,屏住呼吸;最后默数八下,慢慢通过嘴唇将气呼出。

渐进式肌肉放松法,需要先有意紧绷身体多处肌肉,然后慢慢放松下来。具体步骤:首先,以自己感觉舒服的姿势坐在椅子上,然后把精力集中在右脚上,轻轻地吸入一口气的同时让右脚肌肉尽量紧绷五秒钟。其次,呼气,同时让紧张的肌肉放松。反复几次,直到右脚肌肉变得放松而柔软。最后,按照以下的顺序对全身各部分肌肉进行放松:右脚—右边的小腿—整个右腿—左脚—左边的小腿—整个左腿—右手—右前臂—整个右臂—左手—左前臂—整个左臂—腹部—胸部—肩颈—面部。如此循环往复,可以达到全身放松的目的。

3.加强沟通

人际冲突中,控制愤怒只是冲突中的一方单方面的措施,要化解冲突,还需要加强冲突双方的沟通。那能不能将两个互相冲突的个人或者群体放在一起进行近距离的接触,以使他们沟通交流并相互喜欢呢?有时可以,有时不可以。因为接触过程中的很多因素会影响双方的关系。大量的不同群体之间的接触可以使之前因为不了解而产生的焦虑得到缓解。如果冲突双方的接触是不平等的,必然使双方的关系会继续恶化。因此,只有双方地位平等的接触才是有效的接触。

(六)克服嫉妒心理,纠正认知偏差

1.全面、客观地评估自己

人和人是有差别的,有差别就会有比较,有比较就难免会有人产生嫉妒。每个人的

品性和才能是不一样的,都有优缺点,有自信和自卑的地方。我们在羡慕和欣赏别人的同时,别忘了自己也有优点。客观、全面地评估自己,就是在尊重别人、欣赏别人的同时,提醒自己也有天赋和优势,能以平衡、健康的心态看待他人的成就与自我状况,消除唯我独尊的偏见,真正做到欣赏他人、尊重自己。

2.尝试角色置换

采取换位思考的方式,设身处地替对方着想,抑制自我的负面心理。人是感性的,也是理性的,理性的多少跟修养有关。竞争中嫉妒不是唯一的出路。当意识到自己的嫉妒心,并且能够及时转换思路,理解别人成功背后的努力、运气和奋斗,就能够化心灵的毒药为心灵的良药,祝福别人激励自己。

3.进行自我转换

把不服气的心理转换成奋发图强的精神,努力争取赶上来。即使暂时不能超越强者,也不可嫉贤妒能,要尽量发挥自己的长处,维持自我心理的平衡。消除嫉妒心理,必须有正确的社会比较方法,在和别人比较的同时学会和自己比。"尺有所短,寸有所长",看到别人长处的同时看到自己的长处,看到别人成功的同时看到自己的进步。一个人只要能够真诚地赞美别人的长处,就不会嫉妒别人,同时也会从别人的长处中获得启发,激励自己扬长避短不断取得进步。

4.积极转移自我注意力

自己生活充实,无暇胡思乱想,不给嫉妒心理生存的空间。嫉妒害人不如羡慕夸人,生气不如争气,努力提高自己是唯一的出路。人生很重要的一点是不断超越自己、战胜自己。每个人的能力可能会表现在不同方面,要相信自己能够成长成才,能够培养出自己的特长,能够找到自己的人生目标,能够拥抱明天的幸福。不要因为别人早早取得成功而心灰意冷,甚至轻易改变自己的方向。相信自己会成功,人生也会富足。

(七)克服社交恐惧,尝试"系统脱敏法"

"系统脱敏法"是由南非心理学家约瑟夫·沃尔普提出的,它不仅在心理治疗中得到了广泛应用,而且人们也可以自行使用这种方法。该方法对于较轻的社交恐惧症有着显著的效果,能有效帮助患者克服症状。然而,对于严重的社交恐惧症患者来说,仅仅依靠"系统脱敏法"可能不足以完全治愈,他们通常需要接受专业的心理治疗。

系统脱敏法的第一步是建立一个"社交恐惧情形表",列出自己从不太害怕的场景到引起极度恐惧的场景。以恐惧在公共场合发言为例,可以根据自己的实际情况,列出一个适合自己的"社交恐惧情形表"(如表 5-1 所示),这样有助于逐步面对和克服社交恐惧,从而达到脱敏的效果。

表 5-1　社交恐惧情形表

序列	恐惧的内容	恐惧或焦虑程度
1	与一个亲友交谈	2
2	与多个亲友交谈	4

续表

序列	恐惧的内容	恐惧或焦虑程度
3	与不太熟的人交谈	6
4	与一个陌生人交谈	8
5	与多个陌生人交谈	9
6	在公共场合发言	10
……	……	……

第二步是分阶段克服恐惧。在第一个感觉恐惧或不安的阶段,首先需要放松下来,随后经历(或想象)一个相对不那么令人害怕的场景。通过假装自己完全不感到恐惧,很快这个场景就不会再引起你的焦虑感。然后,进入焦虑序列的下一个环节,即面对一个你认为更恐惧一些的情形。

在第二个阶段,首先要确保全身肌肉放松,可以采用深呼吸与渐进式肌肉放松法来达到这一状态。其次,尽可能长时间地体验焦虑序列中的第二项事件(如果无法实际体验,就想象正在经历该事件)。在此过程中,一旦感到紧张,就立即使用深呼吸与渐进式肌肉放松法来重新放松。将这个过程持续约 30 分钟,然后以 0～10 分的评分为自己的焦虑度打分。最后,重复整个过程,直到焦虑指数降至 3 分以下。一旦成功达到这一标准,可以开始序列中下一个事件的练习。

第三步,当你能在最高程度的恐惧焦虑序列中成功地放松自己时,你会发现自己对社交的恐惧已经被有效消除。通过系统脱敏方法,大多数人可以逐步克服社交恐惧症,重拾自信。

改善人际关系心理问题是一个持续且需要多方面努力的过程。通过增强自我认知、提升沟通技巧、寻求专业帮助以及积极参与社交活动,人们可以逐步克服这些问题,建立更加健康、积极的人际关系。重要的是保持耐心和信心,相信自己有能力去改变和成长,这样才能在人际交往中更加自如、愉悦,享受与他人相处的每一刻。

第三节 人际关系的调适

每个人都是独立的个体,在日常生活中需要与他人交往、合作。在现代社会中,虽然个体有能力独立生活,但并非完全孤立存在,许多工作都需要通过团队合作来完成。而良好的人际交往能力,正是促进有效合作的基础。因此,学会正确处理和协调人际关系对于个人的成长、学业以及事业的发展都至关重要。为此,人们应该掌握一些调适人际关系的方法,以更好地解决现实中的人际关系问题。

一、亲子关系的调适

亲子关系已成为当前社会普遍关注的问题,如何处理好亲子关系,直接关系到家庭的幸福和社会的和谐。

"有其父,必有其子",这提醒天下的父母要重视自己的言行,以身作则,言传身教,潜移默化地正面影响孩子。

(一)亲对子

美国心理治疗师苏珊·福沃德在《原生家庭》中写道:"父母之爱是唯一以分离而非亲近为目标的爱。"[①]父母真正成功的爱,是让孩子作为一个成熟独立的个体从家庭中分离出去。只有"有毒的父母"才会极力想把已经成年的孩子拉回身边,以获得自私的舒适与安全。

在亲子关系中,父母常常以无私的爱为孩子着想,由于孩子年幼,难以完全理解这种深沉的爱意,部分父母可能会因此采取错误的教育方式,造成亲子关系扭曲。这种扭曲的亲子关系,在某些情况下,甚至会演变为人生悲剧,诸如震惊社会的吴谢宇弑母案等,都是令人痛心的例证。更多不为人知的悲剧,同样在隐秘的角落里上演。

这些悲剧的根源往往与原生家庭的教育风格密切相关。有些父母出于强烈的控制欲,从孩子的衣食住行到学业、交友、恋爱、婚姻等各方面都过度干涉,导致孩子的人格无法得到健康平衡的发展。这些控制行为往往打着"爱"的名义,诸如"因为我爱你,所以才会打骂你!""我都是为了你好!"看似充满爱意,实则是对孩子自主成长的束缚。

在亲子关系中,真正的爱应当建立在平等和理解的基础之上。这种爱不应是单方面的控制和干涉,而应是一个双方共同成长、相互尊重的过程。父母在教育孩子时,应当时刻反思自己的教育方式,避免走入误区,确保孩子在真正的爱中健康成长。"父母之爱子,则为之计深远。"这意味着父母对子女的爱应当着眼于他们的未来。如果期望儿女过得好,父母就不应仅仅按照自己的意愿行事,将孩子视为实现自己目的的工具。相反,父母应该以身作则,通过自身的言行来潜移默化地影响孩子。父母应该多与儿女沟通交流,倾听他们的意见和想法,及时调整对待对孩子的态度和方法。

健康的亲子关系应该是相互学习、共同成长的过程。首先,父母要以礼对待孩子。除了欢迎孩子的到来,还要在孩子的成长过程中不断给予肯定、鼓励和赞美。有父母支持的孩子才能内心强大、健康成长。其次,父母应适当尊重孩子的选择。即使孩子很小,也是一个独立的个体,父母应尊重孩子的发言权、选择权,在充分沟通的前提下帮助孩子树立正确的理想和目标,并将成长的决定权交给孩子。最后,父母应注重科学、合理的教育方法。优雅的行为举止不是一日养成的,需要长期的培养和熏陶。我国传统上重视以

---

① 苏珊·福沃德、唐娜·弗雷泽:《原生家庭》,邝慧玲译,北京联合出版公司 2022 年版,第135 页。

身作则、潜移默化的教育方式。父母是孩子的第一任人生导师,父母的言行举止就是家风家训的体现。如果父母尊老爱幼,孩子也会尊老爱幼;如果父母尊敬师长、睦邻友好,孩子也会尊敬师长、团结同学;如果父母礼待亲朋、与人为善,孩子也会对人彬彬有礼。

(二)子对亲

在我国传统家庭中,基本的道德准则是孝敬父母,尊老爱幼,家庭和睦,相亲相爱。现代子女孝顺父母应该做到:

第一,牢记养育之恩。父母给了子女生命,并且子女在父母的精心养育和呵护下长大成人,子女应该牢记父母的养育之恩。正如唐代诗人孟郊的《游子吟》:"慈母手中线,游子身上衣。临行密密缝,意恐迟迟归。谁言寸草心,报得三春晖。"这首脍炙人口的千古绝唱,将父母对子女的情深意笃、子女对父母的一片赤子之心作了很细致的描述。子女对父母的养育之恩终生不忘,这是子爱亲必须坚持的准则和前提。

第二,关心父母安康。父母随着年龄增长,身体逐渐衰老,疾病随之增多,儿女要常回家看看,多关心和照料父母,让父母基本生活有保障,努力减轻父母的经济和家务负担,了解父母的心理和精神需要,帮助父母适应和享受现代生活,防止厌老宠幼,保持代际平衡。儿女应继承和发扬中国尊亲、养亲、爱亲的优良传统,为父母居家养老安度晚年而尽心尽力,履行好儿女的责任和义务。

二、业缘关系的调适

业缘关系是以所从事的专业为纽带形成人际关系。包括师生关系、同学关系、同事关系、战友关系等。

(一)师生关系

师生关系由教师主导,主要受以下三个因素的制约。一是教师的知识量。学生上学主要为了求取知识文化,增长自身的能力才干。教师的知识量多少就是衡量教师好坏的标准之一。学生都喜欢知识渊博的老师。北大校长梅贻琦说过:"所谓大学者,非谓有大楼之谓也,有大师之谓也。"受教于知识渊博的大师名师是学生求学的幸事。传道授业解惑是教师的天职。二是师生间教学相长。好的教学效果需要教师和学生相互配合才能实现,这就是教学相长。这需要教师探索教育教学理念,掌握行之有效的教学方法和考评方法。大学生一般喜欢既能体现学习中的公平竞争又不使学生为难的教师。三是情感认同。大学生喜欢那些既敢于发表自己的观点又有一定眼光,和学生有共同语言的教师,即建立所谓亦师亦友的关系。

(二)同学关系

同学关系,是一起读书求学的人之间形成的关系。对每个同学而言,求取知识和修养品德是最终目的。知识和品德不专属于谁,同学关系最纯洁最洒脱。没有功利之争,同学关系最容易发展成好友、知己。由于个人的性格习惯、认知局限、阅历浅薄和思维单纯,同学之间也容易发生矛盾和冲突,例如沟通障碍、过度竞争、性格不合、利益冲突、情感纠葛。

有学者认为,由于大学生自身素质的差异性和自我意识增强,每个学生的人际关系状况是不一样的,大体分为三种类型:一是人缘型,在大学生中约占 20%。这类学生思想、心理和智能素质好,与同学交往积极主动,交际面广,并能严于律己,有较高的威信,在社会工作中能与人团结协作,办事有伙伴相助。他们大多是社会工作的骨干和各项课外活动的积极分子。二是孤僻型,一般在学生中占 3% 左右。这类学生大多性格孤僻,平时沉默寡言、不善交际,待人比较冷漠,心理调适能力差,缺乏自信心,面对同学之间的矛盾、冲突,往往不闻不问。这类学生在班里往往受到排斥和嫌弃,成为孤家寡人。独生子女比较容易成为孤僻型学生。部分独生子女在人际交往中表现出自卑、胆小、害羞、内向、不善言谈的特征,他们不喜欢参加社交活动,对人缺乏同情心,心理脆弱,抗挫能力差。如果对这类学生教育不力,他们就有可能向孤僻型转化。三是中间型,这类学生占大多数。其特点是表现不突出,人际交往范围不大,行动上随大流,不爱显露头角。[①] 虽然这种划分方法未必完全合理,但可以启发同学了解自己,了解彼此的人际关系状况,对不同类型的同学采取不同的方法与之交往,以便建立新型的互助互爱的同学关系。

促进和改善同学关系应本着六个原则:第一,沟通交流。当遇到问题时,应勇敢地主动寻求沟通机会。充分有效沟通才可以了解彼此的想法和感受,找到问题的根源,并寻找解决办法。在沟通过程中,要注意语气和措辞,避免伤害对方的感情。第二,换位思考。要学会换位思考,从对方的角度出发,理解对方的想法和感受,这样可以更好地理解对方的立场,找到双赢或双方可以接受妥协的解决方案。第三,尊重差异。就是尊重对方的意见和感受,不要把自己的观点强加给别人。第四,宽容包容。要避免人际关系矛盾不断,就要在事务上多承担,有人情味,小事情上多宽容和原谅才可以发展亲密关系。第五,寻求帮助。如果自己遇到无法解决的问题,可以寻求老师、辅导员或心理咨询师的帮助。他们可以提供专业的建议和指导,帮助找到更好的解决方案。第六,加强自身修养。要学会控制情绪,保持良好的心态。同时,也要注重生活习惯和言行举止,树立良好的个人形象。总之,调适同学关系需要双方共同努力,通过有效的沟通、理解和宽容,建立更加和谐的关系。如果遇到自己无法解决的问题,可以向有关方面和专业人士寻求帮助和支持。

(三)同事关系

在工作时间段,人们大部分时间要和同事一起度过。同事关系的好坏会影响到个人的工作、前途和身心健康。每个人都希望遇到好同事好搭档,然而,职场上有竞争有合作。如何平衡竞争与合作,实现公平与效率,是每一位职场中人都要面对的问题。调适同事间的矛盾和冲突是常见又复杂的挑战。

---

① 夏炎:《浅谈大学生孤独感与人际交往现状》,《中国科教创新导刊》2011年第1期。

1.与人共事,坦诚第一

坦诚是构建良好人际关系的前提。只有坦诚相处,才能得到同事的信任和支持。《傅雷家书》中说:"我认为一个人只要真诚,总能打动人的;即使人家一时不了解,日后仍会了解的。""我一生作事,总是第一坦白,第二坦白,第三还是坦白。绕圈子,躲躲闪闪,反易叫人疑心;你要手段,倒不如光明正大,实话实说,只要态度诚恳、谦卑、恭敬,无论如何人家不会对你怎么的。"①这段话对职场人士很有启迪。与人相处,就是要胸怀坦荡,言行一致,表里如一。在同事面前,不懂就不懂,有错就承认,承诺的事就要信守诺言;不搞阳奉阴违,不要两面三刀;不背后议论人,不口是心非,不打小报告;不溜须拍马,不阿谀奉承……这样才能为正常同事关系奠定基础。

2.掌握沟通技巧,提升理解能力

良好的人际关系必须经过双方的了解和沟通,实现相互理解。同事之间沟通不畅,就会导致工作重复或遗漏,产生人际矛盾。解决的方法就是优化沟通机制,使用明确、简洁的语言,进行坦诚、开放的沟通。在沟通中,共同探讨可能的解决方案。尝试找到一个双方都能接受的平衡点,确保工作可以顺利进行。要做到理解人,首先要有知人之明。"人上一百,形形色色。"看人、待人不能以偏概全,要在共事的过程中认识、了解同事的态度、情绪和行为,不要道听途说、偏听偏信、胡乱猜忌。其次是克服成见和偏见。既不要轻易被"第一印象"蒙蔽,也不要被顽固的偏见所左右而否定别人的进步;既不要以貌取人,也不要以己度人。

3.尊重他人,求同存异

人人都有自尊心,需要得到别人的信任和尊重。尊重是建立良好同事关系的核心。在团队中每个团队成员都应受到尊重,同事的人格、感情、地位、习惯、意见和观点,都应给予尊重。在工作中尽量建立与同事的共同点或共同目标,以此为基础建立共识。尽管存在矛盾,但为了更大的团队利益、组织利益,个体需要求同存异,即找到可以合作的共同点,同时接受彼此的不同之处。这也是尊重,即尊重差异,鼓励多元化的思维方式。

4.分工合作,互利共赢

同事关系讲究"分工合作,互利共赢"。同事相处,在工作上要讲协作,讲公平,讲团结,讲奉献。每个团队成员都应明确自己的职责和任务,确保工作不会出现重叠或遗漏。明确的分工可以提高效率,减少冲突。当团队取得成功时,每个成员都应感到自豪,分享成功的喜悦。同样,当团队面临挑战或失败时,大家应共同承担责任。可以说,分工合作互利共赢,是一个组织健康发展的前提,也是同事关系保持牢固和长久的关键。

5.寻求第三方协助

与同事发生矛盾,如果直接沟通无法解决问题,可以考虑寻求团队领导或人力资源部门的协助,他们可以提供中立的观点,帮助调解矛盾。无论矛盾有多严重,自己始终保持专业的工作态度,避免将个人情绪影响工作,确保工作质量和效率。

总之,同事关系中有矛盾并不可耻,也不可怕,发现解决问题的方法就是个体成长的

---

① 傅雷:《傅雷家书》,作家出版社 2019 年版,第 101 页。

机会。所以,不要轻易放弃人际关系调适的努力,要始终保持开放的心态,积极尝试用不同的方法来解决问题。

三、异性关系的调适

现代社会异性交往很正常,况且,真挚的朋友不分性别。异性之间确实可以有非常亲密的交往和纯真的友谊,有时异性之间的友谊比同性之间的友谊更亲近、可靠。与异性交往,需要注意以下几个方面。

(一)注意交往场合

在与异性朋友的交往中,邀约是一种很正常的交往行为。需要明白的是,与异性朋友会面,一定要慎重考虑会面的地点和场合,如作为刚开始接触的异性关系,不宜二人单独进入娱乐场所。

(二)保持一定距离

异性交往既要反对"男女授受不亲"的落后观念,也要注意"男女有别"的基本事实。保持距离是维系异性间正常关系的重要保证。平时接触不能随便或过分亲近,谈话时不能靠得太近。不可随意安排和接受约会地点,也不能无节制地频繁往来。

(三)把握好感情尺度

现代文明社会,男女婚后仍然可以与异性交往。但已婚男女之间的真诚友谊,最好能让双方伴侣知道,让家人也认可和接受自己的异性朋友,这样就不至于引起猜疑和误会。一般异性之间交往,要掌握好分寸,不可越出友谊的界限。交往中举止庄重,待人热情大方,不可随意开玩笑,不可着装太随便。只有互相尊重,才能使异性关系健康、良好发展。

(四)分清楚爱情和友情

爱情关系是人际关系中的最强音。爱情包含了世界上最复杂的情感,但是,爱情是什么?似乎又很难回答。

1.爱情三成分理论

美国心理学家罗伯特·斯滕伯格的爱情理论颇具代表性。他提出,爱情包含三项基本元素:激情、亲密与承诺。激情,即关系中那令人心潮澎湃的部分,涵盖了指向伴侣的生理唤醒和性吸引力;亲密,则指与伴侣之间亲近、紧密相连的感觉,通过深入的相互沟通,两人能够分享彼此的内心世界,并得到对方的接纳;随着相互了解不断加深,两人关系愈发亲密,最终愿意为对方承担责任,维持长久的关系,这便是承诺。每一种元素都可以独立构成爱情模型,也可以两两结合,而三元素融为一体则构成了完美的爱情模型。① 由此,便衍生出七种爱情类型。

2.爱情的五个特征

第一,依恋。这种依恋不同于对父母亲人的依恋。爱情中的人感到孤独时,会特意寻求恋人的陪伴和宽慰,而别人不能起到同样的慰藉作用。

第二,亲密。亲密不仅体现在身体接触,也体现在精神上的接近与融合。一方对另一方产生了爱情,就容易用自己心中的异性形象模式去要求对方,想使对方的形象变成自己的一部分,故自觉不自觉地干涉对方的举止和打扮。可以说,如果一个人心目中的异性已经变成了自己的一部分,那就意味着他已经离开了友情的轨道,或将要陷入情网。

第三,奉献。不同于其他的爱,爱情中的人高度关怀对方的情感状态,认为让对方快乐和幸福是自己的责任,并对对方的不足表现出高度的宽容。如果对方有什么愿望,自己会尽量帮助实现,甚至不惜牺牲自己成就对方。

第四,排他。爱情是排他的,独占的,而朋友是可以兼容的。人际感情中亲子之爱、同胞之爱、友爱都不排他。异性朋友之间正常交往,既可以个别交谈,也可以有他人在场,不加忌讳,这种关系原则上并没有超出友情的圈子。如果两个人有意无意地总想在一起,还躲开朋友和熟人,则说明可能已从友情偏向了爱情,或是在爱情和友情之间摇摆。排他性是区分爱情和友情的重要尺度。

第五,有性冲动。友情很深的朋友,隔开一段时间也会有想见面的感觉,但是这种感情与恋人之间的亲切感有本质区别。爱情的冲动性是一种不顾一切、持续不断的迫切接近的欲望。如果对对方有一种欲求相见而不能见的焦虑不安乃至精神恍惚的感觉,即使无事无话也宁愿默默守在对方身边,这说明你已经产生了爱情。生理上的性冲动、性满足也是水到渠成的事。

通常,成年人能够区别爱情与喜欢,但处在青春期的人未必能够区分出来。这时期,感动、依赖、喜欢、尊重、爱情、性冲动都有需要,因此心理未成熟的人常常会混淆这些情感。

四、情侣关系的调适

(一)树立正确的爱情观

正确的爱情观是建立在对彼此的尊重、信任、责任和关爱的基础上的。受虚假或错误价值观的影响,爱情观也有不正确的。例如,童话爱情观就很有代表性。在典型的童话爱情故事里,王子终于找到了他最爱的公主,然后他们从此幸福地生活在一起。不光是童话故事,几乎所有的爱情电影宣扬的也是这种爱情观。这种爱情观的核心在"寻找"二字。似乎爱情的一切,只是去寻找那个最适合自己的爱人,找到了,永恒的爱情就到手

---

① 戴维·迈尔斯:《社会心理学》,侯玉波等译,人民邮电出版社 2016 年版,第 332 页。

了。但是,这种"情人眼里出西施"的迷恋状态并不能维持多久。心理学家的研究表明,情侣之间的激情在产生恋爱关系的短短几个月之后就会消退。

心理学家通过研究认为,爱情其实分为两种,或者两个阶段[①]:

第一种,激情之爱。新建立的恋爱关系往往以激情之爱为主导。在这种爱情的驱动下,情侣们热切地期望能够时刻相伴,一旦分离,便会频繁地思念对方。人们常用"坠入情网"这一词语来形容爱情降临时的迅猛与浓烈。激情之爱能够引发强烈的兴奋、新奇、愉悦、迷恋、无忧、无畏、飘然等情感与体验,仿佛让人置身于美妙的童话世界之中。而这种爱情中的浪漫情调,多半源自这份激情。

第二种,伴侣之爱。尽管激情之爱曾如烈火般炽热,但终究会归于平静。一段关系维持的时间够长,它所带来的情绪波动会逐渐趋于平稳。爱情的高潮或许能够持续数月甚至一两年,但情感的巅峰状态不可能永远持续。激情之爱所带来的兴奋、新奇、愉悦、迷恋等情感,终究会逐渐消退。如果一段亲密关系能够经受住时间的考验,它便会逐渐转化为另一种更为稳固而温馨的爱情形式,美国心理学家哈特菲尔德称之为"伴侣之爱"。与激情之爱中的狂热情感不同,伴侣之爱更为平和、稳定,它代表着一种深沉的情感依恋,与日常生活紧密相连。伴侣之爱并非激情之爱的熊熊烈火,更像是冬日里烤炉所提供的恒久温暖,源源不断,持久而温馨。

"童话爱情观"的缺陷就在于把激情之爱等同于全部的爱情。完整的爱情应该会经历两个阶段,第一个阶段是寻找并确定浪漫关系,在这个阶段占主导地位的是激情之爱。第二个阶段是爱情进入保持的阶段,在这个阶段激情之爱的强度会下降,而伴侣之爱的比重会变得更高。童话爱情故事的结局——从此幸福地生活在一起,并不是爱情的终点,而只是爱情的另一个起点。如果想拥有持久、稳固且充满喜悦的爱情,双方需要努力培养相互契合的价值观,确立共同的生活追求,并以尊重、信任、责任和关爱为基石,这样的爱情方能展现出其美好、深远与珍贵之处。当一段感情以亲密无间、相互回馈为特点时,伴侣之间的爱意便会深深扎根于共同经历的岁月之中,随着时间的推移,这份爱愈发醇厚,历久弥新。

(二)发展爱的能力

1.努力经营

长久的爱情需要努力经营,但实际情况是,爱人之间爆发矛盾,人们会感到愤怒、沮丧,然后想:"这么折磨人,为什么还要为这段感情辛苦努力呢?"这与人的思维认识有关。当一个人去做一件事情,通常的认识是"我觉得它很重要,所以才努力付出"。而当矛盾浮现,这种认识可能变成:"这段关系已经不那么重要了,何必还要为此付出。"

心理学告诉我们,不仅态度会改变行为,行为也能改变态度。人们在努力付出的时候,会为自己的行为作辩护,"我为什么这么努力呢?因为我们的关系很重要,他对我很重要"。认识到关系很重要、对方很重要,就愿意付出,付出后会觉得更重要,这样就形成

---

① 戴维·迈尔斯:《社会心理学》,侯玉波等译,人民邮电出版社 2016 年版,第 335 页。

了良性循环。

2.相互了解

"情不知所起,一往而深"。其实,人和人之间,没有无缘无故的爱。爱情往往起源于仰慕,一方被对方身上的优点吸引而产生好感。但是,使情侣关系保持最亲密、长久的秘诀并不是仰慕,而是了解对方。很多人不愿意向情侣暴露自己的缺点,是因为总有这样的顾虑:"如果我坦承自己的缺点后,他不喜欢我怎么办?"

坦诚的确可能带来短暂性破坏,从长远来看,却有助于感情的持续,因为装出来的好印象能持久的可能性为零,长久压抑一定不会有好结果。人最大的魅力往往来自真诚,有研究表明,情侣间多一些自我暴露,双方反而会更满意。所以,往往越向情侣透露深层的隐私,双方的信任就会越深,双方的亲密程度也越高。

3.允许冲突

爱情容不下完美主义,世界上没有不存在矛盾和困难的爱情关系。爱情中的冲突不但不可避免,而且研究表明,它对亲密关系的维持也有重要意义。美国心理学家戈特曼发现,在那些长久而幸福的亲密关系中,配偶之间平均每五次积极的互动就会有一次争执。这些幸福的伴侣每有一次表达愤怒、批评或者敌意,都会有另外五次表现出善意或亲密的举动。

戈特曼的发现并不是说情侣之间有五次积极的互动后就必须吵一次,而是说明冲突存在的合理性。第一,少许的负面冲突不可少。亲密关系中极少或完全没有冲突,往往意味着双方并没有在重要议题和双方差异上好好沟通。第二,积极事件必须多于负面事件。亲密关系里包含的善意和爱一定要大大超过争吵和愤怒,否则就是不健康的。这说明吵架并不一定是完全有害的,关键要看怎么吵。

吵架的类型有两种:一种是认知冲突,是对事不对人的,只谴责对方的行为,例如,"你还没取快递,这让我生气"。另一种是情感冲突,是由事及人的,从谴责行为上升到攻击人的品质,例如"你还没去取快递,你根本就是拖拉、懒惰"。由事及人的情感冲突往往充满敌意,对亲密关系的伤害很大,应尽可能避免。也有研究表明,情侣冲突时,如果男性对女性的提出问题、分析问题以及可行建议能够接受一部分,他们的亲密关系最容易维持长久。另外,在公共场合吵架容易伤到对方的面子或自尊心,应尽量避免。

4.积极认知

积极认知,就是要善于发现对方的优点,把注意力集中在对方的优点上。方法包括:第一,问对问题。在亲密关系出现问题时,不要质问对方:"我们哪里出问题了? 我哪里做错了?"而应该多问自己:"他有哪些优点是我一直很欣赏的?""我们的关系在哪些方面是我受益的?""我们当初为什么会在一起?"第二,用正确的方法交流积极的事情。长久幸福的情侣通常懂得以恰当的方式进行沟通交流,交流的方法是以积极主动的姿态回应对方。例如,假设你的朋友跟你报告了一个好消息,说他去外国读书的签证通过了,下学期就要去了。表5-2列出的四种典型的回应方式中,你会采取哪一种呢?

表 5-2　四种典型的回应方式

类型	消极的	积极的
被动的	没有回应,或者顾左右而言他。	"哦,蛮好的。"
主动的	"你走了,我怎么办?"	"哦,那太好了,我真为你高兴。接下来你打算做什么？我可以为你做些什么?"

聪明的你一定能体会到:主动的、积极的回应方式更有利于亲密关系持久发展。

5.理解爱的语言

美国婚姻家庭专家盖瑞·查普曼在《爱的五种语言》中认为,两性间许多误解、隔阂、争吵都是由不了解或者忽略了对方的主要爱语造成的。夫妻双方主动选择使用对方的主要爱语,就能够很好地发展彼此的亲密关系,并积极地处理婚姻中的冲突。他总结了促进人际关系的五种爱的语言,包括肯定的言辞、精心的时刻、交换礼物、服务的行动、身体的接触。

第一,肯定的言辞。肯定的言辞在人际关系中扮演着举足轻重的角色。美国心理学家威廉·詹姆斯曾深刻指出,人类内心深处最渴望的便是感受到他人的欣赏与认同。对于那些安全感较低、常常陷入自卑情绪的人来说,他们的内心缺乏安全感时,往往也会伴随着勇气的缺失。在这样的情境下,如果配偶能够给予一些认同、赞美和鼓励的话语,效果往往是惊人的。这些肯定的言辞如同阳光穿透乌云,给对方带来温暖与力量。它们不仅能够让对方感受到被重视和被爱,更能够激发出对方内心深处的潜力,使其焕发出新的生机与活力。

第二,精心的时刻。精心的时刻,指那些与伴侣共度的、充满美好与回忆的宝贵时光。在这些时刻里,人们全身心地投入,将全部的注意力倾注于对方,仿佛世界只剩下彼此。在与对方交流时,保持深情的目光接触,全神贯注地聆听对方的心声,避免分心于其他琐事。这样的时刻会让你感受到前所未有的美妙与愉悦,仿佛置身于一个只属于两人的浪漫世界。

在精心时刻里,活动本身不是最重要的,重要的是花时间"锁住"对方的情感,让彼此的心灵更加紧密地相连。精心时刻不仅能够增进伴侣之间的感情,更能让人们在忙碌的生活中找到片刻的宁静与幸福。让我们珍惜每一个精心的时刻,用心去感受、去创造、去享受与伴侣共度的美好时光。

第三,交换礼物。在重要的节日里交换礼物,无疑为双方的关系增添了特别的仪式感。这种仪式感本身以及那份精心挑选的礼物,都如同黏合剂一般,将彼此的心紧紧相连。礼物可以是那些可见的、实实在在的物品,无论是买来的、亲手制作的,还是偶然间发现的宝藏;礼物也可以是那些抽象而深刻的精神层面的感受,如同温暖的拥抱或深情的告白。

礼物的价值,并不在于它的价格或外观,而在于它所蕴含的情意。它是向对方传递"我还爱着你""我很看重我们的关系"这一深情信息的桥梁。用心为对方挑选礼物就是在倾听对方的需求和喜好,是在用爱去理解和包容对方。这样的礼物即使再简单,也能打动对方。

第四,服务的行动。这是爱的另一种无声表达。它意味着去做那些配偶希望你做的事情,无论是简单的日常琐事,还是重大的决策支持。当你心甘情愿地为他服务,看到他因此而露出满意的笑容时,那种成就感与幸福感,便是爱的最好证明。

在恋爱的初期,为对方服务仿佛是一种本能,人们乐在其中,甚至不惜费尽心思去讨对方的欢心。然而,随着婚姻生活的深入,有些人可能会逐渐忽视这一点,变得不再那么用心。但真正的爱是需要人们在日常生活中不断去实践的。

服务的行动并不一定要轰轰烈烈,它可以是日常的关心与照顾,可以是关键时刻的支持与陪伴。每一次为他准备的一顿丰盛晚餐,每一次在他疲惫时递上的一杯热茶,都是爱的体现。当人们愿意为对方付出,愿意用行动去表达爱时,彼此的关系也会因此而变得更加和谐与亲密。

第五,身体的接触。作为人类情感交流的一种方式,肢体接触在爱的表达中不可或缺。它不仅是性生活的体现,更是牵手、亲吻、拥抱、抚摸等亲密举动的总和。对于某些人而言,身体的接触是他们最为直接和深刻的爱的语言。缺少了这种接触,他们可能会感到爱的缺失。

总之,理想的爱情关系建立在相互尊重、深刻理解、信任无间和风雨同舟的基础上。它要求人们在保持自我的同时,也为对方留出独立的空间和时间。正如诗人舒婷在《致橡树》中所描绘的那样,爱情不是简单的依赖与攀附,也不是单方面的奉献与牺牲。它更像是两棵独立而高大的树,木棉与橡树并肩而立,各自独立而坚强,又相互致敬,共同分担风雨,共享阳光。它们仿佛永远分离,各自保留着独特的姿态和信仰,却又终身相依,彼此扶持,共同成长。

要实现这样的爱情,人们需要不断地修炼和提升自己爱的能力,在顺境中相亲相爱,珍惜彼此,共同分享生活的喜悦与甜蜜;在逆境中相濡以沫,携手共渡难关,共同面对生活的挑战与困难;在平凡的日子里相敬如宾,尊重彼此的差异,理解彼此的需求,用宽容和包容去经营这段关系。

爱情不是简单的情感交流,而是一种需要不断学习和实践的能力。人们只有真正懂得如何去爱,才能拥有健康、美好、长久的爱情关系。让我们用心去感受、去珍惜、去经营来之不易的爱情,让它在岁月的长河中愈发璀璨夺目。

(三)科学地认识性

1.和谐的性关系

和谐的性关系是性与爱的完美结合。性行为应该在爱情的哪个阶段发生并无定论。不同文化、不同宗教、不同个人都有自己的判断标准,但有一点在多数文化背景中是基本一致的,那就是性关系并不是单纯的生理需要的满足。健康的性关系必然是爱情关系中的一部分。例如,世界卫生组织关于性健康的定义如下:"性的身体层面、情感层面、智力层面和社会层面的完整结合,从而积极地丰富人格,促进沟通和增进爱。"可见,"性"不光是一个生理行为,它还包含着情感乃至社会层面的心理因素。性关系应该建立在亲密的爱情关系之上,我们不提倡缺乏爱情基础的性行为。

2.安全的性关系

性行为的安全很重要。性传播疾病和意外受孕都会造成严重后果。科学有效地预防性传播疾病,男用安全套不只是一种很好的避孕措施,对预防艾滋病毒、淋病、疱疹、梅毒和其他性疾病都有一定作用。

同学们应当了解一些关于性生理、性心理和性文化的知识,多读相关图书,不做性无知。在此,推荐《婚前导读:结婚前要做什么》[①]、《婚姻保鲜膜——滋养婚姻中的爱情》[②]、《中国女性的感情与性》[③]、《感情不能解决的事》[④],请大家自行选读感兴趣的内容。

五、竞争关系的调适

竞争是现代人际关系的一个显著特征,它以各种形态广泛存在于社会生活的各个领域。人们需要正确地认识和处理竞争关系,这对工作、事业前途与生活发展有重要意义。

(一)树立正确的竞争观念

竞争,是在社会交往中为谋求自身利益而与他人竞相争取的一种行为,涵盖工作、经济、学习、能力、创新及生活等多个层面。竞争的核心含义就是适者生存,优胜劣汰。要树立正确的竞争观念,必须摒弃诸如"知足者常乐""乐天安命"等传统旧有观念,积极增强竞争意识。参与竞争时,务必遵循竞争规则,充分发挥个人才智,主动把握机遇,应以真才实学、工作业绩及奋斗精神作为竞争中的资本,将不断积累实力、完善自我及奋力拼搏作为取胜的法宝。

(二)公平对待竞争对手

正确处理与竞争对手之间的关系至关重要。同事之间应秉持正当竞争的态度,在能力、业务、知识和精神等方面与对方展开较量,而非依赖运气或耍手段来分出胜负。切勿因竞争而相互诋毁、拆台或玩弄权谋。若对方实力确实强于自己,应虚心学习。华罗庚先生曾言:"下棋找高手,弄斧必到班门。"这启示我们,只有在强者面前勇于暴露自身不足,才能不断进步。社会主义社会倡导竞争双方以共同提高、互相促进为目标,重在参与,不畏失败,共谋发展。

(三)平和看待竞争结果

竞争必然有胜有负,对待结果的态度彰显个人品德。若遭遇失败,切勿气馁,应反思

---

① 张肖民:《婚前导读:结婚前要做什么》,福建科学技术出版社 2005 年版。
② 胡慧玲:《婚姻保鲜膜——滋养婚姻中的爱情》,四川大学出版社 2016 年版。
③ 李银河:《中国女性的感情与性》,上海三联书店 2021 年版。
④ 张佳佳:《感情不能解决的事》,中信出版社 2021 年版。

自身不足,将失败视为通往成功的阶梯,持续努力,终将取得胜利。若获得胜利,亦不可骄傲自满,还有更大的挑战在前方等待。在竞争中,应秉持磊落的态度赢得胜利,以体面的方式面对失败。

六、群体关系的调适

群体关系指在特定群体中,个体之间或群体之间的互动和联系。它可以表现为合作与竞争、领导与被领导等不同形式的关系。在群体关系中,个体或群体可以形成不同的身份认同和归属感,也可以通过互动和交流来增强彼此的联系和信任。良好的群体关系可以提高组织的协同效应和绩效,增强组织的凝聚力和向心力,促进组织可持续发展。但由于个体和群体在资源、期望、角色、价值观等方面的不同,群体关系也会存在很多矛盾和冲突。

(一)防止"责任扩散"

责任扩散指人在群体中降低或丧失个人责任心的现象。产生"责任扩散"的根本原因就是"评价顾忌",即当群体成员意识到不用单独为某件事情负责,或者群体不会对个体的努力程度进行单独评价时,责任感就会分散。因此,克服责任扩散的关键是增强个体的"评价顾忌",即加强群体对个体的评价。如果个体感受到自己正被群体中或群体外的其他人观察和评价,那么他就会自觉监控自己的行为,从而为践履职责付出更大的努力。个体也可以提高自我觉察,在群体中提醒自己责任扩散效应的存在,避免因为责任扩散而降低合作行为。

(二)建立共同目标

与应对恶劣的自然环境时人们容易抱团取暖一样,当面临社会困境时,人们也有团结合作、一致对外的倾向。无论原本是陌生人,还是敌对的人,当双方意识到有共同的目标,并且必须合作才能实现共赢的时候,双方就有了创建和改善人际关系的可能。不管这个共同的目标是来自外部还是内部。

(三)第三方协调

调适群体关系的深层动力来自双方改变现状的意愿,核心过程是双方改变原来的看法和行为,这也是持续的互动过程。在有些情况下,第三方从中协调有利于调适的达成。例如,调解和仲裁。

此外,调适群体关系需要多方面的策略和方法,需要综合考虑各种因素。在实际操作中,需要根据具体情况灵活运用,以达到最佳的效果。

无论是亲子关系、业缘关系、竞争关系、异性关系还是群体关系,都需要人们根据具体情况采取不同的策略和方法。通过尊重、理解、支持和有效沟通,人们可以应对关系中的矛盾和冲突,为自己和他人创造更多的机会与价值。同时,发展良好的人际关系需要人们持续地努力。在充满竞争的社会生活中,人们应该保持开放的心态,积极面对各种人际关系,不断提升自己的情商和人际交往能力,为自己创造更加美好的未来。

参考阅读

1.国王的演讲

电影《国王的演讲》主要聚焦于英国国王乔治六世(George Ⅵ)如何克服严重口吃问题,这一问题在很大程度上是由他的自卑心理引起的。

在电影中,乔治六世原本是一个性格内向、在公众场合容易紧张的人。由于口吃,他在演讲时经常感到尴尬和挫败,在公众面前失去了自信,并产生了自卑心理。然而,在莱昂纳尔·罗格的治疗和帮助下,乔治六世开始尝试改变自己的态度和方法,通过一系列的练习和心理调整,他逐渐克服了口吃的困扰,并最终在二战期间发表了鼓舞人心的演讲,赢得了民众的尊重和信任。

这部电影不仅展示了乔治六世如何克服身体上的障碍,而且深入地揭示了他如何战胜内心的自卑,重获自信,最终激发了自己的潜力。因此,电影《国王的演讲》向观众传达了一个积极的信息,即无论面临多大的困难,只要有勇气面对并采取正确的行动,就能够克服内心的恐惧和自卑,实现自己的价值和梦想。

2.真正的爱情

《无问西东》是一部富有深度的电影作品,它通过不同时间线交织的故事,展现了人们在面对人生选择甚至困境时所表现出的坚定与勇敢。在这部电影中,真正的爱情也得到了深刻的诠释。

陈鹏对王敏佳的爱情,首先体现在他坚定的支持和理解上。王敏佳因为一封莫须有的"批斗信"而遭受牵连,甚至面临生命危险。在这个关键时刻,陈鹏没有选择逃避,而是义无反顾地回到了王敏佳的身边,给予她最坚定的支持和最温暖的安慰。他用自己的行动告诉王敏佳,无论外界如何评说,他始终相信她、支持她。

其次,陈鹏的爱情是深沉而无私的。他愿意为了王敏佳的幸福放弃自己的事业和梦想。在得知王敏佳可能无法再回到正常生活后,他选择带着她远离是非之地,去一个没有人认识他们的地方重新开始。这种为了爱人的幸福而甘愿牺牲自己的精神,是真正的爱情的体现。

最后,陈鹏的爱情是恒久不变的。无论时间如何流逝,无论生活如何变迁,他对王敏佳的爱始终如一。他用自己的行动证明了真正的爱情不会因为时间的流逝而褪色,也不会因为生活的艰难而消磨。

陈鹏的爱情故事也让我们看到,真正的爱情不是空洞的誓言,而是需要在实际行动中不断去践行和证明的。

第二篇

现代礼仪

第六章　礼仪概述

礼貌周全不花钱，却比什么都值钱。

——［西班牙］塞万提斯

礼仪在人际关系中具有重要作用，礼仪不仅可以维护交往双方的尊严，促进沟通和互动，还展示个人的素质和教养。在社交场合中，恰当的礼仪表现会给人留下良好的印象。

首先，礼仪可以让人感到被尊重，无论是在工作还是日常生活中，它都能帮助人们建立良好的人际关系。其次，礼仪可以增强信任，帮助人们与他人建立更紧密的联系。此外，人们展示礼仪时不仅展现了良好的形象和声誉，还有助于在职业发展和社交场合中取得更多的优势和成功。最后，礼仪在缓解冲突和矛盾方面发挥着重要作用，它能帮助人们保持冷静，找到更好的解决方案，并通过遵循礼仪，避免冲突升级，进一步改善人际关系。

仓廪实而知礼节，衣食足而知荣辱。礼仪，作为社会发展到一定阶段的产物，是对人、己、鬼神及大自然表达尊重、敬畏和祈求的惯用形式与行为规范，是人类文明进步的标志以及传统文化传承的重要体现。礼仪在人际交往、社会秩序、精神文明、国家外交等方面都发挥着举足轻重的作用。随着时代的变迁，礼仪也在不断地演变和发展，但其核心价值和意义始终未变。它既是人际交往的基本准则，也是社会和谐有序的重要保障。在全球化的今天，礼仪更是跨文化交流的桥梁和纽带。

第一节　礼仪的起源和发展

从起源到发展，礼仪经历了漫长而丰富的历程，逐渐形成为今天人们所认识的形态。它揭示了人类从简单到复杂的社会关系，以及为协调这些关系而进行的持续不断的努力。即使在社会规范多元化的今天，礼仪完善个人与协调人际关系的功能仍然不可替代。

一、礼仪的起源

第一,原始的宗教祭祀。东汉许慎在《说文解字》中解释"礼"字说:"礼,履也,所以事神致福也。"我们徜徉于历史博物馆,常常被远古时期大量精美的祭祀用品所震惊。例如,三星堆挖掘出土的文物,那些青铜器精美绝伦(青铜神树、青铜立人像、青铜纵目面具等)向我们展示了远古时期人的精神世界。专家推测这些青铜器大多是祭祀用品。

在远古时期,人类对日月星辰的运转、四季的更迭以及人死后去向何方等奥秘充满困惑,对于日食月食、山崩地裂、洪涝灾害等自然现象深感恐惧,无法探究其原理,更无从克服。人们深信在这些自然现象背后,必然存在着拥有无穷威力的神灵,这些神灵能够左右人的生死,操纵世间万物。当先民们怀着虔诚之心,向这些想象中的神灵跪拜祈祷,祈求消灾解难、祈福禳祸时,原始的"礼"便应运而生。随着祭祀活动反复进行,祭祀的程序和方式逐渐得到完善和固定,仪式和仪节也相继产生,成为集体共同的记忆。

我国的礼仪起源于祭祀,这一点可以从"礼"字的字形演变中得到验证。繁体字"禮"是一个形声字,由"豊"声旁和"示"义旁组成,表示的是向神灵敬献礼物的事宜。"豊"字形象地描绘了放在供桌上的托盘中的贵重礼物——两块玉圭,而供桌本身被称为"豆",后来也被用作食器或祭器。简化字"礼"则形象地表现了一个人跪在地上祈祷的场景。因此,"礼"字的字形本身就清晰地揭示了它的起源——向神灵祈求福祉,同时也生动地展现了它最初的内容——包含敬神意识、礼物以及仪式。

随着社会不断进步,人类对自然界的多元变化以及社会关系的复杂性有了更为深刻的认识。原先仅以祭祀神鬼祖先作为礼仪的形式,已远远无法满足人们日益增长的精神需求,更难以调节日趋复杂的现实关系。因此,礼仪的涵盖范围和内容逐渐从单纯的神事扩展到广泛的人事领域。从最初的祭礼开始,逐渐发展出涵盖社会各个方面的各种礼仪,如冠礼、婚礼、丧礼等。历史学家郭沫若曾指出:"大概礼之起于祀神,故其字后来从示,其后扩展而为对人,更其后扩展而为吉、凶、军、宾、嘉等各种仪制。"[①]这一演变过程清晰地展示了礼仪从最初作用于人与神的关系,逐渐转变为调节人与人之间的关系的重要工具。

第二,礼仪源于协调人际关系及约定俗成。人类为了生存发展,要协调自身群体内部的关系。群体内部男女有别、老少各异,扶老携幼、保护弱小,这既是一种天然的人伦秩序,又是一种需要维护的秩序。可以说,维持群体内部的自然人伦秩序是礼仪产生的最原始动力。《礼记·礼运》曰:"礼之初,始诸饮食。"当人们意识到为了群体存活,不能像动物一样茹毛饮血、撕咬抢食,而是要讲规矩,彼此间要相互照顾时,礼就产生了。荀子认为礼是防范夫妻关系破裂的工具。他说:"男女之合,夫妇之分,婚姻娉内送逆无礼,如是,则人有失合之忧,而有争色之祸矣。故知者为之分也。"这段话深刻地揭示了男女关系、婚姻以及夫妇之道中的礼仪和尊重的重要性。可见,古人把分配饮食和制约配偶

---

① 郭沫若:《十批判书》,东方出版社 1996 年版,第 96 页。

并列为礼产生的原因。随着群体扩大——从部落到部落联盟，再到国家，需要协调的社会关系越来越复杂。人们需要方便表达沟通、顺从、说服和遵从心意的方式，有固定程式的礼仪就产生了。这说明礼仪是人们在交往过程中共同认定，并被大家一致遵守和沿用的。

二、我国礼仪的发展

中华文明上下五千年，也是礼仪不断延续、发展、演变的五千年。每当大变革、大发展之时，礼仪的内容和形式也随之不断演变、充实和更新。我们将漫长的传统礼仪发展大致分为孕育时期、形成时期、变革时期、鼎盛时期、衰落时期，将1949年新中国成立以来称为现代时期，这是中华文明礼仪脱胎换骨的时期。

（一）传统礼仪的演变

第一，孕育时期。原始社会的旧石器时代，中华文明出现了早期礼仪的萌芽。人们已经能够制作精美的石器，如玉琮、玉璧、玉镯、玉珠串等，用来做装饰品或祭品。有些石器上还有震慑人心、形象威严的兽形图案。考古发现，原始部落的人们有在死去的人周围撒赤铁矿粉的习俗。这些都是礼仪的最早雏形，旧石器时代中华文明进入礼仪的孕育阶段。

第二，形成时期。夏、商、西周三个时代中国进入奴隶社会。奴隶主阶级为了统治和巩固自己的地位，把原始的宗教仪式发展成符合奴隶社会统治需要的礼制，礼被打上了阶级的烙印。在这个阶段，人们对大自然的认识还不够深入，所以对于神灵、祖先仍旧心存敬畏，礼仪还主要运用在这些祭祀活动当中。考古发现，当时的贵重金属主要用作制作祭祀用品，如各种青铜器皿。在这个阶段，中国第一次形成了比较完整的国家礼仪与制度。著名的《周礼》就是在这个时期形成的。《周礼》据传为周公所制定，它主要规范了奴隶主统治阶级的职官制度，并为后世的"六部"制度奠定了基础。这"六部"分别指吏、户、礼、兵、刑、工六类行政机构，其制度一直延续并影响至清代。

第三，变革时期。春秋战国时期出现了"礼崩乐坏"的局面，《周礼》已经不能满足治理现实社会的需要，开始形成"百花齐放，百家争鸣"的局面，各家都希望以自己的观点、学说来引导或改造社会。其中，孔子、孟子、荀子代表的儒家研究和发展了礼教，第一次在理论上全面而深刻论述了社会等级制度及其意义。儒家思想逐渐成为社会治理的主导思想。

孔子极为重视礼仪，他认为礼是治理国家、安定社会、实现天下太平的基石。他曾言："郁郁乎文哉，吾从周。"他认同周公所制定的礼仪制度已经相当完善，并将恢复周朝的典章礼制作为自己的政治追求。"不学诗，无以言；不学礼，无以立。"从某种程度而言，孔子的一生都与"礼"紧密相连，他致力于推广和实践礼仪，倡导人们以礼的规范来约束自身行为，恪守"非礼勿视，非礼勿听，非礼勿言，非礼勿动"的原则。

孟子提出了五种基本的人伦关系，即君臣、父子、兄弟、夫妇、朋友之间的关系，并分别以忠、孝、悌、忍、善作为这"五伦"的行为准则。君臣之间应遵循礼义之道,因此应当忠诚;父子之间存在尊卑有序的关系,故应恪守孝道;兄弟之间乃骨肉相连,情同手足,因此应当和睦友爱;夫妇之间既应挚爱相亲,又要内外有别,因此应当相互包容忍让;朋友之间应讲究诚信,故应友善相待。"五伦"理念成为处理人与人之间伦理关系的指导原则。

孔孟思想通过教育和著书广为流传。像"入则孝,出则弟,谨而信,泛爱众,而亲仁。行有余力,则以学文"等,这些读起来朗朗上口的启蒙警句,将儒家倡导的人际关系行为准则融入其中。有些思想观念跨越千年仍然深刻地塑造着中国人的人格心理。像"仁爱""和为贵""老吾老以及人之老,幼吾幼以及人之幼"的思想在中华文化中已经根深蒂固,成为中华民族优良传统文化的基因。时间过去了几千年,它们仍然是现代中国人的人生法度。

在儒家思想大行其道的同时,以老子和庄子为代表的道家思想也有一定的社会地位和影响。他们崇尚自然无为,倡导"不争",主张废除一切束缚人手脚的礼仪。以韩非子为代表的法家思想,崇尚强权政治,主张"以法代礼"。还有以墨子为代表的墨家思想,主张"兼相爱,交相利",即主张平等、博爱、利他,"以义代礼"。这是一个百家争鸣的时期,各学派的思想相互影响、相互融合。这个阶段可以看作是礼仪的变革时期。

第四,鼎盛时期。公元前221年,我国第一个中央集权的统一的多民族国家建立。秦始皇进行了"书同文""车同轨"的改革,并统一了货币和度量衡,奠定了中国延续两千余年的政治制度的基本格局。

儒家思想逐渐成为统治阶级社会治理的工具。西汉思想家董仲舒把儒家的思想概括为"三纲五常"。所谓"三纲"就是"君为臣纲,父为子纲,夫为妻纲"。"五常"指仁、义、礼、智、信。董仲舒乘势而为,汉武帝推行"罢黜百家,独尊儒术",奠定了几千年来儒家思想一直占据中国社会思想主导地位的基础。西汉时期,一本集上古礼仪之大成的《礼记》问世。自东汉郑玄作"注"后,《礼记》地位日升,至唐代尊为"经",宋代以后,位居"三礼"之首。其中,《曲礼》上、下篇所载大多是周礼的一些微文小节,如言语、饮食、洒扫、应对、进退之法等,包括吉、凶、宾、军、嘉五礼的相关内容;《礼运》借孔子之口论述礼的发展演变和运用;《礼器》论述了制礼、行礼的原则和各种表现形式,并说行礼要与所用器物相称;《内则》记述家庭内的礼则,如侍奉父母、孝敬公婆,兼及饮食制度等。还有介绍服饰文化的《玉藻》,介绍师生礼仪的《学记》,介绍明德、亲民、止于至善等人生品德修养的《大学》等,内容很繁杂,细致入微。

唐宋时期,儒学地位上升到了新的高度。南宋理学思想家朱熹以儒家思想为基础,融合了道学、佛学思想,最终形成了理学。朱熹认为:"仁莫大于父子,义莫大于君臣,是谓三纲之要,五常之本。人伦天理之至,无所逃于天地之间。"在大量的家庭礼仪著作中,朱熹的《朱子家礼》、司马光的《司马氏书仪》最为著名。因此,秦汉以后一直到唐宋时期,礼仪越来越规范,最后形成了一个完整的体系,这个阶段是中国传统礼仪发展的鼎盛时期。

第五,衰落时期。17世纪明朝灭亡,满族入关,清廷贵族为加强对汉族的统治,不仅接受汉制,而且尊卑等级化更为分明,礼仪中处处体现着尊卑差别。而足以显示这种尊卑的,恐怕要数跪拜之礼了:臣子见皇帝要行三跪九叩的大礼;下级官员晋见级别相差较大的上级时要行跪拜礼,有时候需要一跪三叩;百姓见官员须先行跪拜礼;子孙晚辈拜见长辈要跪地磕头请安;祭祀祖先也要磕头。清朝礼仪变得越来越烦琐、死板,对社会生活的各个方面,大到国家军政,小到衣食住行、举手投足,无不做出详尽的规定。

随着洋务运动兴起,西方文化开始大规模进入中国,西方礼仪随之而来。然而,西方礼仪和中国礼仪在形式和内容上都有较大区别,因此清末社会出现了礼仪大杂烩的现象。这个时段也是中国传统礼仪的衰落时期。

(二)现代礼仪的发展

鸦片战争以后,西方的政治、经济、文化、科技开始大规模影响中国。大批的仁人志士为了寻求救国救民的道路,在把西方先进的文化和科学技术介绍到国内的同时也把西方的礼仪介绍进来。"天赋人权""自由、平等、博爱"的思想振聋发聩,动摇了传统社会的等级和宗法统治。辛亥革命彻底颠覆了封建王朝,中国人为摆脱封建礼法束缚而不断努力,开始探索和创造现代文明礼仪,礼仪的形式和内容逐渐向西方靠近。人们的思想、风貌、礼仪风俗也发生了改变。女性开始走进学堂,男性开始剪辫子。服饰发生了极大的变化,知识分子和青年学生开始穿一种被称为学生装的简便西服。

新中国成立以后重视精神文明建设,礼仪重塑进入快车道。改革开放以来,中国与世界各国的交往日益频繁,在继承优良传统礼仪的基础上学习、融合西方礼仪,形成了具有中国特色的礼仪风尚。21世纪,随着中国推动构建人类命运共同体,"一带一路"倡议深入广泛地加强与其他国家、民族和地区的接触,中华礼仪从内容和形式都变得更加开放,充满活力。优良传统文化创造性转化、创新性发展为塑造新时代中国特色社会主义礼仪提供了思路,中华文明礼仪进入了全新的发展时期。

第二节 礼仪的基本概念

礼仪是什么?仅仅是人们所能看到的穿西装、打领带、握手礼等形式吗?仅仅是会说一些礼貌用语吗?其实,这些表面行为简单易学,礼仪的真正内涵远不止此。礼仪的核心是个体内在的学识、见地,以及深沉的人文情怀、宽容大度的精神,还包括一个人在面对各种情境时所展现出的稳重、从容、谦逊有礼、周详细致的态度。这些品质需要逐渐积累和提升。真正的礼仪内涵无法通过外在的包装来体现,是一种心灵魅力,是对他人和社会的尊重与关爱。本节将引导大家深入了解礼仪的基本知识,探寻礼仪背后的深层含义,帮助大家在日常生活中更好地展现自己的礼仪之美。

一、礼仪的定义

(一)礼仪的含义

礼仪,是人们在社会生活的各种交往场景中,为了表达相互尊重而体现言行举止、服饰、物品、陈设等方面约定俗成的规范和程序。

第一,礼仪是人们在社会实践中尤其在人际交往实践中形成的惯常行为模式。也就是说,礼仪不是人们抽象思维的结果,而是在生活实践中形成的。这是礼仪形成的基础。

第二,礼仪在实践中是一种情感互动过程。在这个过程中施礼者与受礼者进行了一场信息和情感的互换。

第三,礼仪的本质是尊重。礼仪包含的社会价值理念,通过行为表达出来就是尊重。无论施礼者还是受礼者,如果离开了对对方的尊重,礼仪无从谈起。

第四,礼仪是带有"共性"的行为规范。礼仪的外在是社会群体成员约定俗成、共同认可的行为模式。个别人与众不同的行为不能叫礼仪。

第五,礼仪有相对规范的程序。这种带有"套路"性质的程序如果混乱或颠倒了,可能被理解为别样意思。例如,有人来你家做客,你请客人坐下后,立刻端来茶水,这是敬茶礼仪,表示热情好客。如果等客人把话说完了,再请客人喝茶,可能被理解为送客。

(二)礼和仪的关系

礼和仪,是主观与客观、观念与行为、内涵和形式的关系。《礼记》上说"礼者,理也",即礼是做人的道理、道德、道义,这些是礼仪的内涵和价值来源。古人在不同的场景下对"礼"有不同的解释。东汉许慎《说文解字》解释"礼,履也,所以事神致福也",这里的"礼"又是表现、表示、实践的意思了。可见"礼"既包含了价值内涵,又指向了实践行为,后面还有礼物礼品的意思,是一词多义。仪,是展现道理、道德、道义的形式。例如,中国人提倡孝敬父母,甚至说"百善孝为先",这是讲道理,而像曾子那样做——"身体发肤,受之父母,不敢毁伤",是一种实践"孝"的行为,即仪。因此,礼也很重视外在的表现形式。《论语·学而》说:"礼之用,和为贵。"强调通过表现"和"的行为来达到礼的目的,所以中国人很重视与人相处要表现和气、和善、和合、和谐等。

"礼"和"仪"是内涵和形式的关系。"礼"是支持"仪"的道理;"仪"是"礼"的外在表现形式。诚于中而形于外,慧于心而秀于言,内在的礼是真诚、智慧,外在的仪是"秀"出来的言行。

(三)礼貌、礼节和仪式

礼仪包含礼貌和礼节。人们根据礼仪主体的礼貌和礼节来判断其内在的涵养。它们既有联系又有区别。

礼貌,指人们在彼此交往过程当中表示尊敬、重视和友好的一种态度。态度是心理行为倾向。人们一般对自己喜欢的人表示出欢迎的态度,对自己看重的人表示尊敬的态度,而对不喜欢的人表现出疏忽或冷漠的态度,同时,也可通过对方的言行举止来判断自己在其心目中的受重视程度。

礼节,或仪节,是在礼貌态度的基础上表现出来的言行举止,一种待人接物方面的形式。例如,人们在见面的交往环节上应打招呼问好,受人恩惠时要说"谢谢",不常见的客人来了时要说"欢迎",以及敬茶行为等。礼貌通过礼节反映出来。礼节混乱或颠倒了,就可能被看作不礼貌,或被理解为别的意思。现代礼仪虽然已经摆脱了传统繁文缛节对个人的束缚,但礼节还是存在的,只是很多都简化了。

仪式不同于仪节。虽然二者都是体现礼的形式,但指向有所不同。仪式一般指集体性的尊重形式,例如升国旗和降国旗仪式、开学和毕业仪式、运动会开幕和闭幕仪式、婚庆仪式、寿宴仪式等。这些具有一定约定俗成的程序和表现形式的社会活动,正式而且隆重,就是仪式。

二、礼仪的本质

礼仪的本质是尊重。"尊"的本义是古代用贵重金属做的盛酒器皿,最初用在祭祀活动中,表现人们事神致福时的虔敬。后来,由尊的贵重引申出对人的贵重、尊重,并且在仪式、礼节上使用,例如,尊敬、尊姓、令尊、尊位等。人际关系中尊重的人,既指别人,也指自己。

(一)尊重自己

第一,一个自尊的人能够保持自信、平衡的心态,与自我和谐相处。心理学家马斯洛认为,人们对尊重的需要分两类,即自尊和他尊。自尊包括对获得信心、能力、本领、成就、独立和自由等的愿望。他尊是来自他人的尊重,包括威望、承认、接受、关心、地位、名誉、赏识、爱慕、公平、回报等。这类似于中国人"脸"和"面"的获得。一个具有足够自尊的人总是更有信心、更有能力,也更有效率,缺乏自尊时,就会感到自卑、无望,甚至可能导致绝望和精神失常。

尊重自己就是与自我友好相处,肯定自我、实现自我。一个人善待自己,认真对待自己,珍重自己的生命、健康、时间、形象、金钱和机会等,就是在尊重另一个人,只不过另一个人也是"我"。尊重自己,让自己身心安定、平衡有序,不强迫自己与"完善自我"相违背。

第二,一个自尊的人更容易推己及人,关心、在意自己给别人带来什么感受。个体的自尊有一部分来自外部评价的内化。一个人如果知道身体不健康会令父母担忧,就会积极锻炼,不做无谓的有损身心健康的事,就是珍重自己。如果清楚自己的价值选择,就会在职业、交友的选择上有所思考,少走弯路,避免人际交往损失。尊重自己的人也不会轻易麻烦别人。

"己所不欲,勿施于人","己欲立而立人,己欲达而达人",这些都是推己及人。一个肯定自我、实现自我的人是容易幸福快乐的人。他的幸福快乐也会感染人,让别人感觉幸福快乐。人际关系的互动增强了个体的同情心和同理心。

第三,一个自尊的人能够在现实和精神的世界中掌握自己,体验到做人的尊严和庄重。"凡人之所以贵于禽兽者,以有礼也。"礼待自己,用礼仪的高标准来维护自我形象,也是一种价值维护,礼待自己就是维护自己做人的尊严。

(二)尊重别人

尊重别人就是尊重别人的人格,尊重别人同样拥有追求幸福的权利和自由。具体来说,一般包含四个方面。

第一,尊重别人的自我价值。礼仪帮助人们呈现自我价值,就是尊重。受到尊重的人因此能够获得自我肯定和自我满足。

自我价值是个体对自身价值的意识与评价。一般,人们都会为自己的思想观念、偏好、情感、所作所为、习惯等寻找依据、理由,有时还要极力维护、自我辩护。当社会和他人肯定他的所作所为,他也为自己的存在找到了理由。这就是自我价值。

自我价值保护是一种自我支持倾向的心理活动,其目的是防止自我价值受到贬低和否定。由于自我价值是通过他人的评价而确立的,个体对他人评价极其敏感。每个人在潜意识里或内心深处,都渴望得到别人真诚的赞美和肯定。对肯定自我价值的他人,个体对其认同和接纳,并反过来给予肯定与支持;远离否定自我价值的他人,与这种人交往时可能激活个体的自我价值保护机制,产生不愉快的情绪,甚至发生人际矛盾或冲突。

第二,尊重别人的社会地位。狭义的社会地位,指社会等级制度或分层制度中的排列位置、权力、声望、职业、财富的象征;广义指个体在一定社会关系体系中所处的位置。后者具备深刻的社会学内涵,它深刻揭示了个体与社会整体之间的紧密联系,以及个体在与社会整体互动过程中所扮演的社会角色和身份。人只要活着,他在社会上就一定有一个位置或地位。人们就应该本着他的身份或地位给予其相应程度的尊重,使他对社会的职责和贡献与其自我认识相匹配。否则就是贬低,就是不尊重人或不够尊重人。

第三,体谅别人的处境。尊重也包括设身处地维护对方的利益,既包括物质的利益也包括精神的利益。例如,帮助迷失的小孩,帮失主暂时保管失物,力所能及地帮助身处困境的人,也包括维护对方的名誉、形象、自尊心等。

云南省丽江华坪女子高级中学校长张桂梅,以她无私奉献的精神改变了很多女孩子的命运。最令人感动的是她对这些女孩子恩重于山的同时不给她们任何的"心理包袱"。她下乡的时候常常把自己的衣服送给穷困学生,时不时掏钱给买不起鞋子的家长,却不在他们面前提起。在接受央视采访时,她说:"贫困对女孩子来说,也是一种隐私。"她用心保护这些孩子的隐私和自尊,使她们在未来有足够的勇气和自信飞得更远。

自尊的源泉,除了个人的积极自我评价,更在于外界赋予的积极评价,即他人的尊敬。相互间的积极评价和尊重,不仅令人际交往的双方皆能获益,还能使人际关系更加和谐。礼仪的至高之境,便在于使人心生舒适,无论是自己还是与之交往的对象,皆能感到自在。正如孟子所云:"爱人者,人恒爱之;敬人者,人恒敬之。"总之,尊重上级是一种天职,尊重同事是一种本分,尊重下级是一种美德,尊重客人是一种常识,尊重对手是一种风度,尊重所有人是一种教养。人际交往因为尊重而发展,人际关系因为尊重而持续。

三、礼仪的特征

作为社会文明进步的重要标志之一,礼仪体现了尊重、友善、和谐的价值观。了解礼仪的特征,有助于人们更好地理解和实践礼仪。

(一)礼仪的时代性

礼仪的内容和形式都是时代的产物。古今礼仪有着根本的不同:第一,礼仪基础不同。传统社会等级森严,将人划入不同等级,规定不同等级的人人格不平等。权威和不平等就是礼或礼法存在的基础。"礼"是维护等级秩序和宗法统治的工具。礼仪的形式掩盖了社会基本制度规定的不平等。现代社会的政治和法律,废除了等级制度和宗法统治,平等、自由成为人际交往的基础。第二,礼仪主体范围不同。传统社会人格不平等,贵贱有别,所以"礼不下庶人",有些人没有资格学习和践行某些礼仪,否则就是"僭越"。现代社会的礼仪适用任何人。人人都应该以礼相待,相互尊重,不能以贵贱分别人格,否则就是不尊重。第三,礼仪目标不同。传统社会,礼仪、礼法的目标是维护体现人格尊卑贵贱的阶级、宗法统治。现代社会是促进人人平等、人际和谐。

(二)礼仪的继承性

历史上任何一种较为古老的文化现象,毫无例外都是一部不断批判继承和推陈出新的生动的历史记录。源远流长的礼仪文化当然也是这样,一些符合人性基本需要的礼仪,具有超越时代和社会的适用性。孔子关于礼仪的一些基本思想和规范对现代人际关系仍然有影响。例如,在人际关系的目标上,中国人坚持"礼之用,和为贵"的理念,提倡和气生财、和气致祥、和衷共济、家和万事兴,认为"百忍堂中有太和";在人际交往的态度上,提倡"责己严,待人宽"等。

(三)礼仪的差异性

礼仪的差异既体现在礼仪时代上的差异,即古今礼仪不同,也体现在地域上的差异,即不同地区礼仪之间的差异。"十里不同风,百里不同俗",不同国家和民族间的礼俗差别很大。

(四)礼仪的规范性

礼仪是约定俗成的。例如,握手礼对怎么握有很多规范性做法:行握手礼的手一定是右手;握手的时候还要面带微笑,有点力度;脏手不能跟人握手,湿手不能跟人握手;男性戴手套也不能跟人握手;握手的时间不能太短,也不能太长……这些都是握手礼的规范。

(五)礼仪的非强制性

礼仪的非强制性区别了礼仪规范和法律规范的界限。礼仪属于道德实践的范畴,通过社会舆论和人们内心的信念发生作用。即使偶尔不遵守礼仪规范,也不至于有很严重的后果。例如,有些人有洁癖不喜欢跟别人握手,因此拒绝了毫不知情的人伸过来的手,可不可以呢?当然可以!没有人会强迫他握手,又不违法。但是,彼此可能会感觉尴尬,影响第一印象。

不管时代发生什么变化,也不管人们以什么方式进行人际交往和构建人际关系,人们仍然需要通过礼仪表达对彼此的尊重和爱。

四、礼仪的功能

作为一种文化传统,礼仪在调节和制约人们相互关系的模式中发挥着重要作用。对个体而言,礼仪是思想道德水平、文化修养、交际能力的外在表现;对社会而言,礼仪是社会文明程度、道德风尚和生活习惯的反映。礼仪发挥着重要的社会功能。

(一)塑造良好的主体形象

礼仪塑造主体良好形象。人生处处见修养,尤其在人与人、人与社会关系上面。有人说,看一个人是否有教养,得看他对弱势群体的态度。也有人相信患难之处见真情。当然,群体、组织、企业、国家也有形象,依靠其中的成员来代表和塑造。

(二)促进人际关系和谐

"礼之用,和为贵",这已经说明了礼仪有协调人际关系、实现和谐的功能。通过礼仪,人们表达对对方的尊重、友善、敬佩、鼓励、安慰等情感。这些是人在社会中的价值所在。礼仪规范了人们在交往中的言行,使人们在互动中更受益、更有效率。通过对礼仪的学习和实践,人们可以培养出良好的社交能力,建立起良好的人际关系。

实现和谐人际关系,个体需要对自己的欲望、言行有所节制,以平衡与他人和社会的利益。"没有规矩不成方圆",人们相处共事,按行为规范相互配合,才能合作顺利,成就事业。例如,保持适当的人际距离很重要。孔子说:"唯女子与小人为难养也,近之则不孙,远之则怨。"现今看来,这种表述存在明显的性别和阶层偏见,不符合现代社会的价值观。在现代社会,我们强调平等、尊重和包容,无论性别、身份或地位,每个人都应该受到公正对待。这句话也反映了保持合适的人际距离是有必要的,可以减少无礼和怨恨。实际上,每种人际关系都需要保持恰当的距离。上下级间应保持适当距离,以确保工作的专业和效率;亲子间也应维持一定距离,以促进爱的表达和孩子的成长。一旦"逾矩",便可能对生活和工作造成不良影响,给人际关系带来伤害。

(三)立人成事,凝心聚力

"人无礼则不生,事无礼则不成,国家无礼则不宁。"礼仪作为一种社会制度规范和社会价值载体,具有成风化人的教化功能。教化是自然人转变成社会人的制度方式和途径。礼仪教化使人在人群中成为人,个体能用合情合理的方式约束自己、表达自己,平衡个体与他人的关系、个人与社会的关系,也是满足个体需要,获得安全感、归属感、自豪感的途径。习近平总书记指出:"要建立和规范一些礼仪制度,组织开展形式多样的纪念庆典活动,传播主流价值,增强人们的认同感和归属感。"礼仪教化可以不断提升人民群众的文明素养,促进新型人际关系,推动全社会形成适应新时代要求的思想观念、精神面貌、文明风尚、行为规范,凝聚社会力量。

(四)文化与文明的璀璨载体

礼仪是文化和文明的重要载体。文明和文化通过礼仪展现出来,形成具有民族特色的生机勃勃的社会生活。"凡人之所以贵于禽兽者,以有礼也。"是人,就要体现出人的精神和价值,对人讲文明、讲礼貌。学习和实践礼仪可以帮助人们更好地理解和传承文化文明,加强文化认同感和归属感。

除了以上四种功能,礼仪功能也可以分为认知功能、规范功能、教化功能、标识功能等。

中国因为深厚的文明、先进的文化,被称为"上善之国"和"礼仪之邦"。悠久的历史成就了中华民族独特的民族气质、民族心理、民族审美观、民族价值观。礼仪蕴涵于其中,做功于中国人的社会生活秩序,体现了中国特色、中华气派。新时代,我们仍然需要凝聚民族的力量,发展和传承中华文明、中国文化,中华礼仪也迎来了创造性转化、创新性发展的新时期。

第三节　礼仪的基本原则

礼仪的原则,指在实施礼节仪式时应恪守的一系列基本准则。具体的礼仪规范内容繁多且复杂,往往会因民族和地域的不同而呈现出显著的差异。无论面对的是谁,无论身处何时何地,实施礼节仪式时,总有一些共通的基本原则需要人们遵守。这些原则既是对他人尊重的表现,也是个人修养和文明的体现。实际上,在特殊情况下,如不知情而导致言行不符合礼仪规范,人们通常能够谅解。如果言行故意违背礼仪的基本原则,情况便截然不同。因为礼仪的原则是人际交往中的底线,它们被忽视或被违背,往往会引起对方不满,甚至可能造成双方关系恶化。因此,在认知和践行礼仪的过程中,人们必须始终牢记并遵循这些基本原则,以确保人际交往和谐与顺畅。只有真正将礼仪原则内化于心、外化于行,才能更好地展现个人修养,赢得他人的尊重与信任。

礼仪并不是一成不变的。在不同的文化背景、场合和关系中,礼仪规范会有所不同。人们应当根据具体情况灵活运用礼仪知识,既要遵循传统习俗,又要尊重他人的习惯。此外,随着社会的进步和时代的发展,礼仪也在不断地演变和更新。人们应保持开放心态,关注礼仪新变化,与时俱进地完善自己的礼仪修养。

一、谦逊原则

谦逊是一种深具价值的品质,它的核心意义在于谦虚,强调人们在与人交往时态度温和谦恭,避免骄傲自大。谦逊原则在现代人际关系中具有重要意义。

首先,谦逊的人更容易获得机遇和好运。《易经》中有所谓的"谦卦",即"天道亏盈而益谦,地道变盈而流谦,鬼神害盈而福谦,人道恶盈而好谦。是故谦之一卦,六爻皆吉",这凸显了谦逊在人际交往中的独特价值。在现实生活中,我们常常目睹那些自命不凡、自负自满的人因骄傲而跌倒。他们闭目塞听,对他人的建议嗤之以鼻,总是以自我为中心,缺乏对他人的尊重和谦逊。然而,这种态度往往成为人际关系紧张的根源,甚至导致事业失败。相反,谦逊的人能够认识到自己的局限性,更好地与他人合作,建立和谐的人际关系。他们愿意倾听他人的意见,虚心接受不同的观点,并从中汲取宝贵的经验和智慧。他们深知学无止境,始终保持着谦虚好学的态度,不断追求进步与成长。同时,他们虚心学习他人的长处,吸收新的知识和技能。他们不自以为是,而是以谦逊的态度面对挑战和困难,从中寻找解决问题的方法。这种态度不仅让他们自身受益匪浅,更能赢得他人的尊重和信任,从而吸引更多的机遇和好运。

其次,谦逊的人能够包容不同的意见和观点。就像大海能够吸纳所有河流一样,谦逊的人在包容不同的意见和观点的同时,吸引了更多的好运和机会。他们以平和的心态面对生活中的挑战和困难,不轻言放弃,坚持不懈地努力。这种态度使他们在人生的道路上更加稳健,更有可能实现自己的目标。

最后,谦逊的人容易满足人们对尊重的渴望。在现实生活中,真正地位高、德行崇高的人往往都低调行事。他们深知谦逊不仅是个人品质的表现,更是对他人的尊重和关爱。而那些地位低下、学识浅薄的人往往容易表现出高傲自大的态度,这种态度只会与他人产生隔阂和矛盾。曾国藩"自古才子多败于傲"的名言深刻警示人们,在人际交往中,人们应该保持谦逊的态度,不断学习和进步,以避免骄傲带来的负面影响。

谦逊原则在现代社会中不可或缺,只有保持与他人和谐共处、谦虚好学、不耻下问、不断追求进步和成长的态度,人际关系才能走得更长远更稳健。

二、真诚原则

礼仪上讲的真诚指在人际交往中运用礼仪时,务必待人以诚、言行一致、表里如一。例如,我们到饭店吃饭,服务员异口同声说"欢迎光临",但是饭菜迟迟不上桌子,或者客人还没吃完饭,服务员就自动收拾桌子了。他们真诚吗?肯定不真诚。他们的做法不仅让客人觉得没有得到应有的尊重,还会损害饭店长远的利益。客人体验不好,以后就不来了。人们在家招待客人的时候,如果确有急事需要马上处理,可以真诚地向客人表示抱歉,例如说"真是很抱歉,这次不能有更多的时间陪您,我们换个时间再谈,行吗?"只有如此,才会取得对方的谅解和支持。倘若只是把礼仪作为一种道具和伪装,在操作时有口无心,言行不一,或者当时一个样,事后一个样,有求于人时一个样,被人所求时另外一个样,那就是虚伪做作。

孔子很反感虚伪。《礼记·檀弓上》记载孔子之言:"丧礼,与其哀不足而礼有余也,不若礼不足而哀有余也;祭礼,与其敬不足而礼有余也,不若礼不足而敬有余也。"这里的"礼"是仪式、形式,就是说,与其表面上看起来仪式、形式完备,不如内心有真情。如果心存不敬,却又要装作真诚的样子,只会让人反感。

实践真诚,就是要将美好的品质,如诚实友善、爱岗敬业、热情好客、爱国爱家、乐于助人、无私奉献等美好品质在人际交往中展现出来,以实现将心比心、互尊互利、相亲相爱。"言必信,行必果",以此取得对方真诚的信任。

三、互尊原则

互尊无疑是礼仪的核心原则之一。在人际交往中,不论对方职位高低、身份贵贱、外貌美丑,还是能力强弱,我们首要的便是展现尊重。这种尊重应体现在礼遇的适度、寒暄的真诚、赞美的贴切以及话题的投契上。通过这样的方式,对方感受到他在我们心中是受欢迎的、有地位的,从而满足其心理需求,使其在与我们交往的过程中感到愉悦。这样的氛围为深入沟通、建立真挚情感乃至达成共同目标奠定了坚实的基础。

第一,与人交往要真诚。真诚不仅意味着真心理解对方的感受和需求,还意味着以善意和尊重对待他人,让对方感受到自己的真诚和热情,从而营造一种温馨、融洽的交流氛围,让人感到受欢迎和被重视。这样的交往方式有助于建立深厚的人际关系,促进彼此之间的信任和理解。

第二,要给他人留面子。自尊是每个人内心深处的渴望,它如同生命中的基本需求,不可或缺。一旦自尊受到损伤,那种痛苦和难以言表的羞辱,对于任何人来说都是难以承受的。因此,任何伤害他人自尊的行为,都是对礼仪的严重背离,若是有意为之,则更显不道德。

在中国文化中,面子观念深入人心。"宁折勿弯",这背后所蕴含的正是对自尊心的坚守与尊重。因此,在与人交往时,我们必须时刻提醒自己,避免任何可能损害对方自尊心的言行。例如,在谈话中,应当避免触及他人的隐私,不应提及对方的生理缺陷,更不可拿此取笑。当对方犯错时,应心怀善意,以委婉的方式指出,这样既体现了尊重,也达到了沟通的目的。维护他人的自尊就是维护人际交往的和谐与尊严。

第三,允许他人表达自己。我们应当给予他人充分表达自己思想的机会。每个人内心都渴望自由展现自己的观点和个性。现代社会,以其开放与包容的特质,为人们展现自我、弘扬个性提供了宽广的舞台。多元思想的交融与个性色彩的纷呈,正是现代社会相较于传统社会的一大特色。因此,现代礼仪的核心精神之一便是倡导宽容,鼓励我们尊重并接纳彼此不同的思想观点和个性特色。

在与他人交往的过程中,我们可以主动为对方创造表达思想和个性的空间。我们的观点与他人产生分歧时,避免将自己的看法强加于人,应以开放的心态去倾听、去理解。对于那些个性特征与我们截然不同的人,更应尊重他们的人格与自由权利,以平等和尊重的态度与他们交流。通过鼓励对方表达的交往方式,我们不仅能够更好地了解他人,增进彼此之间的理解与信任,还能够共同构建一个更加和谐、包容的社会环境。

第四,保持自信,提高自身实力。自信反映一个人的精神面貌,一个自尊的人会努力提高自身的实力,以证明自己值得被尊重。而任何人都希望与之交往的人能给自己带来正向的精神收益,也证明自己择人"正确"。自信并不是无源之水、无本之木。一个人要获得自信,一方面是不要轻易放弃自己,经历过失败并不奇怪,也不可耻,世上没有常胜将军,关键是要有勇气,跌倒后还能再爬起来,还能保持自信,相信自己下次或在别的事情上能做好。"自助者,人助之",一个自信的人才能创造条件让别人改变对自己的看法。另一方面,自信心需要平时的训练和培养,也需要有一定的实力做后盾。这些实力包括文化水平、家庭关系和本人的地位、财产、智力、能力以及良好的身体状况等。

四、适度原则

适度原则指在与人交往时,交往主体的表情、态度及言行等要有分寸,做到恰如其分、恰到好处,以让人感到舒适、愉快为标准。主要包括三个方面的内容:

第一,表情适度。人的面部表情通常有喜怒哀乐的变化。在交往中,不要过于表现出大喜大悲的表情,因为人往往难以同心同德,过度情绪往往给人造成缺乏理智和修养的印象。最好的表情是微笑,微笑能打动人、能感染人,而微笑之所以美正是因为适度。眼睛是心灵的窗口,也是面部表情的核心,注视对方的时间要适度,太长或太短都是失礼的表现。

第二,态度适度。态度是对一定对象的心理反应倾向,对象不同,态度不同。如对亲友的态度不同于对陌生人的态度,对长辈的态度不同于对晚辈的态度,对领导的态度不同于对下属的态度。态度适度要求人们对不同的交往对象都要适度尊重、热情,要一视同仁,不要对一些人不理不睬、颐指气使,而对另一些人逢迎拍马,极尽阿谀奉承。

第三,言行适度。指人际交往中的言谈举止应遵守一定的规范,而非仅凭个人喜好随意行事。例如,不能强迫别人喜欢什么和不喜欢什么,不能过度占用他人的时间和精力。在交往中,双方应使用文明、规范用语,语言交流适当,既不抢话又不少言寡语;语速适当,既不太快又不太慢;举手投足恰到好处,在交往对象面前充分展示自己良好的礼仪修养。

总之,只有待人接物得体、言行举止适度的人际关系才能健康长久。

五、形式原则

形式,就是仪式或仪节。人际交往要通过语言或非语言的符号来表达对对方的尊重。例如,该说话的时候说话,该沉默的时候沉默,该作为的时候作为,不该作为的时候不作为,都以表达尊重为目的。

没有形式的礼仪是不完整的。人们说"爱在心头口难开",可是不开口,怎么让别人知道,怎么接受你的爱呢?礼仪形式让人有仪式感。仪式给人庄重感、新鲜感,给平淡无奇的日子增添光彩,让人铭记特别的人和特别的事。

卡耐基的《人性的弱点》里有一个例子让人印象深刻。有一位农妇,劳累一整天之后为男人们准备了一堆干草作为晚饭。男人们气极了,质问农妇是否有毛病。农妇答道:"嘿,我怎么知道你们在意?我已经为你们这些男人煮饭煮了 20 年了,你们从没说过自己不吃干草。"很多家庭,夫妻之间、亲子之间很少主动表达感谢和赞许。可能心里是感谢的,却从来不表达出来。如果对方不能感知到你的感谢,那你心里的感谢就等于零,因为对对方没有影响,也不能促进人际关系。表达尊重的形式可以千变万化,关键是对方能接收到你的尊重。

礼仪需要形式表现出来,例如得体的妆容、优雅的姿态、赞美的语言、整洁的房间、适当的沉默等。这些需要不断训练和适应才能自然、适度地表达出来。孔子在周游列国宣传自己主张的路途中,仍然带领弟子不断地练习礼仪。如果人们经常说"您好""请""谢谢""对不起""再见",习惯了也就自然了。在参加仪式、典礼的时候多观察多了解,自然在言行和服装上也能表现得体。

六、对象原则

对象原则,就是针对不同关系中的交往对象的特点设计礼仪形式,以充分体现礼仪的本质。礼仪讲究情、理,情是部分的、个别的、特殊的,理是整体的、一般的、普遍的,而要达到尊重的目的,就要在情和理之间取得平衡,将普遍的道理与特殊的人情相结合,共性与个性相结合,实现人际关系"入情入理""合情合理""通情达理"。例如,人们沟通交往的对象有自己人和外人、男人和女人、大人和小孩、熟人和陌生人,还有代表集体和国家的人等。针对不同的对象,行礼的方式自然有所不同。一般,熟人之间打招呼行礼比较简单,讲究心领神会、亲切随和,而陌生人在开始交往的阶段需要毕恭毕敬,以表达尊重。

如果给企业写求职信或报名信,或者与素未谋面的师长邮件沟通,写信必须用尊称、敬语,行文字斟句酌,彬彬有礼,信息详尽,信末不忘致礼,落款具体。这样才不会因失礼而耽误大事。即使与认识但彼此不熟的人交往,例如,学生偶尔通过电子邮件向老师汇报学业进展、交作业、问候师长、向师长请教问题或求助等(如邀请参加学位论文答辩),也应该有抬头、有敬语、叙事清楚,措辞谦虚,落款清晰。相反,在微信中与同学、密友联络,在朋友中传递信息,与恋爱对象谈情说爱等,行文大可不必繁文缛节。只要不致混淆,熟人之间传递信息可以不拘泥于形式要求,还可以称呼对方的昵称,甚至插科打诨,行文轻松活泼。如果熟人之间写得过于正规,反而让人觉得装腔作势,导致关系疏远。

七、情境原则

情境,即场合,是影响礼仪活动进行的人和物的环境状态。情境原则强调人对于环境的控制。人对于新情境,总有一个适应的过程。适应本身就是一个逐渐对情境实现自我控制的过程。情境包括人际交往的内容、方式、心理控制、环境陈设等方面。情境不明确,或达不到对情境的把握,就会引发人的焦虑情绪,使人处于紧张的自我防卫状态,或倾向于逃避。友好的社交情境让人感觉温馨、放松。

理解人情需要的人在社交场合的行为都会与特定情境相匹配,人们也对交往对象在特定情境中的行为有所预期。那些忽视他人意愿、需求和心理感受的着装、言行举止,不仅显得无礼,可能阻碍人际交往的顺畅进行,甚至引发人际冲突。鲁迅先生曾在《立论》中讲述了一个故事,说的是一户人家生了一个男孩,全家都沉浸在喜悦之中。到了满月时,他们抱着孩子给客人看,显然是希望听到一些吉祥的祝福话。其中一个人说:"这孩子将来会发财的。"因此,他得到了主人的感谢。然而,另一个人却直言不讳地说:"这孩子将来是要死的。"结果,他遭到了众人的合力痛打。[①] 尽管这个人的话在某种意义上是"真理",但他没有考虑到当时的情境,破坏了喜庆的气氛,违背了民俗和人们的心理预期,因此他的言行被视为不当,受到了应有的惩罚。这个故事告诉我们,在人际交往中,我们必须时刻注意自己的言行是否符合情境,尊重他人的感受,以免产生不必要的冲突和障碍。

礼仪上控制情境就是控制自我,人在行为处事上要讲究公私分明。说话做事要看场合,公事在办公场合说(课堂),私事在私底下说(家里);不能在办公场合说私密的话,也不能在私底下透露公事机密。在公务、学术等正规场合,称谓要正确,用语要规范,发言要严谨、有根据,而在一般社交场合,称谓可以"就高不就低",用语可以庄重,到什么山头唱什么歌。商务礼仪强调专业、严谨,要求参与者注重着装、守时、尊重他人等;社交礼仪强调真诚、热情、友善等品质,更注重个性、轻松、自然。人们需要根据具体场合选择合适的礼仪规范,以展现自己的风度和气质。

情境原则还要求尊重当地的风俗习惯。不管是在国内还是国外,人际交往都是在具体的情境中展开的,都有面临"禁""俗""讳"的情境要求。法律上禁止的、社会风俗习惯忌讳的和个人忌讳的言行都应该避免在人际交往中出现,否则可能导致人际交往失败。为此就要了解相关的礼仪知识,例如我国逢年过节的时候忌说不吉利的话,否则会引发交往对象的不愉快。

---

① 鲁迅:《野草》,江苏凤凰文艺出版社 2017 年版,第 59 页。

八、优先原则

礼仪中的优先，与各民族的风俗习惯、宗教信仰有很大关系。现代所谓"先进的""普世性"的价值观，如自由、平等、民主的思想，都需要经过民族社会的理解、吸收后才能适用。风俗化的平等使礼仪呈现出丰富多彩的生活气息和民族特色。

按照中国人的传统礼俗，长辈对晚辈通常可以直呼其名，以示亲切。然而，晚辈若对长者直呼其名，则被视为失敬之举，不符合尊老敬贤的伦理观念。在社交场合中介绍客人时，若来宾众多，介绍者应遵循礼节，优先将那些社会地位较高或年岁较长的女士介绍给相应的人，以彰显对她们的尊重和敬意。在家族合影时，辈分高或年龄大的人应当被安排在照片的中间位置，以凸显其在家族中的重要地位。至于招待客人，主人应细心周到，首先征询客人的意愿，以便提供合适的款待，此举不仅体现了对客人的尊重，也彰显了主人的教养。

改革开放后，中国逐渐接纳并融入了西方国家普遍推崇的"女士优先"礼仪文化，在公共场合发表演说时遵循先称呼女士后称呼先生的顺序，握手时等待女士先伸出手，跳舞时男士则主动邀请女士共舞。

在中国传统社会中，"男士优先"的观念一直占据主导地位，这深刻反映了当时男尊女卑的社会现实和不平等的价值观。虽然现代社会大力提倡"男女平等"，但是妇女群体在整体上仍然处于社会生活的弱势地位，因此，实现真正的男女平等，尊重妇女并提倡"女士优先"的原则显得尤为重要。"女士优先"不仅是一种礼仪，更是对社会平等原则的补充，是实现社会平等的积极而有效的途径。践行这一原则不仅能够促进性别关系和谐，还能够推动整个社会的平等与进步。

在别的国家，"女士优先"的形式与先后顺序可能与我国不同。例如，巴基斯坦注重男女授受不亲的原则，在公共场合，男女如果表现得过于亲密，会被认为是不合礼仪的。然而，男士尊重妇女，对待女士谦逊有礼。他们见到女性时，通常不会主动握手，除非女士先伸出手来。即使在拥挤的公共汽车上，男士也会礼让女士。车内的座位有明确的划分，女士通常坐在前面，男士则坐在后面。在餐厅里也是如此，男女座位分开设置，一般的餐厅有"女人吧"或"家庭吧"，陌生的男士不会随意越界或上前搭讪。此外，女性在排队时也可以直接走到队伍的前端。这些礼仪形式的差异以及礼宾过程中的先后顺序，并非基于人的身份或地位来区别对待，而是对人际关系平等原则的必要补充，体现了对女性的尊重与关怀。

礼仪原则是对礼仪主体的一般性提示。社会生活中的礼仪规范并非都能事事交代清楚，也并非人人都需要全部学到，只要把礼仪原则铭记在心间，贯穿于言行，礼仪在哪都能发挥它应有的功能。

礼仪起源于原始社会的风俗习惯，随着人类社会的发展而逐渐规范化、系统化。作为人类社会文明进步的重要标志之一，礼仪涵盖了各种形式的行为规范和社交准则。它不仅是简单的仪式和形式,更是一种文明、一种修养,体现了对他人的尊重。礼仪的核心在于尊重——尊重他人,尊重自己,尊重社会规范和习俗。随着时代变迁、社会进步,礼仪也在不断地演变和发展。人们应该以开放的心态去学习和理解礼仪,既要尊重传统,也要勇于创新,在生活和工作中始终秉持礼仪的原则,以良好的礼仪风范去影响和感召他人,共同发扬中华文明礼仪,促进人类社会文明进步。

参考阅读

1.刘邦首尝帝王尊荣

一场盛大的场合,让刘邦感受到作为皇帝的尊贵。这个仪式的导演就是叔孙通。《史记》记载,焚书坑儒后,儒生的地位一落千丈,社会上看不起读书人。刘邦也是,便溺在儒生的帽子里以羞辱他们。

在还是汉王时,刘邦就曾宣布废除秦代苛法繁仪。所以,在他刚称帝时,朝廷礼仪规制不够完备,加上手下开国群臣以粗鄙之人居多,有的公然在刘邦面前饮酒争功,以至醉后狂呼乱叫拔剑击柱,喧嚣闹嚷,不成体统,朝堂乱如菜市场。

对此,刘邦颇为不满。于是时任博士的叔孙通就趁机劝说皇帝应召儒生制定朝仪,并自荐承担这一任务。得到刘邦首肯后,叔孙通即征鲁诸生 30 余人,采古礼与秦代礼仪制定出一套朝仪。由于叔孙通曾为秦博士,他所制定的这些朝仪多沿袭秦制。做法是在野外用绳索拦出演习场所,插立茅草表示出尊卑位次。然后,刘邦就命令群臣们按此进行练习。一个月以后,长乐宫建成,诸侯、群臣都前来参加朝贺典礼。按刚刚制定出的朝仪和事先演练的位置,大家行礼如仪。

仪式在天亮之前举行,谒者主持典礼,按次序将所有人员引导入大殿门,排列在东西两侧,侍卫官员有的在殿下台阶两旁站立,有的排列在廷中,都持握兵器,树立旗帜。这时皇帝乘坐辇车出房,众官员举旗传呼警戒,引导诸侯王以下至六百石级的官员依次序朝拜皇帝。此情景令人震恐肃敬。到典礼仪式完毕,又置备正式酒宴。众侍臣官员陪坐在殿上的,都俯伏垂首,按官位的高低次序起身给皇帝敬酒祝福。斟酒连敬九次,谒者宣告"结束宴饮"。御史执行礼仪规则,凡遇不遵照仪式规则行事的人就将他领出去。由此从朝贺典礼和酒宴开始直到结束,没有出现大声喧哗、不合礼节的情况。这时刘邦说:"我今天才知道身为皇帝的尊贵啊!"

2.传统习俗岂能成低俗行为温床

有女生在云南傣族"泼水节"上被过度泼水和骚扰的视频在网络上传播。视频显示,泼水过程中,有一名男子上前撕扯女子的雨衣,旁边很多年轻男性在欢呼呐喊。舆论认为"女生颜值越高被泼越狠"。这里面不排除有人借泼水节的习俗对女性做低俗的事。

泼水节是傣族一年中最盛大的传统节日。每年公历 4 月 13—15 日,傣族地区的男女老少身着节日盛装,互相泼水,以示祝福。向游客泼水是表达自己的祝愿,是我国少数民族的礼仪。然而,在一些别有用心的人的利用下,这样美好古老的礼仪也变了味。礼貌和文明是人们共处的金钥匙。社会主义核心价值观中就有"文明、和谐"的内容。尊重别人,以礼相待,大家才能和谐相处。文明是社会进步的标志,更是体现民众素质的准绳。在泼水节上,粗暴泼水、故意撕扯衣服的行为,从道德的层面说是一些陋习,是不文明的行为,而从法律的层面说就是骚扰女性的违法行为了。每个人都应该掌握自己行为的尺度和分寸。

第七章 个人形象礼仪

有一种内在的礼貌，它是同爱联系在一起的：它会在行为的外表上产生出最令人愉快的礼貌。

——[德]歌德

礼仪是个人美好形象的标志，是一个人内在素质和外在形象的具体体现。无论社交场合还是职场，出门必须正仪容。"衣冠不整不出门，头发不梳不见父母"，强调了"冠必正，纽必结，袜与履，俱紧切"的原则。不能穿着脏乱衣服、头发凌乱、身上带有异味与人见面，会令人厌恶。个人形象包括三个方面：仪容、仪表、仪态，美好的形象可以让人赏心悦目。

中国是拥有五千多年文明传承的礼仪之邦。从三皇五帝开始，开创了一个又一个人类生活智慧和文明成果，约定俗成了一个又一个社交家教的规矩。注重仪容仪表仪态，不仅展现了良好的个人形象，更是对别人的尊重。试想，一个大学生不洗脸不刷牙就走出寝室去教室，会给老师和同学留下怎样的印象？一个大四学生不洗头不穿合适的衣服去公司实习或面试，又会有怎样的结果？一个年轻的女孩或男孩不打扮得体去约会，又会收获怎样的反馈？人与人之间留下美好第一印象首先在于面容和着装，这定格在几秒钟之内。因此，发型要干练，面容要整洁，穿着要得体，动作要优雅，说话要有礼貌。

个人形象礼仪不仅关乎社交能力，更是展示个性和传递价值观的重要方式。一个得体的形象能够给人留下深刻的第一印象，给人际关系、职业发展以及生活品质带来积极的影响。通过塑造良好的个人形象，人们可以更好地展现自己的魅力、自信和价值观。同时，恰当的礼仪形象也能让人们在各种场合下都显得优雅、亲切和美好，赢得他人的尊重和信任。

然而，良好的个人形象并不是一概而论的。它需要人们根据不同场景和交往对象进行区别对待。例如，在外交、公务或商务活动中，需要展现出庄重和讲究的形象，而在乡村社会实践等场合，则需要保持朴素和简单的风格。理解不同场合下的礼仪要求，以及如何根据自己的特点和气质进行合理的服饰搭配，是人们在人际交往中展现出最佳形象的关键。本章将从基础到进阶，从理论到实践，带领大家探索如何打造既符合自己个性又适应不同场合的形象，帮助大家在人生的舞台上更加自信、优雅地展现自我。

第一节　仪容礼仪

仪容,即人的外貌与容貌,是展现个体形象的首要因素。在纷繁复杂的人际交往中,仪容往往成为吸引他人目光的焦点,也是交流过程中他人视线停留最久之处。因此,容貌对于塑造个人形象、影响他人对自己的整体评价具有至关重要的作用。正因为如此,注重仪容成为社交礼仪中不可或缺的一部分。下面详细介绍仪容管理的各个方面,包括发型的选择、面部的修饰、颈部的保养、手部的呵护以及皮肤的护理等,以帮助大家在社交场合中展现出最佳状态。

一、发型选择

发型对个人形象有着举足轻重的影响。人们常说"从头做起",这不仅指从头部开始关注自己的外表,也强调了头部整洁的重要性。当一个人的头部整洁干净,给人留下的印象是"头面光鲜",显得精神焕发;反之,如果一个人的头发凌乱不堪,则容易给人留下"蓬头垢面"的印象,显得邋遢不整。因此,发型在塑造个人形象方面很重要,基本要求包括:健康卫生、长度适中、美观有型、色彩规范。

第一,健康卫生。头发显示一个人的健康状况,健康的头发应该是头皮光洁、头发顺滑、有弹性。如果个体缺乏营养、过度烫染、频繁洗发护发不当、长时间紫外线照射等,可能导致头皮屑,头发出现干枯、暗淡无光、打结等情况,严重的还会导致脱发。与人交往或做服务性的工作,如果有头皮屑,头发油腻黏糊,会给人不讲究个人卫生的感觉,招人反感。注重形象的人,要保养自己的头发,应该养成健康的作息习惯,不熬夜,选择适合自己发质的洗发护发产品,定期修剪发梢,避免过度烫染改善头发的健康状况。

第二,长短适中。头发的长度应该考虑年龄、性别、发质、职业、场合等因素。在生活中,女性长发飘飘富有性别魅力,但是在某些工作场合就很不合适,可能带来安全隐患。有些男士喜欢留长发,前额的头发把眼睛都遮住了,或者遮住了半边脸,这样不仅影响表情达意,还可能给人不够正面、坦率的印象。总之,发型一定要参考脸型、场合等各种需要,目的就是扬长避短,树立积极、健康、向上的形象。

一般,职场上男士发型要注意"三不":一前不覆额,二侧不盖耳,三背不及领。在职场上,女士常见的发型是短发或发髻,这样显得精神、干练。如果因为年轻、发质好、单位允许,可以留长发。但是如果经常用手拂发,就不太合适,因为这不仅显得拖沓而且不够卫生。负责餐饮茶水的服务员最好把头发扎起来,以免发丝掉落到餐饮里。

第三,美观有型。正式场合人们需要考虑发型,以体现尊重、规整和美观。发型的美观与时代和脸型有关。鹅蛋形脸是比较好看的脸型,适合所有的发型。参照鹅蛋形脸,其他脸型配发型的总原则:损有余而补不足。例如,圆形脸要让脸两边收缩一些,可以用头发掩住部分脸颊,同时顶部的头发可以吹高或扎高,这样额头就会显得比较高。国字形的脸因为棱角分明,最好使头发在顶部能够稍微显得高一点,让棱角得到一个缓冲。长脸不适合短发型,也不适合披长发,最好把脸颊和额头两边的头发吹起来,这样脸看起来就比较宽一些,脸显得短一些。三角形脸的特点是额头比较窄,所以最好把头顶和额头两边的头发吹得蓬松一点,或者选择烫发,使脸的上半部分形状得到补充。与三角形脸相反,锥形脸是上部比较宽而下部分比较窄,适合的发型就是脸颊以上头发压紧些,而脸颊以下头发蓬松饱满些。同理,男士的发型也应当考虑脸型,让自己看起来更精神、美观。如果难以判断自己适合什么发型,可以咨询理发师。

第四,色彩规范。虽然时代为人们提供了选择发型和头发颜色的自由,但在需要显示端庄、诚信、自信的正式场合,漂染颜色突兀的彩发不太合适,因为鲜艳的颜色显得喧闹,不够庄重,还可能引发不必要的社会关注。

二、面部修饰

美丽的容颜能够带来的好处人所共知。美丽的容颜容易产生晕轮效应,让人觉得漂亮的人人品也好。颜值高的人更有吸引力,容易引发"一见钟情",也更容易获得工作机会和较高的薪酬,连小孩都喜欢"漂亮姐姐"。评判颜值具有很大的主观性。有吸引力的面容不一定是很漂亮或很帅的那种,而是一种让人一看到就感觉干净舒服的状态。这种状态可以出于天生丽质,也可以出于后天的科学管理,包括面部护理和化妆。

(一)面部护理

有吸引力的面容应该无异物、无异味、无异响。这是面部护理的基本要求。

1.无异物

面部的异物,指脸上采用物理手段就能够去除的东西。如油渍,是可以清洗掉的。如果去不掉那就不叫异物了,例如雀斑和青春痘。去除脸上的异物,人们至少需要每天两次清洁脸部。早上和晚上最好用洗面奶把脸上分泌的油腻物质清洗掉,这样人看起来清爽,也会使接下来化妆上妆更服帖。眼睛是心灵的窗户,人们交谈的时候要看着对方的眼睛,当然"窗户"的清洁就很重要。鼻部的异物包括鼻涕、鼻毛和黑鼻头。处理鼻涕和脸上异物时注意场合,处理完了要洗手。鼻毛长出鼻腔外要及时修剪。黑鼻头显得脸上不干净,要想办法处理。清洁脸部时要顺带清洁耳廓和耳背。科学保护耳朵,不建议经常挖耳屎。耳毛生长外露要定期修剪。嘴部的异物,主要是牙齿和嘴唇上残留的食物。所以,进餐完毕最好养成擦嘴、漱口的习惯。保护嘴唇,防止嘴唇干裂起皮可以涂上护唇膏。撕嘴皮容易导致嘴唇出血加重撕裂,会影响健康和美观,应该克制。成年男性每天刮胡须和女性出门前化妆一样,注意不要当着外人的面。

2.无异味

面容有异味往往跟个人卫生习惯和疾病有关,主要是嘴里散发出来的。一是有口臭,二是吃了散发异味的食物。有口臭的人,或者由肠胃疾病导致,或者是由口腔疾病导致,也可能是不良习惯导致。因此,去除口臭要有针对性,首先,就医治疗肠胃疾病、口腔疾病;其次,养成早晚刷牙、饭后漱口的习惯,有条件的可以定期洗牙。在重要会面之前应当避免吃容易散发异味的食物,包括葱、姜、蒜、韭菜等。烟、酒、榴莲、火锅等食物的气味也会残留很长时间的气味。短时去除口臭,可以使用口气清新剂、喝柠檬水、咀嚼茶叶或口香糖。这些都应该是在正式会面之前做。喜欢嚼口香糖的,嚼完了之后口气清新了,残渣吐到纸上,包好,扔到垃圾桶里。一边跟人说话一边嚼口香糖的行为不可取,可能让人感到不尊重,有修养、懂礼仪的人,不要在与人交谈的时候嚼口香糖。

3.无异响

异响,是在跟人交流的时候凡是不能表情达意、与交流内容无关的响动,例如,咳嗽、打喷嚏、打哈欠、吐痰、吸鼻子、爆笑等。在重要、严肃的人际交流中,应尽量不发出这些异响。实在忍不住,要用手绢、手臂或者手掌挡住,尽快低头或扭头处理完毕,之后要向对方道歉。注意做这些的时候尽量避人、降低干扰程度。

(二)面部化妆

化妆主要是针对女生。日常生活中男性除了基础保养可以不用化妆。化妆前,学习一些化妆的知识,掌握一些技巧,有利于化出理想的妆容。例如,正确理解"四高三低"和"三庭五眼"①,对如何修饰脸部、扬长避短有很重要的指导作用。一般,日常化妆分八个简要步骤:

第一,基础护肤。即清洁和保护。例如,用洗面奶清洁,去除脸部污垢,然后,抹上爽肤水、乳液、面霜、防晒霜、隔离霜等,起到保湿、护肤的作用。

第二,涂抹粉底液。粉底液不仅有隔离防晒的作用,还可以让肤色变得更加均匀。接近自己肤色的粉底液可以达到均匀肤色的效果。在脸上涂抹粉底液的时候,手上动作要很轻柔,均匀地拍、擦,切忌来回涂抹。如果第一遍没有调匀肤色,可以拍、擦两遍粉底液。注意脸部与颈部相连处要自然过渡,避免出现脸部白皙而颈部黝黑反差明显的效果。

第三,扑粉。扑粉也称定妆,可以防止妆面脱落,同时控制脸部出油。扑粉的时候,同样不要来回涂抹,而是轻轻地按压脸部,务必使脸上的粉均匀分布。

第四,画眉毛。眉型和颜色应适用自己的脸型、发型,甚至当天的着装。画眉时注意

---

① "四高三低"是面部美学中的一个重要概念,描述了面部的几个主要区域的高度变化和位置关系。"四高"包括:额头高、鼻尖高、上唇珠高、下巴尖高。"三低"则指的是以下三个区域的较低位置:两眼之间,鼻子和额头交界的部位(眉间)低;人中沟低;下唇下方的小凹陷低。"三庭五眼"涉及人脸的长宽比例以及五官的位置。"三庭"指的是将人脸横向平均分为三份:上庭从发际线至眉骨的部分,占脸长的1/3;中庭从眉骨至鼻底的这部分,占脸长的1/3;下庭从鼻底至下巴尖的部分,同样占脸长的1/3。"五眼"则是在人脸的正面纵向将脸宽平均分为五份,每份代表一只眼睛的长度,包括:两只眼睛之间的间距,各占脸宽的1/5;两眼外侧至侧发际的距离,各占脸宽的1/5。理想的人脸比例应该满足"三庭五眼",这样的比例被认为是美观的。"四高三低""三庭五眼"的美学标准有助于人们塑造更加美观的面容。

眉头宽、眉尾细,眉头淡、中间浓,上边浅、下边深。这样的眉毛显得有立体感。

第五,抹眼影和画眼线。眼影的作用是加强面部的立体感,使五官变得更加分明,而且着重用眼部来吸引人。"眼睛是心灵的窗户",当涂上眼影画上眼线的时候,眼睛好像变大了,眼睛也变得更加明亮、有神了,这样的眼睛显得深邃、有吸引力。

第六,刷睫毛膏。睫毛膏可以使睫毛显得修长浓密,还有一种微微上翘的感觉。有时候也可以使用假睫毛,但应当根据眼睛的特点加以修改后使用,以免使人感觉太假和怪异。

第七,上腮红。在笑肌上涂抹适量的胭脂可以使面颊显得红润,面部轮廓更加立体,人显得更加健康。

第八,涂口红。涂口红之前,可以先用一点润唇膏,使嘴唇更加滋润和亮色。涂完口红用纸巾印一下嘴唇,以吸收掉多余的油脂。白天日常妆容使用的口红颜色最好淡一些,不至于给人浓艳、突兀的感觉。

三、手部保养

手部的护理注意四点:卫生、长度、色彩、温度。

第一,手部卫生。双手保持清洁,养成经常洗手的好习惯,是现代人必备的修养。

第二,指甲长度。有人说看一个男人是否有修养,首先要看他的指甲,看手指甲是不是修剪到位,指甲缝里面有没有藏污纳垢。正常指甲长度应该与指尖齐平。长指甲容易藏污纳垢,所以除了特殊职业需要,例如舞蹈演员,普通人最好不要留长指甲。

第三,指甲颜色。指甲的颜色指选择涂指甲油的颜色。女性可以涂指甲油,但是在颜色上要有所考虑。例如,在学校,日常可以使用肉色、透明色、淡粉色。招摇、艳丽的美甲适合表演或需要展现个性魅力的社交场合。修剪指甲应当选择隐蔽的私人场所,避免在教室、食堂或地铁等公共场所进行。啃啮指甲的行为,既不稳重也不卫生。这些不合礼仪的行为应当改掉。

第四,手部的温度。这是在与人握手时应当考虑的。握着冰冷的手会让人感觉不舒服。

四、皮肤护理

皮肤的护理不容忽视。皮肤是否光洁、饱满显示了个体的健康状况。一个营养不良、患有疾病或心情焦虑、抑郁的人,皮肤往往就能呈现出来。

皮肤的护理重在日常清洁和保养。还有其他方法可以让人的皮肤变得越来越健康,延缓衰老。

第一,保持乐观开朗的情绪。"笑一笑,十年少",心情愉快,笑口常开,会使人脸上的肌肤保持健美的状态。

第二,养成良好的睡眠习惯。长期熬夜的人皮肤容易苍白、干涩、黯淡无光。熬夜还容易导致很多身体疾病。按照中医理论,人体五脏六腑休息的时间多数是在22:00以后,应当在23:00以后进入深度睡眠,让内脏休息、排毒。肝脏排毒的时间在1:00—3:00,肺排毒的时间在3:00—5:00,大肠排毒的时间在5:00—7:00。这些都与面部的仪容状态密切相关。只有内脏健康了,才会有健康的肌肤、健康的身体。

第三,养成科学喝水的好习惯。水分充足的皮肤滋润、饱满。每天多喝水,肌肤充满水分,显得更加有光泽、年轻态。

第四,注意合理的膳食结构。好皮肤与饮食密切相关。蛋白质是构成人体组织的重要成分,是人体器官生长发育所必需的营养物质。人体皮肤组织中许多活性细胞的活动都离不开蛋白质。鸡肉、兔肉、鱼肉、鸡蛋、牛奶、豆类及其制品等食物中均含有丰富、营养价值高的优质蛋白质。日常食用这些,既有利于补充体内蛋白质,又有利于美容护肤。脂肪是脂溶性维生素吸收不可缺少的物质,能保护人体器官,维持体温。脂肪在皮下适量贮存,可滋润皮肤和增加皮肤弹性,延缓皮肤衰老。另外,要注意避免吸收过量的脂肪,以控制体重,保持身材匀称。合理的膳食结构还包括碳水化合物、各种维生素、矿物质的充足均衡。总之,膳食合理、营养均衡是人体健康的保证,也是皮肤健美的基础。

第五,防止有害辐射。长时间在室外活动,要防止过强紫外线对皮肤造成伤害,应当使用防晒霜来保护皮肤。另外,电脑长时期辐射也会影响皮肤,使皮肤长斑变暗。长时间使用电脑后最好能够及时清洁皮肤。日常习惯性地维护皮肤健康,才能为理想的妆容打下良好的基础。拥有健康皮肤就是拥有美丽!

第六,谨慎文身。文身是时下青年人喜欢的皮肤装饰。文身,也被称为刺青,是一种用带有颜色的针刺入皮肤底层而在皮肤上制造一些图案的人体艺术表现形式。文身既是个人审美选择,也是一种集体文化。不同民族对文身有各自的理解和制度规定。从文化和礼仪角度审视,文身需要注意三点:一是注意文身图案选择。文身的图案有很强的暗示性,往往体现一个人的宗教信仰、价值追求、社会地位、身份识别等。文身的图案有很多文化禁忌,例如,在我国古代脸上刺青是罪犯的标志,关公或龙的图案不是任何人或身体任何部位适用。为避免引人疑虑,文身前要考察清楚图案的含义以及可能引起的人际误会。二是注意夸张的文身可能影响社交或违反制度。由于我国传统社会对文身的负面认识很难消除,现在仍然有相当多的人士对文身比较抵触和反感。文身人士在就业上遭拒的信息时有耳闻。一些组织机构的制度规定禁止录用文身人士,如军人、公务员、教师等。三是注意文身带来的身体伤害可能是永久性的。文身是一种永久性的改变,因此在决定文身之前,个人应该充分考虑其意义、位置、大小以及可能带来的社会和文化影响。

"头面"管理作为个人形象礼仪的重要起点,要求人们精心关注并呵护头发、面容、颈部及手部等关键部位。通过恰当的保养与维护,这些部位将在人际交往中焕发最佳光彩,从而彰显出个人最优雅、迷人的魅力。这样的形象打造不仅提升了个体的自信与气质,也为成功的人际沟通奠定了坚实基础。

第二节　仪表礼仪

仪表，即人的外在形象。《礼记》有言："凡人之所以为人者，礼义也。礼义之始，在于正容体、齐颜色、顺辞令。"这句话深刻地阐述了礼仪的根基：端正的仪容仪表、平和的表情以及和气的言辞。从广义上讲，仪表涵盖了个体的整体外观，包括容貌、表情、举止、服饰等诸多方面；从狭义上说，仪表特指动态的面部表情与静态的服装配饰。英国文学巨匠狄更斯幽默地指出："让漂亮衣服和漂亮家具给吓倒，这种毛病在咱们每一个人身上都未免太常见了。"这反映出人们对于外在形象的过度关注，但也从侧面强调了仪表在人际交往中的吸引力。古今中外，无论是文人墨客还是普通百姓，人们都普遍关注并精心管理着自己的仪表。因为得体的仪表不仅能够提升个人魅力，更能在社交场合中为自己赢得更多的尊重和好感。

一、表情礼仪

表情作为一种非语言信号，往往能够传达出比语言更为丰富和微妙的信息。得体的表情，不仅能够展现出一个人的内在修养，还能为交往过程增添不少色彩。

（一）面部表情原则

人们面部变化呈现出来的心理活动和思想感情就是面部表情，由眉毛、眼睛、鼻子、嘴巴、面部肌肉等运动组成。中国有很多形容面部表情的成语，例如眉开眼笑、目瞪口呆、横眉立目、满脸堆笑等。交谈中，人们一般会通过对方面部表情来判断对方的心理状况。眼睛眯起表示在思考，频繁眨眼表示不耐烦，眨眼减少表示开始感兴趣，眼睛突然睁大发亮表示突然明白，眼神跟随说话人的指示移动表示被牢牢吸引；鼻孔张大表示愤怒，鼻孔朝人表示高兴；咬牙切齿表示愤怒，目瞪口呆表示惊讶；咬唇表示坚决，撇嘴表示藐视，紧闭嘴巴表示拒绝。高兴的时候脸部的肌肉横向往左右延伸，生气的时候竖向往上下拉伸。恰当运用表情表达欣喜、赞美、同情和哀伤等情感也是礼仪要求。以下表情原则可供参考。

第一，真诚。真诚体现在表情中，例如在和别人谈话的时候，神情专注表示在认真倾听，表情凝重表示严重关切关注和同情，皱眉表示反感和气愤，嘴角上扬笑起来表示高兴。真诚的表情能够唤起交流的欲望，促进良好的沟通。

第二，友善。友善的表情往往面带微笑，目光亲切柔和，这表示愿意交流、与人为善。

第三，谦恭。谦恭的表情是在友善之外加上诚恳和赞许，如含笑点头。"满招损，谦受益。"谦恭的人往往容易得到社会支持，而趾高气扬、鼻孔朝天的人往往会被人拒绝。在工作和生活中，正确的态度应该是对上恭敬对下谦和，这样才能赢得人们的尊重。

第四,适度。面部表情要随时间、地点、场合、事情的性质、现场的氛围发生变化。例如,开会、听讲座要严肃认真;路上遇到熟人要微笑致意;在上级面前不谄媚不讨好,对待下级不疾言厉色;在医院探望病人,表情要温和,说话轻声细语。即使笑也要看场合,在理应表达同情和愤怒的场合或在庄重肃穆的氛围中,笑会被认为是嘲笑、冷漠、不严肃,甚至是幸灾乐祸。所以,人们应该管理好自己的面部表情,当笑则笑,不当笑则不能笑。面部的表情与情境、氛围相吻合,才能体现出有礼仪的克制和稳重。

(二)眼神、眉毛和笑容

人类的眼睛、眉毛、鼻子和嘴巴各种运动姿态的组合构成了表情。眼神、眉毛和笑容是表情达意的最主要的三个部位。表情部位减损或使用药物都有可能使表情不自然。

1.眼神

眼睛是心灵的窗户,人的情绪会通过眼神流露出来。眼神是对人际沟通过程中眼睛总体活动的统称。眼神往往能最直接地把内心的情绪传达出来,并把人的深层心理通过目光的微妙变化表露出来。恰当的眼神会说话,"希望工程""代言人"的眼神感动全中国。眼神表达的心理状态各种各样,例如,渴望的、爱慕的、关切的、友善的、和蔼的、欣喜的、迷茫的、凌厉的、阴郁的、探寻的、暗示的、疲惫的、狠毒的等。与人沟通的时候,人们应该看着对方的眼睛说话,以把握对方的心理状态。

眼神表达与注视方式有关,包括注视的时间、注视的角度、注视的区域。

第一,注视的时间。心理学研究表明,交谈中,双方目光相交的长度与谈话内容有关,短的28%,长的100%。注视的长短取决于彼此的身份和文化背景。与人交谈时,一般注视对方脸部的时间应占全部时间的1/3左右,表示友善;占2/3左右,表示对对方感兴趣、非常重视;如果注视时间不足1/4,则说明轻视对方,或不太把对方的话当回事;如果全程凝视,那可能爱上对方了,或者有其他特定意味。

第二,注视的角度。看一个人时,平视或正视给人理性、自信的感觉,通常被理解为平等;向下注视给人权威感和优越感,可能被理解为轻视或怜悯;向上注视给人仰慕、顺从的感觉,可能被理解为听话;斜视或翻白眼就让人感到嫌弃、挑衅,可能被理解为蔑视。

第三,漫视的区域。一般情况下,人们不会一直注视对方,而是视线在对方脸部游移,即漫视。据研究,关系不同漫视范围不同,在脸上呈现三角形区域。以眼睛为三角形底线,倒三角形到下巴尖的区域为普通朋友漫视区域,正三角形到额头为重要对象漫视区域,倒三角形到胸口为亲人和情侣漫视区域。简单的方法是在眼睛和鼻尖之间转换。男士注视女士,最好不要看她颈部以下部位,眼神也不能飘忽不定,否则可能给人心术不正的感觉。从头到脚地扫视别人也是不礼貌的,有审查、审视的意味。直盯着对方身体某个部位也会让人感到不适,好像那个地方有什么问题。

恰当的眼神应当是友善、尊敬、坦荡、清澈、谦和、真诚、热情、关注、关爱、炯炯有神的,使人产生积极、正面、正直、信任等感受。

2.眉毛

眉毛在人类情感的舞台上扮演着重要的角色,它们实际上是情感变化的灵敏指示器。人说话时眉毛的跃动和舒展仿佛是在为言语配上生动的注解,透露出内心的欢快与愉悦;紧蹙的眉头则无声地诉说着烦忧与困扰;眉毛舒展,眼角含笑,无疑是喜悦之情溢于言表。因此,即便眉毛稍显稀疏,也请珍惜这份自然的馈赠,不要轻易选择一剃了之,因为它们是情感世界中不可或缺的细腻笔触。

3.笑容

笑容是人类最美的语言,对人际关系的影响巨大。婴儿学会说话之前就会笑,赢得大家的喜爱。美人的笑迷人,普通人的笑同样充满魔力。当别人踩了你一脚,你正要发火的时候,对方回过头来微笑着跟你道歉:"不好意思,踩到您的脚了。"这个时候你想发火也发不起来,"一笑泯恩仇"。即使在《悲惨世界》中,作家雨果也提醒人们在生活中要保持乐观和积极的心态,用微笑去面对困难和挑战,传递正能量和温暖。

笑一笑,十年少!笑使人身心健康、面色红润、焕发光彩,还能引人怦然心动,心生爱慕,生活充满欢乐!人们常说:"生活是一面镜子,你冲它笑,它回报给你的也是笑。"所以,人际交往中表达合宜的笑容很重要。

二、服装礼仪

(一)着装原则

1.TPOR 原则

TPOR 是时间(time)、地点(place)、目的(occasion)和身份(role)四个单词的第一个字母,提醒人们注意着装时间、地点、目的和身份。一是穿着要有时间意识。时间有四季和早晚的变化,正常的穿着应与当下的生活相适应。二是穿着要有地域意识。每个地方的人们都有自己穿戴的风格,有的开放,有的保守,有的必须穿戴有特定含义的服饰。外地人进入服饰保守的区域,应尊重当地的风俗习惯,也可以入乡随俗适当调整自己的服饰,这样做既是表达尊重,也是适当的自我保护。三是穿着打扮要有场合意识,即服饰应与行动或活动的目的相契合。忽视场合的穿着不仅让人感到尴尬,还会破坏整体氛围。例如,在公务场合,若穿着过于宽松或花哨,会显得不够专业和严肃;在娱乐休闲场合穿着制服则可能显得过于拘谨;在公务活动中,应展现出规整的职业形象;在娱乐休闲时,则可以展现个人的时尚品位;礼仪场合则要求穿着精致优雅、端庄得体,并尊重相关风俗;喜庆的场合,则适合穿着色彩明亮鲜艳的服装;在悲伤的场合,则应选择素色服饰以示庄重。此外,参加他人的婚礼时,穿着应避免过于抢眼;在葬礼或灾难现场,则穿着应低调朴素。至于演出服装,则可以选择闪亮鲜艳夸张的款式。大学生日常穿着应保持干净、整洁、低调,代表重在知识和品德的追求。穿着是一种无声的语言,不适当的着装会让人侧目,让自己和他人都感觉尴尬。四是穿着要注意身份。穿着应随身份角色的转变而调整。学生穿着要朴素,教师穿着要端庄,人民公仆穿着要低调,都不适合太前卫、太奢华、太暴露。

2.整洁原则

服装是否干净整洁最能说明一个人的生活态度。著名电影、戏剧家夏衍认为适当的整洁不等于奢侈浪费,不必要的肮脏邋遢不等于艰苦和前进。无论什么价位的衣服,如果穿在身上皱皱巴巴的或有污渍,都会让人感觉着装的人有问题。旧衣服穿在身上干净整洁,会让人高看一眼。

3.整体原则

整体原则讲究的是审美。服装配饰,包括衣服、裤子或裙子、鞋子、袜子,以及所有的配饰、帽子、手包等,穿戴在身上要看起来颜色搭配合理和款式风格协调。从色彩心理学的角度看,如果身上的颜色过分杂乱,款式风格多样,就会给人凌乱、不协调的感觉。

服装讲究审美需要认知"三色原理"。① 它是一种经典的穿衣搭配原则,强调在正式场合穿着西装时,全身的颜色应限制在三种之内。这一原则有助于保持整体着装的简洁、协调和平衡,避免过于花哨或杂乱的搭配,从而展现出整洁、大方、专业的形象,给人留下深刻印象。三色原理的具体应用包括西装、衬衫、领带、腰带和鞋袜等服饰的颜色搭配。例如,男士在穿着西装时,应选择一种颜色作为主色调,再搭配一两种辅助色调,可以选择一种与基调色相协调的颜色作为过渡色并在整体造型中加入一小部分亮色作为点缀,以确保整体着装的和谐统一。同时,还需要注意避免颜色过于接近或过于跳跃,以免造成视觉上的不适。三色原理也适用于女士的着装搭配。在选择裙装、裤装等服饰时,采用三种以内的颜色进行搭配,可以营造出优雅、得体的形象。

4.个性原则

个性原则,就是穿出自己的个性。在符合前面三个原则的前提下,穿出个性是审美、品位的体现。即使在正装、套裙的情况下,也可以通过配饰或首饰等彰显个人的品位和风格。但个性不等于出格或另类,违背前述三个原则的个性穿着往往令人难堪。

5.扬长避短

现实生活中人无完人,大多数人的身材、体型都存在这样或那样的缺点,可以通过合理的穿搭弥补一些短处,甚至看起来很美。扬长避短的穿着是强调灵活多变的穿衣策略,需要每个人根据自己的体型、肤色、气质等特点,选择合适的服装来凸显自己的优势,同时掩饰或弱化不足。

第一,根据体型选择服装。在选择服装时,根据自己的体型特点来挑选合适的款式,以营造出更加匀称和协调的视觉效果。例如,矮个子可以选择高腰线、直筒裤等款式来拉长腿部线条;胖身材可以选择宽松、深色系的服装来遮盖赘肉;瘦削身材可以选择收腰、浅色系的服装来增加层次感。

---

① 三色原理(trichromatic theory)也称为三色说或三色论,是一种重要的色觉理论,1807 年由英国科学家托马斯·杨提出。假定在人的视网膜中存在三种不同的感受器,每种感受器只对可见光谱中的某一个特定频率的光波敏感并对其产生反应。当不同频率的混合光入射到视网膜的时候,三种感受器分别对其中的特定频率的光波产生反应,从而产生混合的颜色知觉。遵循三色原理进行着装搭配,可以营造出简洁、大方、专业的形象。同时,也可以根据个人喜好和场合的不同,灵活运用三色原理,打造出独具特色的着装风格。

第二，根据肤色选择颜色。肤色是选择服装颜色的重要因素之一，不同的肤色适合不同的颜色。选择适合的服装颜色可以让肤色更加明亮、有光泽，从而提升整体形象。例如，肤色较白的人适合选择深色系、鲜艳的颜色来增加层次感；肤色较黑的人适合选择浅色系、柔和的颜色来提亮肤色。

第三，突出自己的优势。每个人都有自己的优势部位，例如纤细的腰部、修长的腿部、漂亮的锁骨等，应该选择能够突出自己优势部位的服装，从而吸引他人的注意力，营造出自信和美丽的形象。

第四，掩饰或弱化不足之处。例如，手臂较粗的人可以选择长袖、泡泡袖等款式来遮盖。脖子短粗的人最好不要穿高领或者立领的衣服，因为那样看起来脖子更短，最好选择浅色 V 领衬衫并搭配细长项链，这样在视觉上拉长脖子。腰长腿短的人，一是可以将上衣的焦点放在领口，像设计荷叶领或者系七彩丝巾等；二是穿高腰直筒裤等，从视觉上拉长腿。臀部较大的人可以选择宽松、A 字形的下装来平衡身材比例。

总之，着装应该根据年龄、职业、形体条件进行选择，不要盲目跟风。巧妙的搭配可以营造出更加自信、美丽和得体的形象。

(二)男士西装

西装又称西服，起源于 17 世纪的欧洲，是世界公认的男士正规服装，几乎在所有场合都可以穿。在中国，西装一般分为正式西装和休闲西装。正式西装适用于商务以及比较庄重的正式社交场合；休闲西装适用于非正式场合。正式西服一般是深颜色的，如深蓝色、黑色、深灰色等，强调线条感和立体范儿，显得端正、庄重。休闲西装的限制没有那么多，追求闲适和自在。正式西装的衣裤一般是同质同色的两件，也可以加一件同质同色的马甲成为三件套。穿着正式西装的注意事项如下：

第一，纽扣的扣法。西装一般分为两种款型：单排扣西装和双排扣西装。穿双排扣西装，所有的纽扣必须都扣上，这样才显得有型，人也很精神。穿单排扣的西装站着的时候，一粒纽扣要扣上。两粒纽扣只扣上一粒，下面一粒不扣；三粒纽扣可以只扣中间一粒或者扣上面两粒；四粒扣法和三粒类似。坐下来的时候纽扣可以全部解开。因为西装比较贴身，人站着的时候扣上扣子，西装笔挺，坐下来的时候腰部就会绷紧，胸前部位还可能耸起来，不美观。

第二，西装与衬衫的搭配。正式西服只搭配长袖衬衫和马甲。衬衫以白色为正规，也可以选择与西装同色系的颜色，例如深蓝色的外套搭配浅蓝色的衬衫。衬衫的袖口比外套的袖口长 1～2 厘米，领后也要比外套高出 1～2 厘米，以起到保护西服、美观和清洁的作用。马甲一般与西服外套同质同色。

第三，领带或领结的选择和使用。领带是西服最重要的配饰，但是领带只跟衬衫和西服搭配。如果不穿衬衫和西装，就用不着打领带。如果衬衫领口敞开也不用佩戴领带。领带的面料最好是桑蚕丝，因为质地柔软、光滑。羊毛领带适合秋冬季节，涤纶领带价格相对较低，适合日常。领带颜色一般与西装同一色系，但在特别场合可以用特别颜色以示特别含义，例如参加庆典时佩戴红色领带，以示喜庆、庆贺。正式场合的领带图案一般选择细的斜条纹或者小几何图案。领结分为白领结和黑领结。白领结一般用在重大的典礼仪式上,如国家级的颁奖典礼,黑领结适用于重要的化装舞会、晚宴或婚礼上。

第四,袜子和鞋子的选择。正式西服搭配皮鞋的颜色首选黑色或深棕色,鞋子的款式应该简洁大方,避免过于花哨或运动风格。系带皮鞋比较正式,皮质好、做工精细的鞋子,可以让袜子的颜色应当参照皮鞋的颜色,一般为黑色,以棉毛质地为主。袜子的长度以人落座后不露出小腿皮肤为准,选择纯棉或纯毛材质,吸湿性好,穿着舒适。避免穿着有图案或文字的袜子,以保持整体形象简洁和专业。

第五,穿着的"三一定律"。这指的是匹配正式西装的皮鞋、皮带和公文包的颜色要一致,可以是黑色的,也可以是褐色的,这两种颜色在西装里最好搭配。

第六,其他注意事项。男士穿着正式西装,口袋里不要塞很多东西。正式西装的口袋只适合放一些轻薄的东西,如手机或名片等。不要把手机、钥匙、钱包等挂在腰间。新购置的西装在穿着前要剪掉袖口上的标签。

总之,规范的西装搭配能够让男士的整体形象更加得体、精致。

(三)女士套装

女士职业装可以是套裙,也可以是套裤。在男女平等的职场,女士穿着套裤越来越常见,穿着方式与西装类似。套裙仍然是职场女士首选,穿着时需要注意一些细节和规范。

第一,选择合适的板型。套裙的板型有很多种,例如修身型和 A 字形等。女士可以根据自己的身材特点和喜好,选择凸显自己优势的板型。同时,注意上衣和裙子的长度。一般,上衣的长度可以到腰部,裙子的长度在膝盖以上 3 厘米左右,这样的长度可以展现出女性的优雅。

第二,搭配适当的颜色。选择同质同色或相近颜色的搭配,营造出整体感,也可以选择对比色或亮色的搭配,增加时尚感。注意颜色的搭配不宜过于花哨,以简洁大方为主。

第三,注意细节处理。穿搭套裙需要注意细节:上衣的领口、袖口和下摆要与裙子相协调;裙子的褶皱、开衩等设计也要与整体风格相匹配;上衣的领子要翻到位;衣袋的盖子要拉出来盖住袋口;衣扣要全部系上,不能部分或全部解开;必要时穿衬裙……此外,选择合适的鞋子、丝袜、配饰等也能为整体造型锦上添花。

第四,遵循场合要求。在不同的场合,套裙的穿搭要求有所不同。正式场合可以选择简约大方、色彩稳重的套裙搭配,例如以冷色调为主的套裙给人以典雅、端庄、稳重的感觉,休闲场合则可以选择轻松活泼、色彩明快的套裙搭配。

第五,搭配服饰协调。着装、化妆与配饰风格一致,可以相互映衬,形成整体的美感。适当的化妆是必要的,切忌过于浓重,以免失去自然之美。配饰求精不求多,且符合身份和场合。工作场合不佩戴任何首饰同样得体,重要的是保持整体形象的整洁与专业。

第六,举止端庄得体。套裙以其独特的剪裁凸显女性的柔美和曲线,只有优雅的举止才能与之相称。女士穿上套裙后,站立时应保持平稳与端正,双腿不可随意叉开,更不可站得东倒西歪,以确保整体形象的优雅与端庄。

总之,着装得体、端庄、大方是讲究仪表礼仪的应有之义。

三、配饰礼仪

服装配饰可以增添整体造型的层次感和时尚感,一般包括首饰、手套、帽子、围巾、眼镜、腰带、包包等。配饰礼仪主要涉及选择、搭配和佩戴各种配饰的规范,以展现出优雅、得体和专业的形象。

第一,重点不同。俗话说"男士看表,女士看包"。男女塑造外表形象上配饰的重点不同。包包往往是女士出行必备的配饰,需要与服装搭配。在正式场合,手提包或公文包可以展现出专业和干练的形象;在休闲场合,斜挎包或背包可以增加时尚感。男士佩戴手表往往体现了专业和品位。

第二,整体协调。整体协调就是服装与饰品要搭配。例如,女士穿旗袍应该配手包。

第三,场合适宜。不同场合佩戴的首饰应该不一样。高品质饰品能够提升人的形象和气质。在正式场合,简约、精致、高雅的饰品可以展现出专业和干练的形象。在休闲场合,则可以选择时尚的手链、戒指等。

第四,数量适当。佩戴饰品时要注意数量的适当性。饰品过多显得杂乱无章,而缺少饰品则不能起到点缀和美化形象的作用。一般,全身上下的饰品以不超过 3 种为原则,比如佩戴项链、耳环和手镯。

第五,同质同色。避免不同风格、材质和颜色的饰品混搭在一起,造成视觉上的冲突和不适感。

第六,扬长避短。根据自身形体,扬长避短地选择穿搭,可以修饰身材的不完美。例如,脖子短的人适合戴长条项链,脖子长的人适合戴圆形项链;长形脸适合戴耳钉,圆形脸适合戴长长垂下来的耳坠。

第七,做工精致。饰品贵在做工精致,其作用就是画龙点睛。粗劣的饰品会破坏整体形象。

总之,仪表礼仪绝非浅显层面的衣着装扮,能够映射出一个人内在品质与修养。要想拥有良好的仪表,就必须关注细节,包括恰当的表情管理、合宜的着装选择、得体的装扮以及健康的生活习惯。这些元素的和谐统一,才能塑造出一个既尊重他人又自信满满,既高雅又不失专业风范的主体形象。

第三节　仪态礼仪

仪态,亦称体态,涵盖了个体的身体姿态及其所展现的风度。姿态是身体语言的直观展现,而风度则是个体内在品质与态度的外在流露。例如,频频点头代表认同,摇头则是否定,头部的微倾可能意味着正在深思,放声大笑显露极度欢愉,坐立难安揭示了内心的紧张,双手一摊传达出无奈的情绪,竖起大拇指是对他人的赞赏,而振臂高呼则显露出激昂的义愤。无声的体态语言,深刻地反映了个体对待他人和自己的态度。中国传统文化历来重视"站有站相,坐有坐相"的原则,更有"站如松,坐如钟,行如风"的形象要求。一个体态优雅的人举手投足间都能流露出温文尔雅的风度。

一、形体塑造

现代人对形体的审美要求越来越高,付出各种努力,但是要讲究科学合理的方法。

第一,因人而异,具体针对。人人都希望拥有美好的形体。形体美不仅意味着人的身体健壮有力、体形匀称、线条分明,还意味着精神饱满、积极乐观。女性形体美和男性形体美的衡量标准不同。一般,女性形体美体现在线条和身形上要给人秀美与柔和感,男性形体美体现在肌肉和力量上要给人坚定与安全感。达到这样的形体效果的方法很多,但要因人而异,例如,年轻人适合跑步、骑自行车、打羽毛球等,而老年人适合游泳、瑜伽、跳舞等,都应该根据自身条件和场地来进行。

第二,坚持不懈,科学塑造。塑造形体美不是一朝一夕的事,必须坚持不懈。有的人天天喊减重塑形,却三天打鱼两天晒网,坚持不下来。有的人自嘲:"能坐着绝不站着,能躺着绝不坐着。"这些都很难取得塑造形体美的效果。正确的原则应该是能站着就不要坐着,能坐着就不要躺着。

第三,全面兼顾,适时调整。全面兼顾就是要根据自己的身体机能、生理特征、工作和学习来安排。适时调整就是根据年龄和身体状况做调整,灵活机动,不能硬来,例如,人年轻的时候适合长跑、跳舞、练武术、打羽毛球,但是到 50 岁以后剧烈的运动就不适合了,一些舒缓的运动,像瑜伽、太极、散步等更合适。如果患感冒等,在身体还没有完全康复前不适合做剧烈运动。

二、身姿类型

(一)站姿

正确站姿的目的在于呈现出挺拔、笔直和高挑的视觉效果。具体而言,"挺拔"指的是身体从正面观察时展现出挺拔的姿态,绝无弯腰驼背或萎靡不振之态;"笔直"则是从侧面观察的,身体线条呈现笔直流畅的美感,而非任何弯曲的形态;"高挑"则是在视觉上"变高了"。站立时要抬头、挺胸、收腹,目视前方,这是基本要求。

注意男士与女士站姿要求不同。女士站姿的要求:挺立、直腰、并膝、向上。即身体正面要挺拔,侧面线条要笔直,两腿要紧挨并拢。优雅的站姿与合适的服装相搭配,能够完美展现女性体型的柔美曲线,营造出一种亭亭玉立、优雅大方的气质。

在礼仪培训中,站姿训练是一项重要内容。女士常被要求头顶放置一本书大腿间夹一张纸,头部端正,双腿并拢,双脚微张,双手交叠置于小腹前,或自然垂于身体两侧。此外,女士还有一种"丁字步"站姿,即一只脚的脚后跟紧贴在另一只脚的脚窝处,形成"丁"字形状。男士的站姿略有不同,双脚可以并拢,也可以自然分开至与肩同宽,肩膀平正,双手自然下垂,或交叠放于身前,亦可背于身后。这样的站姿透露出英武、阳刚、洒脱与干练的气质,彰显了男士的自信与力量。

(二)坐姿

正确的坐姿要领包括轻、缓、稳三个方面。"轻"指的是落座时的动作要轻盈;"缓"是落座时不应过于急迫;"稳"则代表坐姿稳定,不要坐得偏斜,给人一种不稳固的感觉,也不要在椅子上不停地挪动。

男士和女士的坐姿也略有不同。男士的坐姿相对简单,基本上是从站姿转变为坐姿,双膝自然分开,宽度与肩相当,同时背部保持挺直。而女士的坐姿则更加多样,包括正襟危坐式、双腿交叠式、双脚斜放式等。无论采用哪一种坐姿,女士都应遵循一个基本原则,即坐下时膝盖和双腿要紧密并拢。

所谓"坐如钟",指坐下后身体保持端正、稳定,避免左右摇摆或抖腿等不良动作。这样的坐姿不仅展现出个人的优雅与稳重,而且有助于营造和谐、专注的交谈氛围。

(三)走姿

走姿是站姿的动态。所谓"行如风",形容的是人行走时轻盈流畅的体态,也是身心健康的表现。正确的走姿要领包括从容、稳健、直线。从容,就是不慌不忙的。走路太快,容易给人慌慌张张的感觉。稳健,就是走路平稳,身体不左右摇晃,重心始终保持在中心线上,而不是左右交替。直线,指女士走路的时候两脚前后基本保持在同一条直线上,而男士的足迹基本呈现两条平行线。

走姿中还有几个概念。一是步幅。一般人的步幅是两只脚掌中间间隔一只脚的长度。虽然这也跟身高和习惯有关,但是总要看起来协调才好。二是步位。女士的步位最好保持在同一条直线上。三是步速。可以参照《运动员进行曲》的节奏。四是步韵。就是行走时身体的各个部位保持协调、平衡,腿部迈开和手臂摆动有节奏,形成一种韵味。五是步态。步态和年龄、心态、身体健康有关。小朋友的步态蹦蹦跳跳,给人活泼、欢快的感觉,年龄很大的老人或者受伤的、心情沉重的人往往步履蹒跚,拖着脚后跟走。对于不良走姿,需细心观察并适时调整,确保行走优雅、协调。

(四)蹲姿

蹲姿的要领包括平稳、优美、迅速。平稳,是屈膝下蹲时一脚在前一脚在后,两腿向下蹲,前脚全着地,后脚脚跟提起,脚尖着地,上半身挺直并稍微前倾,膝盖不超过脚尖。蹲姿完成,要迅速恢复站姿,不要弄出声响。女性常用的四种蹲姿包括双腿高低式、双腿交叉式、双膝半蹲式、双腿半跪式。无论采用哪种蹲姿女士都要将双腿靠近,尤其穿旗袍、A字裙和短裙时并拢双腿,防止走光。男性蹲姿则要简单得多,就是站姿下蹲,所以双脚是分开的,与肩同宽。与人近距离时,面对着人或背对着人下蹲都不合适,正确的做法是侧身下蹲,这样既得体又美观。

(五)手姿

手姿,或手势,是通过手部动作来传达情感、信息和意图的一种方式,例如常见的"请"的手势。然而,由于文化背景的差异,相同的手势在不同地区可能具有完全不同的含义。例如,手心向下的挥手动作,在中国意味着召唤别人过来,而在美国则是召唤宠物。竖起大拇指,在中国表示夸赞别人,在美国的一些地方则表示叫出租车,在德国表示数字 1,在日本表示数字 5,而在澳大利亚则是一种不礼貌的手势。OK 手势在美国表示同意或很好,但在法国表示毫无价值,在日本代表钱,在德国则被视为不雅。因此,当与来自不同国家和文化背景的人交往时,谨慎使用手姿,避免造成误会或冲突。为了确保沟通顺畅和有效,了解并尊重不同文化中的手姿含义很重要。

我国传统上讲究"手容恭",对手姿的使用有着严格的规范。相较于欧美国家,手姿在我国的使用并不频繁,它更多是有声语言的一种辅助。客观上,过多的手姿和频繁的手势可能会干扰对方。正确的手姿要求是自然、大方、得体。

第一,"请"。手心向上,五指自然并拢,手臂向请的方向自然伸直,表示邀请。

第二,"OK"。拇指和食指圈成圆形,其他三指伸直,表示一切正常或确认。

第三,指示方向。为人指示方向应该"化指为掌",如同"请"。

第四,递接物品。递接物品最好用双手。因为左右对称的动作会给人以安全感和庄重感,还在优美中包含一份敬意。递接物品时应充分为对方着想,例如,递申请时将申请顺着朝向对方,以方便对方看到和放置,递请帖、赠书和交试卷时也最好这样做。但是递刀子、剪子之类的尖锐物品,则应该将把手的一头朝向别人,将尖锐的一头朝向自己。

第五,拿东西。拿东西时应该有对应、合理的手势。例如,拿咖啡杯或酒杯时,除拇指外四指应当并拢。

第六,介绍他人。在社交活动中,人们可能需要介绍别人或被人介绍。这时的手姿应体现尊重和文雅。介绍时手心向上,手背朝下,五指并拢,手掌伸向被介绍一方,以与其肩膀的高度为宜,面带微笑。正式场合,不可以用手指指点或拍打被介绍一方的肩膀,这样的动作显得太过随意。

第七,自我介绍。介绍自己可以用右手手掌轻按自己的左胸,这样显得优雅大方。

第八,鼓掌。鼓掌是人们经常使用的手势。正确的鼓掌姿势会让掌声显得有节奏,也更悦耳,用右手掌接近左手掌,近似十字交错,掌心留有空隙,两掌相击发出声音,用力不要太大。女性可以抬起左手,用右手四指轻击左手掌心。

第九,举手致意。举手致意是一种打招呼、问候的方式。正确的姿势是挺身站立,面向对方,举手掌至肩部以上高度,手肘可曲可直,手指尖朝上,轻轻左右摆动几下。

第十,挥手告别。与人挥手告别时一般举起右手,手掌向前,上臂不动,下臂和手一起左右摆动。注意手指不要弯曲。如果热情高涨,可以适当加快摆动频率。如果客人走远了,也可以抬高手臂。双手道别的正确姿势是双手举过肩,由外向内一起挥动,而不是双手向同一个方向挥动。

(六)身体距离

人际交往需要保持适当的身体距离。身体距离不仅影响人际关系,同时也反映人际关系的亲密和重要程度。美国文化人类学家爱德华·T.霍尔用四种人际距离区分了人际关系的亲密程度。包括:(1)亲密距离——关系亲密的人之间,如亲子或恋人;(2)个人距离——熟悉的人之间,如朋友;(3)社交距离——不熟悉的人之间;(4)公众距离——陌生人之间。一般,身体距离和关系的重要性与亲密程度成正比,关系越好距离越近,关系疏远距离越远。大致上,0~0.5米是亲密距离,多用于情侣、夫妻、母子或者好闺蜜之间。在这个距离内,人们可以举止亲密,谈论私事,说悄悄话,彼此很信任。0.5~1.5米是个人距离,熟悉的人之间多采用这种距离,不拘礼节,方便交谈。1.5~3米是社交距离,表现在刻意要显示身份、保持距离的正式交往关系中,例如级别相差很大的上下级之间、商务会晤、谈判等场合。大于3米就是公众距离了,例如在教室上课、会堂演讲、剧场演出时台上和台下的距离,以保证关系主体一对多的沟通效果。

人际所处位置的高低也是一种人际距离。一般,位置高低和双方的地位成正比,但和双方关系的亲密程度成反比。例如,古代帝王总是高高在上,而臣民只能远远站在台阶下,从而特别打造出帝王至高无上的权威。当对方在向你问话时,尤其是上级、长辈问话时,如果彼此距离很近,而你正好站在位置比他高的地方,例如正好你下楼,他上楼,你最好赶紧走两步,从上面下来,去跟对方站在平等或低一点的地方,然后回答问话。

个人形象礼仪不仅是一种外在的表现,更是一种内在的陶冶。本章详细介绍了仪容礼仪、仪表礼仪和仪态礼仪,它们都是塑造个人形象的重要元素。通过认真体会和实践这些礼仪规范,同学们能够展现出得体大方的形象,同时还能散发出自己独特的魅力。

参考阅读

1.中华服装

(1)男士立领套装:儒雅与干练的完美结合

男士立领套装,又被称为中华立领或立领西服,是巧妙融合中西服饰元素的杰出代表。经典搭配莫过于立领白衬衫与深色立领西装的组合,不仅显得简洁、利落,更能凸显出男性的儒雅气质和伟岸身姿。深蓝色或黑色是最常见的选择,它们既显得庄重又不失时尚感。

在正式场合,男士往往会选择更为严谨的着装。此时,一件白色的立领衬衫成为不可或缺的打底单品。衬衫的领口紧扣,无须再打领带,既保持了整体的简洁感,又凸显出男士的干练气质。同时,裤子也至关重要,通常与上衣采用相同的面料,追求垂坠感和修身效果,以展现出男士修长挺拔的身形。

总的来说,男士立领套装以其独特的设计、经典的颜色搭配以及严谨的着装要求,成为展现男性儒雅、修长、伟岸气质的绝佳选择。无论是在商务场合还是日常生活中,它都能让男士焕发出独特的魅力与自信。

（2）旗袍：东方女性的优雅象征

旗袍起源于清代满族人的传统服装"旗装"，经过上海等地的改良与发展，逐渐演变成如今我们所见的经典款式。它的基本特征包括立领、盘扣、斜襟、收腰、开衩等元素，共同构成了旗袍的独特韵味。

旗袍款式多样，既有传统的单色旗袍，也有充满创意的印花旗袍、刺绣旗袍等。这些款式不仅丰富了旗袍的视觉效果，也满足了不同女性的审美需求。无论是日常穿着还是出席重要场合，旗袍都能成为女性的最佳选择。

旗袍的魅力在于能够完美地展现女性的身体曲线。它贴合身形，却不束缚，让女性在穿着时既能感受到舒适，又能展现出自己的优雅气质。无论是高挑的身材还是娇小的身姿，旗袍都能找到最适合的剪裁方式，让每一位女性都能散发出独特的魅力。旗袍还承载着丰富的文化内涵。它代表了东方女性的婉约与端庄，也体现了中国传统文化的精髓。穿着旗袍的女性，仿佛就是一幅流动的画卷，将东方的韵味与美感展现得淋漓尽致。

在现代社会，旗袍已经成为一种时尚的代表。越来越多的女性开始尝试穿着旗袍，感受它带来的独特魅力。同时，旗袍也在不断地创新与发展，与现代元素相结合，创造出更多元化、个性化的款式。在未来，我们相信旗袍会继续发扬光大，成为更多女性的心头好。

2.礼仪之美与尊重之心

在《开学第一课》的"中华骄傲"主题节目中，迎来了一位特别嘉宾——96岁高龄的北京大学教授、著名翻译家许渊冲。为了表达对这位长者的尊敬，主持人董卿在搀扶许先生上台就座后，选择跪下来进行采访。这一举动不仅让许先生听得更清楚，也体现了尊重。

这不是董卿第一次展现出对礼仪的重视。在之前的公安部春晚中，她曾半跪着采访坐在轮椅上的"最美警察"李博亚。而在《朗读者》中，遇到不方便站起身的嘉宾或孩子，她都会以半跪的姿势保持平视的角度与他们交流。

网友纷纷赞扬董卿的这一行为，"跪下去的是身子，站起来的是灵魂"。在新闻采访中，为了表示尊重、拉近与被采访者的距离，采访者应当让自己与对方平视。这不仅是人际交往中的一种礼仪，更是尊重他人的体现。对于像许渊冲这样德高望重的前辈，董卿展现了主持人对前辈的敬仰和尊重。

除了对长辈或身体不方便人士的关照，礼仪在日常生活中也是不可或缺的。董卿不仅展现了中国人的礼仪之美，还提醒人们对礼仪的重视。关注细节上的礼仪举止，能让我们赢得更多的尊重。

第八章　日常生活礼仪

在人类心灵的花园中，最质朴、最美丽，也最高贵的花朵就是人的教养。

——[苏联]苏霍姆林斯基

生活是由无数个具体而细微的实际行动构成的。无论是公共生活还是私人生活，人们都应该注重德行和礼仪，因为这不仅关乎个人的修养，更影响着社会秩序和他人感受。例如，在公共场所大声喧哗会打扰他人，占用过多座位或躺下会妨碍他人休息，吸烟会影响他人健康，乱丢垃圾会破坏环境卫生，不排队会扰乱秩序，穿着不整齐或过于暴露会影响市容。日常生活礼仪像一面镜子，映照出一个人的教养和文明素质。

在外用餐时，一个人的修养更是无处不在。如何对待服务员、取食和进餐的方式、对待周围人的态度，甚至对待食物的态度（是浪费还是珍惜），都在无形中体现着一个人的品格。有教养的人在饭桌上懂得体贴照顾他人，懂得谦让和礼节，懂得珍惜食物，懂得站在别人的角度思考问题。而缺乏教养的人只考虑自己，举止粗鲁，完全不考虑他人的感受和气氛。

有魅力的人无论走到哪儿，都会受到欢迎。他们能给周围的人带来愉悦、幸福和放松。虽然长相在初次相遇时可能很重要，但长久的相处更看重的是内在的品行修养。因此，一个人最大的魅力在于说话有风度、做事有温度、为人有气度，这些都是日常生活礼仪修养的体现。

日常生活礼仪还有助于促进社会交往、改善人际关系、净化社会风气、增强社会公德。在竞争激烈的现代社会中，一个举止得体、有礼貌的人往往能够获得更多的机会和认可。相反，举止粗鲁、不修边幅的人则容易让人讨厌和疏离。

日常生活礼仪不仅是一种表面的形式，更代表着一种对他人的尊重和关心。无论是亲人、邻里、同学还是同事之间，相互尊重和关心都能让平凡的生活充满欢乐。在家庭、学校和其他公共场所，合适的礼仪都能让人的行为显得更加得体和有分寸。尊重藏在日常生活的细节中，遗憾的是，并非每个人都能认识到这一点。

尊重他人是人生必修课，它就像空气对于生命一样重要，是人与人交往的融合之源。正所谓"有礼走遍天下，无礼寸步难行"。

第一节　家庭生活礼仪

家庭是社会的基本细胞。在中华文明传承中,家庭被看作是亲情的港湾、温馨的归宿。"家是最小国,国是千万家",彰显了家庭与国家之间的紧密联系。家庭的和睦与繁荣是国家繁荣昌盛的基础。"家和万事兴",一个家庭只有和谐、团结,才能迎接各种挑战,实现家庭的繁荣。同时,也坚信"积善之家,必有余庆;积不善之家,必有余殃",即家庭的行为习惯和道德品质对家庭命运有着深远的影响。新时代,党和政府重视家庭建设,习近平总书记指出:"不论时代发生多大变化,不论生活格局发生多大变化,我们都要重视家庭建设,注重家庭、注重家教、注重家风。"这表明家庭建设在国家发展中的重要地位。良好的家风不仅体现了尊老爱幼、男女平等、夫妻和睦、勤俭持家、邻里互助等传统美德,更是国家和社会稳定的重要基石。

一、家庭成员相处礼仪

(一)亲属称谓礼仪

得体的称谓能够拉近心理距离,让关系和睦,不得体的称谓则让人感觉没礼貌,让人生气,甚至恶化人际关系。家庭成员之间有称谓和无称谓的氛围不一样,例如"妈妈,我回来了"比只说"我回来了"显得更尊敬、亲密。在中国人的家庭中,称谓体现了亲疏远近的人伦关系和家庭秩序。对祖父祖母、外祖父外祖母、父亲母亲等直系亲属,人们也会使用更加尊敬的称谓,以表达对他们深厚的敬意和感激。而对于堂兄弟姐妹、表兄弟姐妹等,会根据实际的亲疏关系来决定使用何种称谓。在中国的家庭中,对于有姻亲关系的亲属也有一套特定的称谓体系,例如姻伯、姻兄、姻妹等。这些称谓不仅分别了亲疏、血缘关系,更是在维护家庭秩序和家族关系的和谐稳定方面起着重要的作用。

中国人称呼别人的亲属用尊称,前面加"令"和"尊"等。例如,用"令尊"称谓对方的父亲,"令堂"称谓对方的母亲,用令兄、令弟、令姐、令妹称谓对方的兄弟姐妹。反过来,对别人称谓自己的亲属使用谦称,称自己的长辈前面加"家",如家父、家母、家严、家慈、家兄、家嫂;称自己的平辈或晚辈,前面加"舍"或"小",如舍妹、小侄、小女、小儿等;谦称自己可以为愚、敝人、我、本人等。尊称对方的配偶,男性称"先生",女性称"夫人";谦称自己的先生为"外子",谦称自己的妻子为内子、内人、拙荆、贱内等。使用尊称和谦称体现了中国人谦己敬人的风貌,以及重视家庭伦理的传统文化,在书面语中更显示出个人的文化礼仪修养。因此,人们有必要了解家庭成员的关系以及称谓。

需要注意的是,人的身份和称谓要随场合进行调整。适当的称谓才能体现礼仪的本质。例如,在正式场合父子间应当用职务名称相互介绍,但在非正式场合父子间通常使用亲属称谓。在工作场合，如果父子俩都担任高级职务或管理职位，互相称呼职务名称更加得体；在家庭聚会或私人场合，如果父子俩都参与社交活动或聚会，使用亲属称谓更加合适。适当的称谓应该根据场合、关系和文化背景进行调整，以体现严肃和亲近之间的平衡。

(二)孝敬父母长辈

我国自古崇尚孝道，"百善孝为先"被视为礼仪人格第一位。孝敬父母的人历来被人称道、尊敬，不孝之人被人谴责、鄙视。如果一个人不孝敬父母，人们很难相信他在其他社会关系中有高尚的品德和礼仪修养。家庭生活中孝敬父母长辈，主要体现在以下几个方面：

第一，在物质上赡养父母。确保父母在晚年无衣食之忧，这是传统上所称的"米孝"，也是最低层次的孝敬。尽管现代社会的发展和公民的社会养老保障大大减轻了子女的赡养负担，但及时满足和补充父母所需的物质需求，如帮助他们挑选、采购并正确使用物品，仍然是物质赡养的重要组成部分。

物质的维持有两个方式：开源和节流。在校学生如果还没有能力增加收入来源，就应该尽量节流。节流不是反对消费，而是要发扬勤俭节约的精神，消费量力而行，切忌盲目攀比，挥霍浪费。等自己经济独立了，再努力改善父母的生活条件，使他们过上更美好的生活。另外，分担家务也是节流的一种表现。家庭成员都有分担家务的义务，都应该做力所能及的事情，如烹饪、洗碗、清洁、修理等。任何有助于减轻父母家庭开支负担和养家辛劳的行为，都可以视为物质赡养。

第二，听从父母教诲。这在传统上称为"言孝"，是中间层次的孝敬。孝顺中的"顺"就主要体现在听从父母的教诲上。一个人能够健康成长、有正确的人生观和价值观以及获得生活技能，这些都离不开父母的悉心教诲。尊重并听从父母的意见和决定，意味着体谅并尊重他们丰富的人生经验和智慧。即使子女在知识或技能上超越了父母，也不应轻易顶撞或反对他们，毕竟父母的考虑可能更全面。但是，这并不意味着父母的所有教诲都必须无条件地接受。当他们做出违背公德、法律或损害自身健康和财产的决定时，子女应当耐心地沟通和劝阻，但要注意方式，避免伤害父母的感情。《弟子规》提倡"亲有过，谏使更。怡吾色，柔吾声。谏不入，悦复谏"。就是说应当反复心平气和、耐心地规劝父母，而不是置之不理或冷嘲热讽。对于大多数人来说，父母的恩情永远无法对等回报。

第三，关心父母长辈的身心健康。关心父母长辈的身体健康，帮助他们消解由于衰老而感到的孤独和寂寞也是孝敬的表现。生命的规律，小孩长大、独立了，父母却越来越衰老，慢慢地身体会出现这样或那样的状况。父母生病的时候，子女应尽量陪同就医，讲话的态度、语气、方式都要比平时更温和，尽可能在精神上消除他们的痛苦和不安。平时，在工作、学习和婚恋之余，抽出一些时间来陪伴父母，与他们聊天、交流，听他们讲过去的故事和经验，分享自己在工作和生活中的感受，与他们共度美好时光，也可以征询他们对自己婚恋和工作选择的意见。如果无法长时间陪伴和照顾父母，多一点体贴的问候也可以让他们心里感觉踏实和温暖。尊重他们的意愿和选择，给予他们自由的时间和空间,支持他们发展兴趣爱好,鼓励他们参加适合的文体活动,让他们感受到生命的价值和意义等。大家彼此关心、照顾,才是相亲相爱的一家人,生活也因此有了温度和颜色。

第四,帮助父母跨越"数字鸿沟"。在这个"互联网＋"的时代,子女可以积极帮助父母学习新知识,掌握新的工作和生活方式,让他们更好地适应社会的发展,同时,帮助他们防范网络电信诈骗也是很重要的一环。

第五,让自己成长成才。这不仅是实现个人价值的必经之路,更是对父母养育之恩的最好回报。儿女是父母生命的延续,父母最大的心愿就是看到儿女成长成才,并为之感到骄傲和自豪。这在古代是孝敬的最高层次"悦孝"。还在求学的青年学子,首先要管理好自己,不让父母担忧;在生活、学习和工作上力求进步,实现自强自立,让父母放心;友爱兄弟姐妹,让父母感受到家庭的和谐与温暖;在实现理想的道路上争取为社会做更大的贡献,让父母为自己的成就感到光荣和欢欣。这样的"孝"不仅能实现个人价值,还能为家庭和社会带来正能量。

(三)友爱兄弟姐妹

随着我国计划生育政策的调整,越来越多的人有了兄弟姐妹,年龄差距甚至可能达到十几岁。即使是在没有亲生兄弟姐妹的家庭中,堂兄弟姐妹或表兄弟姐妹也能提供一些亲情的慰藉。在学校,同学、舍友也可以建立深厚的感情,如同兄弟姐妹一般。

关爱兄弟姐妹,在享受上要谦让与分享,尊敬兄长爱护幼小,在与他们分享的过程中,感受亲情和友爱,收获快乐和幸福;在工作和生活上给予力所能及的帮助。互助互爱的精神正是家庭亲情的真谛。

(四)夫妻相敬如宾

"相敬如宾,白头偕老",夫妻相互尊重才能幸福一辈子。夫妻关系是一种亲密的人际关系,是家庭的核心。夫妻感情是否融洽,决定着家庭的稳定和幸福。和谐的夫妻关系对孩子的成长和教育至关重要。人们发现一些有问题的小孩,例如校园霸凌或者学习困难的小孩,很多根源在于父母关系恶劣,或者有家暴、家庭氛围不和谐。那么,怎么做到夫妻之间相敬如宾呢?

第一,互相理解。青年人在选择婚恋对象时可能会面临地域和行为习惯差异的问题,理解和接纳是解决这个问题的最佳办法。尊重对方的父母是至关重要的,因为父母是子女生活的重要影响者,他们的意见和态度可能会影响到子女的价值观和行为习惯。建立良好的家庭关系,尊重彼此的家庭背景和传统,是维持和谐关系的重要一环。理解和接纳的态度不仅有助于个人成长和发展,也有助于社会的和谐与稳定。

第二,互相赞美。网络流传一个说法:"中国的很多夫妻一辈子都在做对方的差评师。"这说明很多夫妻在生活当中不是去赞美与鼓励自己的另一半,而是不断挑剔、打差评。其实,来自他人的肯定和赞美,尤其是来自亲密关系的人的肯定和赞美,是一个人存在感和价值感的重要来源。这种赞美可以让人们对生活充满自信,增强对抗生活压力的能力。不要忘记当初自己选择和欣赏对方的理由,多给对方一些鼓励和赞美;不要只把笑容和好脾气给家庭以外的人,而忘记了自己身边最重要的人更需要欣赏和赞美!

第三,互相关心。夫妻之间的关心体现在相互满足,彼此给予财务、事务和情感上的支持。传承家庭生活美德,夫妻双方应该在事业、财产、生育、教育、家务等重要事情上树立命运共同体意识,平等分工,甘愿奉献,一起谋划、统筹家庭生活大局。婚姻不是追求利益的商场,家庭不是理性至上的职场。如果家庭成员过分计较个人在家庭中的地位、得失、高低、输赢,处处要求平均、平等、理性,就会削弱家庭情感满足的重要功能,使家庭生活失去生机活力。美满的夫妻关系应该是双方在平等的基础之上共同分担家庭重任,相互尊重、相互宽容、相互扶持,不索取、不依附、不攀比、不内耗。关心对方的工作,关心对方的身体,关心对方的家人,关心对方的心情,多给予倾听和支持,这样的夫妻关系才能白头偕老、百年好合。

第四,互相宽容。夫妻恩爱需要宽容、体谅精神。这种宽容首先体现在尊重各自的兴趣、爱好和交友方面。"各美其美,美人之美,美美与共。"明理的人不仅懂得欣赏、尊重自己创造的美,还懂得欣赏、包容、尊重别人创造的美,在相互欣赏、相互包容的基础上,达到一致和融合,实现共同的美。美好的家庭生活建立在个体全面发展的基础之上,只要不影响家庭生活大局,夫妻理应满足彼此对发展兴趣、爱好和交友的需求。其次,宽容不足和过错。人都有这样那样的不足,也会有在生老病死的事情上无能为力的时候,这个时候更需要夫妻相互的理解、宽容、体谅和支持。"人非圣贤,孰能无过",生活中不存在完美的人,谁都会在学习、工作和生活的某个方面犯错。对待犯错,苛求自己或他人只会让关系恶化,甚至阻碍彼此进步。当对方真心承认错误并改过自新,而且所犯的错误无关家庭生活大局,可以给予宽容和原谅。这样的宽容不仅有助于夫妻关系和谐,更能让彼此面对生活的困难和挑战时,携手共度、共同成长。宽容和包容的夫妻关系才能更加稳固,家庭生活才会更加幸福美满。

二、家庭待客与睦邻友好礼仪

(一)家庭待客礼仪

家庭成员需要共同努力,妥善处理与外界的社交关系。当有家人的朋友、同事或同学前来拜访时,家庭成员都应该相互支持,以热情周到的态度招待客人。这不仅体现了家庭的温暖和团结,还能为家人赢得尊重和友谊。通过共同维护良好的社交关系,家庭成员能够更好地与外界互动,为家庭带来更多的快乐和成就。

第一,布置居室。如果知道有亲友即将到家来拜访,家庭成员都应该做好准备,把房间收拾得干净整洁,适当准备一些客人可能喜欢的水果、点心和饮料。有条件的家庭可以购买鲜花、摆件装点居室。

第二,容貌得体。在家接待客人,主人的衣着状况往往反映了对客人的重视程度。穿着正装表示看重,穿着休闲说明随意。讲究的女性可以略施淡妆,以较好的精神面貌展示待客礼仪。对重要客人,全家都应该穿戴整齐,参与迎接。无论如何,蓬头垢面、穿着睡衣或暴露的服装接待客人都是有损形象的失礼行为。

第三,热情接待。亲友到门口,主人应尽快开门,热情招呼客人请进、请坐、不要拘束。好客的主人会很注重客人的舒适与感受,他们会邀请客人坐在最佳的位置。这个位置通常靠近主人,便于交流,且视野较好,可以看到家中的美景或摆设。如果客人奉上伴手礼,主人要表示感谢,双手接过。如果家里有其他客人在场,主人可以介绍他们认识。

第四,端茶送水。好客的主人会周到地奉上暖心的茶水与精美的点心,让客人感受到温馨和轻松。在奉茶时,主人应遵循"茶七酒满"的原则,即茶水只需倒七分满,留下三分空余。一是为了避免茶水溢出烫伤客人,二是为了避免客人误会主人故意为难。尊重客人,应当让客人自由、轻松地享用茶点,不必有任何顾虑。

第五,餐饮款待。现代宴请客人一般在饭店进行。即使在家宴请客人,也应遵守餐饮礼仪规范,以确保客人能体会到主人热情、真诚的款待和出色的烹饪技巧。

第六,言谈有礼。待客的目的是促进人际沟通。如果平常不太走动的亲友主动提出拜访,很可能是有事相商,主人应当做好言谈的准备。首先要做好一个倾听者,鼓励并专心倾听客人的诉求,遵循交谈礼仪;其次适时做出回应和反馈;最后明确自己的态度。如果事先和客人有约定,临时又有紧急事情要处理,无暇亲自待客,一定要及时通知客人,真诚道歉并说明原委,获得客人谅解;如果客人已经到来,而自己无法接待,只能请家人代替陪客,并尽力抚慰客人失望的心情。在客人拜访期间,家庭成员之间即使存在矛盾,也要暂停并调整好情绪,所谓"家丑不外扬",避免家庭成员之间的争吵和指责给客人带来困扰。

第七,礼貌送客。客人起身告辞,主人可以稍作挽留,但也不必再三勉强。最好家庭成员都来打声招呼,送客人出门。对一般客人可以送到电梯口,对重要客人可以秉持"远接远送"的原则,送到楼下或停车场,再挥手致意道别、祝福。注意"目送"环节的礼节。主人应等客人进入电梯,电梯门关闭以后,或者送客人到楼下以后,客人上车以后,自己再回来关好门,千万不能当着客人的面大声关门。因为如果客人没走远,听到了"咣当"的关门声,心里会很不是滋味,甚至会怀疑主人之前的热情是假的。不要在客人还没转身离开就自己转身走了,让客人怅然若失。

第八,保持联系。礼尚往来,经常保持联系,人际关系会越来越密切。在这个快节奏的时代,人们没有经常见面,可以通过电话或互联网保持联系,表达关心和问候。如果有时间再登门拜访,面对面的交流不仅可以直接表达情感,还可以分享更多生活中的点滴,加深彼此的了解和信任。

(二)睦邻友好礼仪

第一,尊老爱幼,爱护公物,团结友爱。同在一个小区的居民低头不见抬头见,如果当面遇见,应当彼此打招呼问好,展示睦邻友好的态度;对社区的公共事务,应当力所能及地热心参与,大家共同努力营造温馨和谐的小区环境;对社区公共设施,应当合理使用,尊重他人同等利用的权利;公私分明,不将公共资源据为己有;对社区公共卫生,要践行"社区是我家,清洁卫生靠大家"的文明规范;注意个人的兴趣爱好、养的宠物不妨碍到邻居的生活；合理地处理宠物排泄物，不污染环境；爱护公物，体谅环卫工人辛苦，不乱扔垃圾杂物；在没有物业提供保洁服务时，每家住户应主动分担打扫公共区域的工作；消除自家可能带来火灾、水灾等安全隐患；杜绝高空抛物。安全、清洁、宁静、祥和、优美的居住环境能让人心态平和、言行有礼。大家团结友爱，礼尚往来，一起享受现代文明社区生活。

第二，拜访友邻，事先约定，访不久坐。邻居间相互走动也要邀请，进门前要敲门。如果门虚掩着又没有人应答就不要轻易进去，避免嫌疑。这就是《弟子规》讲的"将入门，问孰存"。初次登门拜访不要久坐，平时也不要没事找事打扰人家。不请自来、熟不拘礼的做派往往导致人际关系疏远。相互尊重是现代公民应有的品质。

第三，平时互助，难时互帮，无事时不要惹事。平时大家守望相助，遇到刮风下雨，邻居衣物吹落，应当帮忙妥善安置，放置在干净、安全、容易找到的地方。平时邻里各顾各家，但是"人到难处邻里亲"，遇到邻居遭遇急难，应给予力所能及的救助。相互帮助、相互体谅才能共创人人向往的邻里生活。

第四，宽容待人，相互谦让，不斤斤计较。邻居间的宽容和谦让体现了熟人之间的关爱和尊重，不斤斤计较则表示在利益上的退让和奉献。这都是人情的体现。"尺有所短，寸有所长"，每个人都有自己的长处和短处，只要行为不违背公德和法律，礼仪上都可以谦让。"忍一时风平浪静，退一步海阔天空"，在公共资源有限的情况下相互谦让、宽厚待人，不斤斤计较，毕竟共享和谐美好的生活环境才是所有人的长远利益。

第五，清白做人，明白做事。保持应有的邻里界限，不随便麻烦人家。不得已麻烦或干扰了邻居时要真诚道歉。借东西要及时归还，损坏东西要合理赔偿，人情往来一定要清楚明白。《弟子规》告诫我们："用人物，须明求，倘不问，即为偷；借人物，及时还，后有急，借不难。"

第六，与邻分享，与邻为乐。遇到好邻居要懂得适时回报，礼尚往来，共同创造欢乐生活好时光。

三、家庭仪式礼仪

（一）婚礼

婚礼是人一生中重要的里程碑，属于生命礼仪的一种。举办婚礼的意义在于获取社会的承认和祝福，也是众人帮助新婚夫妇适应新的社会角色和要求，准备承担社会责任的表达。人们受邀参加亲朋的婚礼仪式，需要注意个人形象，穿着正式的礼服，不可以穿着T恤、牛仔裤，更不可以穿背心、短裤，因为婚礼是隆重、庄重的场合，穿着随便显得对主人不尊重。虽然客人应当穿戴得喜庆一点，但是打扮得太漂亮也不行，不能抢新娘、新郎的风头。

婚礼是个庄重的场合，有时候婚礼仪式拉得比较长，作为客人要耐心等待仪式结束，不可擅自离场。在司仪主持婚礼仪式的过程中，不要随便说话、吃东西。带小孩的人要看管好自己的小孩,避免小孩在婚礼现场哭闹、奔跑,冲撞到人和东西。享用婚宴,最好等同一餐桌上的客人都到齐,司仪宣布开始后再用餐。闹洞房要注意言行分寸,避免恶俗造成伤害。如果有急事需要提前离开婚礼现场,与同桌打个招呼就可以了,一般不需要跟主人打招呼,因为这时候主人应接不暇。

收到亲朋的婚宴请柬,应该尽量参加。如果确实有事不能参加,要提前跟主人说明情况,取得谅解,并托人把自己的祝福、礼金或礼品带到婚礼现场,也可以发短信、微信说明。

(二)满月酒

小孩出生是家庭添丁进口的喜事,一般人家都会在小孩满月或满百日时邀请亲朋好友参加庆贺,俗称"满月酒""百日宴"。被邀请的客人要提前准备好礼物,待"满月酒"当天送出。贺礼主要是婴儿衣帽、奶粉、纸尿裤、玩具、金银长命锁、手镯、项圈或者礼金等。出席"满月酒",无论主人还是宾客都应该梳洗整洁,穿着喜庆的正式礼服。在主人抱出孩子给客人观看时,客人应该说祝福、赞美的话,例如夸赞小孩长得漂亮、聪明等。未经主人许可,不要触摸小孩柔嫩的肌肤。

(三)寿宴

寿宴是一种庆祝长寿、生日和寿辰的宴会。寿宴一般由寿星的儿女或者亲朋好友操持举办。寿宴的目的是祝福和庆祝寿命长久,同时也是一种家庭团聚和社交的良机,因此寿宴气氛一般都非常隆重。

举办寿宴,一般要在祝寿仪式会场中央悬挂一个大红"寿"字或者"百寿图",两边悬挂"寿联"。参加寿宴的客人穿着打扮都应该干净、光鲜、喜庆,还要给寿星送上真挚的祝福和寓意恰当的礼品。一般客人送的礼品可以是保健用品、衣物鞋帽、地方特色的寿面、寿桃、寿糕、寿联、寿幛,或恰当数目的礼金等。寿桃通常选用新鲜的桃子,也可以是面粉制作的寿桃。

(四)成年礼

成年礼,是男子冠礼和女子笄礼的统称,是中华文化传统为跨入成年的青年男女举行的成人仪式。男子16~20岁时举行冠礼,表示其已成人,被族群承认之后可以娶妻;女子则在15~20岁后举行笄礼,表示之后可以嫁人。传统的成年礼通常在家庭中举行,现代成年礼则基本上已经转移到学校,成为一种集体仪式。知晓此事的亲朋可以赠送衣帽、学习用品、金银首饰等,以示庆贺。

(五)丧礼

丧礼是重大的家庭仪式。"红事不请不去,白事不请自去",丧礼上集中体现了人际关系的亲疏远近,是人情味最浓厚的地方。在丧事中逝者的近亲属一般都情绪低落、悲伤,参加葬礼的人应该感同身受,保持肃穆、庄重的神态,举止稳重,走路脚步轻缓,说话轻声细语,遵照习俗行事,不能嬉笑,不可高声,少说话。参加追悼会不要迟到,事先把手机调至静音或者关闭状态,不要提前离开。这些都是表示对逝者的尊重和对逝者家属的安慰。

第二节　学校生活礼仪

学校已成为不可或缺的一部分。从 6 岁踏入小学校园开始,一直到大学毕业,大部分人都将在学校度过近 20 年,人们不仅积累了丰富的知识,还结识了许多朋友和伙伴,形成了复杂的人际关系网。如何在学校中妥善处理这些关系,与他人和谐共处,是个体在学校生活必须面对的挑战。大学是人生成长的重要阶段,也是社交圈不断扩大的时期,这里不仅要处理与同学、老师和各种朋友的关系,还可能接触到恋人关系。处理好这些关系,不仅有助于学习和成长,更能让生活变得丰富多彩。大学有很多重要的公共场所,如宿舍、图书馆、教室、食堂、体育场和健身房等,在这些地方,同学们不仅要关注自己的需求,还要学会尊重他人,与集体和谐共处。

一、课堂礼仪

课堂是以传授知识和探讨学问为目的的地方,是每个人获取知识最全面、最系统的场所,也是神圣、庄重、不容亵渎的殿堂。为了教学活动得以顺利进行,每位走进课堂的师生都应该注意自己的言行举止。

第一,遵守时间。按时上课是师生间最基本的尊重。学生应提前 5～10 分钟到教室,准备好学习用品,安静等待上课。如果进入教室时老师已经在那里,学生应该微笑着跟老师打招呼,而不是假装没看见。如果迟到应迅速、安静地就近入座。课后向老师解释迟到的原因,以获得老师的谅解。

第二,规范物品。"规范物品"指教室中应仅摆放与上课学习相关的物品,避免放置与学习无关的食品、化妆品、玩偶等。"教室不是食堂",食物的气味与书香冲突,容易分散同学的注意力。课堂需要理性和专注,而食物的气味是一种干扰,有些气味甚至会让人感到恶心,影响课堂氛围。

第三,注重形象。在教室里,师生的穿着应当体现出严谨、专注的求知精神。男生不应该穿着背心、短裤或拖鞋,因为这些服饰容易给人一种散漫、不重视课堂的感觉。女生不应穿着吊带衣裙或暴露过多的服装,以保持一个庄重、得体的形象。

第四,认真听讲。上课是学生获取知识并与教师进行交流的重要时刻。教室不是用餐、休闲、打游戏的地方,也不是睡觉的场所,更不是谈情说爱的地方。在上课时,同学们应该自觉遵守纪律,积极思考,认真对待老师提出的问题和建议,只有这样才能真正从课堂中获得知识,提升自己的综合素质。

第五,理性探讨。在课堂上,学生恪守基本的课堂礼仪,认真听讲,积极参与讨论。如果认为老师的说法有错误,应当采用合情合理的方式提出,而不是直接在课堂上当面指出。"正面刚"的方式虽然直接,但可能会打断老师的讲课思路,甚至影响整个课堂氛围,让老师感到尴尬。尊重与理解是双向的,理性的沟通方式不仅能提升个人品德修养,还有助于教学相长。

第六,规范请假。学生应按时完成学习任务,如果有特殊情况需要请假,应该按照学校的考勤制度,提前向老师提交请假申请,并说明请假理由。只有得到老师的批准后,才可以不用上课。如果情况紧急,无法当面向老师请假,可以通过微信或 QQ 等向老师请假。最好不要托同学代为口头请假,除非自己无法开口或行动不便。尊重学校的考勤制度,认真履行请假手续,是每个学生应该遵守的基本规范。

二、师生相处礼仪

课堂内外师生相处都应该相互尊重。相比于中小学,大学的师生交往要更加深刻、复杂。理想的师生相处方式是"亦师亦友"。

第一,尊师重教。"尊师重教"这一传统美德,彰显了对知识和教育的敬重。《弟子规》中"骑下马,乘下车,过犹待,百步余"体现了古代礼仪对师长的尊重。现代社会,人们的生活节奏加快,许多具体的传统礼仪无法完全遵循,但是保持尊师重教的价值观、谦逊有礼的态度仍然很重要。

第二,打招呼问好。在路上行走时,遇见老师,务必展现出热情与尊重的态度,主动上前向老师打招呼、问好,以表达对他们的敬意和关心;在楼梯或是走廊等较为狭窄的地方与老师不期而遇时,应迅速侧身站立一旁,并礼貌地请他们先行;若观察到老师手中提着重物,应主动询问是否需要帮助,尽力为他们分担。

第三,做事积极稳重。为了保质保量地完成教师布置的作业和任务,在实习和撰写论文期间,同学们必须主动与指导老师保持联系,及时告知自己的联系方式和行动去向,汇报实习及论文进展情况,避免拖拉到最后一刻,让老师措手不及,催促老师;对老师的修改意见一定要认真对待,不可敷衍了事、心浮气躁;有不同意见,可以与老师商讨,但态度要谦恭有礼;被老师批评或误解时,同学们应控制好自己的情绪,等老师讲完话后再心平气和地解释,一次解释不清楚,可以另找时机再做说明。通过这些努力,同学们能够更好地完成学业,提高自己的综合素质。

第四,感恩老师。在重大节日,尤其每年一度的教师节,学生应向曾经帮助过自己的老师致以诚挚的问候。可以选择打电话或发送信息,表达自己的关心与祝福。送上一份小礼品也是不错的选择,这不仅是对老师的感谢,更是对他们辛勤付出的肯定。无论哪种方式,都要确保态度真诚,让老师感受到学生的感恩之情。

以上是学生和老师相处时表达尊重应当关注的几个方面。尊重老师就是尊重自己,因为当学生给予老师足够的尊重时,老师也会更加认真地对待学生,尽心尽力地指导。这种互相尊重的关系不仅有助于同学们的学习和成长,而且有利于营造和谐的师生关系。

三、同学相处礼仪

同学关系是大学生活中最重要的关系之一，也可以说是大学生的第一关系圈。由于来自不同的地域、家庭背景和成长经历，同学关系多元而丰富。大家因为追求"渊博的知识和高尚的品德"的共同目标而聚集在一起，这可以说是志同道合的缘分，应该好好珍惜。好的同学关系可能发展成为其他关系，如朋友关系、合作关系、恋人关系。毕业后，这些关系可能会进一步发展成知己。有些关系可能会持续几十年，成为人生中宝贵的财富和幸福的来源。因此，大学生应当重视培养与同窗相处的能力，既要尊重同学的个性与选择，又要关心同学的需求与感受，更要乐于伸出援手帮助同学，以此来培养深厚的友谊与信任关系。同时，也要学会处理人际关系中的矛盾和冲突，以平和、理性和宽容的态度解决问题。通过建立良好的同学关系，大家共同成长、互相支持，度过大学美好时光，为未来的生活和事业打下坚实的基础。

第一，团结友爱。团结友爱是过好大学生活的必备条件。在人的一生中，大学时期形成的友谊最纯洁最珍贵，也最值得怀念。大家秉持成长成才的共同目标朝夕相处，砥砺前行，团结友爱，为彼此创造良好的求学和生活环境。

第二，尊重同学。"各美其美，美人之美，美美与共"，大学同学都有自己的兴趣与爱好，只要不相互干扰，应该学会相互欣赏，在相互支持的环境中成就每个最美好的自己。

第三，关心同学。同学间的关心和支持容易促进深厚的友谊和信任，有利于培养同理心和人际交往能力。关心同学就是在同学遭遇困境时给予安慰和理解，并给予力所能及的帮助。例如，在同学因为家庭、学业、恋情而情绪低落的时候，其他人要给予安慰和鼓励，消解失望和孤独；在同学遭遇经济困难的时候，要给予接济和帮助。借钱借物时牢记有借有还的原则，避免给人留下贪便宜的坏印象。当情况改善时，应当回报曾经帮助过自己的同学，无论是物质上的支持还是精神上的鼓励。

第四，懂得分享。快乐与人分享，快乐加倍。多数同学尚未在物质和精神上完全独立，分享有限的资源能够让彼此感受到更多的快乐，同时加深同学情谊。分享自己的荣誉时应当保持低调和谦逊态度，以顾及那些没有获奖同学的心情。懂得分享的人才可以共事，有利于培养个体的同理心和团队合作精神。

总之，在大学，无论同学的出身、地域背景如何，都有平等的机会求取知识、提升自我；无论同学来自富裕家庭还是贫穷家庭，都应该以友善、平等和尊重的态度对待彼此。通过团结、互助、分享和共同成长，大家共同努力克服生活中的困难和挫折，度过青涩而美好的年华。保持协商、理解、包容和开放的信念，让青春变得充实和无悔，让友谊和回忆成为人生中最宝贵的财富，共同书写美好而难忘的青春篇章。

四、宿舍生活礼仪

学校宿舍是同学共同生活和学习的空间，它既非人人皆可随意进出的公共场所，也非完全属于个人的私密领地,实际上是一个有限度的公共空间,每位同学只享有相对较小的个人隐私空间,应注重彼此尊重。在宿舍内,大家的言行举止既要保持轻松融洽,又需注意分寸,不可过于随意。遵循宿舍的基本礼仪规范,是避免宿舍内部矛盾的关键所在。

第一,注重卫生。清洁卫生是保障高品质生活的重要条件。每位同学都应该为保持宿舍的整洁卫生尽一分力。有些同学刚开始时还能保持良好的卫生习惯,但随着时间的推移,逐渐放松了对自己的要求,将物品随意摆放,导致宿舍内杂乱无章,甚至产生异味。他们认为这是自己的事情,是个人的习惯,别人无权干涉。这种想法是不正确的。个人的习惯和自由不能以牺牲宿舍整体的生活品质和形象为代价。宿舍是大家共同的生活空间,每个人的生活习惯都会影响到整个宿舍的环境。宿舍的卫生状况、空气质量以及水电的使用情况都直接关系到每位舍友的生活品质。只有大家共同努力,才能确保宿舍清洁卫生,提升整体的生活品质,让宿舍成为舍友共同的美好家园。

第二,保持距离。距离产生美,同时也带来安全感。宿舍里,每个人对他人的私人物品要保持距离,例如钱款、床铺、衣物、电脑、手机、首饰、化妆品、卫浴品、日记本等,未经许可不可擅自取用,牢记"用人物,须明求。倘不问,即为偷"的训诫,避免误拿误用而造成误会和困扰,给彼此留下不好的印象。保持距离还要懂得尊重对方隐私,当室友小声打电话谈论私人事情时,其他人应当主动回避。

第三,宽容大度。在宿舍生活中,舍友像家人一样相互照顾和关心,互相提供一些便利,例如帮忙买饭、取快递、传递信息等。在一些小事情上,如别人偶尔使用了你的牙膏、纸张、笔等物品,不必过于计较。在涉及水电费等公共费用时,应当一起商量并合理分配。碰到特殊情况,应该及时告知室友,避免产生误会。不要过于计较一些小事情,例如几天不住宿舍就要求少交水电费等,这样会使情况变得复杂。如果事事在意,过于精打细算,就会失去人情味,显得自私小气。一个人在所有事情上推崇"AA制"、追求绝对公平、斤斤计较,很难与他人和睦相处,或者难以建立持久美好的人际关系。不要过于计较个人得失,才能在宿舍生活中与他人和谐相处,共同度过轻松美好时光。

第四,掌握分寸。过集体生活分寸感很重要。无论是对于亲密舍友,还是对于其他同学,都应该尊重对方的自由权利,并且遵守学校的宿舍管理制度。当自己有校外的朋友或同学来访时,最好不要长时间让他们留在宿舍。这样可能会影响其他舍友的作息和资源使用。有特殊情况,应该事先跟舍友打招呼,以获得他们的谅解。偶尔很晚回宿舍,也要跟舍友打一声招呼,这样的目的一是让他们知道自己的行踪,体现安全意识,二是对自己很晚回来可能打扰他们先表示抱歉,获得谅解。喜欢熬夜的同学需要注意其他同学的感受。大家相互尊重,相亲相爱,才能过好宿舍生活。

第五,积极沟通。积极沟通是促进宿舍关系、解决矛盾的正确方式。舍友们同龄且朝夕相处,彼此之间的言行可能比在家里更加自由和放肆。好舍友形成的亲密关系,有的比家人还要亲近。然而,也可能因为误会发生矛盾。这是正常的现象,就像家庭成员之间也会有摩擦一样。但是,家庭成员不会轻易将家庭矛盾宣扬出去,因为关系到家庭成员共同的声誉和面子。舍友也应当在一定程度上保守彼此的秘密和隐私,不能随意将宿舍里的言行到处传播。

解决宿舍矛盾,首先,应该秉持积极、理性和建设性的态度。不要让小事情演变成大问题,要相互理解和包容以化解分歧。和气、友好的心态才能让大家开诚布公、实事求是地将自己的感受和想法表达出来。其次,讲究沟通技巧。勇敢、积极、主动的沟通有助于将矛盾化解于初始阶段。矛盾日积月累的后果不是在沉默中爆发,就是在沉默中决裂,这两种都是失败的人际沟通。最后,组织丰富多彩的宿舍活动。宿舍活动能增加舍友之间的互动与合作,同时也能促进理解与包容。总之,宿舍是我家,幸福、和谐靠大家。

在宿舍狭小的空间里,舍友们保持自律自觉意识,努力提高生活自理能力,不过多麻烦别人。大家相互体谅,共同打造自由自在、相安无事、轻松惬意、温馨友好的宿舍生活。相处快乐,同学情谊才能地久天长。

五、交友恋爱礼仪

在大学,大多数同学有机会接触到更多的人,交友的愿望也更为强烈,也会更加深刻地感受到缺乏朋友带来的孤独感。由于接近适婚年龄,同学们会更加渴望谈一场浪漫的恋爱,了解交友和恋爱礼仪有助于大学生解决在交友和恋爱方面遭遇的困扰。

(一)交友礼仪

1.交友基本原则

第一,谨慎交友。老师和家长都会谆谆告诫大学生慎重交友。因为社交的动机非常复杂,人品难以辨识。近朱者赤,近墨者黑;物以类聚,人以群分。通常要经过长时间的观察才能判断一个人的人品。

第二,明确目的。交友是人的正常需要。朋友不仅是能共同玩耍的人、乐于交流的对象,更是雪中送炭的救星。真正的朋友是灵魂的伴侣,也是生活事业的搭档,更是自己言行的镜子。真正的友情千金难买,与美德相伴。

第三,广泛交友。人的性格和需求各异,因此需要不同类型的朋友来满足。例如,对于忠厚可靠的人,可以放心地托付他们处理重要事务;对于心灵手巧的人,可以从他们那里学习到生活中的小技巧;对于在某个领域有专长的人,可以向他们请教并获得专业建议;对于情趣高雅的人,可以学习他们的审美观并提升自己的品位;对于志趣相投的人,可以一起开创事业。在校园里,同学们通过相互接近和参与各种社交活动,可以更好地了解他人,也让他人更好地了解自己。这样,可以在与不同的人的交往中更好地认识自己,并找到真正适合自己的朋友。

第四,坚持原则。广交不是滥交。"道不同不相为谋",端正自己的思想观念,不做有违法律和公德的事情,自然也不以这样的人为朋友。晚清重臣曾国藩很重视交朋友,提出了"八交九不交"的交友准则。八种可交的益友包括胜己者、盛德者、趣味者、肯吃亏者、直言者、志趣广大者、惠在当厄者、体人者。九种不可交的损友包括志不同者、谀人者、恩怨颠倒者、好占便宜者、全无性情者、不孝不悌者、愚人、落井下石者、德薄者。纵然时代不同,曾国藩的交友原则仍然可供参考。

第五,完善自我。在选择朋友的过程中,我们也在被别人选择。他们会在与我们交往时思考,我们有哪些值得他们学习和借鉴的地方,以及我们能为他们提供什么价值。因此,我们不能只是一味地要求别人、向别人索取,而是要不断地完善自我、成长自我,让自己在别人的心目中变得有价值、有意义。

第六,真诚付出。真诚付出指的是真心诚意付出,没有虚伪和欺骗。关心朋友并帮助他们时,不仅要能在困难时给予支持,还要尽力帮助他们实现愿望。同时,应该尊重朋友的不同见解、观念、选择和行为方式,不强求一致,而是要理解和包容他们的差异。

第七,保持分寸。保持分寸感很重要,即使在最好的朋友之间也是如此。在彼此的行为和处事中,应该保持一定的界限和尺度,避免过度干涉朋友的婚恋生活。"自助者人助之",如果朋友没有主动寻求帮助,别人不应该插手他们的个人事务,而是鼓励他们自己主动解决问题。

2.同性交友

男性之间交友需要注意以下几点:

第一,端正性别取向。虽然不同时代和文化的性别特质评价有所变化,但男女有别的主流社会期待仍然存在。传统社会认可的男性特质包括刚毅、矫健、果断、沉稳,以及竞争意识和独立自主的品质;女性特质包括温柔细腻、情感丰富、富有爱心、注重形象和聪明灵巧等。现代社会中无论男性还是女性,都应具备独立自主、奋发向上、自信有力的品质。

第二,讲究君子风范。君子代表高尚的人格品质,"君子比德于玉"。现代著名文学评论家、文学史家李长之讲中国古代的审美教育说,"不稚弱,不琐碎,不浅薄,不单调,不暂时,不变动不居,不死滞不前"[①]是君子的品格。每一个"不"字,都是对消极或片面的人生态度和艺术态度的否定。相反,有能力、有决断、有内涵、有幽默、不浮躁、不死板的人格品质,能将人引领至全面、深入、持久并充满活力和变化的人生境界。

第三,坚持交友原则。"君子之交淡如水",成就的是彼此的才能和品德,不能将交情当作牟取私利的工具,更不能将江湖义气置于法律和公德之上。例如,在考试中不能应朋友的请求而作弊,这样害人害己,违背了交友的真正意义。这是男性交友时需要注意的。

女性之间交友同样需要注意:

第一,注重自身形象。女性天生具备发现美、创造美的能力,不仅懂得欣赏美,更能亲手缔造美;不仅追求自身的美丽,也关注他人之美;不仅注重外在的容貌,更重视内在的修养。女性应当重视自身形象的塑造,为自己和身边的朋友带来美的愉悦和享受。

第二,坦诚相待。女性之间往往比男性之间更容易发生矛盾,相互间容易产生猜疑和嫉妒,有事儿也倾向藏心里,不愿意告诉别人,久而久之嫉妒就毒害了心灵,人际关系会变得越来越差。促进彼此的友谊,应坦诚相告,积极寻求破解矛盾的办法。

---

① 李长之:《迎中国的文艺复兴》,商务印书馆 2013 年版,第 141 页。

第三，大方大度。"严于律己，宽以待人"，行为做事要大方得体，不要因为一点小事就跟人闹得不可开交。不要养成和他人私下"咬耳朵"交谈的坏习惯，不要炫耀自己的长处和财富。时常赞美和鼓励朋友，真诚祝贺朋友的成就和荣誉，与她们分享喜悦。要注意这些细节，女性之间的友谊才能健康长久。

3.异性交友

有种观点认为异性之间只有两种关系：恋人或仇人，不存在真正的友情。这种说法并不正确。虽然男女之间保持持久、纯粹的友谊具有挑战性，但并非不可能。男女作为普通朋友交往时需要更加慎重，注意保持适当的距离和尺度，并处理好与周围人的关系。通过相互尊重、理解和包容，男女可以建立起真诚的友谊。

第一，交往要男女有别。男性和女性在生理和社会功能上承担着不同的角色和作用。有些事情，同性朋友之间可以轻松做到，但异性之间却不宜进行，例如过于亲密的肢体接触、勾肩搭背等，容易引起他人的误解。

维护异性之间的友谊，需要明确情感边界。对于异性的关心和体贴，应当根据场合、对象和程度来适度表达。正如古希腊悲剧作家欧里庇得斯所说："既然我们都是凡人，就不如将友谊保持在适度的水平，不要对彼此的精神生活介入得太深。"在与异性交往时，男士和女士都需要注意言行的恰当性，避免开与性有关的玩笑，不讲低级趣味的话语，更不能用言行去挑逗或干扰对方。虽然可以相互咨询、帮助解决生活中的问题，但不应过分介入对方的情感世界和家庭生活。女性在与男性友人相处时，要保持适当的距离和热情，不要过分依赖男性友人，尤其在涉及金钱方面时，应避免让男性友人承担过多的费用。这样的交往方式有助于维护友谊的纯粹性，避免产生误会和冲突。

第二，行事要光明正大。为了防止产生误会，异性之间应当尽量避免在密闭空间进行单独接触。有话应当在公众场合坦诚交流，有事则直接面对，不必畏畏缩缩，躲避他人的关注。坦荡和正直的言行不会引起他人的猜疑。如果过分防备，反而会引发他人的好奇心和疑虑。

第三，要照顾他人感受。当异性朋友有了恋人、配偶和家庭以后，彼此言行的内容和方式就要顾及异性朋友另一半的感受，不可以随意。如果因为坚持友谊而引起婚恋、家庭的误会，这样的友谊难以持久。

（二）恋爱礼仪

在大学，不仅有友情，还有爱情。从道德层面说，爱是一种责任，爱人就是帮助和成就对方，因此真正的爱情具备奉献精神。从心理学角度看，爱是一种能力，包括爱的鉴别能力、爱的表达能力、爱的接受能力、爱的拒绝能力、爱的扩展能力、解决爱的冲突的能力以及面对失恋的能力。这些责任和能力也体现在社交礼仪。

1.表白爱的礼仪

当人们希望跟某位异性发展恋爱关系的时候，应该做一些准备工作。首先，了解情况。应当观察和了解对方有没有恋爱对象，以及对方是不是也喜欢自己。如果对方没有喜欢自己的意思，那表白被拒的风险就比较大。如果对方已经有了恋爱对象，也要评估一下横刀夺爱的道德问题。如果没有或认为不存在以上问题,就可以进行下一步。其次,注意表白的方式。应当考量对方的性格、脾气和喜好,如果对方性格内向、气质文静、含蓄羞涩,突袭式公开表白可能并不适合,还会惊吓到对方。最好用循序渐进的方式,先试探一下对方的心意,看能不能接受。如果对方性格热烈、大方开放、直率坦诚,表白就不妨直接一点。也可以通过电话、短信、QQ、微信等方式试探对方心意。表白的内容一定要让对方明白自己希望建立恋人关系。含含糊糊、模棱两可的表白会让人感觉不够诚意。

2.拒绝爱的礼仪

表白爱需要勇气,拒绝爱同样也需要勇气。对被表白的人来说,如果真心不爱,就应该郑重有礼地拒绝。首先,尊重对方。每个人都有爱与被爱的权利,拒绝爱不应伤害对方的自尊心。即使自己不喜欢对方,也不应伤害一个真心欣赏自己的人,更不应以侮辱、贬低的方式拒绝对方的爱。"宁愿得罪君子,不可得罪小人。"这是因为君子心胸开阔,即使被无礼拒绝,他们往往也会以宽容和理解的态度来对待,不会过于计较或报复。而"小人"则指那些心胸狭窄、善于算计、容易记仇的人,他们往往为了私利而不择手段,对人对事都缺乏公正和诚实。如果无礼拒绝小人,他们很可能会怀恨在心,找机会报复,甚至不择手段地制造麻烦。因此,拒绝爱时,务必保持礼貌和尊重,不要给人际关系留下隐患。其次,态度明确。如果肯定不会和对方发展恋爱关系,就应当明确表示不会接受对方的爱,理由可以说自己已经有心爱的人了,或者说自己跟他不合适。态度明确就是拒绝的语言不模棱两可,不接受对方有特定含义的礼物,不给对方还有可能发展恋爱的幻想,以免造成对方更大的痛苦和损失。

3.相爱的礼仪

"百年修得同船渡,千年修得共枕眠",恋爱是人生中难得且珍贵的情感体验。虽然恋人的相处模式各异,但由陌生人关系转变为亲密关系的过程中,都会有一个探索的过程。为了确保恋爱能够顺利发展,恋人之间应当遵循一定的言行准则。

首先,保持适当距离。这不仅包括身体上的距离,也包括心理上的距离。适当的距离能增加美感和安全感,尤其在恋爱的初期阶段。例如,金钱方面,双方应保持独立自主,共同消费应尽量采取 AA 制。在选择约会地点时,优先考虑安全因素。穿着应优雅得体,约会时间应合理安排,不宜过长。适当地表达对对方的感激和赞美也是重要的。

其次,不要争吵不休。恋爱中争吵是难免的。如果双方经常发生争执,那么维持恋爱关系就会变得异常耗费精力。如果恋爱关系严重干扰学习或工作,那么这段恋爱关系就变得不必要了。恋爱双方需要学会妥善处理争执,以保持关系的和谐与稳定。

争吵时注意几个方面:第一,最好采取面对面的方式。避免在电话和网络上争吵,只会加剧矛盾,让对方感到丢面子,并更加坚定自己的立场。第二,选择合适的场合。不在公共场所大吵大闹,否则不仅扰乱公共秩序,而且损害彼此的尊严。不在危险的地方争吵,以免冲动之下做出损害生命健康的事情。第三,理性争吵。尊重对方的人格,不进行人身攻击。保持清醒和理智,不被情绪左右。同时,不要无凭无据地猜疑对方,应该就事论事,避免将其他无关的人和事牵扯进来。第四,见好就收。当对方做出让步时,应该见好就收,不要没完没了地争吵。此外,考虑对方的身心状况,适时停止争吵,给予安抚;约定好以后吵架的底线,不轻易说分手,不向外宣扬彼此的矛盾。总之,争吵应该促进双方沟通和了解,而不是导致关系疏离。

再次,懂得分享分担。真心相爱的两个人,一定是彼此关爱,愿意为对方付出和牺牲的。他们会将自己的快乐与对方分享,同时也会共同承担对方的负担。在相互分享和分担的过程中,感情会逐渐加深,关系也会变得越来越亲密。而那些只顾自己享受,不愿意与对方分享美好事物,对对方的困难也漠不关心的人,则是自私自利,这样的人不值得被爱。

最后,不要轻易说分手。牵手和分手都需要慎重。牵手代表建立具有排他性的恋爱关系,分手则意味着这种关系的破裂,使彼此恢复自由单身状态,可以重新选择伴侣。情侣之间吵架时不能轻易提出分手,这可能会对双方的感情造成不可逆转的伤害。在处理恋爱关系中的矛盾和问题时,应该采取理性和成熟的态度,通过沟通和相互理解来解决,而不是轻易放弃。

4.分手的礼仪

虽然人人都向往"愿得一人心,白首不分离",但是并非所有的恋爱都能顺利走到最后。有时候,恋爱关系经过一段时间的发展后,发现彼此并不合适,难以继续。在这种情况下,宣告分手或许是必然的选择。对此,言行也应该有风度有节制。

首先,面谈分手。面谈表示慎重和负责任,大家在一起把话说清楚,澄清一些事实,好聚好散,不留遗憾。如果见面就争吵,彼此无法心平气和地谈下去,也可以用书信将分手的前因后果讲清楚,明确自己的选择。如果实在无法亲自表达,也可以委托一位双方都知晓和信赖的朋友代为转告和解释清楚。

其次,选择合适的分手地点。大多数时候宣告分手是一件令人痛苦的事情。如果对方完全没有思想准备,突然被宣告分手很有可能引发激烈的情绪。因此,一定要选择一个相对安全又安静的场所,最好是茶馆、咖啡馆、操场、广场等,不要选择楼顶、河边、铁路或公路边,也不要选择人迹罕至的偏僻地方,避免对方情绪失控做出不理智行为。

再次,不要反复分手。如果恋爱真的无法挽回,就应该果断分手,给彼此一个重新开始的机会,所谓"挥别错的才能跟对的相逢"。无论出于什么原因,反复分手和复合都是不负责任的行为,不仅对恋爱关系缺乏慎重考虑,更是对彼此时间和生命的浪费。另外,为了自己的权益,应该有足够的证据来支持分手的决定。此时,不争吵、不发飙,更不要到处散播对方的不是。否则,不仅不道德,而且可能会造成更多的伤害。

最后,不要抱怨对方。分手后应该避免批评和抱怨对方的过去,因为对方的缺点和不足已经与自己无关了。如果必须指出对方存在哪些问题,也应该以委婉的方式表达。分手是一个痛苦的过程,需要足够的时间和空间去适应这个变化。克制自己,就是不要把有理变成无理,把淑女变成泼妇,把绅士变成无赖。牢记:爱情不在友情在,友情不在人情在。人际关系在近和远之间变换,也许未来转角处还有再遇见的时候。

六、其他场合的礼仪

现代大学拥有众多公共资源供师生享用,如图书馆、食堂、运动场馆、洗衣房等。在使用这些公共资源时,同学们应秉持"己欲立而立人,己欲达而达人"以及"己所不欲,勿施于人"的信念,深刻认识到自己和他人享有平等的使用权,严格遵循各场所的行为规范。

(一)图书馆借阅礼仪

第一,保持安静。图书馆是供人静心学习和思考的圣地,为了维护宁静的氛围,每位读者都应自觉遵守相关规则。进入图书馆前,请确保手机处于静音或关机状态,防止铃声或震动影响他人。通电话或与人交谈要轻声,移动桌椅、拿取图书请轻手轻脚,走动亦需保持安静,女士避免高跟鞋发出声响。

第二,文明就座。大学图书馆的座位资源有限,在期末或考试期间尤其抢手。为避免占座引发纠纷,建议网上预约座位。如遇他人占用自己的座位,应冷静沟通,若沟通无果,可寻求值班老师的帮助或另寻座位。

第三,爱惜书籍。图书既是一种知识载体,也是一种宝贵的财产,它有明确的所有权归属。任何读者都无权对图书馆的图书进行破坏、涂改或私自占有。如果读者对某本书感兴趣,正确的做法是用手机拍照留存,然后到书店或网上购买。通过合法的方式获得书籍是尊重知识产权的表现,也是公民应尽的责任和义务。

第四,及时归还。阅读完毕务必在规定期限内归还图书,这既是良好个人习惯的体现,也是对图书的尊重和保护。长时间占用图书会阻碍其流通,影响知识的传播。

第五,其他注意事项。图书馆内,避免饮食,防止损坏图书。

(二)食堂就餐礼仪

在食堂就餐要注意以下几点。第一,排队就餐。这是现代公共场所最基本的礼仪。第二,举止稳重。注意在端取食物时不要撞到他人。第三,姿态优雅。进餐时端正坐姿,收敛手脚,避免伸腿、捋发、抠脚等不雅动作。第四,保持安静。这样做不仅为了安全和卫生,防止吃饭时讲话被呛或食物掉落,而且有利于保持良好就餐环境。第五,践行光盘行动。"一粥一饭,当思来处不易;半丝半缕,恒念物力维艰",珍惜粮食是个人美德。第六,收拾餐具。保持餐桌整洁,将餐具放回指定地点,并将餐具、纸巾分类投放。文明有序就餐,营造温馨、整洁的用餐环境。

(三)集会行为礼仪

大学有各种各样的集会,例如庄重的开学典礼、隆重的毕业典礼、肃穆的升旗仪式以及热烈的运动会开幕式和闭幕式等。为了确保这些集会顺利进行,每位同学都应自觉遵守纪律,遵循相应的礼仪规范。

总之,熟悉并遵守礼仪规范,同学们可以更好地融入校园生活,建立起和谐的人际关系,并不断提升自身素质和修养。

第三节　出行礼仪

一、出行礼仪原则

(一)安全原则

安全是出行礼仪的首要原则,也是核心原则。无论独自出行还是与他人同行,人们都可能面临各种意外情况,因此,应当首要关注安全。遵守交通规则是保障安全的前提,正如电影《流浪地球》所说:"道路千万条,安全第一条。行车不规范,亲人两行泪。"

出行前应该全面评估各种可能影响安全的因素,如出行人的身体状况、道路状况、交通工具的选择、天气情况、防寒保暖措施以及食品安全等。细致的准备和预防措施,可以大大降低出行过程中可能遇到的风险,确保整个行程安全。只有确保安全,出行才能愉快、顺利。

(二)方便原则

方便意味着整个出行过程应该以最便捷、最高效、最舒适的方式进行,从而省时、省力、省心。

例如,在通勤高峰期,为了确保准时,应该优先考虑便捷出行方式,预留出足够的交通时间。此外,在安排客人乘坐交通工具时,应充分考虑到客人进出或上下是否方便。真正的优质服务应该是"想客人之所想,急客人之所急",尽力满足客人在饮食、休息等方面的需求。这些细致的安排和考虑,不仅能提供更加便捷、舒适的出行体验,还能展现出关心和尊重,进一步提升出行礼仪的品质。

(三)自愿原则

尊重对方的意愿同样重要。客人应尊重主人的安排,即所谓的"客随主便"。通常,热情周到的主人会为客人考虑周全,安排好出行事项。客人应遵守主人的安排,避免挑剔或指责,即使有特殊要求,也应有礼貌地提出。此外,尊重当地的风俗习惯和主人家的生活方式也是必不可少的。

主人也应尽力满足客人的特殊要求,即"主随客便"。如果客人坚持不饮酒,主人就不应强求;如果客人希望以某种特定的方式出行,主人也应尽量予以满足。

二、行道礼仪

(一)行路礼仪

1.右行

在我国,靠右行是基本的行路规范。行路时,避免在人多的地方逆向行走,也不应该与人勾肩搭背或者三五个人并排行走,以免阻挡道路,影响他人通行。注意周围的车辆和行人,注意交通指示灯,在过马路的时候,不要边走路边打电话或看手机,以免遭遇危险。行人走人行横道安全更有保障。

2.爱护公物

爱护公物是每个公民应尽的义务,这不仅体现了个体文明素养,也是对公共环境的保护。珍惜公共资源,保持环境整洁,不要在公共场所边走边吃、乱扔垃圾纸屑,不要破坏公共设施,不要随意攀折花木果实、踩踏草地,不要翻越公路护栏。

3.打招呼

路上遇到熟识的人,应该主动、礼貌地打招呼、问好,以示尊重和友好。这是日常社交的基本礼仪。

4.问路

向他人问路时,应该使用礼貌用语,例如"您好,请问一下",或者"对不起,打扰一下"。无论别人是否能够提供帮助,都应该表示感谢。这也是基本礼貌。他人向我们问路时应该热心回应。如果我们对路线也不熟悉,应该表达歉意,并提供最佳建议。

此外,在行路时,应保持安静、稳重。高声叫喊或追逐打闹不仅会惊扰到路人,还可能引发交通事故,给自己和其他人带来安全隐患。与人并行,不要挡住前后行人的路。言行上礼让三分,并不会让你失去什么,反而表现出你为别人考虑的美德,同时你也会得到别人的尊重。

(二)行车礼仪

第一,必须持证驾驶。持有有效驾照是驾驶机动车的必要条件,而无证驾驶是法律所禁止的行为。遵守交通规则和法律规定是每个驾驶者应尽的责任。

第二,宁停三分,不抢一秒。开车要专心,也要宽心。开车时不能打手机、看视频,也不要和行人或其他车辆抢车道。在生命安全面前,时间和抢先都是浮云。保持平静、包容的心态,随时准备礼让行人。靠近斑马线时"一站二看三通过"。这样做可以最大限度地减少意外发生的风险,真正做到万无一失。

第三,会车时关闭远光灯。通常在夜间没有路灯照明的情况下使用远光灯可以照亮前方较远的路面,帮助驾驶员看清周围的环境。然而,长时间使用远光灯可能会造成对面行人和司机头晕眼花甚至瞬间"致盲",增加交通事故的风险。因此,繁忙的道路上应避免长时间使用远光灯。

第四，禁止从车窗往外扔垃圾。这种行为不仅会对环境造成污染，而且是一种极度危险的行为。在高速行驶过程中，随意丢弃物品极有可能对其他车辆或行人造成严重伤害，甚至威胁生命。如果发现有人在高速公路上往外扔东西，应该及时向交警报告，以确保公共安全。

第五，路况不好时慢行。在路况不好的情况下，驾驶机动车应该加倍小心并保持慢速。在雨天，视线变差，路面湿滑，驾驶者必须降低车速以确保安全。

(三)乘电梯礼仪

电梯一般分为升降式电梯、自动扶梯式电梯、水平移动式电梯。乘电梯时应该根据电梯的特性和使用范围注意安全。

1.乘升降式电梯礼仪

搭乘升降式电梯应该本着先出后进的原则，如果要到达的楼层较高可以尽量往里面站，不要站在电梯门口；如果电梯已经满员，就不要再挤进去了；如果进来以后电梯显示超载，最后进来的人应该主动退出去；如果正好站在电梯按钮旁边，主动帮忙按下其他乘梯人要去的楼层指示键；保持安静，遇到熟人简单打个招呼即可；接近自己要去的楼层时可以提前站到门边；吸烟有害健康，禁止在封闭的电梯里抽烟。

2.乘自动扶梯式电梯礼仪

乘坐自动扶梯式电梯时，应扶住侧边的传送带，以防电梯突然停止导致摔倒。无论哪种电梯，都不适合在上面蹦跳或奔跑，因为电梯是机械装置，需要保持平衡和稳定，确保自己的行李不会妨碍他人通行，及时将行李箱移开电梯口。携带箱包乘坐扶梯式电梯，与后方的人保持适当距离，以防箱包未能及时移开而绊倒后面的人。

3.乘水平移动式电梯礼仪

水平移动式电梯往往出现在人流量较大的飞机场、高铁站，注意事项与自动扶梯式电梯大致相同。

三、乘坐交通工具的礼仪

(一)乘坐轿车礼仪

一是轿车的位次。以常见的五座轿车为例，轿车上驾驶座后面的位置最安全，但进出不太方便；后排靠右的座位最方便，也比较安全；副驾驶座最方便，但最不安全，不过有些人喜欢坐这里。二是驾驶人的身份。如果是专职司机开车，例如出租车司机，那副驾驶座后面的位置既安全又方便。如果是主人亲自开车，客人可以要求坐副驾驶座，以示平起平坐、安危与共。三是坐姿。着裙装的女士需注意落座的姿势，避免背朝外弯腰跨脚上车。正确的做法：首先，转身向外，双脚并拢站立；其次，用手抚平裙子，缓缓弯腰，让臀部先接触座位；再次，移动上身进入车内；最后，双脚并拢移入车内。这样的动作既文雅又能避免走光。乘坐别人的轿车应注意保持车内整洁，如果鞋子较脏，可以在上车前擦净鞋底,上车后不要随便翻动车上的物品。

(二)乘坐公共汽车礼仪

乘坐公共汽车时,首先要注意先下后上和前门上车后门下车的规则。上车后,如果没有即将到达目的地,应该尽量往车厢里面走。乘车过程中文明礼让,不要抢占座位,尤其是爱心专座。如果看到行动不便的人,即使自己坐的不是爱心专座,也应该主动起身让座。

(三)乘坐地铁礼仪

遵守地铁的安全规定和礼仪,才能共同营造一个和谐、愉快的乘车环境。首先,切忌携带违禁品,配合安检人员检查。其次,购买车票后才能上车。最后,文明乘坐地铁,遵循一系列的规定:先下后上,有序上车;坐好、站稳,扶好扶手或拉好手环;保持安静;禁止在地铁内饮食等。另外,不论上车还是下车,避免紧挨车门站立,也不要堵在车门口或强行扒门。如果错过了一班车,应耐心等待下一班。

(四)乘坐火车礼仪

乘坐火车、动车、高铁的礼仪大体相同,主要包括:等车时站在地标线以内;上车后对号入座。规范放置行李,小件行李放置在头顶上方的行李架上,大件行李放置在车厢两头指定的位置。遇到需要帮助取放行李的人时,尽量给予热心帮助。不要随地乱扔果皮纸屑,也不要在车厢内吸烟。不要吃气味大、碎屑乱飞的食物。不要大声说话,不要外放影视、音乐、戏曲。不要只顾自己舒适,脱鞋将脚搁在桌子上或对面的椅子上。不要纵容自己的小孩在车厢里嬉闹,以免摔倒受伤或撞到其他人;不要过于计较,上下车拥挤时难免磕碰,常说"对不起""抱歉""没关系"。高铁和动车全程禁止吸烟,包括电子烟,就算躲到厕所吸也不行。如果因为吸烟触发自动报警器,进而影响列车运行,要承担法律责任。

(五)乘坐飞机礼仪

与乘坐火车或高铁不同,乘坐飞机需要提前一两个小时到达机场,需要排队托运行李和通过安检等。在拿到登机牌后,务必注意收听机场广播,天气或管制等原因可能导致登机时间有所更改。在飞行期间,务必听从空乘人员的指示,并采取必要的安全措施,如系好安全带、关闭手机、收起小桌板、打开遮光板、将包包放置在座椅底下等。尊重乘务员的工作,不要随意呼叫他们。在登机和下机时,经过机舱门口的乘务员,应当礼貌地向他们致谢。

无论是乘坐公共交通工具还是私人交通工具,都应该注意自己的行为举止,遵守出行礼仪。在旅途中,可能会遇到各种情况,大家只要心怀善意、遵守规则、尊重他人,就能共同营造和谐、愉快的出行环境。文明旅行,从自身做起!

第四节　公共生活礼仪

公共场所是人们生活的重要组成部分,从繁忙的商场到安静的图书馆,从熙熙攘攘的餐馆到安静的公园,这些地方都是公共空间。为了维护这些空间的秩序和舒适度,公共场所礼仪十分必要。

一、商场购物礼仪

(一)爱惜物力

爱惜物力是一种美德,也是一项义务。应轻拿轻放商品,避免粗暴地翻动或随意丢弃,以免对商品造成不必要的损坏。对于冷冻或冷鲜食品,不购买就不要拿出来;对于生鲜商品,不随意乱翻乱捡;对于易碎或珍贵的商品,轻拿轻放;对于不感兴趣或不符合自己需求的商品,及时放回原位,保持货架整洁有序。在挑选商品时,应当深思熟虑,避免冲动购买造成资源浪费。选择那些真正需要且质量上乘的商品,不仅是对自己负责,也是对社会资源的尊重。尽量选择环保包装的商品,减少包装浪费,为地球的可持续发展贡献力量。

(二)付费享用

不得随意损毁商品。只要尚未购买商品,所有权就归属于商家。如果商家没有提供试吃服务,消费者不得擅自撕毁包装品尝。诚信是消费者应当遵循的基本原则。应当尊重商家的权益,不藏匿或盗窃商品。任何损坏的商品都应当照价赔偿,这是维护公平交易和良好商业道德的必要条件。结账时应遵守秩序,排队等候,不插队、不推搡。

商场购物不仅是满足个人需求的过程,而且是展现消费者素质和责任感的平台。让我们从自身做起,用实际行动践行爱惜物力的理念,共同营造文明、和谐的购物环境。

二、宾馆入住礼仪

第一,提前预订。预订能够确保顺利入住心仪的宾馆,避免到达现场后无法入住。预订的过程需要了解宾馆环境、房价、优惠权益、申请发票、退房时间以及如何取消订房等事项,以免事后被动。

第二,合法入住。需要配合服务人员办理登记入住手续,包括出示有效证件、拍照等步骤。如果遇到人多时间较长的情况,需要耐心等待,不要过分挑剔或抱怨客服。

第三,合理使用。入住后,应该花点时间阅读房间的使用须知,了解消防安全设置。

在酒店内,遵守公共道德和法律法规,不做违反规定的事情。尊重其他客人的休息权,不在走廊和房间里大声说话。注重个人形象,不要穿着浴衣睡袍出入大厅、餐厅。在房间接待客人,应遵守相关规定。对服务有不满意和不明白的地方,可以打电话咨询宾馆前台。

第四,清白退房。在退房前,仔细清理自己的物品,确保不落下任何贵重物品。整理房间,减轻服务员打扫的负担。对于免费提供的一次性卫生用品,如牙膏、牙刷、拖鞋、速溶咖啡、糖包、茶叶、饮用瓶装水等,可以根据个人需求使用或带走。对于不能带走的物品,如杯子、毛巾、床单、雨伞、枕套、衣架等,应该予以爱护和合理使用。在退房时,对于付费才能使用的物品,应该主动申明,并按照相关规定支付费用。规范使用宾馆物品,避免纠纷或给其他客人造成不便。

三、娱乐观展礼仪

娱乐观展礼仪,指公众在观赏诸如电影、演出、比赛、展览等时,应当遵循的文明行为规范。这些行为规范涉及个人的言行举止以及与他人的互动,旨在营造一个和谐、有序的观赏环境。

第一,注重个人形象。观众应穿着得体、整洁,避免穿着过于暴露或不适宜的服装。这样不仅是对自己形象的维护,也是对其他观众的尊重。第二,按时入场。观众应提前到达场地并按时入场。这样可以避免打扰其他观众,保证活动的顺利进行。如果迟到,应尽量减少对其他观众的影响。第三,文明观看。在观看过程中保持安静,不要大声喧哗、交头接耳或使用手机,以免干扰演员表演或其他观众观看。在了解鼓掌礼的基础上,应在适当的时候给予掌声,但也要注意不要在不适当的时间鼓掌,以免干扰到演员和其他观众。第四,遵守场地规定。不吸烟、不携带食品。第五,保护知识产权。保护文物和作品也是观看礼仪的重要一环。不可触碰展品或作品,以免损坏。遵守禁止拍照的规定,不进行非法复制或传播。第六,有序离场。活动结束后,安全有序地离开场地,避免拥挤、推搡。

四、医院探病礼仪

第一,选择合适的探视时机。探视病患提前同本人或家属联系,了解病情及注意事项,约定时间,这样可以确保探视过程更加顺利。有些病人不喜欢被打扰,可能婉拒探视,要尊重病人的意愿。

第二,准备合适的探视礼品。探视病患选择礼品应该考虑以下几个方面:首先,要了解不同地区的风俗习惯。例如,在某些地方,送花和水果是常见的选择,因为它们既实用又美观。然而,一些花或水果的谐音可能会对病人的心理产生负面影响。例如,广东人通常不会送剑兰花给病人,因为它的谐音"见难",听起来不吉利;同样,上海人也不会送苹果,因为它的发音听起来像"病故"。其次,避免触及病人的忌讳。在探视之前,最好了解病人的喜好和忌讳,以便选择适合的礼品。例如,可以送营养品、保健品等。恰当的礼品能够体现亲友的关照和细心。

第三,遵守医院探视规定。探视时间和人数应该遵照医院的规定并考虑病人的精神状况。如果医院允许,病人又表示欢迎,就可以多陪伴一会。如果病人露出倦容,则要及时结束探视。

第四,注意说话的内容和方式。应当更加细心和用心地与病人沟通。可以给予病人更多的鼓励和安慰,可以分享一些最近发生的时事新闻,或者回忆以前大家相处的愉快时光。询问病人是否有需要帮忙也是很贴心的。在与病人交谈时,应尽量避免深入探讨病情,尤其在病人自己还不清楚病情的情况下。不要给病人带来恐慌和焦虑,避免过分强调病情的严重性,也要避免提及一些令人伤感的话题,以免加重病人的心理负担。在表达关切时,应多说些温暖和提振士气的话语,例如,"安心养病,会好起来的"。注意说话的音量,避免惊吓到病人或打扰同病房的其他人。

五、旅游礼仪

随着大众对旅游体验的要求日益提高,旅游行为规范也得到了广泛认同,不文明现象逐渐减少,仍有少数不文明行为受到社会舆论的谴责。新闻报道中不乏游客在长城城墙上刻字等不文明行为。这些行为令人气愤,因为自然风景和文物一旦遭到破坏就难以恢复,影响后来游客的观赏体验。因此,现代人应该文明有礼,珍惜并保护自然和人文历史留下的宝贵遗产,不要随意破坏。

旅游文明礼仪包括:第一,爱护自然景观和文化遗产。不能乱写、乱画、乱刻、乱摸,不随意移动或带走文物、盆景花卉,不随意摘取或捡拾景区物品。第二,保护环境卫生。在展馆内应仔细阅读参观须知,不得吃喝食物、乱扔垃圾。第三,遵守公共秩序。排队参观、购物等场合应遵守秩序,避免拥挤和混乱。第四,严禁使用明火。在景区和文物古迹场所严禁使用明火,以防发生火灾等安全事故。第五,遵守拍照要求。在严禁拍照的场所不得拍照,在允许拍照的景点应懂得谦让,轮流使用,请别人让位时应使用文明礼貌用语。第六,尊重当地风俗习惯。不评价或干涉他人的风俗习惯,入乡随俗。第七,文明使用卫生间。上厕所时要关门、冲厕所,洗完手要关闭水龙头,弄干双手,并保持洗手盆、台面和地面干净。第八,遵时守约。与他人或团体同游时应遵时守约、顾全大局,意见不同时应好好协商,避免争吵;应准时,避免迟到让他人等待。第九,注意说话语气,多些包容和关怀,有事好好商量,不要因小事影响大家旅游的心情。

参考阅读

1.自私的倡议书

一个住户在布告栏上张贴了一封倡议书:"小区居民,你们好!最近我夫人检查确认怀孕,我在高兴之余也不免有些担心。小区中有不少住户饲养了各种宠物猫狗。宠物猫狗对孕妇都会有危害,也会传染各种疾病,或是惊吓扑咬小孩。前不久发生在长沙的事件就是一个很好的例子。为了孕妇和小孩的身体健康,我建议养猫狗的住户们,请将你们的宠物猫狗在我夫人怀孕期间暂时或者永久送走。如果实在不方便的,请在我夫人生产之后再接回来。但请不要在公共场合遛狗,谢谢! 同时请不要投喂小区里的流浪动物,这样会招来更多流浪动物,带来更多细菌病毒。在这里我谢谢大家了。文明小区,和谐城市靠大家的努力才能建设起来,请为了大环境做出一点力所能及的贡献。"

这封字句看起来非常礼貌的倡议书,实则表现了非常自私和傲慢的心态。他有需要,却无视有宠物猫狗人家的需要。如果真想解决这个问题,他应当站在宠物猫狗人家的立场,找到对大家都方便、有利的办法,而不是一味地要求和限制别人。

2.父亲遇到电信诈骗

一天,我突然接到了父亲的电话,询问我是否需要缴纳 1.8 万元学费。我一下子愣住了,因为开学时已经交了学费,最近也没有收到任何关于缴纳费用的通知,更何况数额如此巨大。我当即否定,父亲又问我是否在 QQ 上给他发过缴费的消息。我感到更加疑惑,坚定地回答没有。随后,父亲说可能遇上骗子了。

原来,一个骗子冒用我的真实姓名加了父亲的 QQ,谎称有清华大学的教授来学校授课,参加课程需要缴纳 1.8 万元学费,并要求马上转账。我庆幸父亲及时打电话来核实缴费信息的真实性,否则后果不堪设想。

像我父亲这样年纪较大、文化水平相对较低、家中有子女在上学的人,更容易成为电信诈骗的受害者。同时,我也深刻反思:虽然我很早就加了父亲的 QQ,但我们之间的交流很少。作为子女,我应该更加主动地利用 QQ 或微信与家人保持联系,与他们分享学校里的点点滴滴,教他们辨识网络陷阱,向他们传播相关的网络礼仪知识。这样,我们才能共同提高警惕,防范电信诈骗,保护家人的安全与财产不受侵犯。

3.我的室友

有一次,室友未经我同意就拿起手机乱点。我瞪了他一眼,告诉他不要碰我的手机。他却说:"你怎么这么小气,看一下怎么了?"他不注意个人卫生,东西乱扔乱放,床上也是乱七八糟。他的床底下,鞋子和袜子都发出一股难闻的臭味。我们提醒他注意卫生,他却反驳说这是他的习惯,别人管不着。

不过,他也有另一面——宽容和乐于助人。他经常帮忙取快递、带饭。我们有时借用他的牙膏、纸张、笔等物品,他也完全不介意。当有朋友来找他时,他也会自觉地带到阳台上去聊天,以免打扰到我们。他平时喜欢熬夜,但他注意不影响其他同学。

这个室友的性格和习惯有好的一面,也有不好的一面。在宿舍里,每个人都需要保持适当的距离,不擅自取用他人的私人物品,尤其是电脑和手机。我们应该尊重他人的隐私,不要偷看别人的密码。宿舍是一个公共空间,但也需要考虑到每个人的生活习惯和品质。维护宿舍的形象需要每一个人都来分担责任。在这么狭小的空间里,大家应该互相体谅,学会换位思考,才能营造出一个温馨、友好的宿舍环境,大家才能真正相处愉快,同学之间的情谊才能长久。

第九章 交际礼仪

将不可骄,骄则失礼,失礼则人离,人离则众叛。

——诸葛亮

为什么有的人具有很强的号召力和亲和力,人们愿意与之合作,而有的人则被冷落、被疏远,处处碰壁?其中重要原因就是是否讲究社交礼仪,是否愿意站在对方的角度考虑问题。例如,当有客人来拜访时,是到大门口或电梯口热情迎接,还是坐在办公室或家里无动于衷?学生到老师办公室时,是进门有礼:"老师好!"还是进门无礼:"你找我?"知书达理、彬彬有礼的人会让人感动,傲慢无礼、盛气凌人的人则会让人不舒服。

社交礼仪被誉为"打开成功之门的金钥匙""建立良好人际关系的桥梁""人际关系的润滑剂"……虽然它是一种无声的人际交往语言,但传递着尊重、友善和真诚,展现着一个人的品性和文明素养。社交礼仪的核心是对他人的关注与尊重,通过关注细节,给对方以关心和考虑,能够引发彼此情感共鸣,从而建立起良好的人际关系。每一次握手、每一次微笑、每一次倾听、每一次祝福都是在创造和谐,传递着对对方的关怀与敬意,同时也收获着对方真诚的回应。无论是会面、拜访、用餐还是通信等场合,恰当的礼仪都能让你在人群中脱颖而出,赢得他人的赞赏与信任。

第一节 会面礼仪

会面或见面,是人际交往的初始环节。现代社会人际交往日趋频繁,无论是约会、聚会、开会、谈判还是上课等,从线上到线下,人们都期望见到那些拥有美好形象、积极向上、文明有素养的人。初次见面往往会产生良好的第一印象,而再次见面则有可能刷新以前的印象。因此,同学们应该重视会面礼仪,尤其要为各种重要的首次会面做精心准备,为营造良好的人际关系打下坚实的基础。

一、微笑礼仪

（一）微笑的作用

微笑是社交礼仪的通行证，是人类最佳的沟通手段，是全世界无声的通用语言。哪怕语言不通，微笑的面孔也会让人心生好感。心理学实验表明：愉快的面孔比悲伤的面孔、中性的面孔更具有吸引力。与人会面，微笑能表达善意，传达喜悦、欢迎、宽容、抱歉等信息和情绪。

微笑有利于他人，有利于自己。美国销售培训大师博恩·崔西在《销售中的心理学》中深入探讨了微笑在销售过程中的重要作用。他指出，微笑不仅是一种简单的表情，更是一种强大的销售工具。微笑能够提升销售人员的个人魅力，使他们在客户面前更具吸引力。一个自信、乐观的微笑，能够展现出销售人员的专业素养和积极态度，增强客户对他们的好感度和信任度，迅速拉近销售人员与客户之间的距离，营造出一种轻松、友好的氛围。在这种氛围下，客户更愿意与销售人员进行深入交流。

一个人自己感觉高兴、快乐，自然而然就微笑了。决定人快乐的不是成就、环境等外在因素，而是是否有一颗感知快乐的心。别人不知道他想到了什么或悟到了什么，但是别人从他的表情知道他是愉悦的。而快乐、愉悦的情绪能够感染人、抚慰人，让别人感受到安心、友善和支持，以为彼此心领神会、心意相通了，因而也得到快乐，回报以微笑。微笑也是一种本能，是积极自我评价后的体验。

"拥有什么"才能使人高兴和快乐，是一个人自我评价的重要内容，也涉及价值观的评价。关于自我，当你还拥有青春、健康、生命和活力，就有理由快乐；关于他人，当你还拥有亲人、朋友、工作、事业，简直可以快乐无比。生活中让人们渴望和珍惜的方方面面都可以成为快乐的源泉。快乐与他人分享，快乐会加倍。当人们把对生活的热情、友情的珍视、工作的热爱、信任的渴望、奉献的赞许、和平的期待表达出来，微笑自然就会浮现在脸上。肯定自己，鼓舞他人，就有很多理由在与人见面的时候展现自信、迷人的微笑！

（二）微笑训练

在礼仪场合，展现优美、得体的微笑需要经过一番训练。首先，内心要有认知微笑的理由。得到别人的照顾，应该微笑；有机会实现为人民服务，应该微笑；度过非常美好的时光，应该微笑……其次，要有克制地笑。礼仪场合，当笑则笑，不当笑则不能笑。笑容不能让别人感到难过或不舒服。最后，优美地笑。与欧美人不同，中国人的笑容适合露出6颗牙齿，即"上排6颗牙齿"的笑容。为了练习这种优美的微笑，可以在镜子前进行练习。每天早上，给自己一个微笑，让美好的一天从微笑开始。

二、称谓礼仪

合适的称谓让人感觉亲切、自然、友好,不合适的称谓让人尴尬、恼火,还可能恶化人际关系。所以称呼别人之前要做好功课,叫错了要及时道歉和纠正。另外,场合不同,称谓也会有所不同。在家庭以外的社交场合,称谓有以下几种类型。

职务称谓,如董事长、经理、校长、处长等。

职称称谓,如教授、工程师、研究员等。

行业称谓,如医生、会计、律师、老师、师傅等。

学历称谓,如学士、硕士、博士等。

性别称谓,如男士、女士、姑娘、小姐、先生等。

姓名称谓,如对方的姓名、字号、别名、昵称等。

亲属称谓,如爷爷、奶奶、叔叔、阿姨、哥哥、姐姐等。

乡俗称谓,如老板、帅哥、美女、老乡等。

文雅称谓,如阁下、足下、太太、夫人、千金、公子等。

普通称谓,如先生、小姐、同志、同学、朋友等。

一般,称呼熟人使用职务、职称、行业、学历和姓名比较多;称呼陌生人使用普通、性别和乡俗的比较多。文雅称谓反映了中华礼仪谦己敬人的优良传统。虽然在文化层次较高的社交礼仪场合,自然、恰当地使用传统尊称和谦称,能彰显一个人较高的文化礼仪素养。有些称谓有特殊含义,例如"先生"这个称谓,它不仅用于男性,也可以用于女性。被人尊称为"先生"的女性一般是社会公认的学识渊博、德高望重的女性,例如,杨绛被尊称"杨先生"、宋庆龄被尊称"宋先生"。

如果不知道如何称呼对方,你可以问:"请问,我怎么称呼您呢"? 如果想认识对方身边的人,可以问:"请问,这位小姐(先生、太太……)是?"这样可以避免错误称谓导致的尴尬。

三、问候礼仪

问候是一种祝福,是人际沟通的桥梁,是人际关系的润滑剂。一声真挚深切的问候,给亲友以关怀,给久别重逢的人以欢迎,给不快的人以安慰。

(一)问候礼的作用

第一,巩固友谊的桥梁,展现个体素养。日常生活中,问候如同无形的纽带,连接着人与人之间的情感。主动与人打招呼,不仅是对他人的尊重与关心,而且是积极、主动、热情、友好的生活态度的体现。当我们在清晨听到一句"早"或"早安",在日常生活中听到"你起得好早啊""你身材越来越苗条了""你气色越来越好啦"等温馨的话语,无疑会心情愉悦。

相反,如果一个人从不主动问候,也不主动与人打招呼,可能会给人留下高傲、冷漠、小气的印象,可能会导致人际关系疏远。例如,当一个人近视而看不清,却又不愿意佩戴眼镜,就可能因为未能及时回应他人的问候而被误解为高傲或看不起人,进而影响人际关系的和谐。

此外,问候在特定关系中显得尤为重要。子女见到父母、学生见到老师、下级见到上级时,都应该主动打招呼、问候。这不仅体现了个体的礼仪修养,而且体现了人伦秩序。如果缺乏这样的问候,可能会让人感觉冷漠无情、自私自利。

第二,拉近人际距离,营造友好专注氛围。一声亲切的问候,简短却饱含深意,它表达了对特定对象的真挚关怀,如同一条无形的纽带,拉近了人与人之间的心灵距离。这样的问候不仅为交往铺垫了友好的气氛,而且在特定场合下使对方心领神会,为接下来的沟通、交流或是谈判打下了坚实的基础。例如,当上课铃声响起,老师面带微笑,轻声问候:"同学们好!"学生们齐声回应:"老师好!"这一刻,问候成为桥梁,连接了师生之间的情感。大家心领神会,共同将注意力聚焦于课堂,准备开启一场充满智慧与启迪的心灵之旅。这样的问候不仅拉近了师生之间的距离,而且营造了专注而友好的学习氛围,让每一个人都能全身心地投入学习。

第三,打破情势僵局,缓和人际关系。这是真诚友好问候的重要功能之一。在人际交往中,难免会遇到各种矛盾和摩擦,导致双方关系紧张甚至陷入僵局。此时,一句真诚的问候就像黑暗中的一盏明灯,为双方指明和解的方向。

假设两位同事因为某个项目意见不合,产生了误会,导致彼此关系紧张。其中一方如果能够主动迈出一步,以真诚友好的态度向对方问候一声:"最近还好吗?关于那个项目,我觉得我们可以坐下来好好谈谈。"这样的问候,就像是在对立关系中伸出的橄榄枝,传递出愿意和解、寻求共识的意愿。这样的问候不仅能够缓解紧张的气氛,还能够让对方感受到诚意和善意,从而愿意放下心中的芥蒂,进行深入的沟通和交流。通过真诚的交流,双方可以消除误会、增进了解,打破僵局,重建和谐的人际关系。

(二)问候礼的特点

第一,问候体现风俗习惯。世界各地的问候方式不一样。中国熟人之间常常问:"吃了吗"?在英语为母语的国家,问候方式多种多样,包括"Hi""Hello""Good morning(afternoon)"等非正式问候语,以及更正式的"How are you"和"How do you do"等。这些问候语在不同场合和语境下有不同的适用对象,体现了英语文化中丰富的社交礼仪。

第二,问候伴随身体语言。多数情况下,问候会伴随着握手、鞠躬、亲吻等身体语言的动作。有时,人们仅凭身体语言,如点头、微笑、鞠躬、挥手、送花等,便可达到问候的目的。

第三,问候有场合要求。这体现了人们对不同情境的需求。在迁居、婚礼、庆生、祝寿等仪式上,问候的语言应有所区别。在喜庆的场合,如婚礼或庆生会上,应使用充满祝福的语言,而在丧事这样的悲伤场合,应选择更为庄重的言辞。

此外,在不同的场合遇到同一个人也需要调整问候的方式。例如,在正式场合可以问候"您好,最近工作如何?"而在休闲场合则可能更随意一些,如"嗨,好久不见,最近过得怎么样?"这样的变化不仅让语言显得鲜活有趣,更体现了人们对不同情境和人际关系的细致考量。

第四,问候体现节气。不同节气的问候方式反映了人们对自然的敬畏和生活的智慧。在节日可以说"新年快乐""端午安康""中秋团圆"等。这些都是节日特有的祝福用语,充满了喜庆。如果想要更文雅一些,可以说春祺、夏安、秋绥、冬宁。这些词语简洁而雅致,体现了对四季的美好祝愿。通俗的说法也很有温情,例如"祝福你春日幸福平安,夏日喜乐安康,秋日吉祥如意,冬日一切安好"。这些话语虽然平实,但充满了对亲朋好友的真诚关怀和美好祝愿。

第五,问候体现时代变化。问候的内容和方式会随着时代、环境和科技的变化而变化。当今时代人们更加注重健康和外貌,因此一些关于身材和外貌的赞美之词成为常见的问候内容。例如,说"你瘦了"可能会让对方很开心。互联网时代,问候的方式也发生了很大的变化,更多地使用简短、快捷的语言,例如用"在吗""你好"等来打招呼。这种简洁明了的问候方式已经成为网络文化的一部分,并且影响了线下人们的问候习惯。

总之,问候方式要根据交流对象、时代、场合等不同而有所变化。无论是使用传统的问候方式还是新的交流方式,都应该以真诚和尊重为基础,让对方感受到自己的友好。当问候成为习惯,人与人之间的关系也会更加和谐美好。

(三)问候礼的要点

1.问候的次序

一对一问候时,通常的次序:位低者先问候位高者,晚辈先问候长辈,下属先问候上级,男士先问候女士,主人先问候客人,求助者先问候被求助者。一对多问候的时候,可以逐一进行问候,也可以笼统地问候"大家好!"

2.问候的距离

行问候礼的距离大约在 3 米。这个距离可以确保双方能够清晰地听到对方的问候语,而不会因为距离太远而听不清楚。如果采用手势问候的方式,则需要确保对方能够清楚地看到自己的手势。同时,在行问候礼时,应该根据具体的情境和对方的身份选择合适的问候方式和距离,以示尊重和礼貌。

3.问候的形式

问候在不同场合中需要采用不同的形式。在职业场合,通常使用简洁明了的问候语,如"你好""您好""大家好"等。而在乡村,常用的问候语则更接地气,如"吃了吗""出去啊""最近好吗""忙什么呢""去哪里呀"等。文人圈喜欢使用文雅的措辞,如"一向可好""别来无恙"等。在特定的时间,如早上或晚上,则应使用相应的问候,如"早上好""晚上好"。至于简略问候,可以通过手势或点头的方式表达,无须过多言语。总之,根据场合采用适当的问候方式能够更好地表达自己的尊重和友好,增强交流的效果。

4.问候的态度

问候是表达祝福的一种方式,因此在态度上要注意展现主动、大方、真诚、微笑。首先,在问候他人时,要积极主动,不要等待对方先开口。当别人先问候自己时,要立即回应,不要显得冷漠或不屑一顾。其次,问候时要表现得自然大方,不要扭扭捏捏或矫揉造作。同时,在问候时要与对方进行正面的视觉交流,不要面无表情,这样会让人感到不受重视。最后,在问候时要真诚地表达美好的心意,做到眼到、口到、心意到。不要在问候对方的时候目光游离、东张西望。一个得体的问候可以让人感到温暖和尊重,所以应该认真对待。

(四)问候礼的禁忌

第一,用骂人的话。用骂人的话打招呼看似亲昵,实则粗鲁。例如,"你这家伙,好久不见,死哪去了?"对方可能回复:"你不死,我哪敢死啊。"这样的玩笑话是比较过分的。

第二,不注意场合。中国人常常问候"吃饭了没有"。在用餐时段这样问是可以的。如果在厕所附近也这样问候,让人尴尬。

第三,不看对象。问候要因人而异,不要什么时候对什么人都是一种方式。如果有人在你问候之后表现得不太自然或者故意避免与你接触,可能是因为他们有自身的考虑,你应该尊重对方的意愿,不要过度热情或者强行交流,以免对方感到不舒服或者尴尬。

第四,过分恭维。问候时过度使用溢美之词往往显得虚伪做作,尤其对待上级时,还可能给人留下谄媚的印象。因此,问候和祝福时注意适度,不要过于夸张或过分恭维。

第五,涉及隐私。传统中国人习惯问:"到哪里去啊","从哪里来啊","干什么去啊","在哪发财啊","忙什么呢","病好了吗","有对象了没有","结婚了没有"……现在这样的问候方式可能不太合适了。因为有些是隐私,有些不是一两句话能讲清楚的,所以不要这样打招呼。

第六,熟不拘礼。在身份和职务层面上,上级对下级可以表现得熟不拘礼,这通常被视为亲切和随和。然而,下级对待上级最好保持适当的礼节和尊重,这是社会普遍认可的规则。虽然现代社会倡导平等,不可否认,仍存在着身份地位的高低、上下、尊卑的区别。因此,下级应当注意言行举止,避免过于随意或失礼,以维护良好的职场关系。

总而言之,问候礼仪在人际交往中是展现个体文明礼貌的最有效途径。向地位较高的人问候,能够彰显一个人的谦恭与自信;向地位较低的人问候,则能体现出一个人的大度与睿智;跟同级的人问候,则展现了一个人的平等观念与活力。问候礼仪不仅是形式上的礼节,而且是内心修养的外在表现,它能够帮助人们更好地建立和维护人际关系。

四、握手礼仪

现代握手已经成为国际通行的礼仪。人们在会面的时候握手,在祝贺的时候握手,在慰问的时候握手,在道别的时候握手……握手代表欢迎、友好、托付、抚慰、感谢、道歉、告别等情感。

第一,握手的场合。握手是一种常见的社交礼仪,适用于多种场合。当别人介绍你给其他朋友认识时,握手可以表达友好和尊重;对于久别重逢的老朋友,握手是一种表达感情的方式;在得到领导的赏识或者支持时,握手也是一种积极的姿态。然而,在某些场合下,握手并不适用。例如,在厕所遇见他人,简单地点头和打招呼就足够表达友好,不必握手。

第二,握手的姿势。握手通常是两个人走向面对面,在距离对方一臂远的时候伸手。伸出来握手的手只能是右手。握手后可以握住对方的手上下晃动几下再放开。这里有首握手口诀供大家参考:尊者先伸手,大方对虎口,专注看对方,微笑加问候,力度六七分,男女要平等,二三秒就够。

第三,握手的次序。"尊者先伸手"就是把握手的决定权交给尊者。一般,上级、长辈、女士、主人是尊者。平辈、平级的人之间谁先伸手都可以。如果领导是男性,下属是女性,谁先伸手要看具体场合:正式公务活动中遵循职务等级,所以领导优先,在公务之外的社交场合则最好遵循"女士优先""长者优先"。

第四,握手的禁忌。一忌"死鱼式"握手。握着那种湿冷无力的手会让人心里打寒战。握手礼既要注意手的卫生、长度、色彩,还要注意手的温度。二忌隔着别人去握手。如果三个人并排坐着,你坐第一个座位,要与第三个座位的人握手,应该起身走到座位前去握手,而不是坐着隔着他人握手。三忌戴手套握手。握手礼都用右手,如果戴手套,握手时要取下右手手套。女士如果穿的是配有长手套的晚礼服,可以戴着手套跟人握手。四忌滥用"包覆式握手"。这是用双手包住对方手的握手礼,可以起到加强感情的作用,例如含有重大嘱托、特别感恩、特别尊重和敬爱对方的意思。五忌握手后立即擦手,此举会被理解为嫌恶,碰触一下即刻缩回的握手也有这个意思。长时间握手表达强烈、浓厚的感情,一般人之间不适合。六忌跨门槛握手。这跟风俗、忌讳有关。

五、鞠躬礼仪

当前,鞠躬礼既适合于庄严肃穆或喜庆欢乐的仪式,又适用于普通社交和商务活动场合。一般用于下级向上级、学生向老师、晚辈向长辈、服务人员向宾客表达由衷的敬意。同级之间也可以使用。常见的鞠躬礼分三种:

第一,三鞠躬。三鞠躬常用在婚丧嫁娶等特别庄重的仪式上。基本动作规范包括:行礼之前先脱帽,摘下围巾,身体肃立,目视受礼者;男士的双手自然下垂,贴放于身体两侧裤线处,女士的双手下垂或搭放在小腹前。身体上部向前向下弯约 90 度,保持 1～5 秒,具体时长依据行礼者对受礼者的情感程度,然后恢复原样,如此三次。告别时鞠着躬,面对尊者后退几步,再站到一边或转身退出。

第二,深鞠躬。深鞠躬或大鞠躬,在我国一些地区晚辈向长辈拜年或表达特别感激和深切祝福时用到,基本动作同三鞠躬,区别在于深鞠躬一般只要鞠躬一次即可,但要求弯腰幅度达到 90 度,以示敬意。

第三,社交、商务鞠躬礼。一般,朋友会面、宾主之间、谈判或比赛对手之间、下级见上级或晚辈见长辈,都可以行鞠躬礼表达尊敬。在握手的时候,如果上级、贵宾、主人、女士没有先伸手,则下级、男士、客人可以先行鞠躬礼。面试时考生和考官不方便接近,考生在见面和道别时都要用到鞠躬礼。对经常见面的平级同事、同学,或关系很浅、仅一面之缘的人,则可以小鞠躬或点头、欠身表示。行礼时立正站好,保持身体端正;面向受礼者,距离为1.5~3米远;以腰部为轴,整个肩部向前倾15~60度,具体深度视行礼者对受礼者的尊敬程度而定,同时问候"您好""早上好""欢迎光临"等。

六、介绍礼仪

(一)自我介绍礼仪

1.自我介绍的态度

首先是尊重,既尊重自己又尊重别人。保证自我介绍的内容真实,可以少说或不说,但不要撒谎和欺骗对方。国学大师季羡林说:"假话全不说,真话不全说。"这是为人处世的基本道理。表现自尊,行为举止要庄重大方,神态要亲切、自然。尊重是礼仪修养训练有素的结果,也是展开自我介绍前的心理准备。

2.自我介绍的时机

把自己介绍给别人的最佳时机应当是对方空闲的时候、有认识你兴趣的时候。例如,抓住适当时机就可以大方地站出来介绍自己。也可以在别人说到某一方面的问题时,举手发言,得到机会后可以先介绍自己:"我是来自宁波大学的某某,我的专业是……"然后针对问题说出你的想法。

3.自我介绍的内容

自我介绍的内容根据情境或他人需要进行调整。一般有四种。第一,应酬型。例如,"您好,我是某某,很高兴认识您。"这种自我介绍主要是出于礼貌,用以在社交场合中表达对他人的尊重和友好态度。第二,公务型。这种自我介绍一般需要详细介绍自己的工作单位、工作性质、工作业绩,甚至自己在某工作领域中独到的研究和探索,以满足对方了解自己工作方面的兴趣。第三,社交型。这种自我介绍的目的是寻求与对方的契合点,以便进一步沟通与合作,例如,"我叫某某,是宁波大学法学院的学生,来自黑龙江,是名美食爱好者。"第四,礼仪型。这种自我介绍适用于正式而隆重的场合,是一种表示尊敬、欢迎的自我介绍,一般用于演讲、演出、报告、讲座等场合。自我介绍的内容除了姓名、单位、职务,还应附加一些友好、谦恭的言语,例如,"大家好,我叫某某,来自宁波大学法学院,在这个秋高气爽、桂花飘香的日子里,很高兴和大家相聚,一起学习,分享学习心得,不足之处请多多指教。"第五,回答型。这种自我介绍是对方问什么就答什么,例如,对方问:"您贵姓?"答:"免'贵',姓李,木子李。"对方问:"您在哪高就?"答:"高就不敢,在宁波大学。"在问答型自我介绍中,还有一种主动邀请对方介绍的方式,例如,"我是宁波大学法学院的学生某某,请问您是?"这种问答型的内容可以扩大,以获得对方更多、更详细的信息,如"我可以有您的联系方式吗?"

(二)为他人介绍礼仪

1.重视介绍人的身份

能担当双方介绍人的一般是双方认可的、"有面子"的人,例如,活动的东道主、长者、主人或者社会身份地位比较高的且与双方都有一定交情的人。介绍前介绍人最好询问一下双方是否有结识的意愿。介绍时语言清晰明了、不含糊其词,以使双方记清对方的姓名和关键信息。注意介绍的姿势,不要用食指指点,而要用请的手势,具体方法是手掌心朝上、四指伸直,手臂伸向被介绍的人。介绍的语言应该是"这位是……""那位是……",饱含尊敬。

2.注意介绍的顺序

原则仍然是尊者优先。例如,有同学到办公室来找你。如果你跟领导、同事在一个办公室,那应该先把同学介绍给领导、同事,然后再把领导和同事介绍给同学。一般情况下男女见面,先把男士介绍给女士,再把女士介绍给男士。

3.斟酌介绍的内容

介绍的内容一般包括姓名、称谓、工作单位、与自己的关系等,具体看情形需要。介绍过程中,不要把被介绍的朋友作为一种炫耀的资本,例如说:"大家请注意了,我这位同学身家过亿,在全国各大城市拥有几十套房产,我们小时候住在同一个大院里。"这样的介绍很不妥。

(三)集体介绍礼仪

集体介绍主要是在规模较大的社交聚会、公务活动、涉外交往中,例如,大型宴会、婚礼、晚会、演讲、比赛、谈判等场合使用的介绍。

一是少数服从多数。例如,一方有 10 个人,另外一方只有 3 个人,那么,最好先把 3 个人介绍给 10 个人,然后再把 10 个人介绍给 3 个人。

二是强调身份地位。就是把职位低的先介绍给职位高的。如果被介绍者双方的地位、身份存在较大差异,地位高的虽然人数少,甚至一个人,也应该先介绍大多数人给少数人认识。如果两边都是集体,一般要把地位低的集体先介绍给地位高的集体。如果是主人和客人,一般先介绍主人给客人,再介绍客人给主人。

三是单向介绍。在演讲、报告、比赛、大型会议时,往往只需要将主角介绍给广大参与者,例如宁波大学请专家来做"做人做事做学问"的专题讲座,主持人只需要向同学们介绍专家就可以了。

四是省略式介绍。省略式介绍就是不需要一一介绍,笼统介绍就可以了。例如,我和家人一起出游的时候,路上遇到几个同事就是这样介绍,我跟同事说"这些是我的家人",跟家人说"这些是我的同事";或者只给对方介绍一下单位以及带队的领导。

五是拟定顺序的介绍。这是对两个以上职位、职级都差不多的集体的一种介绍,介绍人可以自行拟定一个介绍顺序,例如从介绍人的左手边开始介绍,或者按顺时针方向依次介绍,第一排介绍完了再介绍第二排。有些大会可能按照参会者报到的先后顺序进行介绍,或者按照参会者名字的第一个字母的排序——顺序或倒序来介绍。

(四)其他注意事项

一是了解彼此的关系,明确介绍的目的,避免出现错误和尴尬。

二是态度诚恳真挚、言辞有礼,体现平等和尊重。介绍的时候不能厚此薄彼,也不要炫耀,有时也可以幽默风趣,宾主尽欢。

三是区分正式场合和非正式场合的介绍。例如,公务往来的介绍,需要介绍职位职称的时候,正、副职必须介绍清楚,以方便办事;非正式场合按"就高不就低"的原则介绍,要给人面子,例如在街头偶遇相互介绍的时候就可以省略带"副"的头衔。

四审时度势调整介绍内容。介绍要根据情境变化,调整事先准备好的介绍内容,例如介绍一位老师,准备材料的时候他还是副教授,但刚刚确认他评上教授了,那就要按照最新的身份介绍了。如果被介绍人不愿透露自己的详细信息,应当尊重当事人的意愿。

总之,会面礼仪是为人们进一步接触搭建桥梁。当我们做到笑脸相迎、称谓妥帖、问候真挚、握手热情、介绍友好时,就实现了成功的会面。良好的会面为良好的关系奠定了一半的基础。

第二节　拜访礼仪

拜访是人际往来的一种体现,指亲自或派人到亲友家或与业务有关系的单位拜见、访问的活动。人与人之间、个人与组织之间、组织与组织之间都少不了拜访。通过拜访,人们可以交换信息、增进情感、寻求支持。

一、拜访的类型

(一)事务性拜访

事务性拜访主要指为了解决具体的问题或者完成某项特定任务而进行的拜访,例如,为了安排会议、商讨合作事宜、解决某个技术问题、处理行政事务或者落实某项工作等。这种拜访通常需要提前计划和准备,明确目标和议程。在拜访过程中,注重礼仪和细节,尊重对方的意见和感受,并且尽可能地达成共识或找到解决问题的方案。

(二)礼节性拜访

礼节性拜访通常旨在传达问候、感激或敬意之情,如春节期间专门拜访客户、老师、领导等。礼节性拜访可以加强个人和组织之间的关系,更是一种庆祝特殊时刻或纪念重要事件的方式。

(三)私人性拜访

私人拜访通常指为了与对方建立私人关系而进行的拜访,例如朋友之间的拜访、家庭聚会、同学聚会等。这种拜访通常不需要太多的筹备和安排,也不需要遵守正式的礼仪和规范。私人拜访的目的是满足个人的需求和兴趣,通常不涉及政治、经济等领域。

二、拜访前的礼仪

(一)确定拜访的时间

现代社会沟通便捷,拜访前最好通过电话、微信等方式预约,跟对方商定好拜访的时间,探寻对方的需要,尊重对方的安排。

(二)确定拜访的地点

最好根据拜访的性质选择合适的拜访地点,如果是公事,最好选择在工作场所谈,如办公室;如果是私事,或者为促进个人友情的礼节性拜访,到私人住宅就比较合适。双方也可以约定到休闲场所,例如餐馆、茶馆、宾馆、咖啡馆、高尔夫球场等,这些地方既适合私人拜访,也适合一定范围的事务性拜访。

(三)确定拜访的主题

拜访大多"无事不登三宝殿",首先确定拜访人家的目的。例如,是为了请教和解决一个问题的事务性拜访,还是为了感恩、答谢、增进情感、巩固关系的礼节性拜访,或者是探亲访友的私人拜访。只有明确了拜访的主题,双方才好挑选会见的时间、场地,预备好思路和心情。不约而至的拜访往往让人措手不及。

(四)注重拜访的仪容和仪表

什么场合化什么妆穿什么衣服,这既是对对方的尊重与重视,也是自我形象的展现。如果拜访的时间短、彼此关系一般,那最好上完厕所再登门,以免刚进人家家里就告内急,使形象狼狈。

三、拜访中的礼仪

(一)遵时守约

遵时守约是现代礼仪的基本准则。约定了什么时候到访,就应该什么时候到,不可以迟到。如果临时有急事不能按时赴约,要及时打电话沟通、道歉,取得对方谅解。

(二)举止文明

1.询问

经过主人同意才能进门。《弟子规》训诫:"将入门,问孰存。将上堂,声必扬。人问谁,对以名。吾与我,不分明。"通过询问和自我介绍,人们可以避免误会和尴尬,彼此会面有心理准备,关系更加和谐。

敲门也是一种询问。合适的敲门举止应该是不紧不慢地敲两至三下。如果没听到回应,可以稍等片刻再敲门。如果敲了三次都没人回应,那就不要再敲,应当打电话询问,不要急不可耐地拳砸脚踢。摁门铃也一样,不要摁个不停,让人感觉很没礼貌。即使门是开着的,也应敲门询问。

2.问候

主客见面相互打招呼、问候。进门后要看主人家有没有换鞋的习惯。有的话,客人最好也换鞋。在穿脱鞋子的过程中,客人应该侧身,并确保不踩到别人的鞋子。放置好鞋后进屋,礼貌地询问主人关于包、行李、雨伞和礼品等物品的放置地点。这样做不仅体现了对主人家的尊重,也有助于更好地融入。如果主人家中还有其他人在场,无论是主人的朋友还是家人,客人都应该逐一与他们打招呼、问好。当主人的长辈在场时,客人更应该表现出尊重和敬意。同时,如果现场有小孩子,客人也不应忽视,可以亲切地和小朋友打招呼,甚至与他们进行一些简单的互动,这样可以更好地拉近距离,营造温馨的氛围。当主人表示欢迎并请坐后,客人表达感谢后再入座,注意端正坐姿,不要随意瘫坐或跷腿。

3.喝茶

主人敬茶,客人要欠身双手接过,并表示感谢。如果主人亲自为客人沏茶、奉点心,客人应起身致谢,并最好等主人落座以后再坐下。主人递茶,客人要双手接过茶杯,道谢,慢慢品茶,不要一饮而尽。茶水太烫,可以打开杯盖晾凉,不要边吹边喝。喝茶时不要啜出声音。不要乱扔瓜皮果核。

4.交谈

交谈是宾主相见的核心部分。一开始,宾主会互相寒暄,询问对方的健康、生活、工作状况,然后再切入正题。交谈时把握三个原则:首先,注意交谈的场合和身份。《礼记》中说"公事不私议",又说"在官言官……在朝言朝"。"公事不私议"意味着公事应该按照正确的原则去办,不能在私下里去处理或议论。它强调了处理公事时应遵循的原则性和公正性,避免私情或私利的影响。"在官言官……在朝言朝"则指人应当根据其所处的地位和身份来说话和行事。在朝廷上,应谈论与朝廷相关的事务;在官府中,应谈论与官府职责相关的话题。这体现了身份和职责与言论和行为的一致性。这两句话都传达了古代对于公务处理和个人言行的规范和期望,对于现代社会依然具有一定的指导意义。总之,要注意交谈的场合和身份,避免在不当场合与不符合身份的议论,这也是社交生活的忌讳。其次,谈论话题应该由主人主导。《礼记》:"主人不问,客不先举。"凡是主人还没有提到的话题,客人一般不要主动提起。如果客人始终主导话题,主人处于从属地位,反客为主的表现可能令主人不愉快。最后,各方不讨好的话不要说。例如,人家说:"谢谢你来看我。"结果你说:"我是顺道来的,之前已经看过某某了。"主人心里可能就不舒服。

5.介绍

经主人介绍后其他客人可以相互打招呼、认识。如果主人不给介绍,客人不能太热情或者代替主人介绍。

6.参观

主人不邀请参观,客人不能在主人屋子里随意观看。主人邀请随意参观,客人也不能到处乱走乱看乱摸乱闻,不能擅自打开关闭的房门。客人可以适时对主人装饰的风格、品位进行夸赞。

四、结束拜访的礼仪

一般,拜访的时间不要太长,事务性的拜访有话则长无话则短,礼节性拜访15～30分钟就可以了。交谈过程中注意察言观色,观察到主人神情疲倦、频繁看手表或做出起身的姿态,客人应该提出告辞。如果主人访客众多,自己礼节性拜访的目的已经达到,也可以提前告辞,腾出地方。如果临近饭点,主人家客气留饭,客人也应适时告辞、离开。拜访后及时总结和反馈,以便于跟进未来的拜访计划。

总之,无论是公务拜访还是私人拜访,掌握并遵循适当的礼仪都至关重要。拜访礼仪涉及从准备阶段到告别时刻的每一个细节,要求人们既要有充分的准备,又要有得体的举止。拜访时,要注意时间的选择、仪容的整洁、言辞的礼貌以及行为的谦逊等。

第三节 馈赠礼仪

馈赠礼仪在人际关系中非常重要,"不以挚,不敢见尊者"。中国的汉字"礼"便蕴含了馈赠的深意。馈赠通过赠送礼物的方式,传达着尊重、喜爱、敬意、友谊、祝贺、感谢、慰问等丰富多样的情感与意愿。送礼的本质不仅是物质的交换,而且是情感的交流,体现了对人情世故的深刻理解与尊重。

中国是礼仪之邦,自古以来关于馈赠的故事有很多。中国古代第一部诗歌总集《诗经·卫风·木瓜》生动地说明了社交礼仪中馈赠的作用,"投我以木瓜,报之以琼琚。匪报也,永以为好也! 投我以木桃,报之以琼瑶。匪报也,永以为好也! 投我以木李,报之以琼玖。匪报也,永以为好也"! 一个木瓜、一个桃子、一个李子都算不了什么,但是赠送的好意抵得过稀世珍宝。礼尚往来最珍贵的是情谊,礼物只是传达情谊的中介。所以,"千里送鹅毛,礼轻情意重"的故事一直是人际交往中的佳话。

一、赠送礼仪

馈赠是一门精妙的艺术,成功与否往往取决于礼品的选择与赠送方式。礼品送得恰到好处,宾主双方皆能愉悦交流,馈赠的目的便得以圆满实现。反之,若礼品选择不当或赠送方式欠妥,可能会引发对方的不满与反感,使馈赠的初衷落空。因此,在拜访之前,人们应深思熟虑,精心挑选礼品,以确保馈赠艺术得到完美呈现。

1.明确馈赠的目的

赠礼的目的一般有四种:一是以纪念为目的的馈赠。这类馈赠对应特定的事件,例如为庆祝教师节、三八妇女节给对方送礼,或者因为对方生日而送礼物,或者看望病人赠送慰问品等。二是以维系和巩固人际关系为目的的馈赠。这类馈赠本质上是维护人情往来——加强、巩固以前建立的关系,例如巩固公司企业与客户的关系。这类馈赠在民间交往中很重要,是人们常说的"人情礼""做人情"。人情永不"算账""清账",因为"算账""清账"等于绝交。"礼尚往来",如果相互不欠人情,就不需要往来了。三是以酬谢为目的的馈赠。这类馈赠本质上是一种利益交换,因为你帮助我,所以我用礼物来报答、酬谢你。四是以公关为目的的馈赠。这类馈赠本质上是宣传品。现代企业会通过针对特定人员、部门的公关活动来搞宣传、树立自己的形象。

2.精心选择礼品

礼品酝酿仪式感,重要的是它代表的心意,要体现待人的诚心和用心。诚心包括考虑送给对方合适的礼物,例如对方想要的东西、喜欢的东西、用得着的东西,避免对方忌讳的东西。如果拿不定主意,熟悉的人之间可以直接询问对方想要什么礼品,不熟悉的人可以做周边调研。诚心要能让对方感受到,即使礼品没有很高的经济价值,但的确是为对方着想和专门准备的。例如,对爱美的女士,如果知道她很少吃甜食,也很少吃水果,看望她的时候赠送一束鲜花就可以让她很开心。用心还体现在注重礼品的包装上。包装提升礼品的价值,这个价值不仅是物质价值,还有精神价值,包装良好的礼品让人赏心悦目。但是,包装应当与礼品的价值相匹配。如果华丽的包装里面是没有什么价值的礼品,则不免让人失望。用心准备的礼品可以是自制的,例如朋友亲手制作的编织物、学生精心制作的教师节贺卡、邻居自己烘焙的蛋糕。这些礼品蕴含着诚挚的祝福和情谊。总之,馈赠要考虑礼品的价值和适宜性,不要过于奢华或过分廉价。

3.选择最佳赠礼时机

送礼的时机多种多样,通常可以选择在拜访时的见面或道别时刻。此外,在特定的节日,如春节、中秋节、端午节,或是对方有喜事如乔迁、开业、升学、升职、生日等场合,送礼也是合适的。平时送礼也是一种不错的方式。虽然锦上添花有其美好之处,但及时伸出援手,如"雨中送伞""雪中送炭"般的馈赠,更能加强彼此之间的情感纽带。

4.选择恰当的赠礼场合

公务活动应在公共场所进行,私人事务则应在私下场合处理。若公私混淆,不仅会影响工作与生活的平衡,还可能引起他人的反感。为了避免这种情况,我们可以提前与对方沟通赠礼的场合、目的和礼物的种类,让对方有所准备。如果自己不方便亲自送礼,可以委托他人或通过快递公司代为送达,但务必事先告知对方,让对方知道这是你精心准备的礼物。否则,如果收礼者不知道礼物的来源,那么送礼的目的就难以实现了。因此,选择恰当的赠礼场合和方式才能确保馈赠顺利进行。

二、受礼礼仪

1.大方地接受礼品

大方地接受礼品是对对方友好回应的一种方式。有一年,我在台湾旅游,随意走进一家商店参观,虽然未购买任何商品,但是热情的店主坚持送我一个小手包。我收下了,并向她表示感谢。通常,对于别人真心诚意赠送的小礼品,我们可以大方地接受,并表达感谢,这也是对对方善意的回报。

2.当面打开礼品

中国传统的受礼不提倡当面打开礼物,为的是避免给人留下贪婪或急躁的印象。然而,现代人可以表现得更为开放、大方和自信。现在的礼品更多地被视为"伴手礼",是表达亲情、友情和感激等情感的媒介。实际上,当面打开礼品有很多益处。例如,当你展现出喜欢或惊喜的情绪时,可以增添欢乐。对于书画工艺品,大家可以一起欣赏;对于即食食品,可以共同品尝;对于需要加工的食物,可以讨论如何加工。这些都是绝佳的交流话题。在拆开礼品包装时,我们应动作优雅,避免粗鲁,以免辜负了赠礼者的精心包装。如果对是否可以打开礼物有疑虑,最好征求对方的意见。

三、酌情还礼

一般礼尚往来,受礼者应该适时、对等地还礼。但是,不是所有的收礼都要还礼。如果送礼品给你的人,不在你原定的送礼计划之内就可以不还礼。如果有人真心感谢来送礼也不必还礼,因为还礼反而无法实现他感谢的心愿。这是还礼需要注意的。

四、区分馈赠与贿赂

馈赠和贿赂在本质上截然不同。馈赠是出于真诚和善意的动机,旨在表达感谢、祝福或加强人际关系,而不涉及任何不正当的利益交换。而贿赂则是一种腐败行为,涉及利用职权或地位谋取私利,严重损害社会公平和正义。任何以馈赠为名,实则进行权钱交易、以权谋私的行为,都是不可接受的,也是法律所严厉禁止的。这种行为不仅损害了馈赠的本质意义,而且是对社会公正和道德底线的严重践踏。我们必须坚决抵制和打击这种行为,维护社会的廉洁和公正,让馈赠真正回归其应有的纯洁和美好。

总之,在馈赠礼仪中,人们传递的不仅是物质的赠品,而且是心意的连接与情感的交流。一份精心挑选的礼物,是对他人尊重与关爱的体现,也是人们内心情感的真实流露。让我们在馈赠的过程中,尊重传统,珍视情感,让每一份礼物都充满意义。

第四节 迎送礼仪

迎来送往是人际交往的开头和结束环节。一般礼仪强调的迎送,指因公务活动而安排的迎接和送别。迎送礼仪是迎送活动中人们遵循的言行规范。迎送活动看起来简单,往往能从细节处体现组织的形象和人员的素质。掌握迎送礼仪是每个职场人的必修课,对从事公关接待工作的人更是如此。

一、迎接礼仪

(一)迎接准备

礼仪无小事,充分的准备是为了后面的礼仪环节可以顺利进行。迎接客人到访,凡事都要考虑周全,"主随客便",尽最大努力接待好客人,给人一种宾至如归的感觉,促使宾主双方的关系得到进一步发展。

第一,了解客人情况。要了解对方来访的人数、时间、职位,以及整个行程的安排、到访的目的、有哪些特殊要求等情况,以便做好各项接待准备工作。

第二,确定接待规格。礼仪原则里有对象原则,接待规格要根据对方的规格来明确。也就是根据对方的级别和职务选择对应的迎接礼仪,包括住宿、用餐、用车的规格等。

第三,落实迎客安排。包括接待人员的安排、车辆的安排、会议室的安排、餐饮的安排,甚至住宿的安排等。每一项细节均应明确责任人,确保执行到位。对于贵宾的特殊需求,应给予高度重视,并作出妥善应对。包括但不限于尊重贵宾的宗教信仰、风俗习惯,以及避免任何可能触犯其忌讳的事项。周全、细致地安排,确保贵宾在活动期间感受到宾至如归的温暖与尊重。

第四,布置接待环境。接待环境涵盖会议室、谈判签字场所以及来宾可能经过的所有区域。为确保环境的舒适与便利,应精心设置指示牌,摆放盆景花卉、字画等装饰品,同时确保桌上备有文具、纸巾、饮料和水果盘等实用物品。此外,悬挂欢迎横幅能够增添隆重感。在布置环境时,应追求明亮、雅致且整洁的效果,促进会谈顺利进行。

(二)接待礼仪

对如约而至的客人,尤其贵宾和远道而来的客人,表示热情友好的最佳方式是指派专人提前到达双方约定的地点恭候客人。应该注意以下几个方面。

第一,标志清晰。例如,设置路标,让来宾无论走到哪个地方,想要去哪里都不会迷失方向。

第二,迎客热情。与客人见面时,面带微笑、热情握手、主动寒暄、自我介绍、为他人介绍等。

第三，茶点招待。在会客室或会议室里准备适当的时令水果、点心、茶水、纸张等，方便客人取用。

(三)陪同访问

如果接待方答应陪同客人参观访问，就应该尽量安排专人陪同。陪同客人参观、访问、游览的人应熟悉行程情况，能够承担讲解、沟通、协调、付费等工作。

二、送别礼仪

"出迎三步，身送七步"，当客人到来时，主人要前迎，以示欢迎和尊重；当客人离开时，主人要送，表示关心其安全离开。尽管在形式上现代礼仪有所变化，所传达的尊重、关怀和友好的精神仍然具有重要意义。

第一，婉言相留，依依惜别。当客人表示要告辞时，热情好客的主人应多加挽留，"再多待一会儿吧"，"不妨再多住两天"，"希望您能多玩几天"……以表达惜别之情。送别时，送至门外或楼下，与客人握手道别，欢迎客人下次再来。目送客人远去，直到看不见其身影。

第二，交通安排，方便周到。当确定客人准备离开时，主人应该按迎接时的对等规格相送，安排好送别人员，做好交通方面的安排，不可虎头蛇尾。如果已帮客人购买了车票或者机票，应将客人送至车站或机场。

第三，馈赠礼品，礼尚往来。如果客人来访时馈赠了礼物，主人在送别时也应根据实际情况回馈相应规格的礼物且方便客人携带。

社交礼仪涵盖了会面、拜访、馈赠和迎送等重要环节。在会面时，热情欢迎，以诚相待；拜访时，提前预约，准时到达，尊重主人安排；馈赠时，选择合适的礼物，在合适的时间、场合赠送；迎送时，周到细致，礼尚往来！

参考阅读

1.黑旋风李逵被教训

一日，宋江、戴宗、李逵三人相约酒楼。宋江想品尝新鲜的鱼汤，李逵便跃跃欲试，自告奋勇前往江边购买鲜鱼。然而，因鱼市尚未开市，鱼还不能出售，李逵与守船人起了争执。他不顾别人劝阻，执意到船舱抓鱼，结果在慌乱中将七八条鱼都放走了。鱼牙子张顺闻讯火速赶来，欲与李逵评理，但李逵绝不认错。两人随即交手，陆地上张顺不敌黑旋风李逵，便诱其入水一战。李逵不知张顺是水中高手浪里白条，结果被张顺摁入水中，灌了个半死。这可谓对李逵蛮横无理行为的惩罚。

2.这样的礼物接不接

课前，一位男同学向我请求："老师，请给我两分钟。"我同意了。他随即走到一位女同学的课桌前，迅速从背包里拿出一只毛绒熊递给她，并说："接受我吧。"这一举动立刻吸引了全班同学的注意，教室气氛变得紧张而充满期待。然而，那位女同学却面无表情，甚至连眼皮都没有抬一下。男同学的手一直伸着，僵持了几分钟。最终，我告诉他："请回到座位上去，我们要上课了。"他尴尬地低下头，默默地回到了座位。

这件事中有两点需要反思。首先，在公共场所进行私人表白确实不妥，这不仅干扰了课堂秩序，而且可能让其他同学感到尴尬。其次，女同学的处理方式也有待商榷。虽然她有权拒绝任何表白，但更大方的做法是接过礼物，并礼貌地表示感谢，例如"谢谢你的礼物，我们可以先从朋友做起"。这样的回应既不会让男同学感到太过尴尬，也能展现出女同学的成熟与大方。毕竟，即使恋爱不成，友情依然可以存在。

第十章　社交礼仪

　　轻听发言,安知非人之谮诉,当忍耐三思;因事相争,焉知非我之不是,须平心再想。

——《朱柏庐治家格言》

　　《朱柏庐治家格言》告诫人们在与人沟通时,应当学会倾听,不要轻易被别人的言辞所左右,因为那些话可能是出于恶意或诽谤。为了做出明智的判断,人们需要保持冷静的头脑和理性的情绪,并对别人的话语进行深入的思考和分析。

　　互联网技术极大地拓展了人类生存和生活的空间,网络社交已成为人们日常生活中不可或缺的组成部分。通过社交媒体、电子邮件、即时通信等渠道,人们越来越多地进行着交流与互动。然而,在虚拟世界中,社交礼仪同样重要。每个人都需要遵守规则、尊重彼此,共同维护网络健康发展。在网络交流中,应当使用文明的言辞,避免使用粗俗、侮辱性或冒犯性的语言;应当遵守不散布谣言和恶意评论的基本原则;在遇到不同意见或观点时,应该客观地表达自己的看法,避免使用过激的措辞,以免引起不必要的冲突。保护个人隐私和尊重他人隐私同样重要。这些都是互联网时代的文明礼仪,也是人们在虚拟世界中应该展现的素养。

第一节　言谈礼仪

　　"礼貌是人类共处的金钥匙,无礼是无知的私生子。"先声夺人,言为心声。人一开口说话就会透露很多信息,例如声音好不好听、哪里人、文化素养、品行涵养等。伟大的思想家、教育家大多也是语言艺术大师,卡耐基说:"一个人的成功,15%靠专业知识和技能,85%靠沟通能力。"可见,一个人的言谈修养很重要。当今时代,人们不仅要有真才实学,也要善于展示自己、推广自己。

一、言谈礼仪基本要求

(一)善言

善言,指那些能令人心生愉悦、乐意倾听的话语。《论语》中的经典教诲:"言未及之而言谓之躁,言及之而不言谓之隐,未见颜色而言谓之瞽。"这段话向我们传达了一个深刻的道理:在还未轮到自己发言时,若是急切地插话,会显得过于急躁;到了应当发言的时刻却选择沉默,则会让人产生隐瞒或故弄玄虚之感;更糟糕的是,若是在未观察对方的神态和反应前就随意开口,就如同盲目一般,缺乏了应有的观察与理解。因此,与人交谈实如一门艺术,只有掌握得当,才能使对话愉悦进行,使彼此心意相通、情趣相投;反之,若交谈不谐,话题不合,便可能不欢而散。一般而言,善言主要体现在以下几个方面:态度要谦虚诚恳,表情要亲切自然,语调应平和沉稳,语言要准确规范;多给予他人鼓励,少做无谓的批评;尊重他人,给予对方足够的尊严与空间。

1.态度谦虚诚恳

"谦虚使人进步,骄傲使人落后。"在人际交往中,保持谦虚的态度尤为重要。谦虚的人往往能够减轻他人的压力,更容易赢得他人的尊重和信任,使人际沟通更为顺畅,也更容易获得他人的支持和帮助。相反,骄傲自满的人常常认为自己无所不知、无所不能,这可能导致他们忽视或拒绝他人的合理意见和建议。他们可能因此停止学习和进步,最终导致决策失误或行为失当。这种态度不仅会让个人陷入困境,还可能对身边的人产生负面影响。因此,在人际交往中,我们应保持谦虚诚恳的态度,并在言行上注意以下几个方面,以确保与人相处融洽、共同进步。

第一,多听少说,先听后说。上天赋予每个人一根舌头,却给了每个人一双耳朵,所以人们听到的话应该比说的话多一倍。一个善言的人首先要听懂别人说的话。认真倾听本身就是一种谦逊的态度。通过倾听了解和理解对方才能赢得对方的尊敬和好感,形成可以沟通甚至可以信赖与合作的好印象。

第二,多用商讨的语气。例如,"我是这样认为的","可能这个事情还可以这么看"。商讨的语气让对方更容易接受,使谈话更顺利。荀子在《劝学篇》中说:"故礼恭,而后可与言道之方;辞顺,而后可与言道之理;色从,而后可与言道之致。"人际交往中恭敬、温和、虚怀若谷的态度,让人愿意交流、分享。

第三,转移针对自己的夸赞。当别人夸赞自己的时候,可以转移谈话的内容,巧妙分散对方的注意力。例如,人家说你口才好的时候,你可以说:"是你给我机会说呀!"这样就把对方放在你身上的注意力分散了,同时还夸赞了对方。

第四,多肯定别人。对于别人的赞美,很多人表示谦虚,只说自己"不行,不行"。其实,这不能算是最佳的应对方法,因为有点否定别人的意思。我们在保持谦逊的同时可以肯定自己和别人。曾经有人称赞鲁迅先生是天才,鲁迅先生谦逊地说:"哪有什么天才?我是把别人喝咖啡的时间都用在工作上。"鲁迅先生否认自己是天才,却肯定自己珍惜时间的优点,也肯定了别人的赞美,给别人一种实实在在的感受。

第五,婉言拒绝。钱锺书先生擅长运用诙谐幽默的语言。一位外国女记者希望能与他见面。钱先生以委婉的方式拒绝了她:"假如你吃了个鸡蛋,觉得好吃就行了,何必要看生蛋的鸡是什么模样呢?"这句话既幽默诙谐,又清晰地传达了他谦逊、诚恳且婉拒的态度。

2.表情亲切自然

要在言谈中展现出亲切自然的表情,首先,保持微笑是必要的。微笑是人际交往中最有力的语言,能在交谈中传递出温暖和友善。其次,用眼神与对方交流。应注视对方的眼睛,注视的时间应适度,既不要过长让人感到不适,也不要过短显得不专心。同时,注视的范围应集中在对方的面部,这样既能表达出对对方的关注,又不会让人感到紧张。当交谈对象不止一人时,应适时用眼神扫视其他人,以示尊重。此外,当注意到有人心不在焉或有疑问时,可以主动询问他们的看法,这既是一种提醒,也是一种尊重。最后,用带笑的声音说话。微笑的声音能传递出亲切和放松的感觉,让人更愿意与你交流。像著名主持人董卿,她总是以优雅、自信和亲切的态度主持节目,给人留下了深刻的印象。

3.语调平和沉稳

语调是人们在说话过程中展现出的声音抑扬顿挫、轻重缓急的状态,它常常透露出当时的情感类型,如欣喜、愤怒、痛苦、怀疑、信任等。首先,语速适中。一般而言,人们讲话的语速大约是每分钟220个字,而央视新闻联播的播音员语速稍快,约达到每分钟250个字。因此,我们在日常交谈中的语速应该保持在220~250字。如果语速低于每分钟200个字,会让人觉得过于缓慢,甚至被认为反应迟钝。语速超过250个字,则可能让人感觉过于急促,难以跟上节奏。因此,交谈时要注意保持适中的语速。其次,音量的控制同样重要。音量的选择应根据当时的说话场景来决定。在嘈杂的环境中,或是多人交谈时,可以适当提高音量以确保信息能够有效传达。而在安静的环境或一对一沟通时,则应将音量降低,以免打扰他人。

此外,音调的适中也是语调平稳的关键。音调包括中音、低音和高音,其中中音听起来最为悦耳。"有理不在声高","自古贵人声音低"。这告诉我们,以声压人不如以德服人。宋庆龄女士的声音柔和,即使在公共场合也从不高声,而是用适中的音调表达观点,展现出极高的个人修养。

4.语言准确规范

第一,语音语汇语法要准确规范。如果将语言比作一座建筑物,那么语音便是这座建筑物的外观形状,它让人听着觉得悦耳动听,就好像建筑物让人看着觉得美丽一样。而语汇则是构成这座语言建筑物的建筑材料,掌握的词汇越丰富,语言表达就越流畅自如。语法则是语言建筑物的构建方法,就像建造建筑物需要按照事先设计好的方案一样,各方需要遵循语法规则进行施工、监督和使用。世界上每种语言的语法都各有特色,无论中式还是欧式,无论汉语还是外语,符合语法规则,使语言表达通顺、清晰,都是最基本的要求。

第二,语言表达必须适应特定的语言环境。这是礼仪情境原则的核心要求。在正式和严肃的场合中,语言务必准确规范、有理有据,以树立可信的形象。若言辞不精、语意含混,不仅会漏洞百出,还可能成为他人的笑柄。举例来说,在学术交流会上,语言表达应严格遵循学术规范,不可随意发挥、信口雌黄,更不可含糊其词、模棱两可。而在轻松的场合下,语言则应诙谐幽默、积极向上,为现场氛围增添欢声笑语。即便在语音、语汇、语法上无懈可击的语句,若不顾及场合,也可能破坏人们的愉悦心情,甚至扫兴。在不同环境和场合中,人们应当根据礼仪和习俗,选择恰当的话语,避免触及禁忌,以确保交流的顺畅与和谐。

5.多种花少种刺

鲜花娇艳可爱,谁都喜欢。但玫瑰有刺扎手,让人心生畏惧。言语也是一样,语言之花能改善和促进人际关系,讲话要讲能让人感到积极、鼓励、肯定和尊重的言语。例如,说礼貌的话——"您好""请""谢谢""对不起""再见";说亲切友好的话——"认识你很高兴""和你在一起总是令人愉快""你的到来让我感觉阳光灿烂"。语言中还有积极与消极的话,如"你可以""你行的""加油"都是积极鼓励的话,"你很帅""你很可爱""你很美""你很棒""你是一个令人敬重的人"等都是赞美别人的话;"你已经做得很好了""失败是成功之母""没关系,不经历风雨怎么见彩虹"等是安慰情绪的话。面对这些语言的鲜花,人们脸上会露出笑容,友谊的芬芳萦绕心田。

有些人肆无忌惮地批评、抱怨、指责、嘲讽他人,使人际关系变得难以相处,这就是语言之刺。这些消极的表达方式往往反映了一个人的人品和心理阴暗状态。著名演说家颜永平说做人四种话不该讲:被忽略时说怨话,受挫之后说胡话,嫉妒别人说怪话,被肯定时说狂话。怨话是抱怨、指责的话,胡话是没有根据的语言攻击,怪话是讽刺、嘲讽的话,狂话是没有根据的承诺。这些都是语言之刺,只会对人际关系产生消极作用。

6.人情留一线

"看破不说破,人情留一线。"在非正式场合的交流中,人们应当避免纠正、否定或质疑对方,也不应过分追问,以免使对方陷入尴尬的境地。例如,当朋友在聚会中讲述"海绵工程",误以为是用一种叫"海绵"的植物替换了原有的草皮时,尽管我们都知道她误解了,真正的植物是麦冬,但没有人会去纠正她。因为这种误解并不影响我们的交流和理解,当场纠正只会让她感到尴尬。如果有心纠正,可以在以后某个合适的机会,以不着痕迹的方式指出来。如果有陌生人问路,而你的朋友给出了错误的方向,把东说成了西,而你恰好听到了,那就要当即纠正,否则就会误导别人。这时及时纠正错误是必要的,也是对他人负责的表现。

"口德守不住,财神都绕路。"一个人说话要在言语上尊重对方,给人留面子。有些人喜欢和别人开玩笑,但开玩笑的前提是要让对方开心,那才叫玩笑。如果开玩笑导致对方不开心,感觉被戏弄,那就叫冒犯。如果不小心冒犯了别人,应当马上诚恳地向对方道歉,避免损害人际关系。

(二)善听

良好的言谈不仅涵盖善于表达,而且包括善于倾听。处理事务性、知识性的问题需要通过交谈来解决,情感需求也急需通过交谈得到满足。倾听他人的心声,往往能够带来一种深层次的满足感。人们渴望被倾听,这背后隐含着被尊重的渴望。在与人交流时,我们不仅要学会倾听和理解对方的有声语言,还要懂得倾听和解读对方的无声语言以及话外之音。

首先,确立一个信念——我并不聪明,先听他说什么吧!这样的信念能让心态放平,以平等、平静的心态看待对方。当对方感受到你的专注和耐心,他们会更愿意分享内心的想法,从而有效缓解情绪压力,无论这种压力来源于喜悦、愤怒、郁闷还是其他任何情绪。尤其当面对由矛盾引发的倾诉时,应避免打断对方,尽量让他们充分表达。这样做有助于发现冲突双方潜在的共同利益,例如未曾注意到的共同威胁或一直模糊的共同目标,从而让双方意识到合作共赢的可能性和必要性。此外,让冲突双方充分表达他们的观点和想法,还能消除彼此之间的误解和偏见,了解双方可能存在的非零和竞争关系。通过开放、坦诚和友善的沟通,人们可以将误解转化为信任,进而化解冲突。

其次,克制打断、反驳、辩论、质疑、否定对方说话的冲动。人的天性往往以自我为中心,容易受到个人欲望、情感和观念的影响。然而,为了维护并促进人际关系的和谐,人们需要培养换位思考和理解他人的能力。这需要以理性、克制和同情的心态去体会他人的感受,这样才能更好地促进亲密合作。在家庭关系中,当一方愿意主动分享时,另一方更应该耐心倾听,表达同情和理解。家庭是一个讲情不讲理的地方,因为人的情绪是时刻变化的,而真理却相对固定。我们对待家人时,应该避免养成反驳、否定、质疑和纠正的坏习惯。如果家里充满了争论和批评,每个人都在挑剔对方的言辞,这样的氛围会让人感到窒息。人们应该反思,与家人争论究竟能带来什么好处,实际上,这样做不仅无助于解决问题,反而会使关系更加疏远。除了在需要澄清事实的专业场合,如学术研究、职场分工和谈判中,人们在日常交谈中应该避免打断、反驳、否定、质疑和纠正对方。这是生活的智慧,也是有效沟通的重要方法。

最后,适度地回应。为了鼓励对方更好地表达,可以通过言语、表情和眼神等方式进行适时的回应。当对方分享愉快的事情时,应该展现出高兴的表情和言语,例如用"嗯嗯"或"哦哦"来回应,并适时地点头表示赞同。如果对方谈论到令人忧虑的事情,则应该表现出凝重和关切,让对方感受到你的理解和支持。当对方发泄愤怒时,避免跟着愤怒,而是用平和的语气和表情来回应。此外,在表达安慰时,自然地接触对方的手、拍拍肩膀或给予一个拥抱都是合适的举动。然而,有时候无声胜有声,也可以通过眼神、面部表情和点头等肢体语言来表达自己的理解和共鸣。

二、言谈技巧

1.培养优美的音质

如果不重视声音,与人交流的效果会大打折扣。柔美动听的声音给人以"余音绕梁"的享受,相反,高声尖锐的声音让人难受。一个人的声音浑厚有力,会给人一种健康、可靠、自信的感觉,而声音软绵无力,会给人生病、不自信甚至不老实的感觉。尽管声音的品质受到天生因素的影响,不是每个人都能成为歌唱家,但每个人的声音都有很大的可塑性。控制语速、调整语音清浊、运用语气顿挫和培养良好的语感,可以改善声音品质,平时避免过度用力喊叫,减少食用辛辣和滚烫的食物,以及在嗓子疲劳时及时休息、喝水或含润喉片,避免熬夜等。此外,观摩著名播音员和主持人的发音方式,如练习腹式发声、气泡音等,可以帮助放松嗓子、消除声带疲劳。经常进行科学的发声练习,能够使音色更加优美,使唱歌和说话更加动听。合适的音量是让声音压低,确保别人能够听得见且听得清楚。

2.嘘寒问暖

嘘寒问暖就是寒暄与问候,它是与人交往时常用的沟通方式。与他人初次见面时,通过寒暄与问候可以有效地缓和气氛、制造话题,引导双方进入愉快的对话中。

首先,掌握多样化的问候方式。简单的"您好"虽然能传达善意,但过于机械化的问候可能会让人觉得乏味,应该根据场合和对象的不同,灵活运用各种问候方式。

其次,学会攀谈。攀谈意味着双方都有交流的意愿,并积极寻找共同话题。同学之间也可以就选课、服饰、游戏等话题进行攀谈,以增进彼此的了解和亲近。

最后,不吝赞美。每个人都喜欢听到别人的赞美,这不仅能增强对方的自信,还能为双方之间的交流营造愉快的氛围。当不知道如何开启话题时,不妨从赞美对方的衣着、发型、配饰或善举开始。

3.规范和灵活运用语言

首先,语音必须清晰准确。普通话作为我国的标准语言,被广泛接受和应用。许多人都努力考取普通话等级,以确保在交流中能够高效传递信息。普通话标准将极大地提高与人沟通的效率。其次,说别人能听懂的话。这意味着实践礼仪的对象原则和情境原则。最后,说话和气。不能以盛气凌人或高人一等的态度与人交流,只有以友好、尊重的态度与他人交流,才能赢得他人的尊重和信任。

4.培养语言逻辑

一个语言训练有素的人,其言谈必然是严谨而有条理的。语言训练时注意几个方面。第一,确定谈话的主题和目的。在严肃的谈话中,人们需要明确的主题或问题作为中心,确保谈话始终围绕这个核心。即使谈话过程中偶尔偏离了主题,也要及时转回,保持谈话的连贯性和聚焦性。其次,善于运用思维路标。就像人们在高速公路上开车时需要依赖路标来导航一样,在谈话中也需要借助一些思维路标来引导思路。使用"第一、第二、第三、第四……"或"首先、其次、再次、最后"等序数词,可以帮助人们有条理地列举和阐述问题;使用"因为……所以……""虽然……但是……""与其……不如……"等关联词语,可以帮助人们建立清晰的逻辑关系,使谈话更加有说服力和条理性。总之,通过确定谈话主题和善于运用思维路标等方法,可以培养语言逻辑,使言谈更加严谨、有条理。

5.培养风趣、幽默、得体的语言

著名影星索菲亚·罗兰曾说:"我相信幽默感也是魅力的一个组成部分。有了幽默感,人们可以在欢快的气氛中交流思想和看法。缺乏幽默感,生活可能变得单调乏味。"想象一下,如果你的身边有一位风趣幽默的人,那么你的生活一定会充满欢笑和快乐。

幽默不仅是开玩笑,它更是一种语言的艺术和智慧。在运用幽默时,人们必须保持适当的分寸,以免伤害别人的感情。得体则意味着要尊重他人,不拿别人的缺点、隐私来开玩笑,以免给别人带来负面情绪和心理阴影。"良言一句暖三冬,恶语伤人六月寒。"没有人是完美的,善解人意的人总是宽容和理解,而不是苛求他人。

无论自嘲还是嘲笑他人,都需要把握一个度。过度的话,可能变得粗俗低下,失去了幽默风趣的本质。多读书,积累知识和人文精神,多观察社会生活,换位思考,懂得尊重自己和他人,语言自然就会变得文雅得体了。

6.培养少说多听的习惯

少说多听并不意味着完全不发表意见,而是强调在说话之前要考虑清楚。因为"言多必失","善听"可以避免失误。

"善听"包括"五个不说",即不随意打断别人的话,不随意补充别人的观点,不随意纠正别人的错误,不随意质疑别人的说法,不随意否定别人的看法。避免使用诸如"是这样吗?不是吧!""我记得是……而不是……"这样的表达方式,这样的对话很容易让人感到气愤和尴尬。

有人说,"善言"才能赢得听众,"善听"才能赢得朋友。这确实是一个值得深思的道理。人们可以通过各种方法来训练自己,以达到更好的沟通效果。总之,人们应该在沟通中注重倾听和表达,以建立更好的人际关系。

7.巧用体态语言

语言有声语言和无声语言,后者也被称为体态语言。在与人交流和沟通的过程中,如果我们能够自然且得体地运用身体动作、面部表情、眼神等体态语言,就能够实现"无声胜有声"的效果。有时候保持沉默比开口说话更能够传情达意,正所谓"沉默是金,开口是银"。

言谈是一门精妙绝伦的艺术,掌握它绝非一蹴而就的事情。"巧妇难为无米之炊",言谈艺术同样需要丰富的知识和实践经验的积累。"善听"才能"善言",人们需要通过大量的阅读和实践,不断提升自己的观察力和理解力,才能逐渐掌握言谈的精髓。

第二节　位次礼仪

位次礼仪指在各类交际场合中遵循一定的规则与传统,精心安排座位顺序。位次礼仪并非仅仅是表面的仪式,而是人与人之间相互尊重、认同、理解的深层次体现,位次礼仪承载着确保活动顺利进行、营造舒适氛围的重要使命。

一、行进位次

1.平路行进位次

两人并排行走时,内侧被视为尊贵的位置;三人或更多人并排行走时,中间位置则成为尊贵之所在,两旁行人的重要性依次递减。这种位次安排体现了社交场合中的秩序与规则。

2.上下楼梯位次

一般,前为上,后为下。上下楼梯时,请客人先行。然而,在实际应用中,需要根据具体情境做出调整。首先,当客人不熟悉路线时,引路的人应当走在客人的侧前方,尤其在楼梯拐角转弯处或一个楼层转向另一个楼层的地方。这样是为了确保客人能够顺利前行,避免走错路或发生意外。其次,当穿着短裙的女士走在较陡的楼梯上时,如果有男士紧跟其后,可能会使她感到不自在。因此,男士应当主动走在前面,以体现对女士的尊重。

3.出入房门位次

遵循"长幼有序"的传统礼仪,确保出入的顺序既安全又方便。引领客人到会议室,可以根据房门的开启方向来确定出入的位次。如果房门是向外拉开的,应当先拉开房门,并用背部抵住门,然后礼貌地示意客人先行进入;如果房门是向内推开的,则应先推开门并进入房间,同样用背部压住门,随后再邀请客人进入并说"里面请"。在晚上室内光线较暗的情况下,无论房门朝哪个方向开启,引领的人都应先行进入并打开房间的灯,以确保安全。

4.出入升降式电梯位次

首先,当我们在电梯外等候时,应主动按下上下楼的按钮,以显示尊重和热情待客。其次,如果电梯内有专门的工作人员负责开关门和按电梯楼层,我们只需告知要去的楼层即可,并请客人先进先出。如果电梯内没有其他人,我们先进后出,并主动按下要去的楼层按钮,进出电梯的人数较多时,还应避免电梯自动关门伤到客人,遵循"安全至上"的原则。

二、轿车位次

1.依据驾驶人身份

如果一位普通职员或专职司机开一辆五座轿车去到机场、火车站接客人,那么就请客人坐副驾驶座后面的位置,也就是司机右后方的座位。按此座位排第一,司机后面的座位排第二,二排中间座排第三,副驾驶座排第四。如果主人亲自开车迎接客人,则副驾驶座为上座,这意味着主客"并驾齐驱",副驾驶座后面的排第二,驾驶员后面的排第三,二排中间座排第四。

2.依据轿车类型

普通的五座轿车按上面。对于越野车,无论何种情况,前排的位置都被视为上座。这是因为越野车的底盘较高,前排视野更开阔。对于三排七座的轿车,座位的排列顺序根据驾驶员的不同而有所变化。当主人亲自驾驶时,座位的常规顺序依次是副驾驶座、后排右座、后排左座、后排中座、中排右座、中排左座。四排以上的大中型轿车,不论由谁驾驶,都以前排为上座,后排为下座,右侧座位为尊,左侧座位为下。这些安排兼顾安全、方便与舒适。

3.依据安全系数

在各种座位中,驾驶员后面的座位被认为最安全,其次是驾驶员斜后方的座位,副驾驶座的安全系数最低。大多数人倾向于选择副驾驶座后面的位置,因为这个位置既相对安全又方便上下车。12岁以下的未成年人不适合乘坐副驾驶座。儿童专用座椅应当固定在驾驶员后面的座位上。

4.依据客人的意愿

位次并非一成不变,有时需要根据具体情况灵活调整。在某些情况下,"主随客便"成为最高礼遇。例如,在专职司机驾车的情况下,虽然主人邀请客人坐更安全舒适的位置,但客人明确希望坐副驾驶座,那么主人也没必要强迫纠正。

三、室内位次

(一)室内位次原则

室内位次原则上面门为上、远门为上、前排为上、居中为上、以右为上。远门和面门的座位被认为是最安全的,通常这些上座会留给最尊贵的客人。前排为上和居中为上的原则形成了众星拱月的队形,使得主要人物最为醒目。以右为上的原则是遵循现代国际礼仪的惯例。中国传统位次观念以左为上在"男左女右""左膀右臂"等说法中都有所体现。不过,现在国内的礼仪习惯正在逐渐发生变化。除了政务场合仍然坚持传统以左为尊,商务礼仪和社交礼仪都已经慢慢转向以右为尊了。

特别提醒:位次排列的左和右,是按当事人之间的左和右,而不是观众的左和右。

(二)会客室位次

1.相对式位次

这种位次有两种情况,取决于桌椅和门的设置方向。一种是座位设置面门和背门,另一种是在门的左右两侧设置座位。对于第一种情况,座位的安排原则是以面门为上,背门为下。这意味着客人面门而坐,而主人背门而坐。对于第二种情况,座位的安排则依据进门的方向,客人进门后右转坐在右侧位置,主人进门后左转坐在左侧位置(如图10-1所示)。

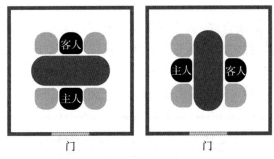

图 10-1　相对式位次

2.并排式位次

主宾并排式位次同样取决于桌椅和门的设置方向,主要分为两种情况:一种是面门设座,另一种是单侧门设座。在多数接待室中,主座背后会设置一面背景墙,增加空间的层次感。当面门并排设立座位时,右侧座位被视为上位,左侧为下位,因此客人通常坐在主人的右侧。这种布局不仅凸显了主宾的重要地位,还便于双方进行互动和交流。而在单侧门设座的情况下,无论门位于左侧还是右侧,都应遵循远门为上的原则(如图 10-2 所示)。这样的布局不仅保护了嘉宾的隐私和安全,还便于主人进行接待和服务工作。

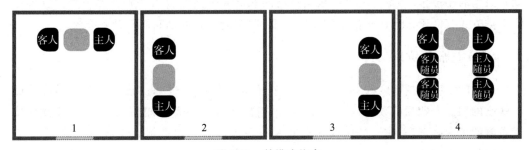

图 10-2　并排式位次

3.居中式位次

当主宾及多人同排并坐时,遵循居中为上的原则,即最中央的位置被视为上座,具有最高的地位。其他参与者则按照身份或职位高低,从中间位置开始,依次向两侧就座(如图 10-3 所示)。这种座位排列不仅体现了对尊贵客人的尊重,还展现了清晰的秩序感,有助于交流活动顺利进行。

图 10-3　居中式位次

4. 主席式位次

这种安排多用于正式场合,特别是当主人需要同时会见两方或两方以上的客人时。主人通常坐于正对入口的位置,以便与各方客人进行交流和互动,而各方人员则面朝主人、背对入口就座(如图 10-4 所示)。此种座位布局既彰显对主人的尊重,又确保主人能与每位客人轻松对话,同时维护了整个场合的秩序与庄重氛围。

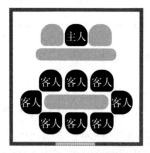

图 10-4 主席式位次

5. 自由式位次

这种位次通常适用于成员间较为熟悉、无须或难以区分上下、高低职位的场合。它没有固定的座位排序,参与者可以根据自己的喜好和舒适度自由选择就座位置。这种座位安排方式有助于营造轻松愉快的交流氛围,进而促进成员之间的互动和交流。

(三)主席台位次

这里的主席台指国内政界的主席台。在五大规则中仅将"右"改为"左"。当在主席台就座的领导人数为单数时,居中者的职位最高,紧挨居中者左侧的人为第二,紧挨居中者右侧的人为第三,其他人员依次交叉向左右两边排列。如果领导人数为双数,则中心靠左的位置为尊,中心偏右的位置为次,其他人员同样依次交叉向左右两边排列(如图10-5所示)。当两套班子并排时,他们的位次依次从中心向外排列。

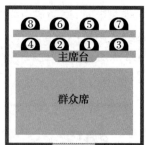

图 10-5 主席台位次

(四)会议室位次

会议室位次与会客室位次在许多方面都存在相似之处。当参与人数众多并且组织机构复杂时需要注意以下几种情况：

第一，按照身份与职务的高低顺序。这意味着要确定各个代表团的身份与职务等级，再依据五大规则进行排序。最高级别的代表团会被安排在面门、中间或居右的位置，其他代表团则按照先右后左的顺序交叉向两边排列。

第二，按照来宾的姓氏笔画。如果各单位代表的职务、职位相当，或者没有必要区分职务、职位高低，可以按照来宾的姓氏笔画或者姓名的拼音字母顺序排序。

第三，按照参会报到时间。即按照回复邀请函或者到场签到时间排序。

无论采用哪种排序方法，都应确保公平合理，让所有人都能接受并感到满意。这样的安排不仅有助于维护会议或活动的秩序，还能促进参与者之间的和谐与交流。

（五）谈判席位次

第一，相对式。这种设座方式与会客室中的主宾相对式位次相似。在谈判中，双方代表面门而坐为上，背门而坐为下。如果进入谈判室后双方代表面对左右两侧的情形，那么同样是进门后右侧为上座，左侧为下座。

第二，自由式。这种设座方式适用于多边谈判，与会客室的自由式位次相似。各代表团可以根据自己的意愿自由选择座位，因为可能大家的职位和单位等级相差不大，这样可以营造更为轻松和自由的谈判氛围。

第三，主席式。这种设座方式与会客室的主席式位次相同。设置一个发言席，发言的人就座主席位，发言结束后离席，回到自己原来的座位。这种方式适用于需要明确主持人或发言人的谈判场合，以确保谈判有序进行。

（六）签字席位次

正式的签字席位次通常采取两种模式。第一种是并列式签字位次，这种模式主要用于只有两方的签字仪式。在这种安排下，签字桌应该横放在面对入口的位置。出席签字仪式的双方全体人员会在签字桌后并排站立。双方签字人员应居中面门而坐，主人的右边是客人。另一种模式是主席式签字位次，这种模式主要适用于三个或更多组织机构参与的多边签字仪式。它只设一张签字桌，横放在面对入口的位置。签字座位设在桌后，正对入口，也只设一个。当轮到某个组织机构的代表签字时，他们会前来就座，完成签字后离席，然后和其他成员一起背对入口，面对签字席就座（如图 10-6 所示）。

图 10-6　签字席位次

位次礼仪是一种很重要的社交规范,它体现了对参与者的尊重。在不同的场合和情境中,位次礼仪有着不同的严格要求和细致讲究。然而,在非正式场合中,位次礼仪的要求则相对宽松和自由。在家庭聚会、朋友聚餐等场合中,大家通常可以根据自己的喜好和舒适度自由选择座位,没有太多的规则和限制。日常生活中的社交场合注重的是轻松、自然和友好,而不是严谨的礼仪和规矩。

第三节 餐饮礼仪

人际关系和社交礼仪常常在觥筹交错中得以体现。当肚子得到满足时,心情也随之愉悦,一切事物仿佛都变得更加美好。餐饮礼仪如此重要,本节将为大家详细介绍宴请礼仪、中餐礼仪和西餐礼仪。

一、宴请类型

宴请,作为一种社交活动,旨在通过设宴招待的方式,达到增进友谊、加深了解和强化关系的目的。恰到好处的宴请不仅能够营造愉悦的氛围,让参与者感受到尊重和关怀,而且能为各方提供一个交流思想、分享经验的平台,推动彼此关系深入发展。

(一)宴会

宴会又称燕会、筵宴、酒会,是因习俗或社交礼仪需要而举行的宴饮聚会,是社交与饮食结合的一种形式。

宴会可以按照多种方式进行分类。按规格,可以分为国宴、正式宴会、便宴和家宴;按形式,则有正式宴会、酒会、冷餐会和茶会;按规模,可分为小型、中型和大型宴会;按风格,又可分为中餐宴会和西餐宴会;按时间,则有早宴、午宴和晚宴之分;按活动主题,则有欢迎宴会、答谢宴会、商务宴会、庆典宴会、纪念宴会、结婚宴会和生日宴会等;按食材主题,则有如安吉百笋宴、云南百虫宴、河南豆腐宴等特色宴会。主办方通常会根据宴请的目的、对象以及预算等因素来决定选择哪种形式的宴会。

1.国宴

国宴是最高规格的正式宴会,通常由国家元首或政府首脑在国家庆典或外国元首、政府首脑来访时举办。国宴在程序和礼仪上都有严格的规定,如宴会厅内悬挂国旗、乐队演奏国歌及助兴乐、席间主办方的致辞,以及桌上拟定的菜单等,无一不彰显国宴的尊贵与庄重。

2.正式宴会

虽然正式宴会不如国宴隆重,但也是正式的社交活动。它不悬挂国旗、不演奏国歌,官方和民间都可以举办。正式宴会的时间通常在正餐时段,如12:00或18:00。参加正式宴会的客人通常需要按照主人安排的席位就座,并由服务员依次上菜。

3.便宴

这是一种非正式的宴会形式,常见于午宴和晚宴,有时也有早宴。便宴的气氛随和、亲切,不拘泥于礼仪,方便人们在日常生活中进行社交。

4.家宴

家宴通常是在家中举办,主人亲自下厨制作拿手好菜招待贵客。虽然家宴看起来简单、随意,但实际上体现了主人对客人的深厚情谊。

(二)招待会

招待会是一种注重轻松、愉快和自由氛围的宴请形式。在招待会上,通常会提供食品和饮料,不会安排固定的座位,人们可以自由地走动和交流。根据称呼和形式的不同,招待会可以分为三种类型。

第一,冷餐会,也被称为自助餐。每个人可以根据自己的喜好自由选择食物。在取用餐具和食物时,动作应该轻缓,尽量不说话。如果觉得适口,可以多次取食,以减少浪费,不要边走边吃。

第二,酒会,或者称为鸡尾酒会。鸡尾酒是一种由各种酒和饮料混合而成的饮品,主要用在酒会上,配以少量的点心或零食。客人可以手持酒杯和点心随意走动、穿梭在不同的谈话圈里。酒会的举办时间比较灵活,一般在下午或晚上。随着中国国际化程度不断提高,酒会这种招待形式在国内也越来越受欢迎,它方便客人自由进出和交流。

第三,茶话会,顾名思义,是大家聚在一起品茶、聊天的活动。茶话会提供水果、点心和零食。这种招待会形式具有中国传统特色,适合举办话题较为轻松的座谈会、联谊会或欢送会。

总体来说,招待会是一种很灵活和自由的社交活动形式,可以根据不同的场合和目的进行安排。

(三)工作餐

工作餐是一种非正式的宴请形式,它结合了用餐和交谈工作两个方面。这种人际交往方式通常发生在彼此较为熟悉的合作伙伴或工作上的朋友之间,大家已经建立了较为亲密的关系,用餐氛围相对随意。此外,有时双方谈判日程紧张,需要迅速而有效地继续交流时,也会选择采用快捷的工作餐形式。工作餐的位次通常与谈判桌的位次相似,以方便双方继续交谈。

二、宴请准备

成功的宴请离不开周密的准备工作。礼仪无小事,只有前期准备充分,宴请过程才能从容不迫、有条不紊地进行。

第一,明确宴请的目的和对象。宴请的目的,即宴请的初衷或理由,如庆祝生日、表彰功绩、举办婚礼、表达感谢、加强联谊、提出请托等。这些目的决定宴请的规格、地点和氛围,同时也影响着宴请对象的选择。合适的宴请对象能够使整个氛围更加开心、融洽和满足。

第二,确定宴请的形式和规格。根据宴请的目的和对象,选择合适的宴请形式,如正式宴会或非正式宴会,以及具体的规格,如自助餐、酒会或茶话会等。同时,还需要制定预算,确保宴请的规模和花费在可承受范围内。

第三,选定宴请的时间和地点。宴请的时间和地点是宴请成功的关键。在确定时间和地点时,首先,应考虑到贵宾的口味、偏好和忌讳,尽量满足他们的需求。其次,考虑宴请的地点。如果地点由主人决定,应综合考虑位置远近、环境的可辨识性、安全性、卫生情况以及停车场的便利性等因素。最后,最好征求主要嘉宾的意见,在他们确定后再通知其他嘉宾。

第四,制作和分发请柬。请柬是正式、规格较高、精心筹备的宴会中不可或缺的一部分。如果是朋友间的便宴聚餐,则可以通过电话或信息邀请。制作请柬时,可以选择请专业公司设计、制作,也可以自行制作。请柬应包含清晰明了的信息,如宴请的原因、对象、是否允许携带家属、地点、时间、形式以及宴请者的名义等。此外,还可以注明特别要求,如着装要求等。请柬的分发应提前一周以上,以便嘉宾能够提前安排和准备。

国际上有一个著名的宴请"5M"原则,它与上述的宴请准备内容颇为相似。这"5M"实际上是 meeting、money、menu、medium、manner 五个英语单词的首字母缩写,它们分别要求明确宴请的对象和宴会的时间安排、宴请的预算规划、预定的菜单选择、用餐的环境布置、宴请过程中的行为举止。只要宴请的准备工作做得充分,宴请就已经成功了一半。

三、中餐礼仪

中国人素来认同"民以食为天"的价值观念,同时也极为重视共食的餐饮礼仪。尽管与古代礼仪相比,现代餐饮礼仪简化了很多,保留下来的部分仍然体现了中华民族餐饮文化的特点。因此,在餐桌上展现出得体的举止和礼仪,对于维护良好的人际关系和塑造个人形象都至关重要。

(一)席次礼仪

席次,这一礼仪概念,涵盖了宴请时餐桌的摆放和位次排序两大方面。它包含了两层含义:首先是如何摆放多张餐桌,确保它们之间的相对位置和间距得当;其次则是在单张餐桌上如何合理地安排位次,以满足礼仪和社交的需要。这两层含义共同构成了席次礼仪的核心内容,是宴请活动中不可或缺的一部分。

1.桌次礼仪

桌次,即指两张以上餐桌的摆放方式。在举办宴会时,餐桌的摆放可参照迎送礼仪中的五大位次排列规则:面门为上、远门为上、以右为上、居中为上、前排为上。然而,餐桌的排列有其特殊之处。它分为横排和竖排两种方式。在横排时,以面对正门的位置为基准,右边桌子比左边桌子尊贵;竖排时,则讲究远门为上、近门为下,即距离正门远的桌子比近的更尊贵。对于多桌宴会,除了遵循面门为上、远门为上、以右为上、居中为上的原则,还需考虑其他各桌与主桌的距离。一般而言,离主桌越近,桌次越高;离主桌越远,桌次越低。这种以主桌为基准的排列规则被称为"主桌定位"(如图10-7所示)。

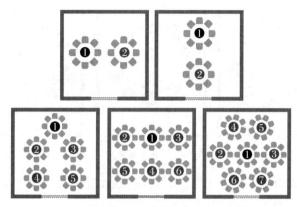

图 10-7　中餐主桌定位

2.位次礼仪

餐饮礼仪中,每个人的位置都蕴含着特定的意义和礼仪。主人应该坐在哪个位置,最尊贵的嘉宾应该被安排在哪个位置,这些不仅反映了主人的思想观念和对嘉宾的尊重程度,还体现了餐桌礼仪的深层含义。例如,伟大的历史学家和文学家司马迁在撰写《鸿门宴》时,就详细描绘了当时的位次安排,从中人们可以窥见项羽的野心和对刘邦的态度。对于现代中餐的位次礼仪,人们需要掌握几个基本原则,即面门为上、远门为上、以右为上。排位时要注意以下几点:

第一,主人通常应坐在面向门的位置,这样既可以观察进出的人员,也彰显了主人的尊贵地位。在安排嘉宾座位时,距离门较远的位置通常被视为更尊贵,因此应安排给重要的嘉宾。在并排排列的座位中,以右为尊。

第二,多桌宴请时,每桌最好有一位主人代表在座,位置一般与主桌主人同向,或者面向主桌主人,以维持整体的一致性。

第三,各餐桌位次根据距离该桌主人的远近而定。距离主人近的位置被视为更尊贵,而距离远的则相对次要。同时,应以右为尊。

基于上述原则,圆桌位次的排列,依据主位的设置,可分为两种情形。第一种情形是每桌设一主位。在此布局下,每桌仅有一位主人,主宾则尊坐于主人右手侧,每桌自然形成一个谈话的焦点。第二种情形则是每桌设置两个主位。此时,主人夫妇同席而坐,男主人为首席主人,女主人为次席主人。主宾与主宾夫人分别就座于男女主人的右侧,这样每桌便形成了两个交谈的核心。值得一提的是,若主宾身份尊贵,超过主人,为彰显尊重,亦可安排主宾坐于主人之位,主人则相应退至主宾之位,以体现礼仪之周到与尊重。

为了确保来宾能够准确无误地找到自己的座位并顺利就座,除了依赖引导人员和主人的及时引导,还可以提前在每位来宾所属座位的正前方桌面上放置醒目的个人姓名座位卡。这样,来宾只需根据自己的姓名就能轻松找到座位。在举行涉外宴请时,座位卡应使用中英文书写,以尊重不同文化背景的来宾。按照惯例,中文应写在上方,英文在下方。如有需要,座位卡的两面都可以书写用餐者的姓名,这样坐在对面的人也能清楚地看到,有助于大家相互认识和交流(如图10-8所示)。

图10-8 中餐圆桌位次

如果宴请中主客双方的人数大致相当,并且都在同一张桌子上用餐,可以采取主方和客方人员交错排位的方式(如图10-9所示)。

图10-9 中餐圆桌位次

(二)点菜礼仪

成功的宴请与菜品的质量紧密相连。当嘉宾对主人精心挑选的菜肴表现出浓厚兴趣并欣然接受时,这意味着主人已成功迎合了嘉宾的口味和喜好。然而,如果嘉宾的食欲不佳,桌上剩余大量未被品尝的菜品,那么这很可能是主人在点菜时未能准确把握嘉宾的口味偏好。因此,点菜不仅是一项技术活,而且是一门艺术,它需要人们不断深入了解各种食材和烹饪技巧的相关知识,并通过实践积累丰富经验,以确保每次宴请都能让嘉宾心满意足。

1.充分考虑嘉宾的口味偏好

在安排宴请时,首先,要了解主要嘉宾的口味特点。"一方水土养一方人",强调了不同地域的人们口味上的差异。中国菜系繁多,有"八大菜系"之说,各地的饮食风格千差万别。例如,有些人喜欢吃辣,而有些人则不吃辣。在点菜时,必须充分考虑到这些差异。如果宴请的客人中有喜欢吃辣的,那么餐桌上就不能完全没有辣菜;反之,如果客人不吃辣,而满桌都是川湘麻辣菜,那么他们会无从下筷。其次,需要根据宴请对象的年龄、性别等特征来选择合适的菜品。年轻人通常喜欢海鲜和口味重的菜肴,而老年人则更喜欢清淡、软烂和保健类的食物。男士往往偏爱荤菜和口味较重的菜肴,而女士则偏好清淡、养颜的素菜。再次,尊重嘉宾的饮食习惯和宗教禁忌。例如,某些民族的人不能吃某些食物,有些人因为健康原因不能吃辛辣或甜食,还有些人可能不喝酒。此外,南方人通常喜欢吃米饭,而北方人则更偏爱面食。

在安排宴请不熟悉的人时,最好事先了解或征求主要嘉宾的意见,了解他们的口味偏好和忌口。这样可以确保菜品的选择更加贴心和周到,让嘉宾得到满意的用餐体验。

2.满足嘉宾尝新的愿望

在宴请嘉宾时,除了考虑他们的日常口味习惯,主人可以为他们推荐一些新奇的食品。当宴请外国人时,推荐一些具有中国特色的经典菜肴,如宫保鸡丁、红烧狮子头、北京烤鸭等,这些菜肴在国际上享有盛誉,外国客人可能早已听说过,因此邀请他们品尝会是一个很好的选择。在品尝这些美食的同时,人们还可以分享有关菜品的故事,以促进文化交流和理解。

对于国内客人,尤其来自不同地区的客人,推荐当地的特色菜肴是一个明智的选择。"客人洋,吃土;客人土,吃洋。"客人来自外地,就推荐本地特色土菜;客人是本地人,就推荐一些外地菜肴。中国各地都有特色美食,如长沙的毛氏红烧肉和臭豆腐、南京的汤包和锅贴、宁波的海鲜和年糕等。当接待来自其他省份的客人时,推荐这些菜肴会是很好的选择。对于宴请本地人,考察餐厅的特色菜肴比较合适,特色菜肴通常是该餐厅最擅长制作且最受顾客欢迎的菜式。此外,选择当季的菜肴也是很好的选择,因为当季的食材既新鲜又价格实惠,能够为客人提供最佳的用餐体验。

3.科学合理地搭配菜肴

主人应科学合理地搭配菜肴,以满足现代餐饮所追求的色、香、味、形、意、养的全方位要求。需要注意以下六个方面:一是冷热搭配,确保菜品的温度多样性,为宾客提供丰富的口感体验;二是甜咸搭配,通过不同口味的交织,激发味蕾的多元感受;三是色彩搭配,色泽诱人的菜肴不仅能增添餐桌的美感,而且能让人食欲大增;四是荤素搭配,这是为了平衡营养,确保菜品的健康与美味并存;五是软硬搭配,在有老人和孩子参与宴请的情况下,应适当考虑他们的需求,让他们在享用美食时也能感受到贴心的关怀;六是注意造型和寓意,对于重要的宴请场合,主人应尽可能选择造型美观且寓意吉祥的菜肴,以营造出与气氛相匹配的用餐环境。

4.菜肴的数量适中

菜肴的数量应该适中,以确保既能让大家吃饱吃好,又不造成浪费。通常,点菜的数量可以大约是人数的 1.5 倍,也就是比人数多出约一半的菜。例如,2 个人吃饭时点 3 道菜,6 个人吃饭时点 9 道菜,10 个人吃饭时点 15 道菜。如果当地的习俗或文化传统忌讳单数的话,可以适当地减少或增加一个菜。总之,点菜时应该根据具体情况灵活决定,既要满足大家的饮食需求,又要避免浪费。

(三)使用餐具的礼仪

1972年,美国总统尼克松应国务院总理周恩来的邀请访华,尼克松深知这次访问的重要性,因此他事先做了充分的准备。了解到中国人主要使用筷子进餐的习惯后,他专门请教了专家,并刻苦练习筷子的使用技巧。

周恩来总理为尼克松举行了隆重的欢迎宴会。宴会上,中方体贴地准备了美国的刀叉和中国的筷子,以供宾客选择。出乎所有人意料的是,尼克松毫不犹豫地选择了筷子,并且运用得相当熟练,毫不费力地夹取各种食物。这次历史性的会见,中美双方都希望通过细致入微的礼仪与尊重,给对方留下美好印象。

1.使用筷子

在中餐中,筷子是夹取食物的主要餐具。筷子起源于中国,它不仅是一种餐具,而且承载着丰富的文化内涵。例如,人们可以将筷子作为礼物赠送他人,因为"筷子"与"快乐"的"快"谐音,赠送筷子寓意着将快乐传递给对方。

筷子在使用前被整齐地放置在筷子架上。大多数人习惯使用右手,筷子通常摆放在右手边。同一张桌上使用的筷子的款式、长短、粗细应该一致。

在中国,使用筷子有着诸多讲究,其中广为流传的便是"十二忌":第一,忌"三长两短",即避免拿在手上的筷子一长一短,既不方便使用,也被视为不吉利。第二,忌"仙人指路",人们普遍认为用筷子指人等同于用食指直指他人,带有指责或挑衅的意味,极为失礼。第三,忌"品箸留声",即不可将筷子含在嘴里发出声响,既不卫生又令人不悦。第四,忌"击盏敲盅",因为传统上这是乞丐的做法,同时敲击餐具容易损坏餐具并制造噪声。第五,忌"执箸巡城",即不可拿着筷子在菜盘上方来回游移,好像找不到满意的菜肴。第六,忌"迷箸刨坟",指的是在菜盘里不停翻找食物,给人一种贪婪自私的印象。第七,忌"泪箸遗珠",即避免筷子上的汤汁滴落污染其他菜肴。第八,忌"颠倒乾坤",即筷子的两端不可颠倒使用,否则会给人饥不择食的印象。第九,忌"当众上香",即不可将筷子插在饭上,因为这是祭祀时的做法。第十,忌"落地惊神",即避免筷子掉在地上,这既不卫生又麻烦他人。第十一,忌"定海神针",即不可只用一根筷子挑食物。第十二,忌"十字交叉",即不可将筷子交叉放置或握在手中,因为形状类似十字架,容易让人产生反感。筷子使用的禁忌体现了中国餐桌礼仪的严谨与细致。

虽然使用筷子有如此多的忌讳,但实际上的讲究可能还不止于此。为了符合公共卫生和防疫要求,倡导大家使用公筷公勺。使用公筷公勺主要有两种方式:一种是在每个菜肴旁边放置一双公筷或公勺,供大家轮流使用;另一种是为每位用餐者提供两副筷子和勺子,一副自用,一副公用。当使用公筷将菜肴夹入自己的碗里后,再换上自用的筷子和勺子享用。虽然这样做麻烦些,但能让大家更加放心。

2.使用碗

碗是盛放主食、羹或汤的餐具。端碗吃饭的正确姿势是将拇指扣住碗口,其余四指紧扣碗底,保持掌心中空。这种端碗方式寓意着做人要顶天立地、胸有乾坤。在用餐时,应左手将碗端至胸口高度,右手持筷将食物送入口中。不要端着碗仰着脖子往嘴里倒食物,更不要伸长嘴去吸碗里的食物或用舌头舔碗,这些都是不雅的行为。

此外,在我国一些地区碗也被视为一种寓意吉祥的礼物。在浙江温州的一些地方,给新婚夫妇赠碗的习俗很流行。当地方言中,"碗"与"稳"谐音,寓意着新婚夫妇婚后的生活将会稳稳当当、幸福美满。

3.使用碟

餐桌上的空盘子通常被称为碟子或骨碟,它扮演着中转站的角色。你可以用它来盛放从餐桌上取来的菜肴,或是放置吃剩的食物、骨头和残渣等。在酒店用餐时,应避免一次性夹取过多的菜品放入碟子,这样显得贪婪。同时,不要将食物的骨头、鱼刺等直接吐在餐桌上,而应使用筷子轻轻夹住,然后放置在碟子的前端。如果碟子里堆积了残渣、骨头或壳,可以礼貌地请服务员更换新碟。

4.使用纸巾

纸巾盒被置在餐桌上供大家自由抽取,注意一次不要抽取过多。使用后的纸巾稍微叠整齐后,轻压在盘子底下。有些餐厅还会提供湿毛巾服务。无论热毛巾,还是冷毛巾,用途都是擦手,不要用来擦嘴、擦汗、擤鼻涕或吐痰,这些行为都极为失礼,不符合餐桌礼仪。

5.使用水盂

精致的器皿中盛着清澈的水,水面上漂浮着几片花瓣或一片柠檬,这便是水盂。在一些需要食客用手抓取食物的餐厅中,水盂是常见的器皿。水盂中的水专为食客清洁手指而设。使用时,手指在水里轻轻摆动几下,避免溅出水花。然后,用纸巾或毛巾将手指擦干。

6.使用牙签

牙签主要用于剔牙,偶尔也用于挑食物。剔牙时注重礼仪和卫生,要用手掌或餐巾纸遮住嘴巴。剔出的食物残渣用纸巾妥善包裹,并悄悄处理掉,不要展示给他人。不要长时间叼着牙签,给人一种玩世不恭和粗野的印象。

(四)用餐礼仪

传统中国社会注重餐饮礼仪。在《礼记·曲礼》中,有饮食"十四毋"的警告,旨在防止"伤廉"和"不雅"行为。虽然现代用餐礼仪已经删繁就简,仍然注重饮食举止优雅。

1.喝汤

喝汤时,应使用勺子舀取后送入口中,而不是直接就着碗喝,以免汤液顺着嘴角流下,有失雅观。汤很热时,应该放凉再饮用,而不是噘着嘴使劲吹气,这会给人一种急不可耐的印象。在喝汤的过程中,要小口品尝,避免大口吞咽发出咕咚咕咚的声音。总的来说,喝汤的举止应该文雅得体,保持从容不迫的姿态。

2.饮酒

中国的酒文化历史悠久,源远流长。酒,象征着富足与享乐,在宴请中常常起到开胃助兴的重要作用。在正式的中餐宴会中,白酒和葡萄酒是不可或缺的佳酿。红葡萄酒,因其鲜艳的红色寓意着喜庆,且口感甘甜,更受人们喜爱。

你可能在餐桌上看到过各式各样、各种材质的酒杯。通常,宴会会准备三种大小不等的玻璃杯:最小的是白酒杯,稍大一些的是葡萄酒杯,最大的则是凉水杯或饮料杯。

饮酒时需要注意几个环节,以确保举止得体。

第一,斟酒。客人到齐后,宴会由主人举杯宣布开始用餐。举杯前,为表示对来宾的敬重和友好,主人会亲自开瓶、启封、斟酒。开瓶启封的那一刻酒香四溢,宾客们可以赞叹一番。斟酒时先为尊者倒酒,再按顺时针方向依次斟酒。斟酒量要适度,除了白酒,其他酒杯不必斟满。所谓"茶七酒八",茶应斟七分满,酒应斟八分满。白酒一般比较烈,干杯时通常使用小酒盅。葡萄酒一般斟到酒杯三分之一的位置,饮料和水倒七分满就可以了。为他人斟酒之前,要充分尊重对方的意愿,不要强迫。如果对方因信仰、习惯或身体健康等原因不能喝酒,可为其提供饮料或茶水。

第二,受酒。主人斟酒时,客人应双手端起酒杯致谢,起身站立或坐着欠身,并点头致谢。如果不能喝酒,要礼貌地向主人说明原因,以茶代酒。如果主人坚持倒一点表示一下,应大方接受,不要拿着杯子左闪右躲,不要将酒倒入他人杯中,更不要把酒杯倒扣在桌面上,以免失礼。

第三,敬酒。宴会上,相互敬酒是一种常见的礼仪。当宾客入席后、用餐开始前,主人会举杯向各位来宾敬酒,并致辞。然而,在婚庆、典礼等盛大场合,祝酒词可能会更为冗长,此时宾客需要耐心聆听。随着宴会的进行,敬酒活动可随时展开。敬酒时,敬酒者应站立,面对被敬者,右手持杯或左手托扶杯底,面带微笑,眼神友善,并附上简短的祝福语。在敬酒前,应事先考虑好敬酒的顺序,通常按照年龄、职位、身份或到场顺序来安排。若彼此不熟悉,可主动询问对方的身份和称谓。当对方三次表示不饮酒时,便不应再勉强。与人碰杯时,将自己的杯底略低于对方,以示尊重。若距离较远,可用酒杯轻敲桌面,模拟碰杯的声音。向长辈或职位高的人敬酒时,应走至其面前,待对方饮酒后,再致谢并返回座位。即使不能饮酒,主人和嘉宾也应以少量酒或饮料代替,以示尊重并参与敬酒的仪式。

第四,饮酒应当适量。过量饮酒容易导致失态、出丑,甚至可能引发严重的人身伤亡事故。因此,无论身处何种场合,人们都应该保持风度和仪态,避免争强好胜,切勿一醉方休。亲朋好友聚会可以真诚地相互祝酒、适量地饮酒,不可强行劝酒、灌酒、斗酒或罚酒。牢记"喝酒不开车,开车不喝酒"。

3.饮茶

以茶待客是中国人餐饮礼仪的重要组成部分。在许多正式宴会上,饭后饮茶是不可或缺的环节。

第一,泡茶。泡茶是品茶过程中极为讲究的一个阶段。主人最好当着客人的面用茶勺舀取茶叶,同时应充分考虑宾客的口味偏好,事先准备多种茶叶及饮料供宾客选择。不同种类的茶叶需采用不同的冲泡方式,应多学习相关知识。

第二,斟茶。斟茶时应遵循"茶不宜满,七分最佳"的原则,以防宾客因喝茶心切或不小心打翻茶杯导致烫伤。主人对待一般宾客可由家中晚辈奉茶,而对待重要客人则应亲自奉茶;当宾客较多时,应遵循先客后主、先主宾后次宾、先长辈后晚辈、先女客后男客的顺序。此外,也可以先将茶水全部泡好,再请宾客自取。在斟茶或续水时,应一手拿起茶杯,在远离宾客身体的地方进行,如是在围桌喝茶,则应提前示意对方即将续水,请其留意。

第三,接茶。当身份高者或长辈为晚辈递茶时,晚辈应起身站立,双手恭敬地接过。对方为自己续水时,亦应以礼相待,面带微笑,点头致意,并口头表示感谢。端茶时,应一手持握杯柄,另一手托住杯底。

第四,品茶。品茶时应小口啜饮,让茶水在口中稍作停留后再咽下,这样才能细细品味茶的香气。同时,应对主人的茶叶表示赞赏。若茶水太烫,不可用嘴去吹,待其稍凉后再饮。

4.其他事项

第一,注意入座礼仪。主人会先请主宾入座,随后其他人再陆续入座。客人如果不能确定自己的座位,最好等待主人请坐。入座时,从椅子的左边进出,坐下后端正坐姿,与左右人员寒暄、攀谈几句,不要自顾自不理人。

第二,注意转盘使用方向。当菜肴上桌后,转盘应按顺时针方向将菜肴转到主宾面前。主人会先请主宾动筷子,之后其他人才可依次品尝。

第三,注意进餐忌讳。例如,避免弯腰、低头、用嘴凑上去吃餐桌上餐具里的食物,避免狼吞虎咽以及用筷子在汤里捞取食物等不雅行为。与人交谈,高谈阔论、唾沫四溅会让他人感到不适。在餐桌旁,宽衣解带、整理头发、化妆等行为也是不适宜的。此外,现代社会的用餐礼仪更加注重各取所需、各取所好,因此主人主动为客人布菜、加饭的现象已经比较少见。

以上所述为中餐的正式礼仪。在轻松的家庭聚餐或与亲密朋友共享美食时,则无须拘泥于这些繁文缛节。重要的是保持愉悦的氛围,享受与亲朋好友共度的美好时光。在这样的场合,随心所欲、自在交谈更能彰显亲密与和谐,让聚餐变得更加温馨。

四、西餐礼仪

(一)西餐基本特点

西餐,或称欧式餐饮,是我国对源于西方国家烹饪风格的菜肴的统称。实际上,不同国家的饮食文化和习惯存在显著差异,西方美食也呈现出多元化的特点,包括法式、英式、意式、俄式、美式等多种风格。

法式菜肴以选料广泛、加工精细、烹调考究而著称,既有浓郁的菜肴,也有清淡的佳肴,同时注重菜肴的色彩搭配,尤其蔬菜色彩多样化。英式菜肴则强调原汁原味,口味清淡、油少、甜度适中。美式菜肴与英式菜肴相似,但口味更偏咸,并常用水果作为配料,如菠萝配火腿、苹果配烤鸭等,同时芝士也是不可或缺的食材。意式菜肴以橄榄油、面粉、番茄酱、香料和大蒜等为主要食材,味道浓郁,口感丰富多样,有很多经典菜式,如比萨饼、千层面和肉酱面等。俄式菜肴味道浓郁,常用烈酒提高烹调温度,并喜欢腌制酸味食品,如酸黄瓜、酸白菜等。

第一,注重营养搭配。西餐在食材的选择和搭配上注重营养均衡,会充分考虑人体对各种营养素的需求,如碳水化合物、脂肪、蛋白质、维生素和膳食纤维等。正规的西餐包括汤、前菜、主菜、甜品和饮品等多个环节,力求保证营养的最大化。

第二,选料精细,用料广泛。西餐在选料上很讲究,不仅注重食材的新鲜度和质量,而且用料范围广泛。例如,法国人善于利用各种食材入菜,包括蜗牛、朝鲜蓟、卷心菜、结球甘蓝等。西餐通常不使用动物的头、尾、血和内脏以及淡水鱼虾蟹等食材。

第三,调味讲究,色泽诱人。西餐的调味品与中餐有很大不同,常用的调味品包括酸奶油、沙拉酱、柠檬汁等。西餐还注重用酒来调味,不同的菜肴会选用不同的酒搭配。在色泽搭配上,西餐也力求做到鲜明、对比强烈,以增进食欲。

第四,烹饪工艺严谨,餐具器皿考究。西餐对火候和烹饪流程的控制既精细又严谨,有点像做科学实验。例如,牛排可以根据个人口味选择三分熟、五分熟、七分熟等不同的熟度。此外,正规西餐厅的餐具和器皿种类繁多,每一道菜肴都会精心配备相应的餐具。

第五,就餐环境宽敞幽雅安静。西餐厅的桌与桌之间的距离较远,保证了就餐的私密性和安静性。同时,一些西餐厅还会播放轻柔的音乐或进行现场演奏,营造出高雅的就餐环境。

(二)西餐位次礼仪

1.西餐位次特点

西餐的桌子一般都是长条桌,面门为上和远门为上的规则与中餐礼仪相同。与传统中国的位次礼仪比较,西餐位次礼仪有如下几个特点:第一,以右为上。主人的右手边被视为上位。第二,女士优先。女士通常坐在主位。如果男女主人同时接待客人,女主人会坐在第一主位,而男主人则坐在第二主位。在中餐礼仪中,如果男女主人同时接待客人,通常面门而设的主位属于男主人,而背门而坐的才是女主人位。第三,交叉排座。西餐礼仪讲究男士和女士间隔排座,以促进宾客间交谈和营造热烈的气氛。这一点对青年男女来说尤为方便,便于他们相互了解和交友。这个规则与中餐礼仪显著不同(如图 10-10 所示)。

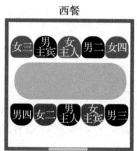

图 10-10 中西餐位次对比

2.西餐位次排座

西餐的位次排列与中餐有所不同,主要分为长条桌位次、T形桌位次和门字形桌位次。

对于西餐长条桌位次,遵循面门为上、远门为上、以右为上、女士优先、交叉排列的五大原则。女主人坐在主位,男主人则坐在第二主位;女主人的右边是男主宾,左边是男次宾;男主人的右边是女主宾,左边是女次宾,其余宾客则依次交叉排列(如图10-11所示)。

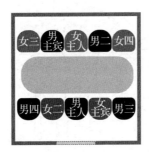

图10-11 西餐长条桌位次

对于西餐T形桌位次和门字形桌位次,当桌子呈T形或门字形排列时,横排中央位置是男女主人的座位,男女主人身旁两边则分别是男女主宾的座位,其余宾客按照顺序依次排列(如图10-12所示)。

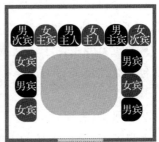

图10-12 西餐T形桌位次和门字形桌位次

西餐礼仪中的位次排列是相对灵活的,具体的座位安排可能会因场合和主办方的要求而有所不同,应根据具体情况进行调整。

(三)使用西餐餐具礼仪

1.餐具种类及摆放

除了各式开胃小菜,西餐的基本上菜顺序为汤、主菜(鱼或肉)、蔬菜沙拉、甜点或水果、咖啡或茶。通常情况下,人们按照上菜顺序从外到内依次取用各式餐具。图10-13展示了一套相对简单的西餐餐具种类及其摆放方式。

实际上,西餐餐具的配置会根据用餐的规格和菜品的内容进行相应的调整,餐具中也会少一把餐叉或餐刀,或者多一把勺子等。

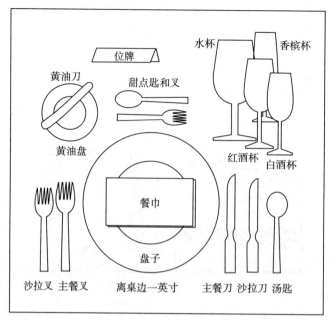

图 10-13　西餐餐具及其摆放方式

2.餐刀、餐叉的使用方法

第一,刀叉的区别。餐刀和餐叉是西餐的主要工具,用于在个人的餐盘中切割食物。它们可以配合使用,也可以单独使用。餐刀主要有三种类型——肉刀、鱼刀和沙拉刀。肉刀和鱼刀是主餐刀,沙拉刀专门用于切割蔬菜,刀刃向内。另外,黄油刀比较小巧,没有锯齿,用于切割面包和涂抹黄油、果酱。餐叉也有三种,与三种餐刀相配合,用于叉取食物。

第二,刀叉的握法。通常,右手握刀,左手握叉。握刀时,右手的食指应压住刀背以施加力量。握叉时,叉齿朝下,手握叉柄的末端。使用刀叉时,手臂应靠近身体,不要张得太开或抬得太高,以免妨碍他人。

第三,刀叉的使用。餐刀是用来切割食物的,不应直接用刀戳起食物往嘴里放。用刀切割食物时不要太使劲,以免发出刺耳的声音。刀叉一经使用就不能再放回餐桌。如果用餐中间暂停使用,将刀叉以倒"V"的形状放置在盘里。用完一道菜或用餐完毕,将刀叉并排放在餐盘上,刀刃朝内。

第四,餐匙的用法。西餐中的大勺子主要用于喝汤。其使用手法与中餐有所不同,应从身体内侧向外舀汤,再送到嘴里。小勺子则用于吃甜品或冰激凌。使用餐匙时,舀取的食物应一口吃完,不可反复舔食品尝。用餐完毕,将餐匙放回原处,不要放在汤碗或甜品中。

第五,餐巾的用法。餐巾通常被叠成各种形状放在水杯、桌面或盘子上。在开始用餐时取用餐巾,其主要目的是防止进餐时掉落的菜肴、汤汁弄脏衣物。使用时,一般先将餐巾对折,使折线朝向自己,然后平铺在并拢的腿上。不能将餐巾当作围兜系在身上或裤腰上。用餐完毕,可以用餐巾的末端顺着嘴唇轻轻擦拭嘴巴。如果用餐期间需要暂时离开餐桌,应将餐巾放在座位上,而不是放在桌上或搭在椅背上。这样服务员就知道客人还会回来继续用餐,不会将餐具收走。用餐结束后,将餐巾稍加整理放置在盘子边上。

(四)西餐用餐礼仪

1.入座

西餐有标准的入座礼仪。从椅子的左侧入座,采用三步入座法:第一,从椅子的左侧接近,左脚向前一步跨到椅子前,右脚伸到椅子中间。第二,左脚收回与右脚并拢。第三,保持姿态端正,缓缓坐下。穿裙子的女士在坐下时可以顺手在大腿后面抚平裙子,以保持舒适、优雅的坐姿。当男士和女士一同到西餐厅用餐时,男士应在女士落座前和起身后,主动为女士挪开椅子,方便女士进出,展现出自己关照女士细致入微的绅士风范。

2.进餐

在西餐厅,通常要等到全体客人面前都上了菜之后,女主人才会示意大家开始用餐。西餐中吃面包的方式与中餐吃馒头有所不同。在正式的宴会上,应当用拇指和食指合力撕下一小块面包,然后放入口中食用。这样做是为了避免用刀切或直接用叉子叉食。如果需要抹黄油,应只将黄油涂抹在撕下的小块面包上,而不是将整个面包都抹上。对于硬面包,可以先用刀将其切成两半,然后再用手撕成小块食用。至于喝汤,应使用汤勺,舀汤的方向应是由内向外,一勺一口,喝汤时也要注意不发出声音。

在使用刀叉时,建议将手臂贴近身体,以保持优雅的用餐姿势。品尝菜肴时,英式吃法通常要求右手持刀,左手持叉,一边切割食物一边品尝。而美式吃法则有所不同,它主张先将食物全部切成适合入口的小块,然后放下餐刀,将原本左手持握的餐叉换到右手,再叉取食物享用。无论哪种吃法,食物放入口中后都应闭嘴咀嚼,等食物咽下后再说话。若此时需要回应别人的打招呼,可用手势示意口中有食物,不方便张嘴。

进餐过程中,交谈应轻声细语,避免大声说话或发出不雅声音。如需招呼服务员,例如因餐具掉落需要更换餐具,一般用手势来示意。

3.品酒

西餐宴会中,酒是不可或缺的主角,通常分为餐前酒、进餐酒和餐后酒三种。这三种酒的作用和持杯方式各有特色。餐前酒,也被称为开胃酒,顾名思义是在正式用餐前饮用的,用以提升食欲,但不宜过量,一般采用度数较低的香槟酒。进餐酒多为葡萄酒,包括白葡萄酒和红葡萄酒。在西餐文化中,有一个广为流传的配酒原则——白酒配白肉,红酒配红肉。这里的白肉通常指的是鱼肉、鸡肉和海鲜等较为细腻的肉类,红肉则指牛羊肉等色泽较深的肉类。白葡萄酒的最佳饮用温度在 7 摄氏度左右,有时可以加入冰块以调节温度;红葡萄酒的最佳饮用温度则在 18 摄氏度左右,持杯时可以用手指夹住杯柄,用手掌反向托住酒杯,这样不仅可以起到温酒的作用,而且能使酒香更加浓郁。餐后酒则有助于消化,酒精度通常较高,如威士忌、白兰地、利口酒、甜酒等。餐后酒使用的酒杯一般比较小巧,有的也需要托在手掌里慢慢温热。

在取用酒杯时,一般遵循由外向内的顺序,即先取用最外侧的餐前酒杯,然后是进餐酒杯,最后是餐后酒杯。这样既能确保饮用的顺序合理,又能避免混淆。

4.品咖啡

品咖啡是西餐文化中的重要内容,通常发生在休息厅、咖啡厅等场所。品咖啡是对咖啡的鉴赏和品味,体现了优雅和细致的态度。因此,品咖啡不仅指饮用咖啡的行为,更包含了欣赏咖啡的香气、口感和风味的过程。

在饮用咖啡时,人们应当注重自己的行为举止,包括饮用的数量、配料的添加以及品尝的方式等。首先,应当小口品尝咖啡,因为喝咖啡并非为了解渴。其次,根据个人口味添加配料,如牛奶、糖块等,但在添加过程中,动作需轻缓,避免砂糖洒落或咖啡溅出,以保持桌面和衣物的整洁。再次,使用勺子搅拌咖啡时,搅拌完毕后应将勺子放回碟子中,不可用勺子舀取咖啡饮用。最后,有时咖啡杯与碟子是配套使用的,喝完咖啡后,应将杯子轻放回碟子中。这些规范不仅是西餐中喝咖啡的礼仪要求,而且是对咖啡文化的尊重以及个人品位的体现。

西餐礼仪,作为西方文化的重要组成部分,体现了尊重、细致与品位。从西餐的特点到位次安排,再到使用餐具和用餐过程的礼仪,每一个环节都蕴含了深厚的文化内涵。人们逐渐了解并熟悉这些礼仪规范,不仅能够在西餐厅中表现得更加自信大方得体,而且能体会到西餐文化的独特魅力。

第四节　网络礼仪

网络社交礼仪指人们在利用电话、微信、QQ、电子邮件等技术手段进行沟通时应当遵循的礼仪规范。网络社交是将人们的一言一行以数字化的形式呈现,技术的不完善和信息传递渠道的有限性,可能导致沟通不充分或人际误解。同时,网络信息传播速度快、范围广,网络言行可能会对他人产生更大的影响,在网络社交中,人们更应该自觉遵循社交礼仪,避免给他人带来不必要的困扰或伤害。了解和使用网络社交礼仪很有必要。

无论使用何种形式的网络社交,人们都应严格遵守基本的上网礼仪规范:第一,尊重他人是基础,必须避免发表侮辱、攻击或歧视他人的言论,并杜绝恶意评论和造谣诽谤的行为;第二,保护个人隐私至关重要,不应公开他人的个人信息,严禁非法盗取他人的账号密码或私人信息;第三,坚决不传播任何违法信息,包括但不限于欺诈、色情、暴力或恐怖主义等内容;第四,尊重知识产权,不得侵犯他人的著作权、商标权或专利权等,严禁盗版或抄袭;第五,在表达个人意见时,应遵守逻辑、尊重事实,确保不侵犯他人的权益、不损害社会公共利益;第六,遵循网络文化和规范,避免发布不雅照片和视频,减少广告或刷屏行为;第七,保持友善和微笑,因为网络是交流的平台,友善和微笑有助于减少不必要的冲突和误解。通过遵循这些网络社交礼仪,大家可以共同营造一个更加和谐、友善的网络环境。

一、电话礼仪

电话礼仪体现个人素养,展现对对方的尊重。恰当的语气、措辞和态度,有助于建立良好的沟通氛围,提升沟通效果。忽视礼仪可能导致误解和冲突,影响人际关系。

(一)拨打电话礼仪

1.注意打电话的时间

应选择合适的时间,一般有"三点"时间不宜打电话,即 8:00 之前、12:00 左右、22:00 以后。因为这些属于私人时间,不适合用公事打扰。如确实遇到紧急情况需要在这个时段打电话,最好给对方做个解释,"事情紧急,情非得已,打扰了",以取得对方谅解。此外,下班前的半小时内也不要打电话交代对方以后要办的事情,因为此时对方可能已经心不在焉,容易忘记你交代的事项。

2.注意打电话的步骤

一要正确称谓和问候对方。二要简单地自我介绍。如果彼此不熟悉,又是公事公办,要清楚报出自己的单位、部门、姓名等,私人电话也要介绍自己。不要想当然地认为别人应该知道你是谁,更不要让对方猜"你是谁",让对方为难,浪费彼此的时间。三要说明打电话的目的。事先应想清楚为什么打电话。表达时口齿清楚,条理清晰,长话短说。一般打电话的时间控制在 3 分钟以内。四是结束谈话时注意说"再见"的顺序。一般,位尊者优先,长辈优先,或打电话者优先。放下话筒时动作要轻缓。

3.注意打电话时的表情

打电话时由于只能依赖声音将信息传达给对方,更要注意言语表达。打电话时说话的语速比面对面说话时的语速要慢一些,以便对方听清楚。要相信电话里礼貌的语言、柔和的声音、友善的微笑能够传达给对方,打电话也要做好表情管理。

4.加强安全意识

最好办公事用办公电话,办私事用私人电话,有工作纪律的严格按照工作纪律规定。除非双方事先同意,否则在电话中讨论私人话题是不恰当的。要保持通话内容的专业性和相关性。不要随意透露个人隐私。

(二)接听电话礼仪

接听电话时,需要注意"三声"原则,即在电话铃响三声之内接听。通常,等待铃声响两三声后接听是比较合适的。如果太快接听,例如铃声刚一响起就接通电话,可能会让打电话的人感到惊讶,仿佛你一直在等待这个电话,而且这样做还容易导致通话掉线或占线。

如果来电要找的人不在,你可以帮忙记录关键信息并及时转告给被呼叫的人。记录的内容应该包括来电者的身份、来电时间以及大致的事由等。在接听电话时,如果又有另一个电话打进来,你可以请正在通话的对方稍等片刻,然后跟后来的打电话的人打个招呼并说明情况,再请对方稍等,之后继续与先前的通话者进行交谈。或者,你也可以请对方挂断电话,稍后自己再回电。这是遵循"先来后到"的原则。

无论是打电话还是接电话,都应该确保口腔清洁。如果口里含着东西与人交谈,不仅可能导致对方听不清楚或产生误解,还可能让对方感到不受尊重。

(三)挂断电话礼仪

对于通话结束时谁先挂断电话,并没有一个固定的规定。这主要取决于不同的文化、场合以及人际关系。然而,在挂断电话时,礼貌应当是首要考虑的因素。在通话中礼貌地结束对话,既是对对方的尊重,也能体现自身的修养。

有些小孩在打电话给父母时,可能会自顾自地说完话,然后不等父母问清楚就匆忙挂断电话。同样,有些人在与他人通话时总是抢先挂断电话,这样的行为显然是不礼貌的,容易使对方感到突兀,甚至产生不悦的情绪。

在通话结束前,应当避免突然挂断或匆忙结束通话。你可以询问对方:"您说的是这些吗?我记住了。"或者"您还有别的吩咐吗?"这样既可以避免煲电话粥,又可以帮助彼此澄清此次通话的内容。当确定没有再想说的话时,就可以向对方表示感谢,说"再见",从容挂断电话。

值得一提的是,有些特别谦恭的人在接听电话时,会主动等待对方先挂断,以此表达他们的尊重。

二、手机礼仪

(一)接听手机礼仪

第一,妥善放置手机,避免将其挂在腰间或胸前。

第二,确保手机的接打功能正常,并及时更新联系方式。若更换号码,要及时告知他人。

第三,尽量避免在行走时打电话,以防发生意外。在电梯内避免通话,因为电梯是一个小型公共场所,大声说话既可能泄露隐私,也会让同乘电梯的人感到不适。同样,在其他公共场所接打手机时,应尽量轻声,避免高声喧哗,以免打扰他人。

第四,善用手机的静音功能。在教室上课、参加会议、重大活动或与重要人物交谈时,最好将手机调至静音或震动模式,必要时关闭手机。这既表示对他人的尊重,也能避免通话打断交谈或思路。若因不在场而导致手机铃声不断,打扰他人,会引起他人的反感和不满。

此外,在飞机上、驾车时或加油站内,避免使用手机,以免引发安全事故。

(二)发送短信礼仪

第一,第一次给联系人发短信时,应包含称谓、问候和简短的自我介绍。无论是个人还是群发短信,省略称谓都是不礼貌的,尤其给长辈和领导发短信时,更需要使用尊称。

第二,短信内容应当简洁明了,尽量控制在 100 字以内。如需详细说明,应配合电话沟通。重要信息应包括姓名、时间、事项、数量、价格、电话号码和地址等。如需对方回复,应在结尾注明"期待您的回复"或"收到请回复"。

应尽量亲自编写祝福短信内容,哪怕只是简短的几个字也能体现诚意。应避免完全转发他人的短信内容,尤其是在未修改落款名字的情况下,因为这样做在对方看来既不真诚,又可能让自己陷入尴尬的境地。务必在短信末尾注明自己的真实姓名,以便对方确认发信人身份。

第三,应该给对方预留合理的回复时间。若在规定的时间内未收到对方的回复,应主动通过电话进行确认。当自己收到工作或社交询问短信时,无论其重要程度如何,都应及时作出回应并表态。若因故无法立刻处理短信中的请求,也应及时回复并说明情况,例如"现在有事在身,无法立即处理"或"已经收到,但预计半小时后才能着手处理"。待事情处理完毕后,亦应及时通知对方,如"已处理完毕,请放心"。

第四,管理好联系人名录。详细记录联系人姓名、单位、职务、电话和个人特征等重要信息,以便日后查询。

三、上网礼仪

(一)使用微信和 QQ 礼仪

如今,微信和 QQ 已成为人际沟通的重要平台。人们通过这些工具组建各种虚拟社交群,利用语音、文字、图片和视频进行信息交换,极大地便利了生活、学习和工作。

第一,添加好友。接受他人添加好友时,应尽量确认对方身份。仅通过"老师好,请通过下"或"有事找你,请通过下"这类信息可能不真实,也可能是骗子的行为。请求添加好友时,应在验证信息中说明身份,真实姓名会增加可信度,并简要说明原因,如"找您请教礼仪问题"或"某某推荐我认识您",以助对方判断。添加后,应主动打招呼并介绍自己。

第二,发送语音。发送语音前,应考虑对方是否方便接收,尤其在工作时间。尽管有语音转文字功能,但可能存在识别错误。在群组中,避免发送语音通知,因其针对性不强,容易被忽视。

第三,文明礼貌用语。得体的言论更易得到回应,不礼貌的言论可能无人回应,甚至导致被移出群组或被举报。

第四,规范使用语言和表情包。了解表情包的实际含义,避免误解;掌握最新的网络用语,以免产生误会;避免使用低俗的表情包。

第五,转发信息需谨慎。转发他人的图文、链接前,应征得原创同意。某些链接可能不适合所有人,避免转发低俗或有害内容;自觉抵制违法和不道德的内容,不信谣不传谣;对于恶意链接,坚决删除,并可举报。

第六，避免群内私聊。在微信和 QQ 的工作群或兴趣群中，发言需谨慎。不要在群里与特定成员私聊，或谈论不当内容，如荤段子、表白、指责、揭露隐私等。避免敏感话题，如政治、民族、宗教等。

第七，抢到红包要致谢。抢到红包时，无论金额大小，都应表示感谢，避免因言语不当造成尴尬。

(二)使用电子邮件礼仪

自从电子邮件普及以来，人们无须再面对面地交换纸质文件，既省时又省力，同时还更加环保。然而，电子邮件使用得当可以带来便捷，但使用不当则可能导致问题。因此，人们应当注意使用电子邮件的礼仪。

第一，邮箱的名称。邮箱的名称或地址最好符合个人身份和使用的场景。使用自己的真实姓名或数字类地址(如 QQ 邮箱)是较为合适的。

第二，邮件主题。在发送或回复邮件时，务必编写明确的邮件主题。一个清晰的主题可以帮助收件人迅速了解邮件的内容，没有主题的邮件很容易被误认为垃圾邮件。

第三，邮件内容。正式邮件应遵循书信的基本格式，包括称谓、问候、祝愿、签名和日期等部分，这些都不可省略。

对经常往来的熟人，虽然可以简化交代事项，仍需包含问候和打招呼的内容。注意语言的规范性，避免错别字，并慎用省略、缩写、暗语、俗语和玩笑话，以免产生误会。此外，切勿使用邮件发送消极或不当的信息，例如对某人的不满、愤怒或训斥。

第四，添加附件务必提供说明。附件的名称应清晰明了，使人一眼就能理解，尤其在附加多个文件时。

第五，关于邮件格式，选择何种字体、字号、字母、颜色以及插图等，应充分考虑对方的阅读习惯，并尊重文化习俗。

第六，保密性同样重要。涉及商业机密、国家机密或个人隐私的邮件，必须谨慎处理。如有相关规定，应遵循国家、组织或企业的规定。切勿使用公务邮箱发送私人邮件。反之亦然。违反规定或误发邮件可能导致严重的后果。

第七，在回复邮件时，务必仔细核对收信人的地址，确保准确无误。即使是需要立即回复的邮件，也要确保内容是妥当的。一直拖延回复是不合适的，建议在收到邮件后的一至两天内，根据邮件的内容、性质以及发件人的情况，给予及时的回复。若发送了重要邮件，在预期的时间内未收到回复，应使用电话进行确认，以确保信息的及时传达。

(三)网络评论礼仪

网络评论礼仪指的是网民在公开讨论新闻事件、观点，或在视频、游戏中发表评论、跟帖、弹幕时应展现的礼仪素养。只要生活在社会群体中，与他人交流，无论是在现实还是虚拟世界，人们都会评论他人并被他人评论。这些评论体现了评论者的人品和修养。

第一，真诚友善，宽以待人。真诚是人际交往的基石，在网络世界同样适用。在网络空间中保持真诚，体现了个人的道德修养。真诚意味着不恶意欺骗、不胡言乱语、不故意抹黑他人。同时,我们应展现友善的态度,使用文明礼貌的用语,并宽容对待他人在言语上的不足;避免随意发泄不满情绪;不诋毁、谩骂或侮辱他人。

第二,互相尊重,慎独自律。尽管网络是虚拟的,人们可以隐匿身份发表评论,但我们必须铭记:语言具有巨大的力量,既能激励人心,也能造成伤害。因此,在网络评论中,我们更要注重彼此之间的尊重,严于律己,避免随心所欲地发表不负责任的言论。应该坚守基本的道德底线,"良言一句三冬暖,恶语伤人六月寒"。多传递正能量,用积极、理性的态度参与网络讨论,共同营造文明、和谐的网络空间。

第三,用语规范,目的明确。虽然网络世界是虚拟的、自由的,但人际关系是有边界的。言论应该有针对性,让别人能够清楚地理解发言者的意图和态度。因此,为了有效利用网络空间并促进交流,人人应该提高文明礼仪修养,确保言论的规范性和明确性。

四、视频和直播礼仪

随着信息技术的迅猛发展,如今无论是度假、商务出差还是居家办公,视频沟通已成为人们日常生活中不可或缺的一部分。视频沟通主要分为两种形式:预先录制的视频和即时直播的视频。前者属于延迟沟通,而后者则属于即时沟通。在进行视频拍摄或直播时,人们应当注意以下礼仪规范:

第一,选择设备。对于家庭或朋友间的视频沟通,一部具备录像和直播功能的手机通常就能满足需求。如果视频的传播范围较广,或者针对的是不特定的公众,那么就需要高品质的技术支持,以确保观众的观感体验。

第二,合理设置背景。视频和直播可以随时随地进行,人们仍需注意保护隐私和机密。不想让人看见的场景和事物应事先整理好,避免暴露;同时,法律禁止的场地不可以作为拍摄或直播的背景。对于严肃的视频和直播内容,如教学直播,背景避免过于杂乱。此外,还需注意声音环境,直播过程中应尽量避免噪声的干扰。

第三,重视服饰搭配。虽然亲友间的视频直播较为随意,为了给对方留下良好印象,人们仍需注重服饰的选择。睡衣、背心、短裤等过于休闲的装扮可能会给人随意、不正式的感觉。对于有特定目的的视频和直播,如教学视频,服饰搭配更应认真考虑。女士的服装颜色应上下一致,并与脸色、发型和配饰相协调。男士则建议以西装为主,蓝色或黑色为佳。总之,服饰应与拍摄场景相协调。

第四,适当化妆。适当的化妆有助于提升形象。在拍摄视频时,化妆可以使五官更加清晰美观,给观众带来愉悦的视觉体验。

第五,掌握交谈技巧。在视频和直播中交谈时,人们应保持语速轻缓、吐字清晰、用词准确、声音平稳。这与电话交谈和微信留言的要求是一致的。

第六,简化肢体语言。精彩的视频和直播往往离不开丰富的表情和恰当的肢体语言。镜头前的肢体动作应简化,以避免给人杂乱无章或眼花缭乱的感觉。对于教学视频,无论站着还是坐着,都应保持体态端庄。展示动作的部位主要在上半身,头部应端正,表情不宜过于夸张,肢体动作不宜过大,手势也应尽量少用。

第七，管理好时间。视频拍摄涉及众多人员和环节，因此应提前约定好时间，并确保参与拍摄的人员按时到场。"时间就是金钱，效率就是生命"，合理安排时间以确保拍摄顺利进行。

第八，尊重他人是基本准则。在传播视频和进行直播时，人们应遵守道德和法律规范。虽然自媒体具有高度的自由度，但如果涉及他人的权益，拍摄者应尊重他们的意愿，避免为了追求网络流量而过度打扰他人。同时，应抵制恶劣行为，如集体蹭热点等，这些行为可能侵犯他人权益，破坏了网络环境的和谐与美好。

随着科技的飞速发展，网络通信的方式日新月异，为社会生活带来了前所未有的便捷。在享受这种便捷沟通的同时，人们更应注重传达自己的真诚善意，树立自己彬彬有礼的形象。

社交礼仪，作为一种人类社会交往中的行为规范，不仅体现了个人素质和修养，而且是社会和谐与文明进步的重要标志。在多样化的社交场合中，从简单的问候到复杂的宴会礼仪，从面对面的现实交往到互联网的虚拟交往，每一步都蕴含着深厚的文化内涵和对他人的尊重。通过学习和实践社交礼仪，人们不仅能够更加自如地应对各种社交场合，而且能够提升个人的魅力和影响力。一个懂得礼仪的人，往往能够在交往中赢得他人的尊重和信任，为个人的成长和发展创造更多的机会。然而，社交礼仪并非一成不变的规矩，它随着社会的发展和文化的交流而不断演变。人们应该保持开放的心态，不断学习和吸收新的礼仪知识，以适应不断变化的社交环境。愿人们都能以真诚、善意和礼貌的态度去对待每一次人际交往，共同营造和谐、美好的社会氛围。

参考阅读

1.钢铁女王与酒桌文化的较量

电视剧《风吹半夏》深情讲述了20世纪90年代一位名叫许半夏的女士在男性主导的钢铁行业中闯出一片天地的故事。剧中，令人印象深刻的饭局场景深入剖析并生动诠释了中国独特的酒桌文化。

主陪，作为举办宴席家庭的代表，是席上德高望重的人物。他不仅要负责全局，精心安排菜品和酒水，还要引领主人家热情周到地招待宾客。而副陪的地位虽然仅次于主陪，却是实际办事的关键人物，也是最忙碌、最辛苦的一个。举例来说，当菜品从背后端上桌时，副陪需要接过菜肴，还要负责端茶倒水，照顾好旁边的三宾、四宾，甚至在饭后还要负责结账，这些都是副陪的职责所在。

在座位的安排上，最重要的宾客紧挨着主陪就座，其次是三陪、四陪，地位相对较低的两位宾客则坐在更远的位置。总体而言，地位越低的人越靠近门口的位置。剧中，老大哥伍建设与新秀许半夏在酒桌上的较量，无论是座位的选择、话语权的争夺，还是新旧势力之间的对抗，都淋漓尽致地展现了酒桌文化。

2.公共场所的修养考验

有一天上午，我坐在咖啡厅里等人。当时的氛围宁静而温馨，大多数人都在专注地看书或是轻声细语地交谈。然而，这份和谐却被一个后来进入的青年男子打破了。

他坐在我对面的沙发右侧,戴上耳机,跷起二郎腿开始玩手机。他时不时地大声指责,甚至爆出粗口,完全沉浸在自己的世界里,对周围的一切毫无所觉。他的行为举止显得极为自私,毫不顾忌地对周围人造成了困扰,甚至破坏了原本宁静、温馨的气氛。

我试图用咳嗽声来提醒他注意自己的言行,但他似乎并未察觉。最后,我忍无可忍,伸手到他面前的茶几上敲了敲。他抬起头,摘下耳机。我带着些许不满地对他说:"你吵到大家了,可以小声点吗?"他显然没料到我会如此直接,惊讶地看了我一眼,随后把腿缩了回去,低下头继续玩手机。值得庆幸的是,他之后没有再发出任何声响。

公共场所是体现一个人修养的最佳场所。这个男子的行为举止暴露了他自私自利的本质,他只顾自己舒服,却毫不关心自己对周围人的影响。然而,让别人提醒需要注意言行举止的文明多么难堪啊!如果当时在场的人对他留下了不好的印象,那么下次在别处遇到他时,很可能会心生厌恶。这就是人际关系的微妙之处。

因此,我们每个人都应该时刻注意自己在公共场所的言行举止,保持文明礼貌。这样不仅能为自己赢得他人的尊重和好感,还能营造和谐、文明的社会环境。

第十一章　职场礼仪

　　人生有三大任务——工作、交友和爱,这些任务也都是人际关系的任务,往往越拖延,就越难解决。

——[奥地利]阿尔弗雷德·阿德勒

　　工作是实现自我价值和追求个人发展的舞台,也是接触社会的重要途径。它为人们提供了主要的物质保障,同时也让人们收获友谊。工作中的每一次合作和交流,都是人们提升自我、理解他人的过程。因此,步入职场时人们必须懂得职场礼仪。

　　职场礼仪是塑造职业形象、促进团队协作、吸引客户以及处理复杂人际关系的必备技能。它教会人们如何与人共事、如何对待利益、如何在职场中游刃有余。现代职场礼仪在实践中不断发展,形成了基本规范,而新的行业和领域也在不断完善其特有的礼仪标准。无论职场礼仪如何变化,其核心原则始终不变:真诚待人、尊重为上、平等自律、热情适度、信用宽容、积极负责。这些原则不仅体现在个人的言行举止中,而且是做人做事风格的展现。大学生无论在实习阶段、求职面试还是正式步入职场后,都应该秉持这些原则,展现出良好的职业操守和工作态度。职场礼仪关乎个人形象、团队合作以及组织形象。在竞争激烈的职场中,得体的礼仪能够帮助个人树立良好的形象,提升专业素养,赢得他人的尊重和信任。相反,不懂职场礼仪的人可能会在不经意间失去客户的信任和合作机会,从而影响自己在职场的生存和发展。

　　进入职场后,难免会遇到各种困难和挑战。当身体疲惫、想要放弃时,请记住:退缩只会让你前功尽弃、一事无成。当你下定决心要找到合适的工作时,请积极寻找机会并坚持不懈地努力。主动出击是找工作的最好策略,只有主动去搜集招聘信息、投递简历、跟进面试进程等,才能抓住机会。所谓的幸运不过是机会来临时你已经做好了准备而已。此外,不断学习的意识也很重要。通过不断学习提升自己的技能和能力不仅可以提高竞争力,而且能更好地适应未来工作的需求。总之,有了充分的心理准备,职场礼仪将使你如虎添翼,在市场竞争中展示出最好的自己,并赢得更多的机会和成功。

第一节 实习礼仪

对年轻人而言,实习的重要性在于进入相关专业领域,将所学专业知识理论运用到实际工作过程中,实习也是了解职场环境、适应职场节奏,寻找职业机会的阶段。实习是否顺利,实习生的礼仪修养至关重要,甚至比专业技能还重要,因为实习生一般不会被委以重任。实习期间做事情的态度比能力更重要,或者说情商比智商更重要。实习生虚心好学、兢兢业业、细致周到、进步很快,这些领导和同事都会看在眼里。在实习单位赢得了好评,就可能为入职打下良好的基础。

一、实习前的准备

(一)思想重视

思想上,应高度重视实习,千万不要因为实习没有工资或者自己今后不打算在这家单位工作就不好好工作、随心所欲。实习态度往往奠定了人们未来对待工作的态度。"态度决定一切。"在思想上高度重视了,才会在行动上勤勤恳恳,虚心学习,不迟到不早退,不挑三拣四,不怨天尤人,积极勇敢面对各种困难和挑战,才能真正从实践中积累经验,得到锻炼,有所收获,为毕业求职打下好的基础。

(二)知识储备

大多数人在选择实习单位时,会倾向于寻找与专业相关或有所联系的组织。因此,在实习开始前,建议充分做好业务上的准备。应当了解实习单位的基本情况和业务内容,以便做到心中有数。同时,最好回顾并梳理大学四年所学的专业知识和技能,确保在实习过程中能够熟练运用。此外,还应预见可能遇到的专业知识难点,并准备好相应的资料以备查阅。为了更好地展现自己的能力,建议准备一份完整的求职简历和作品集,供实习单位考察。

(三)物资准备

根据实习单位的具体情况,准备自己需要的物品,例如手机、办公用品、笔记本电脑等,还要准备适合的职业装、化妆品等。从实习第一天起,你就不只是学生了,职场上要有职业形象,"好马配好鞍",要做什么像什么。还要考虑交通问题,如果实习单位距离学校较远,在自身经济条件允许的情况下,最好在实习单位附近租房。无论怎样,务必保证上班不迟到,工作过程中精力充沛。做好物质准备后去实习,你心里就会更踏实。

二、实习过程礼仪

第一,遵纪守法,注意安全。实习生要认真学习所从事行业的法律法规,绝不能触犯相关的法律法规;一定要严格遵守实习单位的规章制度和工作纪律,例如穿安全服、戴安全帽、不披头散发等;一定要严格遵守学校的实习纪律,在实习过程中认真观察、善于思考、谨言慎行;维护学校形象,不随意中断实习;与学校实习老师保持联系,有问题及时反映;按学校要求撰写实习日记,这样在做实习总结的时候就有素材;一定要注意各方面的安全,包括交通安全、劳动安全、财产安全、交友安全等。从校园步入职场,同学们还相对比较单纯,社会经验不足,要加强自我保护意识,明辨是非;不要交友不慎,不要轻信传言,不要误入传销等非法组织,更不要因为贪利而成为不法分子利用的工具。实习生要学法懂法,能够用法律维护自己的合法权益。

第二,文明礼貌,乐于助人。作为基层员工,实习生要尊重实习单位的领导,和其他员工见面时主动热情打招呼,别人工作忙时主动询问是否需要帮忙。力所能及地帮助他人不仅能为自己的形象加分,而且能使自己的工作事半功倍。手脚要勤快,积极主动打扫办公室卫生、烧水、递茶、取发快递等。不要小瞧这些小事,小事做好才能有大事做。实习老师觉得孺子可教,会愿意传授更多有用的东西。"您好、请、谢谢、对不起、再见"要经常挂在嘴边。工作中出现失误要及时汇报、道歉,勇敢承认自己的错误,并积极纠正、挽回损失,这是有责任心的表现。

第三,虚心请教,取长补短。不管你在家里有多受宠,或者在学校有多优秀、成绩多好、理论功底多扎实,一旦走上工作岗位就是一个全新的开始。你还缺少很多书上没有的、老师没教过的东西,例如工作经验。实习中一定要放下身段,对业务不明白、不清楚的地方,要主动向实习指导老师、有经验的同事请教,不要不敢问,或者因为虚荣心、自尊心而不懂装懂,更不可以说"不是这样的,我们老师没教过","我们在大学里不是这样的"……多观察、多实践、多请教、多总结,才能补实践的短板。

第四,尊重隐私,谨言慎行。"言多必失,祸从口出。"实习生的本分是多看、多听、多学习,不要打听、传播关于领导、同事的隐私信息,即使知道了也不要参与同事的议论,更不要为了表现自己而对单位同事的工作妄加议论。工作态度要积极乐观,即使遭遇不公和挫折,也不要牢骚满腹、怨天尤人。

第二节　求职礼仪

临近毕业,同学们满怀憧憬,最期待的莫过于找到心仪的工作,顺利踏上职场之旅。这一过程包含两个至关重要的环节:求职信的撰写和个人简历的制作。掌握求职信礼仪和个人简历礼仪,在求职过程中能够给招聘方留下良好的第一印象,为顺利获得心仪的工作岗位打下坚实的基础。

一、求职信礼仪

成功的求职信应当包含以下内容:(1)求职信的理由,即明确表达想申请什么职位。(2)支持申请这个职位的条件,如所学的专业、毕业的学校以及联系方式等。(3)致谢辞。

写求职信应该注意五个方面的规范:

一是书写规范,书写规范既包括格式上的规范,也包括措辞上的规范。如果是手写,最好写得一手漂亮的字,这也是一种技能展现、自我推荐。如果字写得不好,那就用电脑打印,千万不要有错别字,不要有涂改。遣词造句要准确通顺,写完后最好多读几遍,确保没有明显的错误。

二是谦恭有礼,体现文明礼貌用语、称谓、自我介绍、问候、祝福等,例如"经理,您好!我是宁波大学法学院的学生,今年毕业,得知贵单位招聘法务,特来应聘……希望我的简历给您留下深刻的印象。祝您一切顺利,万事如意!"实事求是、谦恭有礼的求职信会给人留下温馨、妥帖的印象。

三是情真意切,要表明希望得到这份工作的迫切心情。

四是言简意赅,字数不要太多,最好 500 个字左右,因为求职信的目的就是表达强烈的求职意愿,一页就够了,详细的个人资料应当放在个人简历里面。

五是突出个性,例如有的同学在求职信中用诗词来表达,或者制作与众不同的页面等,都是突出个性的创新。

总之,让招聘单位看到你的求职信,被你的经历、成就或者兴趣爱好、特长等打动,愿意进一步了解你,那么这封求职信的目的就实现了。

二、个人简历礼仪

个人简历是求职者将个人情况介绍给招聘单位的一种表达方式,可以是纸质的也可以通过电子文本或者口头表达。清晰明了的个人简历使用人单位能够大体了解求职者的基本情况和人生阅历,还能看出求职者的语言文字功底及综合素质,感受到求职者的思维是否清晰,条理是否分明。良好的个人简历对于获得面试机会至关重要,写好个人简历是求职成功的关键一步。

1.简洁明了

个人简历如果太长,可能让人感觉拖沓、乏味,还可能掩盖简历中有价值的闪光点。每次招聘,招聘人员要看成百上千份简历,据说看一份简历的时间不会超过一分钟。所以一份内容完整充实的简历,两到三页就够了。将内容分行列出,言简意赅。很多个人简历附上了大学和硕士期间的成绩单、在学校获得的各种荣誉证书等,其实没有必要,在简历上列出比较重要的荣誉即可。具体情况还要根据求职单位的要求,例如应聘教师,教师资格证书、普通话等级证书、计算机证书以及发表的作品都是需要的。有些人把小学和中学经历都写进去了,这可能没有必要,除非自己中学时代有特殊成绩,例如获得过国家级别的奖项。一般,学习经历从大学开始写,除非单位要求从初中或高中开始写。

2.突出重点

突出重点因人而异,重要的是与所找的工作完美匹配。求职者需要仔细研究对方的招聘要求,然后和自己的求职意向做对比,找到两者相匹配的地方。只有匹配对方的招聘要求,有的放矢,才能写出一份重点突出的简历。例如,应聘教师,在简历中就要重点突出大学几年里从事过哪些与教育教学有关的经历——在什么单位教育实习,参加过哪些教育培训、支教活动,以及参与过哪些研究项目、写了哪些论文、专家的评价等。只要跟教师职业相关联的经历都可以作为重点列举出来。

3.目标明确

有些人做好一份个人简历以后就对简历不再做任何改动,无论应聘什么工作岗位都用这一份简历。然而,除非应聘几乎相同的岗位,不然不同单位不同岗位的要求是不一样的。要根据应聘单位的情况和要求对个人简历做适当调整,以便用人单位了解到关键信息。

4.外观雅致

个人简历一定要做到外观雅致,让人看着舒服。纸质书写不清楚,格式不一致,纸张太差,打印的图文歪斜走样、肮脏、模糊,装订粗糙,电子文本设计不合理,这些可能使人看了不舒服的因素,需要在个人简历制作过程中加以避免。

三、电话与视频求职礼仪

(一)电话求职礼仪

1.选择好通话的时间

用人单位可能通过电子邮件或短信告知,希望通过电话对你做进一步的了解。如果逾期没有收到通知,你需要主动打电话询问用人单位是否收到过你的简历,以及他们的意见。通电话前,最好先打听清楚用人单位的上班时间,并根据实际情况拟定通话时间。8:00 以前最好不要给求职单位打电话,因为这个时间上班的人还在路上,或者刚到单位,正在打扫办公室卫生、整理文件。刚上班的半个小时,大家可能还没有进入工作状态,这个时候进来的电话也可能不被注意。午休时间在 12:00 左右,尽量不打电话,以免打扰人家休息。切记不要在下班时间往人家家里打工作电话。

2.构思好通话的内容

有些人觉得自己"社恐",一开口说话就紧张,甚至忘记了要说什么,这是过度紧张导致的。好的心态和口才需要磨炼。对求职这样的重要电话,事先做好准备可以安定情绪、清晰思路。防止信息漏斗,可以事先把准备要讲的内容用文字记下来,即使不能全部写下来,也可以写一个提纲,把重点、要点和关键句子写下来,以免遗漏。

3.注意通话时的个人形象

可能有人认为打个电话有必要化妆和穿戴整齐吗?答案是肯定的。个人形象具有自我暗示作用,人们能够听出来对方的状态,所以接打求职电话一定要保持精神在线,穿戴整齐、聚精会神、面带微笑。同时,最好在安静整洁的环境中通电话,以免通话过程受到干扰。

(二)视频求职礼仪

当前,视频求职成为时兴的求职方式,颇受招聘单位青睐。视频求职指求职者通过录制电视图像的方式,展示个人情况和才艺,并将这些影视资料挂在网上,以便向用人单位推荐自己。当用人单位有招聘意向时,可以浏览这些影视资料,并筛选出合适的求职者进行面试。所以人们有必要了解视频求职礼仪。

1.克服恐慌心理

初次面对镜头谁都难免紧张,但是要树立信心,缓解紧张情绪,展现出自己优秀的一面,要克服面对镜头时的恐慌情绪。这是视频求职时要做的心理建设。

2.培养镜头意识

看镜头说话要镇定、认真而诚恳,你可以把镜头想象成正在跟你沟通交流的对象,只不过是单向沟通。和其他类型的沟通不一样,镜头会放大人们平常不太注意的细微行为,所以你要学会管理好在镜头前的情绪,改变一些习惯动作,尤其头部动作和表情,还要减少手部动作。斟酌自己在镜头中的形象是近一点好还是远一点好,哪个角度拍摄最好,怎样化妆效果好等。这些你平常就可以观察起来,例如对着手机或电脑的镜头录制,对比自己在镜头中的形象,或者对着化妆镜和练功房里的镜子说话,练习对着镜头说话的胆量。相信经过不断的练习和适应,你在面试镜头前会变得从容自信。

3.整理居住环境

在视频中,不要让人看到你凌乱的桌面、乱挂的衣物,以免让人联想到不注重细节或不修边幅的品格。"一屋不扫何以扫天下",良好的学习和生活习惯贵在坚持。

4.保证画面清晰、音质良好

不管是手机、摄像机还是环境,如果不能拍出最好的视频效果,就要想办法更换,务必让招聘公司清晰地听到你说的每一句话,看到你最好的个人形象。

第三节 面试礼仪

当用人单位仔细审查了求职信和个人简历,并通过电话和视频对求职者进行了更深入的了解后,如果认为求职者符合他们的招聘条件,就可能会向求职者发出面试邀请。那么,在面试中,会谈到哪些内容呢?如何把握住这一难得的机会呢?答案当然是做好充分的准备,并熟悉掌握面试礼仪。这样,我们就能更加自信、从容地面对面试,展现出自己的最佳状态,增加获得心仪职位的机会。

一、面试前的准备

1.知己知彼,百战不殆

应聘的过程有点像打仗,你应当充分了解招聘单位的需求,也应当充分了解自己的长处和短处。上网搜索一下用人单位的基本信息,例如公司成立的时间、主要业务范围、目前经营状况等。有这样的基本了解,在面试考官提问的时候,就会让人感觉你是有备而来的,不是什么都不懂的"小白"。分析自己的长处和不足跟用人单位的岗位招聘需求相匹配的情况。例如,用人单位招聘财务人员,面试的考察点很可能涉及相关的财务软件和法律法规。只有做到知己知彼,才能够实现求职、面试双向选择的目的。

2.挑选服装,打造形象

求职面试是塑造关键第一印象的时刻。美国著名形象设计师莫利曾对 100 家大型企业的总裁进行访问,结果显示:97％的总裁认为,展示出自己形象魅力的人会获得更多的升迁机会;95％的总裁相信,不合适的穿着会使面试者更容易遭到淘汰;93％的总裁表示,绝不会用不懂穿着的人做自己的助手。因此,你在精心准备求职信和个人简历的同时需要准备一套适合面试的服装。

3.注意细节,准备周全

第一,服装合身、得体,符合应聘岗位的要求。第二,服装的质感比较好。再好的衣服如果皱皱巴巴只会给人廉价的感觉。穿着干净、整洁、熨烫好的衣服就会给人一种精致和准备好了的感觉。如果面试的时候你尚无能力购置合适的衣服,可以暂时租借。第三,女士的裙子长短适中。裙子过短显得不庄重,过长则显得太老气,显得缺少青春活力。一般,站着的时候,短裙的下摆在膝盖上面 5 厘米左右的地方就够了。第四,整体搭配协调。女生着套裙就要穿高跟鞋,男生着西装就要打领带,不能穿 T 恤配运动鞋。要以套装为底色来选择衬衣、袜子、鞋子、配饰等,做到从上到下精致、协调。第五,注意妆容。男生头发前不附额,侧不掩耳,后不及领,胡须要刮干净,鼻毛、耳毛要修剪。女生适合画淡妆,使自己显得更精神和充满活力。除非天生丽质,否则不要素面朝天去面试,可能让人觉得你对这次机会不够重视。当然,浓妆艳抹也不行,这可能让人感觉与招聘角色不相匹配。

二、面试见面礼仪

1.遵时守信,切勿迟到

如果对方约定了 10∶00 面试,你应该在 9∶45 左右到达面试地点,也就是提前 15 分钟左右。不要太早到,也不可以迟到。如果早到,可以先找个洗手间整理仪容仪表,调整身心状态,不要太紧张。万一去面试的路上遇到突发状况,可能无法按时赶到,一定要在面试前联系相关人员,实事求是地说明不能及时赶到的原因,以取得面试方的谅解或重新安排面试。

2.关闭手机,耐心等候

面试很重要,你应当留出足够多的时间并以最佳的状态来专门做好这件事情。来到面试地点以后,或者说走进考场以后,最好关闭手机,不要让自己有玩手机的机会,或防止手机来电扰乱身心。耐心等候,面试可能要等较长的时间才能轮到自己,不能露出烦躁不安的情绪,更不能向别人发牢骚。玩手机、发牢骚都可能给考官留下不好的印象。

3.敲门请示,轻轻关门

来到门口,不管门是开着的还是关着的,或者是虚掩着的,你一定要先轻轻敲两下门,让里面的人听见。考官示意你进去,你再进去。进去以后轻轻把门关上。这个过程要不慌不忙,神态自若。举手投足轻缓有利于稳定心态,考官也会觉得你状态在线、有头有尾。

4.面带微笑,点头示意

走进考场以后,不管考场里面坐了多少位考官,你都要站到中间位置并鞠躬点头示意,然后用清亮的眼神扫视到每一位考官,或者直接问候"各位领导、老师好"!从头到尾面带微笑,此时无论你的妆容、服装如何,笑容都是最好的装扮。

5.允后坐下,轻声致谢

进考场先站着问候,考官回应后,请你坐下,你才可以坐到指定的位置。如果考官没有示意,你可以问:"请问老师,我是坐着面试还是站着面试?"调整好坐姿,端坐到椅子一半的位置;腰背挺直,稍向前倾,不要靠在椅背上,更不要架腿;面对面谈话,头要端正,双眼平视,女生身体可稍微左倾斜或者右倾斜,手自然放在腿上,腿正放或侧放,膝盖并拢,脚并拢;男生腿部和脚部与肩同宽。

6.所需资料,双手奉上

所需资料、证书都应该事先在包里放好,并能够被迅速找到。评委老师示意要看时再双手奉上。如果旁边有工作人员负责传递资料和证书,可以把这些转交给他。不要冒失地跑到考官面前去,因为考官桌面上可能摆着不方便考生看的东西,例如试题或者给前面面试者打的分数。所有这些细节都可能影响到面试的结果。

三、面试中的礼仪

(一)端正面试心态

第一,实事求是,谦虚诚恳。对考官问的问题,考生都应实事求是地回答。假话难以自圆其说,一经追问就会露馅。没有几个人会相信在基本信息上还要弄虚作假的人。

第二,言简意赅,条理清晰。回答考官的问题一定要言辞简洁,但是包含的信息量要大。

第三,把握表情,声情并茂。当下就是最重要的时刻,你要全身心应对好这件事情。神情要专注、真诚。眼神最开始的时候需要来个全场扫视,和所有的考官有个目光接触,后面用"点视",就是一会儿凝视着这个考官说话,一会儿凝视着那个考官说话。声音要不急不慢,透出理性和冷静。

第四,从容应答,表达流畅。人往往越在乎情绪越紧张,甚至遗忘掉本来熟悉的东西,这是心理学上的"瓦伦达效应"。这个时候你要有豁出去的勇气——谋事在人,成事在天,反正自己已经把最好的一面发挥出来,结果怎么样不用去管了。用无畏的精神调整心态,心里就有了灵活自如的空间,情绪就会镇定下来,口头表达就会亲切、清晰、流畅。

第五,自信大方,不卑不亢。"天生我材必有用",面试给你提供了一个就业机会,同时也为组织和企业提供了选择人才的机会,这是双向选择,所以,本质上面试中的双方是平等的。同学们完全应该相信自己是人才,一定能够胜任招聘的岗位,也没必要为了一个机会而低声下气地答应对方无礼的要求,要懂得保护自己!

(二)把握回答技巧

正式进入面试后,面试官会问求职者各种各样的问题,有些问题没有标准答案,但是在回答问题的方式上还是可以做些功课的。

第一,"请你介绍一下自己"。这几乎是所有面试必问的问题。你可能奇怪,这个问题在简历中已经表达得很清楚了。其实不是所有的考官在面试前都看过你的简历,并且考官也可能希望从考生的现场回答和措辞中了解情况,例如口头表达和临场发挥能力。"请用一分钟介绍一下自己"的问题,可能就是考查面试者对时间的把握感,用一分钟介绍自己就是要言简意赅,把有针对性的信息挑出来说;思维清晰,层次分明;回答的内容应当与个人简历相一致,包括求职的意向、毕业的学校、所学的专业,自己的性格特征、业余爱好、特长等;表达方式口语化,不显背书、背稿的痕迹。总之,你要把考官当作刚刚认识的人,热情、真诚地把自己的基本情况介绍给对方。

第二,"请谈谈你的家庭情况"。你可能会奇怪:这个问题与求职有什么关系。其实,考官并不是对求职者的家庭生活感兴趣,而是希望通过了解求职者的家庭情况、家庭氛围,来了解求职者从小受到的家庭教育。因为原生家庭很重要,会影响人的性格和心理健康。所以,回答这个问题的时候应当突出家庭的教育方式和教育理念。首先可以简单地介绍家庭成员,其次强调各位家庭成员的良好状况,以及他们对自己求学和职业选择的支持,适时传达温馨、和谐、民主、友爱的家庭氛围,父母的教育方式和教育理念对自己性格养成、人际关系处理和社会责任感形成的影响。介绍过程最好展现自己开朗乐观、追求上进、做事认真、勇于奉献等积极方面。

第三,"你认为自己最大的缺点是什么"。你可能觉得这个问题很难回答。回答没有缺点,会显得自己太狂傲,回答有缺点,又怕对自己不利。这个时候可以进行一定的技术处理,就是言语表达技巧。关键是不要把自己的缺点和招聘岗位的要求对立起来。例如,应聘财务岗位,就最好不要说"我很粗心,经常丢三落四的",这样表达等于说自己不适合要求细心谨慎的财务工作,那应聘财务人员的岗位基本没戏了。其实,生活中粗心、丢三落四的人大有人在,但工作上未必粗心。你可以说自己跟应聘岗位特质不对立的缺点,例如说"我比较喜欢熬夜,但是也不困"。这听起来是缺点,但在需要经常熬夜加班的岗位其实是优点。"我这个人比较特立独行,喜欢一个人完成一件事情,不喜欢与人合作,今后一定努力克服这个缺点,加强与他人协商合作的精神。"特立独行的品质在需要广泛听取意见才能合作完成的工作上确实是一个缺点。从另一个角度看却是独当一面的能力,很多岗位需要这种特质。这样看就是一个长处、优点了。所以,你要学会换位思考,从对方的立场审视。知己知彼,实事求是,自己的缺点可能与求职的岗位并不矛盾,甚至很合适。

第四,"你有什么业余爱好"。考官问这个问题,也是想考察求职者的业余爱好特性与招聘岗位是否符合。"我喜欢做瑜伽,做瑜伽能让我头脑清醒,而且能保持好身材,充满活力。"这样的回答往往能够加分。哪个单位都需要头脑清醒、身材姣好、充满活力的人。"我一直坚持跑马拉松,一年四季风雨无阻"也很不错。一般人都会认为,能够坚持跑马拉松并且风雨无阻的人,一定很有毅力,能吃苦耐劳。也可以说:"我喜欢下围棋(象棋)。"或许面试你的考官也正好有这个爱好,他可能会认为喜欢下棋的人能够坐得住、思虑周全、懂得谋略。或者说:"我钢琴十级,有时候参加社团演出。"对方也一定会认为你是一个做事情有始有终、很有个性的人,或可以代表单位参加文化活动。所以,这个问题没有确定的答案,关键要看问问题的考官是什么用意,符合用意就对了。

第五,"为什么到我们公司来应聘这个岗位"。可以说:"我有三点理由选择贵公司,第一我喜欢……第二我适合……第三我可以……"在这样表达的时候,你一定要记得围绕应聘岗位的要求说。

第六,"如果被录用,你期待薪水是多少"。这是一个很敏感的问题,也是让求职者最忐忑不安的问题。既担心说高了让对方觉得自己不知天高地厚,又担心说低了委屈自己。其实,对这个问题,没有必要直截了当地回答一个具体数字,只要表达出你的态度倾向就可以了。考官可能就想看看求职者的反应,因为公司给多少待遇一般都是有规定和行情的。你可以这样回答:"感谢考官跟我提这个问题,让我觉得可以自立自强。我是这么想的,首先,我希望能够胜任这个工作。我是刚毕业的学生,没有多少工作经验,出于实现人生价值、奉献社会的目的来找工作,希望能够在工作岗位上尽心尽力。其次,我刚参加工作,对报酬的期望不是太高。如果工作了一段时间后,取得了工作成效,我不仅能承担工作而且完成得很好,我想单位一定不会亏待我,会在待遇上肯定我。最后,公司的发展需要好员工,一定会在感情上待遇上留住好员工。如果单位确认了我的工作能力,我相信一定会给我一个恰当的待遇,不会亏待为公司作出贡献的人,所以目前工资待遇还不是我考虑的主要内容。"这样的回答既回避了具体工资数字的敏感性,同时又表达了对对方的肯定以及心理期待。

第七,"你是否有男朋友","近期是否打算结婚","结婚多久,是否准备生小孩"。这些针对女性的问题往往令人难堪。其实,考官也知道这些涉及性别歧视和个人隐私的问题不好深入探究,他真正关心的是员工的工作状态会不会受到个人生活的影响。你可以明确地回答他:"职场上男女平等,这些不会影响我的工作状态。"也可以用外交辞令模糊回答:"有,认识不久","近期没有结婚的打算","我还年轻,只想努力工作"……对拒绝回答的个人隐私问题可以说："抱歉,我认为这些问题与工作无关。"涉及国家机密、商业机密的问题同样应该礼貌拒绝,体现自己的原则立场和职业意识。

四、面试后的礼仪

经过了面试最艰难的一关,你可能觉得录取不录取都是别人的事情了。但是,很多事情都是在画句号的时候出了问题。礼尚往来、有始有终,不管将面对怎样的面试结果,你都应该坚持自己的风度、礼貌待人。

第一,表示感谢。当考官示意:考完了,结束了,你最好向所有考官鞠躬,表示感谢,然后从容收拾好自己的东西离开考场,轻轻把门关上。之后,不管对招聘单位满不满意,或者面试结果如何,最好次日发一条短信,对单位给予面试机会表示感谢。

第二,询问结果。面试结束以后考官要进行评选,然后送人力资源部门汇总,或者根据不同公司的情况还要做一个研究,再选择公布面试结果的时间。一般面试完后考官会告诉求职者结果出来的大致时间,所以求职者在面试结果出来以前应当耐心等待,不要过早地打听面试结果。如果过了公布面试结果的时间仍然没有接到通知,就可以给考官或联系人打电话询问。这个电话表示你对这份工作的期待和重视。

第三,做出选择。求职者可能同时获得几个单位的录用,这个时候就要做出选择。无论接受还是拒绝,一定要在合理的时间内给予正式回复,不能拖而不决、不予回复。对准备放弃的单位,应给予正式回复表示拒绝,并深表歉意,最好还说清楚拒绝的理由。态度要诚恳,不要编造虚假信息。

第四节　工作礼仪

工作礼仪是人们在工作场所应当遵循的礼仪规范。新入职场的工作人员应当虚心学习和尽快适用,以便提升自身的职业素养和工作能力。

一、初入职场礼仪

初入职场进入一个新的环境,同学们都会有点兴奋和激动,有对未来的畅想,也可能有一些担心,这都是一个适应的过程。如果适应顺利,很快就能与同事相处融洽,提升工作能力,创造工作价值。懂得初入职场的礼仪能够帮助你展现自身素养,在职场建立良好的人际关系,避免细小的失礼行为带来困扰。

第一,仪容仪表得体。在学校从教这么多年,我有时候看到一些同学形象不严整,到教学楼上课还有女同学穿吊带、拖鞋、露脐装、露背装,男同学穿背心、短裤、脱鞋。进入职场以后这样的穿扮不仅不可以有,而且要适当修饰美化自己的仪容。

第二，从小事中学习。初入职场要学的东西很多。有些人觉得自己做的都是没有太大价值的小事，例如整理文件、制作表格、复印打印、收发文件等与跑腿和服务有关的事情，因此很快就失去了热情。事实上，用人单位不太可能在刚开始就把重要的工作交给新人去做。工作上的信赖是慢慢积累起来的。必须在实践中让人真正感受到你是一个有能力有担当的人，你才会获得独当一面的工作机会。所以，初入职场获得信任、展现良好的素质和工作态度是最重要的。为此，你一定要多观察，勤动手，少发牢骚，从细小的地方开始学起，抱着"一屋不扫何以扫天下"的心态勤勤恳恳做好每一件事情，多听少说，多观察、揣摩老员工是怎么做的，做好工作记录，尽快熟练工作程序。

第三，做有执行力的员工。拿破仑说："行动和速度是一个人成功制胜的关键。"初入职场，应该尽最大的努力把一切落实到行动上去，少说多做，养成一种立即行动的习惯，做一个有执行力的人。很多成功人士之所以能够取得巨大的成就，不是事先规划出来的，而是在行动中不断摸索和总结出来的。所以，不要一开始就用"书上不是这样写的""老师不是这样教的"这样的话来质疑或拒绝工作。只有具备了较强的执行力，职场新人才能尽快进入角色，在职场上立于不败之地。

第四，踏实做人、勤勉做事。对职场新人，最重要的不是一个月拿多少薪水，而是在工作中能获得多少经验、能力进展有多快，所以不要太在意自己的得失，不要太计较自己的待遇，要踏实做人、勤勉做事。相信成绩会被人看到，努力一定会有所回报。

二、同事相处礼仪

由于职务、职责、职级不同，在工作礼仪上就有高低、上下区分，以体现工作领域的秩序和整肃。

（一）与一般同事相处

1.相处的"五要"

一要保持适度的距离。初入职场的新人都想尽快融入新的集体，和同事们合作愉快、相处融洽，但是人与人之间保持适当的距离才能舒服、自在和安全。所以不要一进单位就跟某一两个人形影不离，打得火热，让别人误会你在拉帮结派。所有组织都忌讳拉帮结派、制造集体不团结的人。

二要尊重同事。包括尊重同事的生活习惯、同事的言论、同事的选择、同事的朋友、同事的家人等，这些涉及私人的事情不要随意打听。

三要钱物往来清楚。"用人物，须明求；倘不问，即为偷；借人物，及时还；后有急，借不难。"钱物往来清楚明白体现了尊重他人财产和诚信待人的态度。如果总是借人东西不还，留给人贪小便宜的坏印象，就会影响工作评价和下次合作的机会。

四要关心同事。例如，看见没开车的同事在路上走，你可以打招呼、询问要不要载一程；或者遇到同事有急事，帮助处理一些工作等。其实，同事关系、朋友关系，虽然互相赞美、锦上添花很好，但是雨中送伞、雪中送炭的帮助更能感动人，符合"患难之中见真情"

的心理期盼。

五要勇于认错、道歉。工作上做错了事情要有担当，要勇于承认错误，勇于赔礼道歉，该赔偿的要赔，该负责任的要负责，不要凡事推脱，给人留下滑头、冷漠、不负责任的印象。

2.相处的"五不要"

一不要唯我独尊。就像在学校和同学住一个宿舍一样，同在一个部门，有些事情是要大家共同承担的，例如打扫、整理内务、搬运矿泉水之类。千万不要以为自己是本科、硕士、博士或者有什么背景、靠山就不屑做这些，而坐等同事的劳动成果，或者指使别人做这做那，这都是不礼貌的。别人可能嘴上不说，但心里会讨厌，时间长了就会评价你自私，渐渐地就生出隔膜。

二不要牢骚满腹。一会儿埋怨工作任务太重，一会儿埋怨别人不合作，一会儿埋怨加班太多，一会儿埋怨待遇太差……抱怨和不满会影响所有人的情绪。别人会觉得你这样不满为什么不走呢？生活和工作是个人获得快乐和成就的来源，关键你要有一颗能够快乐和满足的心。

三不要总让同事请客。同事下班难免聚餐，但是不要每次都由别人买单，而自己一毛不拔。避免矛盾的最好办法是AA制。带男朋友或女朋友参加同事聚会，应当提前征求同事们的意见。如果聚会付费是AA制，那你带去的朋友也要算在里面，不要给人占便宜的印象。

四不要趾高气扬。有些人或许因为自身在某些方面的优势，如与老板有亲友关系、外貌出众、家庭背景深厚等，而表现得自高自大、目中无人。然而，在同事之间，这种态度是极为不受欢迎的。因为没有人能够预测自己何时会遭遇困境，而那时若因平时的态度而无人愿意伸出援手，将是十分可悲的。

五不要传播个人隐私。个人的事情只要与工作无关就不要去打听和传播。有些人喜欢八卦，热衷打听别人的隐私，几个人在一起眉飞色舞、津津乐道。这是缺乏修养和心灵空虚的表现，也是损坏人际关系的毒药。对非工作话题，职场人员一定要洁身自好、自律慎独，尽量回避。

（二）与领导相处

第一，调整好心态。和领导相处，首先要放平心态。领导是管理者，是你的领导，在职责和岗位上与你不同，但是领导和你在人格上是平等的。有些人平时说话很正常，但是一到领导面前就紧张，言行拘谨，口舌打结。这是把领导看得太重，造成了心理负担。过分紧张就会导致说话做事扭曲变样。其实，不管与谁相处，你都应该本着真诚、自信的底气，说话实事求是、不卑不亢、大方自然。你没有弄虚作假，没有违法犯罪，不需要惧怕任何人。本着实事求是、平心待人、不阿谀奉承的态度与领导相处，你的生活和工作才会舒心、自然。

第二，维护领导形象。无论是在内部还是外部场合，都应尽力做到：不背后诽谤领导，不当面顶撞领导，对领导无关大局的失误要理解包容，尽量不要当众纠正领导的错误。当领导的错误不明显时，你不妨装聋作哑；领导的错误比较严重必须纠正时，你也要寻找恰当的时机以合适的方式向领导指出。例如,领导在会上读错一个人的名字,把"珏"念成了"钰",这个时候不要纠正,因为他可能看错了,或者真的念错了,这不影响大局,以后找个机会自然而然地、轻描淡写地提醒领导就好了。你要是当场纠正,可能会破坏领导的情绪,使现场气氛变得尴尬,甚至因小失大,不利于维护整体的工作关系。

第三,主动向领导汇报。主动向领导汇报是确保工作顺利进行的重要环节。这意味着在工作的每一个关键节点,都需要及时向领导报告,使领导能够做出正确的决策和准备。有些人可能认为只要做好自己的本职工作就足够了,无须频繁与领导沟通或事事汇报。然而,实际上,与领导保持沟通,及时汇报工作,不仅能让领导了解你工作的状态、进度和安排,还能让领导了解你的想法和所遇到的问题。

有时候,你可能觉得某个问题很难解决,但在领导那里可能并不算什么问题。这是因为领导具备丰富的能力、阅历和权责,他们往往能够轻松化解你所面对的困难。如果你不向领导汇报,只是自己苦思冥想,很可能会白白浪费精力。因此,遇到困难时,应及时与领导沟通,以便领导能够做出决策,使问题得到及时解决,避免造成不必要的损失。

第四,不替领导做决定。每个人所扮演的角色、职能管辖的范围以及职责承担的轻重都是不同的,因此,我们未必能够完全了解和理解他人的处境。与领导相处时,要避免越俎代庖,无论这些事情在你看来多么简单或无关紧要。例如,有一位助理在整理领导的书桌时,发现了一份个人简历。她认为这份简历在昨天的会议上已经被否定了,因此没有用了,于是自行处理掉了。然而,领导回来后找不到这份简历,并在了解事情经过后大发雷霆。这是因为助理替领导做了决定,而她的决定是错误的。

当有几个方案供领导考虑和决策时,作为下属,我们也不能随意替领导出主意。除非领导主动询问你的意见,否则你不应该擅自发表看法。有时候,即使领导问了你的意见,你也需要谨慎行事。因为职责所在,如果你出的主意被领导采纳但最终造成损失,那么你可能会承担相应的责任。

如果领导确实需要你的建议,那么你最好能够提出多个方案供领导选择。例如,你可以提出三个不同的方案,并说明自己资历尚浅,考虑问题可能不够全面,不知道哪个方案最好,请领导根据自己的判断和需求来作出决定。这样既响应了领导的要求,提供了有价值的参考建议,又没有越权代替领导作出决定。

第五,不要跟领导开"黑色"玩笑。所谓"黑色"玩笑,指的是那些表面上看似风趣幽默,但实际上可能让领导感到尴尬、下不来台的玩笑。尽管下属可能出于活跃气氛、拉近关系的初衷,但如果玩笑开得不当,反而可能产生适得其反的效果,导致与领导之间的关系紧张。

以一次合同签字会为例,经理因字迹优美而受到客户称赞。秘书随后的一句:"您不知道吧,我们领导为了练成这笔好字,整整花了两个月的时间!"虽意在增添轻松气氛或强调领导对书法的重视,却让领导感到尴尬。

建议与领导相处时减少开玩笑的频率,尤其是那些可能触及领导敏感点或尊严的玩笑。保持言辞的得体与尊重,不仅能够减少冒犯的风险,而且能够维护良好的职场关系,展现自己的专业素养和尊重他人的态度,赢得更多发展机会。

三、办公场所礼仪

在不同行业和职业中,办公场所的形态各异,礼仪规范也因此有所差异。然而,办公室是最常见的展示个人文明礼仪、职业素养的重要场所。在这里,公私界限分明,人们需要清晰地认识到在公共和私人领域之间,环境布置、气氛营造以及人际交往等方面都有着截然不同的要求。办公室作为处理公务的核心区域,其环境布置和氛围营造都应以公务需求为主导,而不能被个人喜好所左右。

(一)办公室电话礼仪

一是注意"三声"。就是耐心等待电话铃响两三声后再接听,以防止掉线或误接电话。

二是合理安排先来后到的电话。

三是问候和报出公司名称。接听公司电话,除了亲切问候还要报出公司名称,以免对方打错了。

四是帮助对方。如果对方打错电话,应以友善的态度提供帮助,不要责怪对方或立即挂断电话。如果对方要找的人不在,应主动询问是否需要留言或转达,并准确记录相关信息,并及时传达。

五是注意形象。保持端正的身姿和手姿,表情要专注并微笑。避免在打电话时靠在墙上,或者吃东西、掏耳朵、挖鼻孔等不雅行为。同时,要注意控制通话声音的大小,以免干扰他人。

六是积极回应。接听电话,应积极回应对方,用"嗯嗯"等语气词表示在倾听。避免长时间沉默,以免让对方误以为你没在听或没有兴趣。如果通话过程中出现掉线等意外情况,可以稍等片刻后回拨给对方。在通话即将结束时,要简要概括和确认来电事项,并表示会尽快处理。

七是表示感谢,并等待对方先挂断电话。

这些注意事项不仅有助于提供优质的客户服务,而且关系到维护公司的形象和声誉。在现代企业竞争激烈的市场环境中,"服务留人"已经成为一种重要的意识。因此,人们应该重视接听电话的礼仪,为公司赢得良好的口碑。

(二)办公室介绍礼仪

在办公室进行介绍时,可以参考社交礼仪中的介绍规则,但在工作场合中,职位和职级的重要性尤为突出,因此首先要明确介绍的顺序。通常,人们会先将职位较低的人介绍给职位较高的人,再将职位较高的人介绍给职位较低的人;同样的,先将年轻的人介绍给年长的人,再将年长的人介绍给年轻的人。对于公司内部和外部的人员,应先将本公司的人介绍给外公司的人,再将外公司的人介绍给自己公司的人。在性别方面,一般先将男性介绍给女性,如果男性的职位或身份高于女性,则先将女性介绍给男性。当职位、身份和地位相当时,应先将与自己关系较近的一方介绍给与自己关系较远的一方。如果是员工的亲友到公司来参观,遵循"先公后私"的原则,先将亲友介绍给办公室的领导和同事认识,再将领导和同事介绍给亲友。

在介绍的过程中,细节也很重要。当你与他人交谈时,眼睛应该看向对方,手掌向上指向被介绍的人,这是一种尊重的表现。此外,介绍他人时,应该使用"位"作为量词,如"这位是……""那位是……"等,而不是简单地用"个"。这些细节都是办公室介绍礼仪的重要组成部分。

(三)办公室接待礼仪

首先,"来有迎声",这表示当有客人进入办公室时,无论他们是找你还是其他同事,你都应该热情迎接、周到服务。其次,"问有答声",这意味着对于客人的任何询问都应该给予回应,如"好的""马上办""一定帮您转告"等,尽力提供帮助和解答。最后,"去有送声",在客人离开时,要表达感谢和祝福,如"谢谢""再见""请您慢走"。

(四)办公室礼仪禁忌

第一,不要加入任何"办公室帮派"。无论对单位同事满意与否,都不应去议论,更不应拉帮结派。组织帮派会破坏同事间的团结,应专注于做好自己的本职工作。

第二,不要过分注重个人形象。化妆打扮应在私人场合进行。在办公室照镜子、化妆、抹口红,或在办公桌上摆放过多化妆品、玩偶、手办、相框等,不仅会给人留下浮躁、工作能力低下的印象,而且可能影响办公室的整体形象。办公室应该树立的是公司形象,而非个人形象。

第三,不要滥用公共设施。办公室的一切公共设施都是为了提高大家的工作效率而设的。无论是电话、电脑、复印机,还是桌椅板凳,都应爱惜使用。不应使用办公室的设施处理私事,如"煲私人电话粥",也不应将办公室的纸巾、文具用品等私自带回家:这不仅会影响他人工作,而且给人留下爱占便宜的印象。

第四,不要在办公桌上摆满零食。办公桌上堆积着零食、各式各样的茶包和茶具等物品,会给人留下你工作不专注的印象。办公室是工作的地方,不是用来品茶聊天的休闲场所。因此,应避免在办公桌上摆放那些干扰办公室氛围的个人物品。

第五,不要穿着和妆容与整体氛围不符。休闲和随意的服饰通常与严肃的工作场合氛围不匹配。选择得体的服饰能够体现个体的专业素养,同时也有助于营造出和谐、高效的工作氛围。

第六,不要把办公室当家庭。午休过后,下午工作之前一定要把枕头、被子、拖鞋等收到别人看不见的柜子里面。桌子底下不要摆放让人看得见的拖鞋、运动鞋,墙上也不要挂休闲衣帽。这些都是私人物品,应该妥善收藏。始终牢记,办公室是工作场所,不是私人家庭。

第七,不要高声喧哗。在办公室里说话要轻声细语,不要影响周围的同事。如果要招呼其他办公室的同事,应尽量走到他们跟前,而不是隔着门墙大声喊叫。走路也要轻声,穿高跟鞋时更要注意。

第八,不要有借不还。借钱借物要及时还,借用同事的办公用品也应及时归还,以免影响同事工作并留下不好的印象。

第九,不要偷听他人交谈。将耳朵贴着门缝偷听房间里的对话,无论如何都会让人觉得行为不端、鬼鬼祟祟。

第十,不要迟到早退。员工按时上班就像学生按时上课一样是本分。经常拿堵车或者睡过头当迟到的借口,不仅会引起领导、同事的反感,而且会让领导认为你凡事爱找借口、不能承担责任。既然知道上下班高峰期可能会堵车,为什么不早点儿出门呢?

礼仪不是一种形式和走过场,而是一种对他人的尊重和自我形象的展现。从实习到求职,再到职场,每一个环节都体现了职场人的专业素养和职业操守。我们应当时刻牢记,职场是一个团队合作、共同发展的地方,每一个人的行为都会影响到整个团队的氛围和效率。遵守职场礼仪,以礼貌、谦逊、专业的态度对待每一位同事,大家共同营造和谐、高效的工作环境。

参考阅读

1.马斯克的用人观

埃隆·里夫·马斯克出生于南非,是 Space X 创办人、特斯拉汽车和 PayPal(原 X.com)的联合创办人。

马斯克认为,相比于很多公司面试求职者会问的问题,特斯拉的做法有四个细微差别。一是特斯拉特别强调解决问题的能力。作为前沿创新的领先公司,特斯拉希望找到那些能够为公司带来新想法和解决方案的人才,在面试中也会特别关注求职者的创新思维。马斯克对如何挑选优秀人才一直很有"高见",他最经典的观点就是"对于人才,不在乎学历,而是在乎解决问题的能力"。二是特斯拉要求求职者参加面试前就把问题想好并写下来。马斯克认为这种方式可以让求职者以书面形式提交答案,让求职者有时间思考,不需要承受面试询问的压力,因为内向者和思想家通常无法在压力下做出最好的表现。三是特斯拉要求候选人描述多个案例。马斯克认为顶尖人才经常在解决难题,特斯拉要找的是最好、最聪明的候选人,要求候选人提供多个答案就能看出他们的问题解决模式。四是特斯拉要求求职者必须在履历中描述解决过的最困难的问题以及确切的解决方法。马斯克认为这可以让企业查看这些难题的类型以及复杂程度,以及求职者解决问题的过程。

马斯克认为,这四个细微的区别可以看出候选人是否能辨识独特的潜在问题和根本原因,也更能看出候选人的个人优缺点。在科技发展迅速的时代,解决问题的能力将成为企业最看重的人才条件,而且这也告诉我们,如果你想进入这些具有高度挑战性的企业,可能要更诚实。

2.花三分钟感谢

对成功要讲态度,对落选也要讲态度。不能因为不被录用而不说感谢,甚至破口大骂,失去了自己的风度修养,还可能损坏学校形象。失时不失德,失意不失志,始终保持谦逊有礼才能获得最终的成功。很多例子告诉我们,考查面对失落时的心态也是面试的内容。例如,一个很优秀的女孩参加面试后,等来了落聘的通知。她尽管很难过,仍然克制情绪,并且花了三分钟斟酌好字句,给公司回了一封感谢信,感谢公司给予她面试的机会以及赠送的抚慰优惠券。没想到两个星期后,她收到了公司的录用电话。后来她才知道这是最后一道考题。类似的,一个中年男人求职面试后收到未被录用通知,他没有发泄不满,而是写了一封感谢信,顺便陈述了自己对相关问题的一些见解。公司人事部门考官看了他的信,觉得他也是个人才,于是向上级汇报,结果这个中年男人意外地收到了录用通知书。

巴尔扎克曾说过:衡量一个人成功的标志,不是看他登到顶峰的高度,而是看他跌到低谷的反弹力。这种反弹力也包括如何看待自己以及如何调整自己。在面试中遭拒的两个人,并没有因为一次面试失败而放逐了自己的修养。他们的良好素质再次吸引了别人的关注和欣赏,也为他们带来了好运。

第十二章　涉外礼仪

入竟而问禁，入国而问俗，入门而问讳。

——《礼记·曲礼》

涉外礼仪指在对外交往或涉外工作中，用以维护自身和国家形象，并向外宾表示尊重、礼貌、友好等的各种礼仪。它是在长期国际交往中逐步形成的国际上通用的礼仪规范，主要目的是建立良好的人际关系和促进合作。在外交活动中，涉外礼仪是必不可少的。掌握涉外礼仪可以在国际场合中有效地减少由地区、文化差异所造成的误会、矛盾和隔阂，为国际经济、文化、教育等交往活动提供便利。

第一节　涉外礼仪概述

一、涉外礼仪基本原则

当今世界有200多个国家和地区，人们不可能也没必要一一了解各个国家和地区的风俗礼仪，但任何国家和地区的人都需要受到尊重。涉外礼仪基本原则是进行涉外活动必须遵循的基本要求。

1.维护国家利益

维护国家利益是对外交往中最重要的原则。每一位涉外工作人员最基本的素养是对祖国忠诚，有颗爱国心，在涉外交往中祖国的利益高于一切，坚决维护国家的主权和民族尊严，时刻意识到在外宾眼里自己是国家、民族、组织的形象代表，自己的一言一行都有可能给国家带来荣誉，也有可能给国家形象抹黑。任何人在维护国家利益的原则上要坚持不懈、绝不让步，绝不做有损国格的事情。

2.入乡随俗

"十里不同风，百里不同俗。"当我们面对其他国家和民族时，风俗的差异更是千差万别，有时甚至显得"千奇百怪"。因此，进入异国他乡前，了解和尊重当地的风俗习惯很重要。这不仅有助于我们与当地人建立良好的关系，而且能使我们在工作和生活中更加顺利。

为了实现与当地人建立良好关系的目标，我们需要"入竟而问禁，入国而问俗，入门而问讳"。首先，"禁"就是要清楚当地的法律规定，不做任何违法的事情。这不仅包括大的法律框架，而且包括日常生活中可能遇到的细微规定。例如，在性别和种族问题上，避免任何可能被视为歧视的言行。其次，"俗"指了解当地的风俗人情，包括宗教、节日、习惯等。只有深入了解和尊重当地的风俗，才能更好地融入当地社会，与当地人建立良好的关系。最后，"讳"指当地当事人的忌讳。人们要避免在社交场合提及或做出可能被视为不敬或冒犯的事情。总之，禁、俗、讳涉及社会风俗、文化传统、道德伦理、法律制度等多个方面。只有深入了解并尊重这些规定，人们才能避免在人际交往中出现误会，赢得他人的尊重。

3.不卑不亢

我们都应该保持人格的独立和尊严，一方面不要妄自菲薄、低声下气、曲意逢迎，另一方面也不要妄自尊大、我行我素、目中无人，应以平和、自信的态度与他人交往。保持谦虚谨慎、戒骄戒躁、不卑不亢才是人际交往应有的态度。

4.遵时守信

遵时守信是一项重要的个人品质和行为习惯，包括遵守时间约定和信守承诺两个方面。虽然世界上不同国家和地区对遵守时间有不同的理解，但遵时守信履约是每个民族都看重的。一个人应该言而有信，承诺的事情一定要尽力去做，不能轻易食言或者背信弃义。在重大的社交和工作场合遵守时间尤为重要，因为关系到其他人的时间和工作计划安排。如果一方不能按时到达或者履行约定，应该提前通知对方，以便对方作出相应的调整和安排。"时间就是生命，效率就是金钱"，随随便便失时违约是严重失礼的行为，可能会给对方带来严重的损失。总之，遵时守信是一种对自己、对他人负责的表现，也是建立社会信任和良好人际关系的基础。注重礼仪的人应当在日常生活中培养和坚持这种品质，赢得他人的信任和尊重，树立良好的社会形象。

5.保护隐私

经济越发展社会越文明对个人的权利保障就越全面，尊重个人隐私的观念也会越来越普及。隐私是一种个人或群体的安全状态，它涵盖了个人或群体的基本信息、家庭、财务状况、通信记录等不希望被他人非法收集、使用的利益。在许多国家和地区，隐私权已经被纳入法律，成为一项基本的人权。保护个人隐私对于维护社会公正、促进信任和减少犯罪具有重要意义。

6.女士优先

女士优先原则指在社交场合或公共场合将女性的利益和需求放在首位，给予女性更多的关注和照顾。这种行为准则强调了对女性的尊重和关爱，有助于建立良好的人际关系。

女士优先原则并不是将女性视为弱者去同情、怜悯，而是以平等的态度给予尊重。这一原则越来越受到国际社会公认，广泛适用于社交活动。实践这一原则的男性被公认为有绅士风度。他们主动为女士需求提供方便，对待陌生的女性也是如此。女士优先无关乎相貌、年龄、地位、金钱、民族、信仰，它体现了现代文明礼仪。

7.以右为尊

这一原则在现代社会被广泛运用于各种场合,例如会议、宴会、商务场合。

二、涉外礼仪禁忌

无论是国内还是国外,都存在着许多禁忌,这需要我们深入了解并加以尊重。涉外交往的礼仪禁忌复杂多样。本节将其重点概述为个人形象禁忌和民俗文化禁忌两大类,以帮助人们在跨文化交流中更加得体与谨慎。

(一)个人形象禁忌

1.体态禁忌

要避免姿势不雅,如歪斜站立、手舞足蹈、伸懒腰,同时注意保持适当的社交距离,不要过于靠近。举止上,避免和人拉拉扯扯,或随意用手指指点他人,和人交谈时勿左顾右盼、频繁看表、玩弄物品,或抓耳挠腮等。

2.言语禁忌

避免谈不合适的话题,例如他人薪资收入、个人感情、私人财产、衣饰价值及隐私或敏感话题,同时,不得随意批评或非议长辈、民族宗教信仰和民俗习惯等,避免大声争吵、出言不逊、恶语相向、刨根问底等。

3.妆容禁忌

参加涉外活动时,女士应当化妆,化妆不仅意味着自尊自爱,而且也是重视交往对象的一种表现。

4.穿着禁忌

着装避免过于杂乱、鲜艳、暴露、透视、短小和紧身等情况。女士忌"六露",即忌讳露胸、露肩、露脐、露背、露脚趾和露脚跟。

5.礼遇禁忌

避免冷落他人、独谈到底、轻易表态、打断异议、纠缠不止、随意插话和不辞而别等行为。

(二)民俗文化禁忌

民俗文化,又称传统文化,是民间民众风俗生活文化的统称,也泛指一个民族、地区中聚居的民众所创造、共享、传承的风俗生活习惯。民俗文化中有很多民间禁忌,几乎涉及衣、食、住、行各方面。人们学习礼仪就是为了避免这些禁忌,以和谐人际关系促进人际交往。

1.数字禁忌

西方国家的民众普遍忌讳数字13,认为它意味着凶险,甚至每个月的13日有些人还会感到不安。如果13日恰逢星期五,很多人会认为当天诸事不宜,甚至惶惶不可终日,总担心有坏事情发生。

日本、韩国等东方国家忌讳数字4。这些国家的医院通常不会设置4号病房和病床，宾馆也可能没有4楼和4号房间。相比之下，数字3和7在东西方国家普遍受到欢迎。这与我国汉族偏好双数的传统有所不同。

2.花鸟禁忌

不同国家赋予花鸟的寓意各不相同。在我国，梅兰竹菊通常寓意高雅，菊花更是象征着高洁和坚韧，但在欧美国家，菊花通常用作哀悼逝者，竹子则可能意味着稚嫩或不成熟。在我国，布置喜庆场合时，玫瑰花和百合花是常用的花卉，它们分别代表着爱情和纯洁，但在欧美国家和印度，玫瑰花和百合花有时也会被用在葬礼上，以表达哀思和缅怀之情。在我国，荷花通常被视为纯洁、高尚和富贵的象征，但在日本荷花被视为不吉利，通常与丧葬相关。此外，在我国，仙鹤和孔雀都被视为吉祥鸟。仙鹤通常寓意着延年益寿和长寿，而孔雀则常被视为富贵和吉祥的象征。

举办世界性赛事迎合世界各国对花鸟的美好寓意是一大难题。2022年北京冬奥会颁奖的花束包括玫瑰、月季、铃兰、绣球、月桂和橄榄六种寓意美好的植物，象征着友爱、坚韧、幸福、团结、胜利与和平。冬残奥会颁奖的花束在冬奥会的颁奖花束的基础上增加了一支蓝色的波斯菊，象征坚强。这样的热情好客和细心周到赢得了世界各国的赞赏。

我们进行涉外活动前的准备工作应当包括了解交往对象的习俗习惯和忌讳。为了确保礼物能够准确传达情感和意图，最好在赠送之前深入了解对方的文化背景和喜好。

第二节　外国风俗礼仪大略

在如今强调跨文化交际能力的社会背景下，了解其他国家的文化习俗显得尤为重要。当人们与来自不同国家和地区的人交往时，如果能够在不违反基本原则的前提下，了解并尊重对方的风俗礼仪，往往能够达到事半功倍的效果。

一、亚洲国家风俗礼仪

(一)日本风俗礼仪

日本重视礼仪教育，从娃娃就开始抓起。中小学有礼仪教育课程，在上岗前工作单位有岗前礼仪培训，在正式场合穿着体现民族特色的和服。民间还有不少团体和个人积极倡导并组织开展礼仪活动。

1.日本社交礼仪

(1)见面礼仪。鞠躬礼是日本礼仪文化的重要组成部分，不仅可以在初次见面时使用，在日常的见面和分手道别、感谢、道歉的场合也频繁使用。怎么鞠躬要看具体情形。陌生人见面打招呼的时候只需轻微鞠躬即可，比较熟悉的人见面互相鞠躬以2～3秒钟为宜;如果遇见好友,弯腰的时间要稍长些;在遇见社会地位比较高的人和长辈的时候,要等对方抬头以后才把头抬起来。有时候甚至要这样鞠躬几次。鞠躬弯腰程度与尊敬程度成正比,15度是简单问候时用,30度是熟人之间问候用,45度是初次见面表示热烈欢迎时用,90度则表示最高敬意,表达特别欢迎、特别感谢、特别道歉。

鞠躬是较为传统的方式,现如今有被握手代替的趋势。到底鞠躬还是握手,最好还是看情形。在日本旅游,如果主人伸出手来,客人就回以握手,如果主人鞠躬,客人最好以鞠躬回礼。认识几十年的老朋友会一边握手一边鞠躬致意。

见面时除了鞠躬,还有其他配套礼仪。日本人根深蒂固的等级观念早已渗透到社会活动的方方面面。他们相当重视上下级关系,例如在工作单位里,下级对上级或者地位比自己高的人都要用敬语称呼,日本人最常用的敬语有"拜托您了""请多多关照""打扰您了"等。在交际场合与会者都会相互谦让,按最适合的等级次序就座。

(2)馈赠礼仪。日本人在交际活动中重视送礼答谢,走亲访友、做客赴宴都会携带礼物,过节时下级给上级、晚辈给长辈、儿女给父母都会送礼表达谢意。他们讲究礼品及包装的颜色,一般在喜事上用黄色或红色,遇不幸事时用黑、白或灰色。他们送礼喜欢送单数,有迷信"7"的风俗,据说这与太阳、月亮、水星、金星、火星、木星、土星给人间带来了光明、温暖和生命有关。

(3)拜访礼仪。到日本人家里拜访,一定要事先通知,提前和主人约定时间并按时赴约拜访;提前5~10分钟到;进门前先按门铃,告知姓名;进门后主动摘取衣帽、脱鞋,动作要缓慢优雅;见到主人先寒暄片刻,再将礼品双手赠给主人;受到主人的盛情邀请后,最好是端庄跪坐在席边,女性可以选择侧坐或侧跪坐,切忌伸腿或盘腿坐;恭敬地双手捧茶饮用;未经主人允许不得擅自进入卧室和厨房;交谈结束或茶余饭后,适时表示谢意并主动提出告别,回到目的地后主动拨打电话报平安,再次表示感谢。

(4)公共场所礼仪。首先要注意靠左行。日本是世界少数几个靠左行的国家。因此,初到日本,过马路时一定要注意车辆的行驶方向,乘坐大巴及出租车时从车辆左侧上下。日本人在公共场合很注重自身形象,勤修边幅,时刻保持衣冠整洁。即使天气炎热,他们穿衬衫也不会将袖子挽起,更不会仅穿背心出现在公共场合。日本人说话低声细语,措辞含蓄严谨、委婉,却不失礼节。日本人日常生活的一部分就是排队,不管走到哪里都会自觉排队。

2.日本礼仪禁忌

(1)语言禁忌。在日本,参加他人的葬礼忌说"频繁""又"等词语。忌讳随意讨论他人的生理缺陷或是非,对年老的长辈忌用"年迈"等字眼,同残疾人说话避免使用"残疾"之类的词语。他们称盲人为"眼睛不自由的人",称听障人士为"耳朵和嘴不自由的人"。用餐时,忌问"您吃完了没有"之类的话语。"先生"这个称谓只限用于教师、医生、长者或有特殊贡献的人。一般人被人称呼为"先生",会感到不好意思。

(2)数字禁忌。日本人不喜欢偶数,却对奇数颇有好感。他们忌讳"4"和"9"这两个数字。因为"4"与"死"字的发音相同,而"9"跟"苦"字谐音,所以在安排住宿或者选购房屋时都不会安排第4号楼、第4层楼、第4号房。

（3）馈赠禁忌。日本人对于花的颜色和种类有着独特的偏好与忌讳。他们喜爱樱花的粉红色，但厌恶紫暗色，认为紫灰色是悲哀的色调。他们忌讳送荷花，因为荷花在日本文化中被视为不祥之物，只限于寺庙使用。黄色的菊花虽然被认为带有真意，但在使用时必须注意只能使用有 15 片花瓣的菊花。在探视病人时，虽然红、紫、粉或绿色的鲜花通常被认为是合适的礼物，但应避免带有根的鲜花，因为"根"的发音与"困"相近。山茶花、仙客来以及淡黄色或白色的花朵也不适宜送给病人，因为这些花朵可能带有不吉利的寓意。

（4）公共场所禁忌。日本的公共场所禁烟。游人也不能一边行走一边吸烟，在某些地方行走吸烟还会被罚款。

（二）韩国风俗礼仪

韩国人重视礼仪，小孩从出生起就要接受尊敬长辈、服从师长的教育。他们勤劳勇敢，尊师重道，爱护老幼，讲究职务和头衔，具有强烈的民族自尊心，通常会遵循以下礼仪：

1.韩国社交礼仪

（1）见面礼仪。在韩国，敬语是很重要的文化传统，除了朋友和同岁的人，交谈时都需要用敬语。晚辈对长辈必须使用敬语，即使年龄相差不大，也必须尊称对方为"哥哥""姐姐"或"师兄""师姐"。韩国的社交活动中最可贵之处便是尊老爱幼。在公共场合，年轻人会给年长者让座，使用敬语，谦恭有礼。年长者在人前要表现出尊严，对不合乎规矩的事或人可当面指责。因此，在韩国很少看见目无尊长的人，在他们看来，那些都是粗俗无礼、缺乏教养之辈。

在社交场合，韩国男士一般先鞠躬再握手。鞠躬时双手相叠放在肚脐位置，男士左手轻置右手之上，女士右手轻置左手之上。女士通常不和人握手，见到男士一般只行鞠躬礼。男士不能主动去握女士的手，除非女士先伸手。下级见到上级、晚辈见到长辈都要先鞠躬，待上级或年长者主动伸出手来，下级或晚辈才能接住握手。

韩国人在社交场合举止稳重有礼，不会大声说笑，笑的时候女性会用手或手帕捂着嘴巴，防止发出声音。与异性同坐，一般是男性位于上座，女性位于下座。多人聚会时，会根据身份高低和年龄长幼依次排定座位。

（2）仪表礼仪。在韩国，教师和学生都必须穿戴整齐。男老师都是身着西服，打领带，即使在炎热的夏季，穿短袖衬衣也必须系领带。在他们看来，教师是神圣的职业，是礼仪的遵行者，必须衣着端庄、仪表整洁才能走进课堂。此外，公务员和公司职工也很讲究着装礼仪，穿戴整齐才能出门。韩国的女性注重化妆整形，她们认为，素面朝天与人会面是极不礼貌的，有些父母甚至送给女儿成人礼的礼物就是整形费用。韩服是韩国的民族服装。在特殊场合，如节日、婚礼、葬礼或其他重要的文化活动，许多韩国人会选择穿韩服，以表达对传统文化的尊重。

（3）拜访礼仪。在拜访韩国人时，需要脱鞋进入室内，穿着干净完整的袜子很重要。入座时，不论是主人还是客人，都应遵循盘腿席地而坐的礼节，切记腿部不可伸直，更不可叉开,以示尊重。

韩国饭馆的内部结构主要分为两种:一种是使用椅子的,另一种则需脱鞋上炕。坐在椅子上吃饭时,方式与中国人相似。而脱鞋上炕吃饭时,男性需盘腿而坐,女性则将右膝直立——这种坐法仅在穿着韩服时采用。

(4)餐饮礼仪。韩国人注重低碳环保,就餐时多使用金属制的筷子和器皿,尽量不使用一次性木筷和纸杯,以减少资源浪费和环境污染。与中国人和日本人的习惯不同,韩国人通常不会端碗吃饭,他们认为这种行为不够规矩。此外,韩国人吃饭时也不会用嘴接触饭碗,这是他们独特的餐饮习惯。

在韩国的餐饮礼仪中,尊重长辈是非常关键的一环。一般来说,要等长辈先动筷,晚辈才能开始用餐。整个用餐过程中,都应保持安静,避免喧闹。在饮酒时,晚辈和下级不能正面对着长辈,而是应该侧身侧脸90度,双手举杯而饮,以表达对长辈的尊重。

2.韩国礼仪禁忌

(1)数字禁忌。韩国人同样忌讳"4"这个数字,因为"4"与"死"的发音相同,因此在韩国的楼房中,没有这个数字的楼、层、房,餐厅里没有这个数字的桌号,敬酒时也不能敬4杯。

(2)谈话禁忌。韩国人说话比较直率,但是在公共场合和社交活动中,忌讳谈国内政治和宗教信仰问题。聚会时忌讳随便邀请女性唱歌。

(三)印度风俗礼仪

1.印度社交礼仪

(1)见面礼仪。在印度,人们见面时通常双手合十在胸前致意,同时问好。晚辈给长辈行礼时弯腰摸长者的脚,以示尊敬。公共场合,男女之间尽量避免握手和交谈,通常由男士先向女士行"合十礼"。"合十"是佛教最常用的礼节,也称合掌礼,方式是双手当胸、十指相合,合十为礼,以表敬意。迎送贵宾时,主人会献上花环,套在客人的脖颈上。花环越大说明客人的身份越尊贵。称呼印度人,通常名在前姓在后,例如"纳达尔·辛格",纳达尔是名字,辛格是姓氏。对于不同阶层、宗教和性别的人,称呼也有所不同。

(2)服饰礼仪。印度男性多半穿着一袭宽松的立领长衫,搭配窄脚的长裤。印度妇女传统的服饰是纱丽,穿着时以披裹的方式缠绕在身上。印度妇女擅长利用扎、围、绑、裹、缠、披等技巧,使得纱丽在身上产生不同的变化。

(3)餐饮礼仪。印度人喜欢吃烙饼和咖喱大米饭,烹煮的肉菜包括鸡、鸭、鱼虾,蔬菜有番茄、洋葱、马铃薯、白菜、菠菜,喜欢喝红茶、咖啡。印度餐饮礼仪注重分食和共享食物,大多使用盘子,吃饭时用右手抓饭。印度人中有60%的人是素食主义者,所以宴请印度人之前要先了解对方的饮食习惯。

(4)做客礼仪。到印度人家中做客,一要注意遵时守约,二要给主人赠送水果、糖等礼物,或者给主人的孩子带些小礼物。印度人酷爱红茶,若收到中国红茶,他们会非常高兴。

2.印度礼仪禁忌

(1)餐饮禁忌。印度教徒和穆斯林都有各自忌食的肉类。

(2)话题禁忌。忌谈论有关宗教矛盾、与巴基斯坦的关系、工资以及两性关系的话题。

(3)寺庙禁忌。到印度的寺庙参观,身上不要穿以牛皮制成的东西,如牛皮鞋、牛皮表带、牛皮手提包,进寺庙前要先脱鞋。

(4)礼物禁忌。忌某类动物皮毛制品。

(四)泰国风俗礼仪

泰国被誉为"微笑的国度"。泰国人性情温和,待人热情有礼。

1.泰国社交礼仪

泰国笃信佛教,泰国人见面时行合十礼。行礼时,头稍稍低下,互相问候。双手举得越高,表示尊敬的程度越深。行礼时动作要缓慢有度。在特殊情况下,如平民拜见国王的时候要行跪拜礼;儿子出家当和尚父母也行跪拜礼。若有年纪较大的尊者在座,其他人无论或蹲或跪,头部都不能超过最长者的头部,否则就是失礼。在外交和一些正式场合,泰国人也按国际惯例握手致意。普通人尤其女性不与僧侣握手。

在正式场合和庄重的仪式上,男士均穿西装,女士穿裙装、忌穿长裤。游客参观寺庙,必须衣着整齐端庄,尽量不露出肌肤,脱鞋。

2.泰国礼仪禁忌

(1)头部禁忌。除了和尚,任何人都不能随便触摸泰国人的头部,包括小孩。传递物品时也不要越过他人的头顶进行。

(2)门槛禁忌。到泰国人家里做客,进门时要小心迈过门槛,不要踩踏门槛。泰国人认为门槛下住着神灵,踩踏门槛会冒犯神灵,是不吉利的征兆。

(3)颜色禁忌。泰国人忌用红色的笔签名,认为这带有诅咒或死亡的意味。他们也很忌讳褐色,这可能与褐色在泰国文化中的某些负面含义或象征有关。

(4)其他禁忌。泰国人忌讳在别人面前盘腿而坐,忌讳用脚底冲着他人,忌讳用脚踢东西;忌讳睡觉时头朝向西方,认为这意味着死亡;忌讳用左手为人服务;忌讳在公共场合男女举止亲密;忌讳议论或打听国王及王室的秘密……

(五)阿拉伯国家风俗礼仪

阿拉伯人热情好客,在逢年过节的时候都会邀请亲朋好友到家里做客,盛情款待。他们对萍水相逢的陌生人也会以礼相待,不吝啬自己的善意。如果有人待客冷淡或将人拒之门外,这种行为可能会受到舆论的严厉批评。因为在阿拉伯文化中,尊重客人、善待客人是一种基本的道德规范,任何违背这一规范的行为都会受到社会的谴责。

1.阿拉伯国家社交礼仪

(1)见面礼仪。阿拉伯人在初次见面或关系一般时,通常行握手礼。而同性亲朋好友见面时,则习惯行亲吻礼;关系尤为亲近的男子,见面时甚至会互相贴面。对于关系亲密或相处融洽的女性,除了握手礼,她们还会互相亲吻对方的脸颊,通常先亲右脸颊,再亲左脸颊,最后再亲一下右脸颊,以示亲近和友好。

也存在一些特殊的习俗,例如科威特人,他们在见面时除了握手、拥抱、吻脸颊,有时还会亲吻对方的额头和鼻子。

男性到阿拉伯人家做客时,一般难以见到女主人,提及或问候女主人会被视为失礼;同样,给阿拉伯人的妻子送礼物也是不适宜的,但给他们的孩子送礼物则会受到热烈欢迎。

(2)家庭礼仪。大多数阿拉伯人讲究家庭礼仪:敬重双亲,尊老爱幼,亲人之间互相关心,互相帮助。在一些男尊女卑传统观念比较严重的阿拉伯人家庭里,"男主女从"的现象普遍存在:社交聚餐时,男女不同席;女子出门要戴面纱,不能昂首挺胸前行,必须低头无声疾行。

(3)公共礼仪。阿拉伯人比较重视公共场合中的个人形象,出门前会确保衣着整洁得体;在购物时自觉排队等候,男士还会比较照顾女士,通常会让女士先行。这些行为体现了阿拉伯文化中谦逊有礼和尊重他人的价值观。

2.阿拉伯国家礼仪禁忌

阿拉伯人大多是伊斯兰教的信奉者,饮食禁忌包括禁酒、禁食某些肉类和一切外形丑陋或不洁之物,如甲鱼、螃蟹等。大多数阿拉伯人在交往中忌讳问候对方的女眷;忌讳左手交接物品;反感有星星图案和人物形象的服装、礼物等。

二、欧洲国家风俗礼仪

(一)俄罗斯风俗礼仪

俄罗斯人素来以热情、豪放、勇敢、耿直而闻名于世,他们拥有强烈的民族自尊心,在接人待客方面十分讲究礼节。

1.俄罗斯社交礼仪

(1)见面礼仪。在社交场合,俄罗斯人的习惯是,与初次会面的人行握手礼,而对久别重逢的朋友则会热烈拥抱。男士问候女士时,一般采用轻吻手背的方式。在迎接贵宾时,俄罗斯人有一个特殊的传统,那就是向对方献上"面包和盐",这被视为给予对方的极高礼遇,来宾应欣然接受。

俄罗斯人的姓名通常由本人名字、父亲称呼和家族姓氏三个部分组成。例如,在"伊万·伊万诺维奇·伊万诺夫"这个姓名中,"伊万"是本人名字,"伊万诺维奇"是父亲称呼,而"伊万诺夫"则是家族姓氏。女士的姓氏和名字后面多加以"娃"或"娜"结尾。结婚后的女士一般随夫姓,也有些仍保留原姓的。

俄罗斯人一般口头称呼对方的姓氏,或者只称呼名字。为了表示客气和尊敬,会使用名字和父称的组合。长辈对晚辈或同辈朋友之间可能会使用小名或昵称。在重要场合或进行严肃谈话时,必须使用大名全称,与人初次见面时也是如此。在正式公文中,应写姓名全称;在非正式文件中,可以使用本人名字和父称的缩写,即只写每个部分的第一个字母。

(2)服饰礼仪。俄罗斯人很讲究仪表。在城市,俄罗斯男士多穿西装,女士穿连衣裙;在农村,已婚妇女戴白色头巾,未婚姑娘不戴头巾,但常戴帽子。

(3)拜访礼仪。拜访俄罗斯人时,一定要准时赴约。进门前要敲门,进屋后,应摘去衣帽,脱去鞋子、围巾等,以保持整洁和舒适。应首先向女主人问好,再向男主人和其他人依次问好。

到俄罗斯人家里做客,用餐时动作要文雅,席间可以适时赞美食物的丰盛和美味,称赞主人热情好客。他们有边进餐边谈话的习惯,客人对品尝的食物表示赞赏是符合当地习俗的。在寒暄、交谈时,可以对俄罗斯人的外表、装束、身段和风度进行夸奖,但应避免恭维身体健康,因为他们认为这样可能会产生相反的效果。餐桌上禁止吸烟。客人应等待女主人离桌后才能起身结束餐饮。

俄罗斯人酷爱鲜花,无论生日、节日,还是平常做客,都离不开鲜花。如果应邀到俄罗斯人家庭做客,给女主人献上一束鲜花,或给主人的孩子送一些彩笔、智力游戏玩具等礼物,主人会很高兴。

2.俄罗斯礼仪禁忌

(1)颜色禁忌。俄罗斯最忌讳的颜色是黑色,他们认为黑色是不吉祥的象征;其次是黄色,认为这寓意着背叛和分手。

(2)数字禁忌。俄罗斯人也同西方人一样,忌讳 13 这个数字,认为这个数字代表凶险和死亡。俄罗斯人也不喜欢 666 这个数字,认为它是魔鬼。他们偏爱数字 7,这或许与他们信奉东正教有关。在俄语中,7 常被用来形容美好的事物。例如,中国人常说"三思而后行",而俄罗斯人则会说"七次量体,一次裁衣"。再如,中国人说"九重天",而俄罗斯人则会形容某人高兴得仿佛在"七重天"上。这样的表达都体现了数字 7 在俄罗斯文化中的积极寓意。在赠送花朵给俄罗斯人时要避免送双数花朵。在他们的文化中,双数花朵往往与葬礼和纪念逝者相关,单数被看作是延续、无限和幸运的,而双数则与生命的终结紧密相连。

(3)其他禁忌。在俄罗斯用餐,注意不要打翻盐罐或将盐洒到地上,他们认为这是凶兆。他们忌讳跨门槛握手或传递物品,忌讳从梯子下穿行,忌讳出门后立即返回,还讨厌黑猫。忌讳打碎镜子,认为镜子是神圣的物品,打碎镜子意味着灵魂的毁灭,相反,打碎杯子、碟子、盘子却被认为是富贵和幸福的象征。

(二)德国风俗礼仪

德国人传统上纪律严明,讲究信誉,极端自尊,待人热情,勤俭节约,又注重感情,爱好音乐。矢车菊是德国的国花,白鹳是德国的国鸟,当地人把白鹳在屋顶筑巢看作是吉祥之兆。

1.德国社交礼仪

(1)见面礼仪。德国人在社交场合与客人见面时一般行握手礼,只有与亲朋好友见面时行拥抱礼。称呼对方多用"先生""女士",后面加上他们的姓氏。喜欢对方称呼他们的头衔,但不喜欢听没有根据的恭维话。

在与德国人交谈时不能疏忽"您"和"你"这两种代词的区别。对长辈、教授或地位比自己高的人用"您"称呼,表示尊重。而对于熟人、朋友、同龄者可以用"你"称呼,表示地位平等、关系密切。他们喜欢讨论问题单刀直入,很少拐弯抹角,以节省时间。

德国人注意衣着打扮,有客人来访或者外出活动,一定会穿戴整洁,看戏或者听歌剧时,女士穿长裙,男士穿礼服。他们很重视发型,男士不能剃光头。少女多为短发或披肩发,烫发的女性大多已婚。

(2)拜访礼仪。德国人邀约一般在9:00—16:00。客人一般会选择鲜花、威士忌酒、书本或画册作为礼物。玫瑰花不会随便送,因为它象征爱情。花的数量必须是单数,5朵或7朵。他们重视礼物的实用性和良好寓意,不会计较价格高低。主人收到礼物后往往会当着送礼人的面打开观看,并表达欣赏和感谢。

2.德国礼仪禁忌

(1)符号禁忌。在德国最忌讳和反感的符号是与纳粹相关的符号,人们一看到这个符号就会想起第二次世界大战时期纳粹党令人发指的暴行。与纳粹有关的举手礼,外国游客哪怕是出于戏谑模仿也可能被警察抓走。

(2)饮食禁忌。德国人忌食某类动物,忌食动物的头、脚以及带骨头的东西,正式礼仪场合不吃核桃。

(3)其他禁忌。忌送蔷薇花。不喜欢用白色、黑色或咖啡色这几种颜色作为包装纸。

(三)法国风俗礼仪

法国是一个浪漫的国度。法国人生性幽默、爽朗、热情,喜欢交谈,还喜欢象征爱情的玫瑰花。

1.法国社交礼仪

(1)握手礼仪。在法国,人们见面时通常会用贴面礼或握手礼来表达友好和尊重。贴面礼通常用在朋友和家人之间,握手礼则更常见于商务场合和正式社交活动。在行贴面礼时,应该用左右脸颊交替贴向对方的脸,同时嘴里发出亲吻的声音。

(2)女士优先。在法国,尊重女性是一项重要的社交礼仪。在各类社交场合中,女性都会受到男士特别的关照和尊重。例如,无论走路、进屋还是入座,男士都应让女士先行;在餐桌上敬酒时,需先向女士举杯,再向男士致意;拜访和告别时,也应先向女主人致以诚挚的问候和感谢。这些礼仪细节体现了法国文化中尊重和关怀女性的价值观。

(3)交谈礼仪。法国人都比较注重交谈时的礼貌,讲究语气自然平和,言辞婉转文雅,声音高低适度。他们喜欢谈论文化、教育、体育等话题,但不会把自己的观点强加于人。

(4)服装礼仪。法国人讲究服饰,巴黎以"时尚之都"闻名于世。法国妇女最讲究打扮,其服饰之时髦华丽,化妆品之昂贵、繁多,使许多国家的妇女难以望其项背。男士从事商务活动一般穿西装。

（5）餐饮礼仪。法国餐饮礼仪别具特色。餐具根据本次用餐情况全部摆放在餐盘两侧，方便就餐人从外到里使用。餐桌上只摆一道菜，撤去前一道才上第二道。一般第一道菜是开胃浓汤，然后是冷盘，接着是主菜，最后是甜点，面包放在桌上随时取用。另外，法国的菜品也分为精致类、平民类、地方类和即席类等。法国人讲究品酒，有红酒、香槟、啤酒等，餐桌上一般先喝开胃酒，吃饭时是红酒配红肉（牛羊肉），白酒配白肉（鱼肉、鸡肉），饭后上甜点，甜点一般配甜酒。客人胃口越好，越能说明主人举办此次宴会很成功，所以客人都会表现得多吃一点。每次敬酒双方必须干杯到底。用餐完毕，客人必须用语言向主人表示感谢和赞赏。

2.法国礼仪禁忌

在法国，菊花只有葬礼才会用到，康乃馨也被认为不祥。法国人家中忌摆设菊花、牡丹花、纸花。他们也不喜欢紫色和灰绿色。

(四)英国风俗礼仪

英国被视为既严肃又有绅士风度的国家，人际交往中的繁文缛节比较多。英国人待人低调、彬彬有礼，说话很有礼貌，"谢谢""请"不离口。在英国，交通规则是靠左，人们无论走路、开车、上楼梯都是靠左行。

1.英国社交礼仪

（1）见面礼仪。英国人通常只对初次见面或久别重逢的朋友行握手礼，一般只是点头或右手触帽檐示意，有时会摘下帽子寒暄几句，略微评论下变化无常的天气，对不常见的朋友会问"身体近来可好"等话语。英国人对刚认识的人会根据不同情况使用不同的称呼，对地位较高或年长者，称为 Sir(先生)或 Madam(夫人)，这是一种正式且带有敬意的称呼；一般情况下则使用 Mr.(先生)、Mrs.(夫人)或 Mis.(女士)，并附带对方的姓氏；待双方关系密切一些，就会直呼对方名字或昵称。因为有世袭头衔，如爵士、公爵、子爵等，所以英国人喜欢听到他们带头衔的称呼。称呼不当会令英国人尴尬和不愉快。如果不知如何称呼他们，可请教或模仿别人言行。

（2）交谈礼仪。英国人每每谈及自己都比较谦虚，一般不会和他人进行无谓的争论。交谈过程中不会随意打断对方说话，也不会用手指点对方。他们善于倾听，也很健谈，会保留自己的看法。相对于严肃的说话方式，他们更倾向风趣幽默的谈吐，但不会拿他人的短处进行调侃。

（3）做客礼仪。英国人做客讲究衣冠楚楚。英式西服、礼服扬名世界。没有预约的不速之客一般不受欢迎。人们参加非公务的社交聚会，一般会晚到 10 分钟左右。伴手礼一般是鲜花和巧克力。礼节性的拜访时间一般以 20 分钟左右为宜。

（4）餐饮礼仪。英国各阶层的人都喜欢饮茶。在 11:00 和 16:00 左右的"茶休"时间，人们会暂时放下手中的工作或学习，享受一杯茶以及可能搭配的小点心，如饼干等，来放松身心，稍作休息。他们也喜欢喝酒，很乐意邀请朋友去酒吧，如果酒吧没有座位了，他们就买零酒随便站着喝。

2.英国礼仪禁忌

英国人忌谈个人私事、家事、婚丧、年龄、职业、收入、宗教等问题。忌讳数字13和星期五,如果13日与星期五相遇,则被认为双倍的不吉利。这个时候许多英国人宁愿宅在家里不出门。与英国人交谈,坐着不能把两腿张得过宽,更不能跷二郎腿,站着不能把手插入口袋。忌当着他们的面与人耳语;忌被人拍打肩背;忌用人像图案作商品装饰;忌用大象图案,讨厌孔雀,忌送百合花、菊花。因为英国人认为大象是蠢笨的代名词,孔雀开屏则有自我炫耀和吹嘘的嫌疑,百合花、菊花意味着死亡等。

三、非洲国家风俗礼仪

(一)埃及风俗礼仪

埃及地跨亚、非两洲,埃及人正直、爽朗、宽容、好客。

1.埃及社交礼仪

(1)见面礼仪。埃及人见面时表现得十分热情。对不熟悉的人,主动问候,而对久别重逢的朋友,则行贴面礼,同时快速发出一连串的问候语,以此表达深厚的情谊与关切。亲人间熟人间,晚辈对长辈或地位低的人对地位高的人行吻手礼。

(2)做客礼仪。埃及人热情好客,若有亲戚朋友来家中拜访,他们通常会感到十分荣幸。埃及人通常乐于畅谈,话题的选择也比较自由。作为客人,男士应避免主动与不熟悉的女士攀谈,不夸赞女士身材以及主人家里的物品。

送给埃及朋友礼品时,需要注意以下几点:他们喜爱绿色和白色,对仙鹤情有独钟,认为仙鹤是一种吉祥鸟,象征着喜庆和长寿。埃及人喜欢猫,视猫为神圣的精灵、幸运的吉祥物,甚至将其尊为国兽,敬猫如神。客人在选择礼品时,可以考虑与这些喜好和信仰相符的物品。

(3)饮食礼仪。大多数埃及人信奉伊斯兰教,在饮食上严格遵守伊斯兰教教规,斋月期间白天禁食。他们通常吃饭的时候不会与人攀谈;喝汤或饮料时禁止发出声音;忌讳用左手触摸食具和食品;忌吃和忌谈某类动物,也不吃虾蟹、动物内脏(肝除外)、鳝鱼、甲鱼等。

2.埃及礼仪禁忌

埃及人不喜欢蓝色和黄色,认为蓝色是恶魔,黄色是不幸的象征,遇丧事才穿黄衣服,也不喜欢星星图案的服装、饰品、装潢;忌某类动物的形状,连带不喜欢大熊猫;忌讳数字13,而喜欢3、5、7、9;忌讳说针、借针、送针,因为他们认为针代表贫穷。

(二)南非风俗礼仪

1.南非社交礼仪

(1)见面礼仪。在社交场合,南非人普遍采用的见面礼节是握手礼。他们称呼交往对象时主要使用"先生""小姐""夫人"等。

(2)服饰礼仪。城市中的南非白人通常穿着打扮较为西化。在正式场合,他们非常注重着装的端庄与严谨。因此,在与他们进行官方或商务交往时,客人最好选择样式保守、色彩偏深的套装或裙装,以免被视为失礼。而南非黑人往往延续民族服装风格,不同部族的黑人在着装上各具特色。

(3)餐饮礼仪。在南非,白人通常以西餐为主,他们偏爱牛肉、鸡肉、鸡蛋和面包,咖啡与红茶也是他们钟爱的饮品。相比之下,黑人则更喜欢吃牛肉和羊肉,他们的主食以玉米、薯类和豆类为主。当在南非黑人家中做客时,主人往往会热情地为客人提供刚挤出的新鲜牛奶或羊奶。对于关系亲密的客人,他们甚至会拿出自家酿制的啤酒来盛情款待。

(4)行路礼仪。南非的行路规范是靠左行。

2.南非礼仪禁忌

与南非人交谈选择合适的话题很重要。南非黑人崇拜祖先,特别忌讳外人对自己的祖先言行失敬,反感听到别人说白人的优点以及有关黑人部族或派别之间的矛盾,反感非议黑人习惯和审美。

(三)尼日利亚风俗礼仪

尼日利亚位于西非东南部,物产丰富,是西非的"天府之国"。

1.尼日利亚社交礼仪

(1)见面礼节。在尼日利亚,握手礼是常见的礼仪,但握手的方式略有不同。通常,他们会先在对方的右手上轻轻弹扣几下以示敬意。如果是初次见面,握手时要用自己的左手握住自己的右手,然后再用右手与对方相握,否则会被认为失礼。初次见面一般称呼"先生"和"女士"。

(2)服饰礼仪。城市中的尼日利亚人参与商务或政务活动时穿着西装等正装,但在其他正式场合或重要节日时,仍会穿着各式各样的传统服装。

(3)餐饮礼仪。尼日利亚人以热带食物为主,这主要得益于其丰富的自然资源和热带气候。用餐时往往男女以及小孩分开,各成一摊;通常习惯以手抓饭,但在社交场合也使用刀叉。尼日利亚伊博人对"柯拉果"极为崇拜,认为它能解决一切问题并启发良心。当有纠纷时,他们常用柯拉果来调解,并由受人尊敬的长者将其切成小块分给当事人。这种果子也常用来待客,表示对来宾的诚心欢迎。

2.尼日利亚礼仪禁忌

尼日利亚人忌讳在交谈中盯着对方看;忌讳用左手传递东西或食物;忌讳数字13。已婚妇女忌讳吃鸡蛋,认为吃鸡蛋会影响生育。游客和外来者应尽量避免在公共场合展示过于亲密或冒犯性的行为,尤其在宗教场所或重要节日期间。

四、美洲国家风俗礼仪

(一)美国风俗礼仪

1.美国社交礼仪

(1)见面礼仪。美国人见面,在非正式场合,一般只需要微笑着打招呼,说"嗨"或"哈罗"来表示友好,跟不常见面的朋友和熟人会握手,握手时有眼神交流。异性之间,女性先伸出手后,男性再握手。同性之间则通常由地位高的人先伸手。此外,还有吻手礼和贴面礼等,但通常在关系非常亲密的情况下使用。

(2)服饰礼仪。美国人平时的穿着打扮不太讲究,崇尚自然,偏爱宽松,讲究着装体现个性,但是在正式场合则非常注重服装的整洁,男性西装革履、一丝不苟,女性妆容精致、服饰高雅。穿睡衣、拖鞋会客或是以这身打扮外出,都会被视为失礼。在室内依旧戴着墨镜的人,往往会被视作"见不得阳光的人"。

(3)拜访礼仪。美国人非常重视预约,不喜欢突然造访,也重视准时。进门后脱下帽子和外套,互相致意,亲切问候。通常情况下美国人不会轻易拒绝别人的请求,即使拒绝也会尽量用委婉的言辞来提出自己的意见和顾虑,会说"很抱歉"等客套话。宴会上美国人劝酒不灌酒,以免喝得酩酊大醉,破坏宴会气氛。

2.美国礼仪禁忌

一般交谈应避免涉及年龄、家庭状况、婚姻状况、宗教信仰、经济收入等私人问题。在舞会上,美国人一般不能邀请同性跳舞,以免引起误会。普通女性不穿黑色皮裙,否则令人感觉"身份可疑"。白色百合花不可作为礼物送人,葬礼专用。

(二)加拿大风俗礼仪

1.加拿大社交礼仪

在加拿大,人们见面时行握手礼,称呼方面与欧美国家相同。异性之间一般由女士先伸手或微微欠身,鞠躬致意。

加拿大人好客,常在家中宴请客人。通常由女主人安排座位,入座后男主人常常做简短祈祷,这时客人应跟随低头。他们的饮食习惯与美国相似,喜用牛肉、鱼、蛋和各种蔬菜,口味清淡,不爱吃辣。早餐、午餐较简单,晚餐较丰盛。加拿大的蒙特利尔被誉为"烹调之都",传统菜肴为法国菜。

2.加拿大礼仪禁忌

绝大多数加拿大人信奉基督教,忌讳13这个数字,因此,门牌号码、聚会日、宴会日都避免13。忌讳说到死亡、灾难等令人感到沉重的话题。忌讳吃饭时把盐打翻,忌讳玻璃被打碎。

(三)巴西风俗礼仪

巴西是欧亚非移民荟萃之地,风俗习惯深受移民国的影响,所以各地习惯不一,极具地方特色。从民族性格来讲,巴西人在待人接物上所表现出来的特点主要有:一方面,巴西人喜欢直来直去,有什么就说什么。另一方面,巴西人在人际交往中大都活泼好动、幽默风趣、爱开玩笑。他们重视亲笔签名,无论写信、便条等都要郑重地签下自己的名字。他们珍爱兰花,将兰花称为国花,还偏爱蝴蝶兰,认为蝴蝶兰形象美丽,是一种吉祥的植物。

1.巴西社交礼仪

(1)见面礼仪。在社交场合,巴西人普遍以拥抱或亲吻作为见面礼节,以此表达友好与亲密。在正式活动中,他们则更倾向于采取握手的方式以示尊重。此外,巴西人还拥有一些别具一格的见面礼,如握拳礼、贴面礼和沐浴礼,这些传统习俗都体现了巴西文化的独特魅力。

(2)服饰礼仪。在重要的商务和政务活动中,巴西人通常选择西装或套裙以显示庄重。而在一般的公共场合,男士应至少穿着短衬衫和长西裤,保持得体的仪表;女士则最好穿着高领带袖的长裙,展现优雅的气质。值得注意的是,在巴西的某些地区,女性通过戴帽子的方式来传达情感状态:帽子偏右戴表示已婚,偏左戴则代表未婚;帽子顶在前额则意味着遭遇了不幸之事,心情沮丧。这些习俗反映了巴西文化的丰富多样性,因此在与巴西人交往时,了解并尊重这些习俗是很重要的。

(3)餐饮礼仪。巴西人平常主要吃欧式西餐,也有地区差异:南部地区土地肥沃,畜牧业发达,烤肉就成为当地常有的大菜,口味较重,喜欢麻辣;东北地区的主食是木薯、薯粉和黑豆;其他地区主要是面、大米和豆类。蔬菜的消费量以东南部和南部地区居多。巴西被誉为"咖啡王国",是世界上最大的咖啡消费国之一,喝咖啡是人们的习惯。

(4)言谈礼仪。巴西的男人一般都喜欢开玩笑,还习惯拍拍打打地同他人说话,认为这样更能显出相互的亲近和友好。无论男女老幼都喜欢谈论足球,他们酷爱足球运动,不知道政府官员是谁的现象到处可见,但是不知道本国足球明星是谁的基本上没有。他们喜欢小孩,交谈中尤其喜欢别人赞美他们的小孩。

2.巴西礼仪禁忌

与巴西人打交道时,不宜赠送手帕和刀子。英美人所采用的表示"OK"的手势,在巴西意味着非常下流。巴西人忌讳紫色、黑色、棕黄色的物品,这些颜色在巴西专用于葬礼。

五、大洋洲国家风俗礼仪

(一)澳大利亚风俗礼仪

1.澳大利亚社交礼仪

(1)见面礼仪。在澳大利亚,人们见面时稳妥的打招呼方式是握手礼,并且要看着对方眼睛说"Hello",称呼先生或女士总不会错。关系要好的女性朋友相聚时会互相亲吻对方的脸颊。

(2)做客礼仪。电话联系时一定要准时赴约。拜访时可以带红酒或鲜花,这些既不会让主人因为礼物贵重而不安,又可以表达良好的意愿。澳大利亚人真诚、踏实,不喜欢自夸、吹牛的人。他们交谈时语气平和,声音高低适中,说话不喜欢拐弯抹角,谈吐精练简洁,言简意赅。在交谈中通常会用礼貌用语表达谢意和尊重。

(3)餐饮礼仪。澳大利亚人以英式西菜为主,口味偏清淡,不喜欢油腻的食物,以丰盛和大份而闻名。他们在餐厅就餐时,不会举手喊服务员,而是用注视和微笑的方式吸引服务员的注意。

(4)公共场所礼仪。在澳大利亚,大多数地区人们行路靠左;乘公交车下车时要向司机表示感谢;无论在饭店、机场、大学、咖啡厅还是超市,排队都是基本礼仪。

(5)拍照礼仪。尊重当地的文化和风俗习惯,避免在一些禁止拍照的地方拍照,如博物馆、艺术画廊、教堂等。在拍摄人物时要事先征得本人同意,尊重其隐私权和个人空间。澳大利亚的原住民文化和土著人民的知识产权受到法律保护,禁止随意拍摄或传播涉及他们文化和神秘仪式的照片及视频。在拍摄与土著文化相关的内容时,务必尊重当地土著人的传统和文化。

2.澳大利亚礼仪禁忌

澳大利亚人忌讳兔子,认为兔子是一种不吉祥的动物,看到它们都会倒霉。忌讳谈论宗教、工会等话题,也不喜欢把他们同其他国家的人相比较,或者评论他们之间的异同。他们讨厌到商店里买东西时讨价还价。

(二)新西兰风俗礼仪

1.新西兰社交礼仪

(1)见面礼仪。新西兰人遇见久违重逢的朋友会老远就挥手打招呼,但平常说话都会很轻声。初次见面时,身份相同的人互相称呼姓氏,并加上"先生""小姐"等,熟识之后互相直呼其名。见面时通常都行握手礼,有时也会行鞠躬礼,不过鞠躬方式独具一格,是抬头挺胸地鞠躬。有些年长的人会按照毛利族的传统习俗,遇到尊贵的客人或地位较高的人行"碰鼻礼",方式是双方的鼻尖相碰两三次,碰鼻子的时间越久说明礼遇程度越高。伴手礼可以是送给男主人一盒巧克力或一瓶威士忌,或送给女主人一束鲜花。

(2)着装礼仪。在商务场合新西兰人会注重服饰,男性一般穿深色西服或礼服,女性会选择西装或套裙。

(3)用餐礼仪。新西兰人邀请他人到家里吃饭时,应邀方如果应约,就一定要准时到达,主人不喜欢迟到的客人。在饮食上,新西兰人追求口味清淡,习惯吃英式西餐,喜欢动物蛋白质含量高的食物。通常人们在用餐时很少交谈,有话都会等到饭后再谈。

2.新西兰礼仪禁忌

新西兰人奉行所谓"不干涉主义",忌讳谈及个人私事、宗教、政治、种族等问题,对于交往对象的政治立场、宗教信仰、职务级别等,他们一律主张不闻不问。忌讳当众剔牙和咀嚼口香糖的动作,他们认为这是非常失礼的行为。土著毛利人忌讳拍照、摄像,他们信奉原始宗教,因此给他们拍照前要获得同意。忌讳让老年人或病重垂危的人住进医院,他们认为只有罪人或奴隶才死于家外。

第三节　涉外工作礼仪

目前,世界各国和地区之间的人员交流日益频繁,无论是政府间的会面与合作,还是民间自发的经济文化往来,都使得各种会见、谈判、签字、赠礼等活动不断增多。这要求工作人员熟悉和掌握涉外活动的各种形式和礼仪规范,以确保在这些工作场所和活动中举止得体、专业,展现出优秀的职业精神和文明礼仪素养。

一、邀约礼仪

(一)邀请礼仪

现代社会,邀约已成为人们交往的重要起点。邀约,即邀请或约请。在涉外工作中,人们经常需要邀请交往对象在某个特定时间、地点参加某项活动或来做客,这种性质的行动都被称为邀约。

实质上,邀约是一种双向的约定行为。无论是邀请者还是被邀请者,都应将邀请视为正式的交往活动。对于邀请者来说,发出邀约是一种具有深厚礼仪意味的通知。因此,邀约的程序必须符合礼节,不仅要得到被邀请者的及时回应,还要确保交往活动符合双方的身份和现有的关系。对于被邀请者来说,受邀是一种荣幸。因此,无论选择接受还是拒绝邀约,都应遵循礼仪规范。拒绝邀约时,必须在不伤害邀请者自尊的前提下,直接或间接地说明原因。

邀请分为正式邀请和非正式邀请。正式邀请,往往用书面表达的形式,包括请柬、书信、电子邮件等。请柬是最正规的邀请形式,一般要详细注明举办聚会的时间、地点、形式,以及能不能带配偶,对嘉宾穿着和答复的要求等。非正式邀请,可以通过电话、短信,甚至可以通过第三者带口信来实现,这样的方式显得随意,一般用于熟人之间。

(二)答复礼仪

在涉外交往中,我们对任何单位或个人的邀请,不论是否会接受对方的邀请,均要按照礼仪规范给予明确答复,这就是答复礼仪。所有的回函,不论是接受函还是拒绝函,都应在接到书面邀请之后三日内进行答复,而且答复得越早越好,说明受邀方对邀约方的重视。

答复邀约的措辞,首先应当感谢邀请方的尊重和友好情谊;其次要明确表示应约还是不应约。如果不能应约,应当附带说明不能应约的理由。

二、礼宾礼仪

礼宾礼仪是各种涉外活动和接待活动中不可缺少的环节,它既是一种社交礼仪,也是一种文化礼仪。在涉外交际场合,礼宾活动一直都是政治性较强而又敏感的问题,因为既要体现对不同参加者的重视,还要体现出对所有参与者平等相待的态度,如果安排不当或不符合国际惯例,可能会引起误会,甚至可能影响两国之间的关系。礼宾礼仪中某个礼节表现欠佳,例如当着外宾的面吐了一口痰,或者握手后在身上擦拭手掌,都是严重的失礼行为。外交礼仪无小事,涉外单位和个人都应当对礼宾礼仪给予高度重视。

(一)涉外会见礼仪

会见礼仪,国际上称为拜会礼仪。身份高者会见身份低者或主人会见宾客称为接见;身份低者会见身份高者或者客人会见主人称为拜见。接见和拜见的回访称为回拜。

(二)涉外位次礼仪

涉外位次礼仪体现了东道主对各国的礼遇程度。一般分两种情况:身份关系不对等时的位次安排和身份关系对等时的位次安排。

身份关系不对等时的安排,应该按照地位高低、职务上下、年龄长幼、实力强弱进行排序。基本的原则:上级在先,下级在后;身份高在先,身份低在后;职位高在先,职位低在后;长辈在先,晚辈在后;实力强在先,实力弱在后;女士在先,男士在后;再按照居前、居中、居右的原则进行排序。前排、居中或者在主人的右边的座位给最尊贵的嘉宾。这是身份关系不对等时的排序。

身份对等时的安排,应当体现平等对待的原则,不能让人感觉厚此薄彼:(1)按代表团名称字母顺序排序,国内常见的是按汉字拼音的首字母排序。有时候为了避免按照首字母排序使得一些国家总是占据前排席位,可以采取抽签的办法决定席位前后,这样能让各个国家都有机会排列在前面。(2)按代表团组团日期或者报到时间的先后顺序排序。还可以创新更多方法,只要达到让与会者感觉平等、合理的效果就可以了。

(三)涉外迎送礼仪

涉外迎送礼仪和社交迎送礼仪基本相似,包括以下三个方面:迎送规格、迎送程序和陪同访问。迎送规格上讲究对等,包括人员级别、数量、流程等。迎送程序事务繁杂,涉及时间安排、人员安排、环境布置、献花仪式、相互介绍、陪同访问等方面,这些和社交迎送礼仪的原则没多大差别,只是迎接的对象、迎接的规格不同而已。在涉外礼仪中不论何种规格的迎接都应该安排陪同。如果是主人陪同,应该先请客人从右后门上车,然后自己从另一侧上车,坐在客人的左侧,翻译人员坐在加座上,也可以坐在副驾驶座位。在迎送过程中,所有的程序都应当事先安排妥当,专人负责,切忌临阵调遣或更换工作人员,以免造成工作混乱。客人的食宿事项应事先安排好,最好在客人抵达之前,将住房地点、房号、房卡、用餐地点、日程安排、联络人及联系方式等内容做成文字材料,分发给客人,使客人做到心中有数、主动配合。迎送程序井然有序才能让客人安心放心。

(四)涉外签字礼仪

涉外活动的目的往往是促使双方在某些问题上达成共识。签字仪式是为会谈双方最终形成共识并以文件形式确认而举行的庄重仪式。对此,签字双方需要事先做好充分准备,在签字过程中严格遵守签字礼仪规范,不能有半点差池。过程中需要注意几个方面:第一,双方商定好参加签字仪式的规格。一般,出席签字仪式的双方成员在身份级别、人数上大体对等。第二,布置好签字场所。注意悬挂和摆放的国旗方位要与签字人代表的国家方位一致。第三,厘清签字次序。一般,参加签字仪式的人员按主宾各一方,并且按照不同身份由近及远地站在签字人的座位后方;协助签字的人员分别站在各自签字人的外侧,协助翻阅文件、指明签字处;签字人在本方保存的文件上完成签字后,由协助签字的人员传递文件,再让签字人在对方保存的文件上签字,然后签字人握手并互换文件。这样签字仪式才算完成。

(五)涉外馈赠礼仪

因为牵涉到地域文化的差异,涉外赠礼比一般社交赠礼需要考虑更周全和慎重。一是选择合适的礼品,能够充分体现涉外活动目的的礼品就是合适的礼品;二是选择迎合受礼人爱好和习俗的礼品,避免选择禁、俗、讳的事物;三是选择受礼人方便携带的礼品,不要赠送受礼人不方便携带的体积大、气味浓的物品,例如大花篮、大瓷瓶、榴莲等。

(六)涉外会谈礼仪

在涉外活动中,会谈是双方或多方就实质性问题交换意见、进行讨论、阐述各自立场或为求得某些具体问题的解决而进行的严肃而正式的商谈。如各国贸易代表、各国企业、公司之间关于商务、经济合作等方面的会谈。会谈通常都很正式,因此会谈前和会谈中都要做好充分的礼仪工作。

1.会谈前的准备

会谈前的准备工作涉及会谈的时间、地点、人员、规格、背景、资料以及会谈场所的布置和安排等。无论是主方还是客方,均应充分了解对方的背景及习俗、礼仪及禁忌。还应在会谈可能使用到的文字资料方面做好准备。提供给外方参阅的资料应当准备翻译质量精良的外文版本。有备无患,充分做好会谈前准备,才能促使会谈顺利进行。

会谈场所的环境布置以安全、宽敞、明亮、整洁、舒适为原则,这不仅是对外宾的礼貌和尊重,同时也是向外宾展示自身实力和形象的机会。会客室的陈设与装饰应整洁、美观、实用,桌上的文具、话筒、茶水、鲜花等都要符合会谈需要。摆设方便主客辨识的座位卡。座位卡的格式上排为主方国文字,下排为客方国文字。会谈场所正门口最好安排专人引导高级别客人入座。总之,会谈前的准备表面要温馨、有序,内里要丰富、翔实。

2.会谈中的礼仪

主办方应提前到达会谈场所。当外宾抵达时主人应在门口迎接,与客人握手致意。安排就绪后,正式会谈开始前,除陪同人员以及必要的翻译人员、记录人员,其他工作人员均应退出。如果允许记者采访,也只是在正式会谈开始前采访几分钟,然后记者要全部离开。会谈过程中旁人不可以随意进出。会谈双方应本着友善礼貌的态度进行交流沟通,即使意见不一致也应当克制情绪,尊重对方的观点,再谋求达成共识的办法。

总之,在进行任何形式的涉外活动时,我们都应坚持国家利益至上、相互尊重、不卑不亢、入乡随俗、遵时守信等礼仪原则;尊重各国风俗礼仪,并详尽周到地执行涉外工作礼仪;在言行上,展现出文明和礼仪的个体形象;在思想上,树立文明和礼仪的价值形象。

参考阅读

1.工作礼仪的重要性

有一次,我与一位老师共同参加培训课。上午的课程刚结束,老师便接到一通电话,她果断地拒绝了电话中提及的事项。挂断电话后,她向我解释,对方通知她 13:00 上课,声称这是几个月前就已定好的安排,听课的领导与同事们都已从各乡镇赶来。然而,这位老师对此事毫无印象,无法上课,更何况下午的培训课仍需继续。

我能感受到她的懊恼,毕竟她是一位备受尊敬的教育者。同时,我也能想象电话那头办事人员的窘境以及可能面临的上级严厉的指责——各级单位的人员都已聚集到会堂准备听课,许多还在赶来的路上,而老师却确定无法前来授课。

造成此次工作失误的根源在于办事员对工作礼仪的忽视。在安排会议时,工作人员应在会议前的 1~3 天再次与对方确认,甚至在会议当天早晨也应进行最终确认,以应对可能出现的变化。在电话通知时,应明确告知会议的时间、地点、要求、提供的设备、联系人和接送车辆等信息。尽管现代通信手段如微信、短信等便捷,最好还是通过电话进行确认,以确保对方不会忽略这些通知。

此次事件提醒我们,遵循适当的工作礼仪至关重要,它不仅能够确保工作的顺利进行,还能够维护良好的人际关系。

2.左手禁忌

有一位中国左撇子商务代表,前往中东地区的某个国家进行商务谈判。在签约仪式上,他习惯性地用左手拿起笔准备签字,听到对方猛咳了一声,于是抬头,看到对方代表脸上惊讶和不满的表情,场面一度尴尬。他突然意识到自己的失误,立即改用右手签字,并向对方表示了歉意。虽然对方代表最终理解了,这一小插曲仍然给双方留下了深刻的印象。

在中东地区,特别是在一些伊斯兰教盛行的国家,使用左手通常被认为是不敬或禁忌的。这是因为左手在某些文化和宗教中被认为是不洁的,而右手则被视为吉祥和洁净的。

　　为了避免尴尬和误解，我们在中东地区参与正式场合或商务活动时，应该尽量使用右手来完成各项任务，包括签字、握手和递送物品等。这样做不仅符合当地的文化习惯，而且能展现出我们的尊重和诚意。此外，还应该尊重当地的其他文化和礼仪规范。这包括穿着得体、言谈举止得体以及尊重当地的宗教和习俗等。通过了解并尊重当地文化，我们可以更好地融入当地社会，促进交流与合作。

参考文献

费孝通:《乡土中国》,人民文学出版社 2019 年版。

杨汝福:《中国礼仪史话》,广西民族出版社 1991 年版。

翟学伟:《关系与中国社会》,中国社会科学出版社 2012 年版。

翟学伟:《人情、面子与权力的再生产》,北京大学出版社 2013 年版。

孔伟英:《人际底线管理与沟通艺术》,厦门大学出版社 2010 年版。

张荷英:《人际关系与公共礼仪》,首都经济贸易大学出版社 2018 年版。

袁涤非:《现代礼仪》,高等教育出版社 2020 年版。

金正昆:《社交礼仪教程》,中国人民大学出版社 2019 年版。

林崇德:《我的心理学观》,商务印书馆 2008 年版。

时蓉华:《现代社会心理学》,华东师范大学出版社 2013 年版。

靳羽西:《中国淑女》,漓江出版社 2012 年版。

曾仕强、刘君政:《人际关系与沟通》,清华大学出版社 2004 年版。

孟庆荣、徐向春:《人际交往与沟通》,暨南大学出版社 2016 年版。

陈朝阳、李伟强:《新编大学生心理健康教育》,上海交通大学出版社 2017 年版。

樊富珉、王建中:《当代大学生心理健康教程》,武汉大学出版社 2014 年版。

[美]南希·K.拜厄姆:《交往在云端》,董晨宇、唐悦哲译,中国人民大学出版社 2010 年版。

[美]卡伦·霍妮:《我们内心的冲突》,王作虹译,译林出版社 2015 年版。

[美]马歇尔·卢森堡:《非暴力沟通》,阮胤华译,华夏出版社 2018 年版。

[美]E.阿伦森:《社会性动物》,邢占军译,华东师范大学出版社 2007 年版。

[保加利亚]基里尔·瓦西列夫:《情爱论》,赵永穆、范国恩、陈行慧译,生活·读书·新知三联书店 1984 年版。

[美]戴尔·卡耐基:《人性的弱点》,翟文明译,北京联合出版公司 2015 年版。

[美]戴维·迈尔斯:《社会心理学》,侯玉波、乐国安、张智勇等译,人民邮电出版社 2016 年版。

[美]彼得·M.布劳:《社会生活中的交换与权力》,李国武译,商务印书馆 2008 年版。

[德]西尔维亚·洛肯:《内向心理学》,王荣辉译,北京日报出版社 2019 年版。

[美]苏珊·福沃德、唐娜·弗雷泽:《原生家庭》,邝慧玲译,北京联合出版公司 2022 年版。

［美］盖瑞·查普曼：《爱的五种语言》，王云良译，中国轻工业出版社 2006 年版。

［美］罗伯特·J.斯腾伯格、凯琳·斯腾伯格：《爱情心理学》，李朝旭等译，世界图书出版公司 2010 年版。

［美］欧文·戈夫曼：《日常生活中的自我呈现》，黄爱华、冯钢译，浙江人民出版社 1989 年版。

［美］博恩·崔西：《销售中的心理学》，王有天、彭伟译，北京联合出版公司 2016 年版。

后　记

　　我在宁波大学讲授"思想道德与法治""社会心理学""大学生心理健康教育""人际关系——社交礼仪""公共关系学"等课程,课下也一直为学生做心理咨询,深知人际关系和社交礼仪的重要性,感觉这些课程可以融会贯通,宗旨在于培养大学生的人文素质和人文精神,提高大学生的人文关怀和社会责任感。实践中我也碰到很多问题,有很多感悟,一直想写一本适合自己课堂上用的针对性较强的教材,经过几年的酝酿和积累,付出大量时间和精力,这本《人际关系与现代礼仪》终于与读者见面了,此刻非常欣慰,感慨万千。

　　写作过程中我有过几次动摇,幸亏有前辈孔伟英教授不断的支持和鼓励。孔老师给书稿进行了精心修饰和细致处理,让我的思想得以更好地传递给读者。孔伟英教授是宁波大学"人际关系——社交礼仪"课的开创者,是宁波大学最受学生欢迎的教师之一,出版过礼仪方面的专著,她是我的前辈同事也是真挚的朋友!对孔老师的鼎力相助我非常感激。感谢家人尤其是我亲爱的女儿蔡米安的激励和支持。女儿正在读初中,对我的礼仪教学很感兴趣,想看一本明确指导她学习礼仪规范的书,这也是我写作这本书的最直接的动力。

　　在本书的撰写过程中,我深受各类著作和教材的启发,并融入了一些权威材料和独到的观点。我努力在参考文献中详尽列出这些宝贵的资源,并向这些杰出的作者表达我最深的敬意和诚挚的感谢。然而,我也意识到,本书可能仍有疏漏之处,未能将所有引用的来源一一列出。对此,向所有相关作者表示我最真诚的歉意。

　　本书得以顺利出版,离不开宁波大学马克思主义学院的慷慨资助。在此,我衷心感谢宁波大学马克思主义学院领导的大力支持,感谢苗小露博士的无私奉献,以及俞静峰、丁燃等同事的热情鼓励。宁波大学不仅为我提供了职业成长的平台,而且让我收获了宝贵的人生经验和深厚的友情。同时,我也要向所有选修"人际关系——社交礼仪"课程的学生表示衷心的感谢,是你们的支持与信任让我不断进步。此外,还要感谢所有在我人生旅途中给予帮助和鼓励的朋友,特别感谢刘双花女士,是你的陪伴让我更加坚定和自信。人生需要情感的力量,需要彼此的支撑和关爱。在这里,我无法用言语表达我对大家的感激之情,唯有将感恩铭记于心。愿大家永远安康、幸福、快乐!

李桂英

2024 年 2 月于宁波大学